用于国家职业技能鉴定

国家职业资格培训教程

YONGYU GUOJIA ZHIYE JINENG JIANDING

GUOJIA ZHIYE ZIGE PEIXUN JIAOCHENG

锻造工

（技师 高级技师）

第2版

编审委员会

主　任　刘　康

副主任　张亚男

委　员　于意仲　周小玉　宋继顺　王鹏程　吕如民

　　　　赵　杰　王士达　陈　蕾　张　伟　史武华

　　　　吕本顺

编审人员

主　编　吕如民

副主编　徐玉磊

编　者　宋继顺　吕如民　徐玉磊　周小玉　刘瑞峰

主　审　赵　杰

中国劳动社会保障出版社

图书在版编目(CIP)数据

锻造工：技师　高级技师/中国就业培训技术指导中心组织编写．—2 版．—北京：中国劳动社会保障出版社，2011

国家职业资格培训教程

ISBN 978-7-5045-9264-4

Ⅰ.①锻…　Ⅱ.①中…　Ⅲ.①锻造-技术培训-教材　Ⅳ.①TG31

中国版本图书馆 CIP 数据核字(2011)第 186991 号

中国劳动社会保障出版社出版发行

(北京市惠新东街 1 号　邮政编码：100029)

出 版 人：张梦欣

*

北京市艺辉印刷有限公司印刷装订　新华书店经销

787 毫米×1092 毫米　16 开本　19 印张　327 千字

2011 年 11 月第 2 版　　2011 年 11 月第 1 次印刷

定价：38.00 元

读者服务部电话：010-64929211/64921644/84643933

发行部电话：010-64961894

出版社网址：http://www.class.com.cn

前　　言

为推动锻造工职业培训和职业技能鉴定工作的开展，在锻造工从业人员中推行国家职业资格证书制度，中国就业培训技术指导中心在完成《国家职业技能标准·锻造工》（2009 年修订）（以下简称《标准》）制定工作的基础上，组织参加《标准》编写和审定的专家及其他有关专家，编写了锻造工国家职业资格培训系列教程（第 2 版）。

锻造工国家职业资格培训系列教程（第 2 版）紧贴《标准》要求，内容上体现“以职业活动为导向、以职业能力为核心”的指导思想，突出职业资格培训特色；结构上针对锻造工职业活动领域，按照职业功能模块分级别编写。

锻造工国家职业资格培训系列教程（第 2 版）共包括《锻造工（基础知识）》《锻造工（初级）》《锻造工（中级）》《锻造工（高级）》《锻造工（技师　高级技师）》5 本。《锻造工（基础知识）》内容涵盖《标准》的“基本要求”，是各级别锻造工均需掌握的基础知识；其他各级别教程的章对应于《标准》的“职业功能”，节对应于《标准》的“工作内容”，节中阐述的内容对应于《标准》的“技能要求”和“相关知识”。

本书是锻造工国家职业资格培训系列教程（第 2 版）中的一本，适用于对锻造工技师和高级技师的职业资格培训，是国家职业技能鉴定推荐辅导用书，也是锻造工技师和高级技师职业技能鉴定国家题库命题的直接依据。

本书共分为 7 章，第 1 章由天津理工大学宋继顺编写、第 2 章和第 6 章由内蒙古科技大学徐玉磊编写、第 3 章和第 5 章第 1 节由天津理工大学周小玉编写、第 4 章由天津汽车锻造有限公司刘瑞峰编写、第 5 章第 2 节和第 7 章由天津理工大学吕如民编写。本书由吕如民担任主编，徐玉磊担任副主编，天津汽车锻造有限公司赵杰担任主审。

本书在编写过程中得到了天津市人力资源和社会保障局、天津市汽车锻造有限公司、天津理工大学、内蒙古工业大学、天津职业技术师范大学等单位及内蒙古科技大学曹建刚教授和天津理工大学张程勇的大力支持与协助，在此一并表示衷心的感谢。

中国就业培训技术指导中心

目录

CONTENTS 国家职业资格培训教程

第一部分 锻造工技师

第二部分 锻造工高级技师

第一部分

锻造工技师

第1章 自由锻造

第1节 工艺及工具准备

学习单元1 自由锻件实物测绘

学习目标

- 掌握测绘的知识
- 能测绘锻件

知识要求

一、锻件测绘概述

锻件的测绘是依据实际锻件画出它的图形。而在绘制锻件图前，必须首先确定锻件的形状、加工余量和公差。然后再按照绘制锻件图的有关规则进行绘制，测量、标注出尺寸及形位公差，并制定技术要求。锻件测绘工作通常在现场（车间）进行，由于受到时间及工作场地的限制，所以一般先画出锻件草图（徒手画），然后再根据锻件草图绘制锻件图。

锻件草图是绘制锻件图的重要依据。因此，锻件草图必须具备锻件图所具有的全部内容。

二、锻件测绘步骤

1. 分析锻件

根据锻件的形状，对锻件进行结构和工艺分析，确定视图的表达方法。

2. 准备工具

根据所要测绘的锻件大小、形状，准备相关的测绘工具。常用的测量工具有内卡钳、外卡钳、直尺、卷尺等；常用的绘图工具有铅笔、圆规、三角板、半圆仪、直尺、划规等。

3. 测量尺寸

根据所要测绘的锻件外形，逐一测量每个部位的尺寸。外形为圆形的部分可采用外卡钳测量其最大外圆尺寸，圆孔部分可采用内卡钳测量其最小内圆尺寸，方形、凸台、凹槽、台阶可采用直尺测量，较长的锻件可采用卷尺测量，对带有一定角度的锻件应测量倾斜部分两端的位置尺寸。

4. 绘制草图

（1）按实际目测尺寸比例，在图样上确定各视图的位置，画出各视图的中心线、基准线。

（2）在各个视图上画出锻件内、外部结构轮廓形状。

（3）画出基准线、尺寸界线、尺寸线和箭头。

5. 标注尺寸

将测量出的锻件的全部尺寸，在锻件草图上逐一注出。

6. 制定技术要求

技术要求包括锻件的错差、表面缺陷、锻件质量要求等。

7. 绘制锻件图

锻件草图一般不完善，因此在绘制锻件图前，要对锻件草图进行复查、补充、修改。零件加上余块和余量公差后，按机械制图的规则绘制锻件图。为了便于锻造、检查等作业，绘制锻件图有以下规则。

（1）锻件的外形用粗实线表示，零件的外形用双点画线表示。这是为了便于了解零件的形状和检查锻后的实际余量。

（2）锻件的基本尺寸和公差标注在尺寸线上面，而零件尺寸标注在尺寸线下面的括号内。

（3）锻件图上应注明锻件的总长度和各部分的长度，但凹档和最后锻造的那一部分不必标注长度。注明各部分长度时应选择一个基准面（直径最大的台阶或法兰），从基准面开始向两个方向标注。

（4）大型锻件基本尺寸的尾数一般简化为“5”或“0”，按照“二舍三进、七退八进”的原则，尾数为 1，2，8，9 取 0，尾数为 3，4，6，7 取 5。锻件除可以按一般常规方法标注基本尺寸和偏差外，还可以采用其他标注方法，可注明锻件最小尺寸和上偏差（如 $\phi210\pm10$ mm）以及注明锻件最小尺寸和最大尺寸（如 $\phi210\sim\phi220$ mm）。

（5）在锻件图上，还需注明一些特殊余块、热处理夹头、力学性能试验用的试样及机械加工用的夹头的位置。在图上无法表示的某些要求，应在锻件图上用技术要求的方式来表明。

技能要求

一、工作名称

根据自由锻件实物测绘锻件图。

二、工作条件

锻件名称：单拐曲轴，锻件图如图 1—1 所示。

锻坯材料：45 A。

锻坯单个质量：150 kg。

三、工作任务

1. 测量单拐曲轴锻件尺寸，绘制单拐曲轴锻件草图。
2. 在锻件草图的基础上，加上余量和公差绘制锻件图，注明相关的技术要求。

四、工作过程

1. 单拐曲轴的特点

曲轴是机械传动中将旋转运动转为直线运动的关键零件，受力复杂，故制造条件要求高。曲轴一般采用 45 钢锻制而成，锻造比一般取 2.5～3。大、中型曲轴则

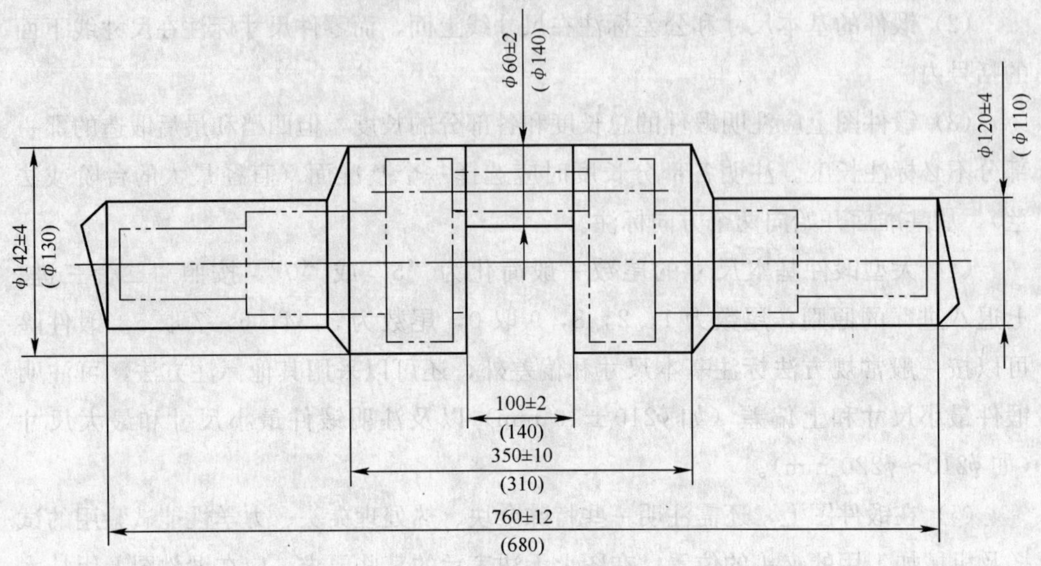

图 1—1　单拐曲轴锻件图

用合金钢锻制，如 40Cr、37SiMn2MoV、18CrMnMoB，锻造比需要大于 3。锻制后的曲轴，需要进行调质处理，在锻件两端应留有试样，大型曲轴还应在其一端留有热处理夹头，如图 1—2 所示。曲轴支撑颈和曲柄颈（或曲拐颈）需加以精车或磨光。

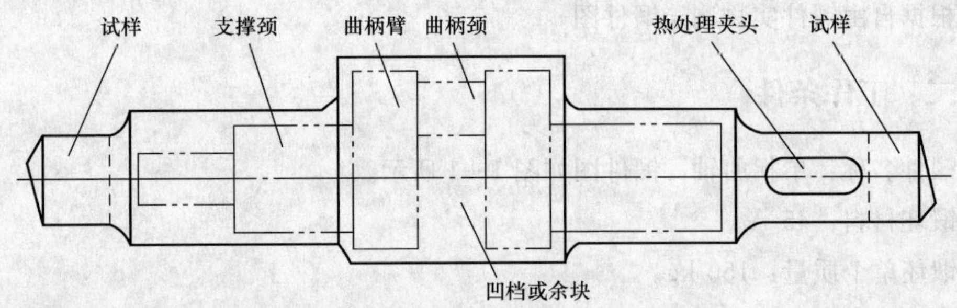

图 1—2　带有试样和热处理夹头的单拐曲轴锻件

在图 1—2 中，凹档或余块部分应根据支撑颈与曲柄颈之间偏心的大小和两曲柄臂之间距离的大小而定：若数值较小，按余块处理；若数值较大，则按凹档处理。也可根据零件图的相关尺寸，按凹档锻出条件来确定。

2. 机械加工余量

将图 1—1 中的锻件分为三部分，如图 1—3 所示，Ⅰ、Ⅱ和Ⅲ部分为圆轴，测出各部分长度、直径、外形尺寸，从 GB/T21471—2008《锤上钢质自由锻件机械加工余量与公差　轴类》中查得各部分径向加工余量，而轴向加工余量查表分别为径向加工余量的0.75～1倍，为生产上方便起见，径向加工余量可以取为一致。

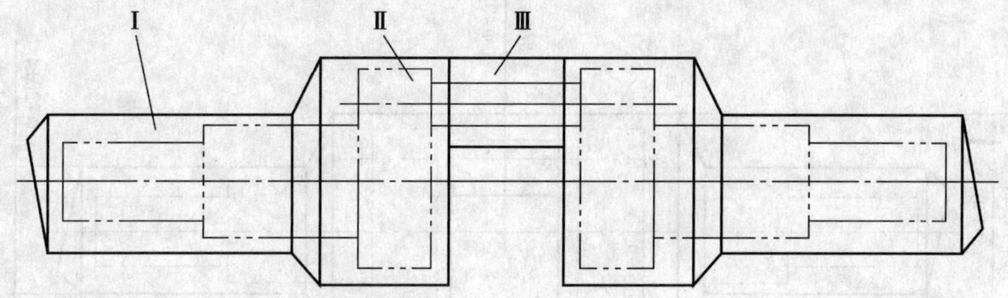

图1—3 锻件示意图

3. 公差标注

就锻件而言，锻造公差的大小应参照相关国家标准选定，一般与机械加工余量一起查表确定。锻造公差有正偏差、负偏差之分，正偏差用“+”表示，负偏差用“－”表示，标注在加工余量后面。零件尺寸加上带有公差标注的加工余量构成锻件尺寸。如图1—3中第Ⅱ部分，零件尺寸为ϕ130 mm，长度为310 mm，从GB/T21471—2008《锤上钢质自由锻件机械加工余量与公差 轴类》中查得径向加工余量与公差为10^{+2}_{-3} mm，锻件径向尺寸为$\phi 142^{+2}_{-3}$ mm，故可标注为ϕ142±4 mm。

4. 技术要求

在锻件图上无法表示的某些要求，应采用技术要求的方式来表明。一般技术要求包括：对锻件提出热处理要求，显微组织要求，过渡部分圆角半径等工艺参数。如果锻件为重要件，还需加注磁力探伤检验要求，探伤后退磁。最后还应加注金属宏观组织纤维方向的要求。

5. 标题栏

按照国家标准要求，一般在图样上要有标题栏，零件图标题栏内容包括：零件名称、材料、比例、件数、图号、设计单位、制图、审核。

6. 锻件图示例

将上述工作内容绘制成锻件图，如图1—4所示。

五、注意事项

1. 要根据有关标准测绘完整，测绘时先将锻件分成若干部分，测量各部分的尺寸，确定是锤上锻造还是水压机上锻造，对照相关表查阅机械加工余量和公差。

2. 技术要求要完整，对热处理应提出具体要求；对金属显微组织有要求时，锻件应留有试样，用于检测锻件内部组织。

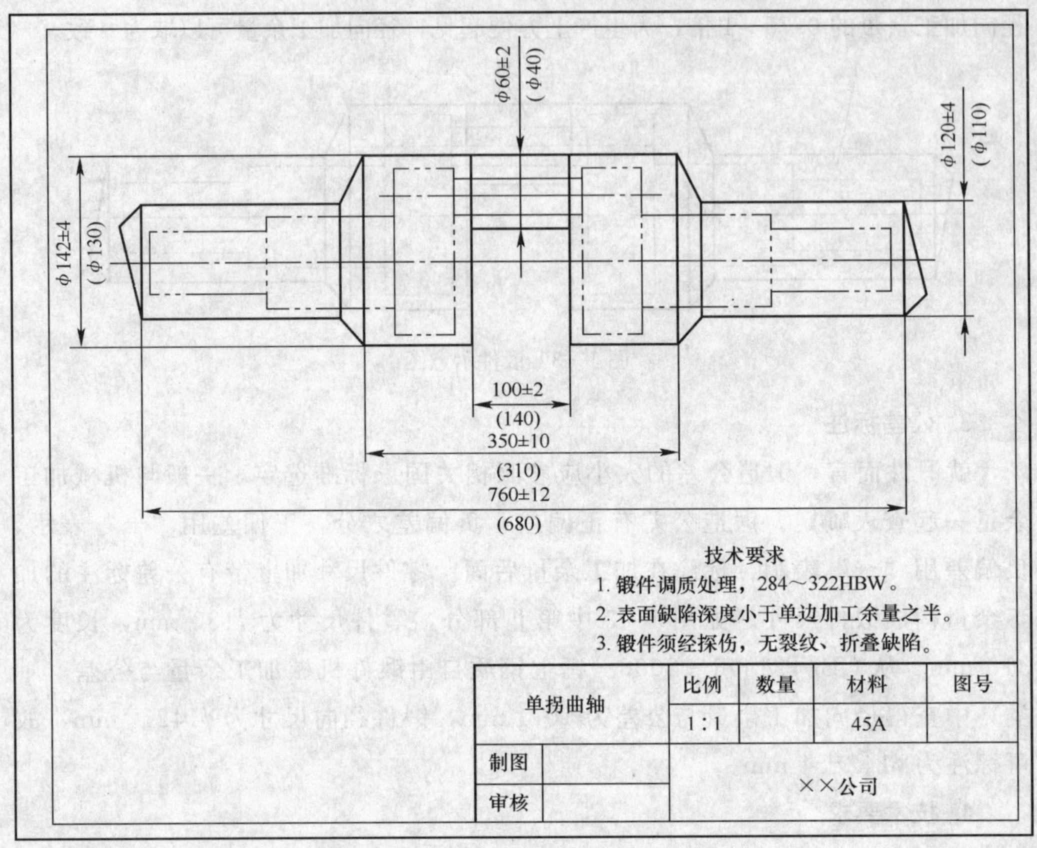

图 1—4　锻件图示例

学习单元 2　绘制常用工装模具图

学习目标

➢ 能设计常用自由锻胎模具

➢ 掌握绘制胎模具装配图的方法

知识要求

一、自由锻常用工装模具

1. 摔模

摔模又称摔子，是锻工常用工具之一，是一种最简单的胎模。摔子可分为制坯摔子和整形摔子两种。

2. 扣模

扣模用来锻制简单非回转体锻件，也可为全模制坯。扣模是一种开式模具，近似于锤上模锻模具中的成形模膛。

3. 弯曲模具

弯曲模由上、下模两部分组成，常用于弯曲轴线的合模制坯和锻件的成形，如图 1—5 所示。

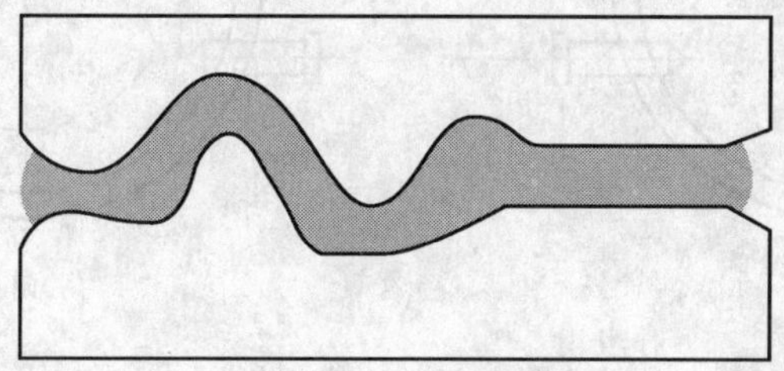

图 1—5　弯曲模具

4. 垫模

垫模可分为一般垫模和跳模。

(1) 一般垫模

锤上锻造和水压机锻造均使用简单的一般垫模。一般垫模包括垫块、漏盘、弯曲垫模和上镦粗板。图 1—6 所示为弯曲垫模。

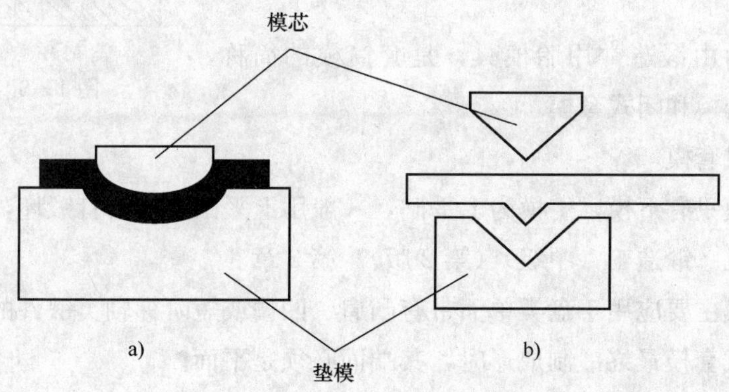

图 1—6　弯曲垫模
a）板料弯曲　b）角尺弯曲

上镦粗板常用于水压机上镦粗。上镦粗板的下表面有平面式和球面式两种，如图 1—7 所示。上镦粗板的直径 D 应小于相应水压机最大的镦粗直径。

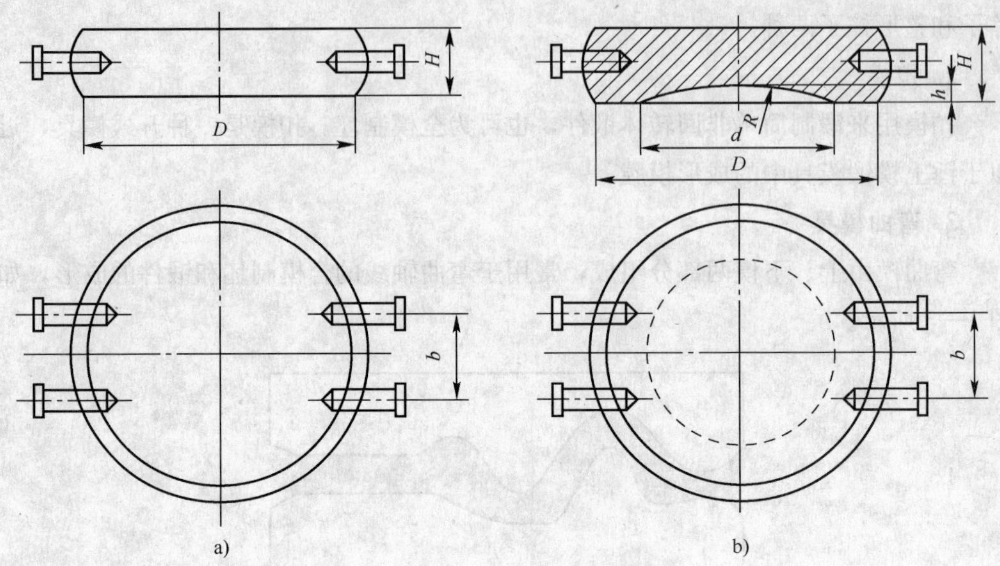

图 1—7　上镦粗板

a）平面　b）球面

（2）跳模

如果锻件不高，外形简单，则其起模斜度允许采用大斜度（如 7°）。这种胎模锻件极易出模，被称为跳模，如图 1—8 所示。

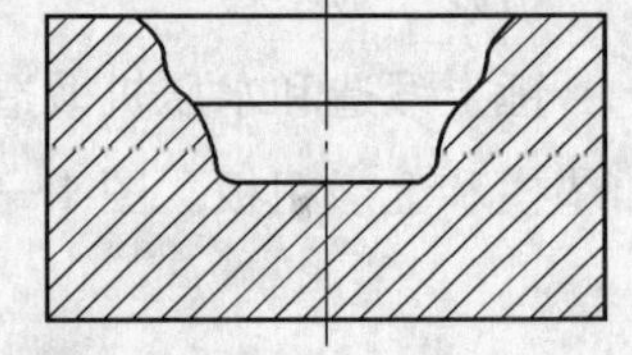

图 1—8　跳模

跳模的优点是：锻件光滑，可减轻劳动强度、提高生产效率。

5. 套模

套模是自由锻造常用胎模具，是套筒模的简称，可分为开式套模和闭式套模。

（1）开式套模

开式套模只有下模，上模为上平砧，一般用上平砧直接击打锻坯，使其充满模膛，其结构见《锻造工（中级）（第 2 版）》第 2 章。

开式套模主要应用于盘类单面带有凸肩、凹槽或短阶梯轴类锻件的最终成形和制坯。用开式套模最终锻制成形时，其端面必须是平面。

（2）闭式套模

闭式套模由模套和上、下模垫组成，其结构见《锻造工（中级）（第 2 版）》第 2 章。闭式套模主要应用于端面有凹、凸的回转体锻件的制坯和最终成形。

6. 合模

合模一般由上、下模和导向装置构成，如图 1—9 所示。分模面设在锻件最大截面上。在模膛高度的中部设有飞翅槽，锻造时便于多余金属充入。合模有很大的通用性，适用于各类锻件的最终成形，特别适用于非回转体复杂形状的锻件，如连杆和叉形锻件等。

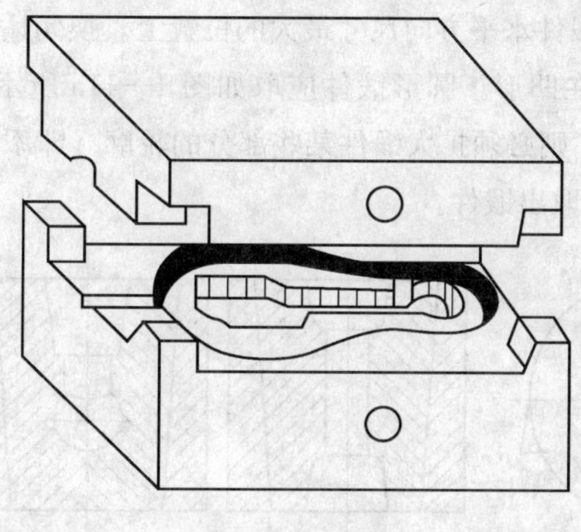

图 1—9　合模

7. 冲切模

在胎模锻中，通常应用冲切法去除飞翅和连皮，所用的模具称为冲切模。切去飞翅称为切边，冲除连皮称为冲孔。这种胎模具并不固定在上、下砧座上，可以灵活地运用，其结构如图 1—10 所示。

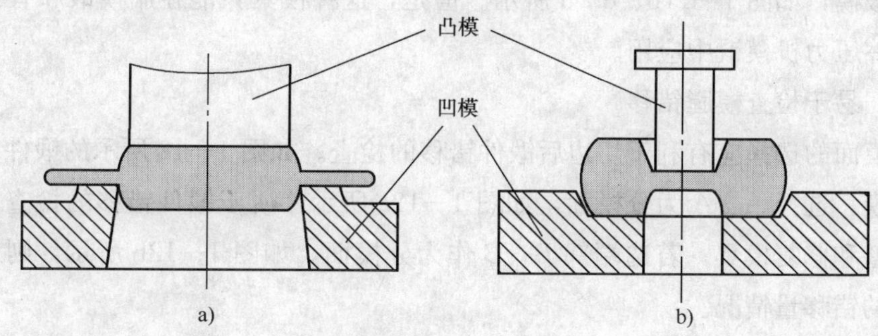

图 1—10　切边和冲孔

a）切边　b）冲孔

二、绘制胎模具装配图

1. 分模面选定原则

分模面是指上、下（或左、右）锻模之间的分界面，它的位置直接影响到锻造工艺、锻件质量、模具结构及制模费用、切边工艺过程、材料利用率和机械加工定位等一系列问题。因此，分模面的选择是锻件设计中的一项重要工作，往往要通过经济和技术分析才能确定。

选择分模面位置的基本原则如下。

(1) 保证锻件能从模膛中取出

分模面应选择在锻件水平方向尺寸最大的位置上。换句话说，锻件与打击方向平行的侧表面不得存在凹形。圆形锻件应取如图 1—11a 所示的 *A*—*A* 为分模面；若取 *B*—*B* 为分模面，则必须扩大锻件某些部分的轮廓（即添加如斜线所示的金属敷料），否则锻后不能取出锻件。

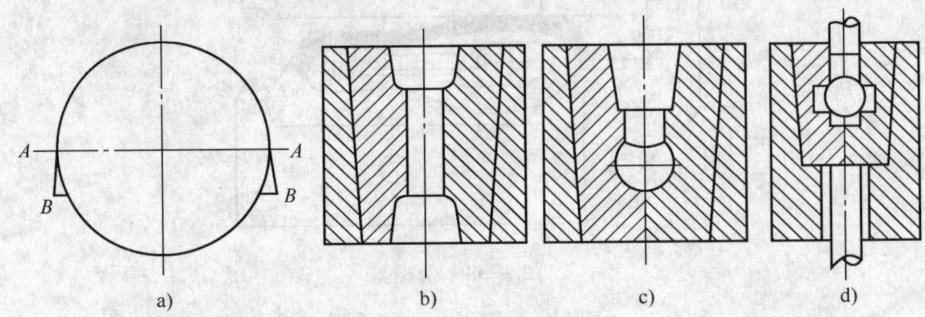

图 1—11　分模面的位置

a）圆形锻件分模面　b)，c）垂直分模面　d）组合拼分式分模面

如果锻件的侧面有锻出凹形，那么必须采用具有两个互相垂直分模面的组合或拼分式锻模，如图 1—11b、c、d 所示。但是，这种模具只能在胎模锻和有顶出装置的摩擦压力机模锻中应用。

(2) 易于检查模膛错移

分模面的选择应有利于切边后锻件错移的检查。如图 1—12 所示的锻件，应在中部分模，选择 *A*—*A* 为分模面，如图 1—12a 所示，便于锻件错移的检查，便于及时调整和修复模具；若选端部 *B*—*B* 作为分模面，如图 1—12b 所示，则难以检查锻件的错移量情况。

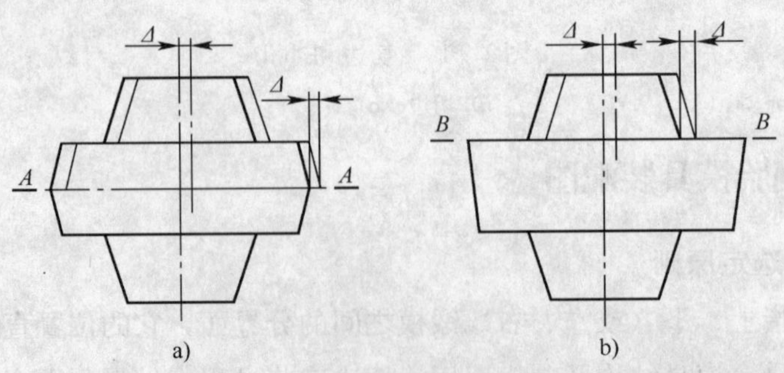

图 1—12　分模面对检查错移量的影响

a）合理　b）不合理

(3) 坯料易于充满模膛

对于长、宽不等的锻件，分模面应选择在模膛最浅处和宽度最大的部位，如图 1—13 所示。按照这种方法确定分模面，不仅有利于金属坯料充满模膛，而且还能延长模具使用寿命，锻件也易于出模。

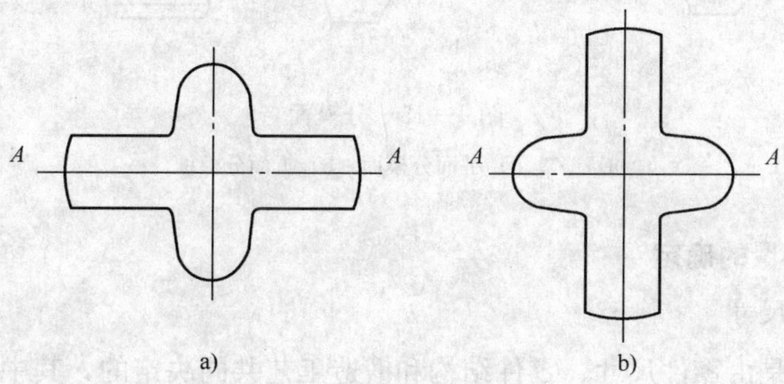

图 1—13　分模面必须在有利于金属坯料充满的位置上

a) 合理　b) 不合理

(4) 简化胎模结构

对于回转体锻件，如图 1—14a 所示，为节约金属，锻件分模面一般应选择径向分模，如图 1—14b 所示，而不宜选择轴向分模，如图 1—14c 所示。因为径向分模时，锻件在平面图上的外轮廓较为简单，胎模、冲切模的制造极为方便（模膛只需车削，无须铣削），又可简化制坯工序（只需镦粗），且飞翅短、易锻出中心内孔，从而节省金属。而轴向分模则会造成相反的结果。

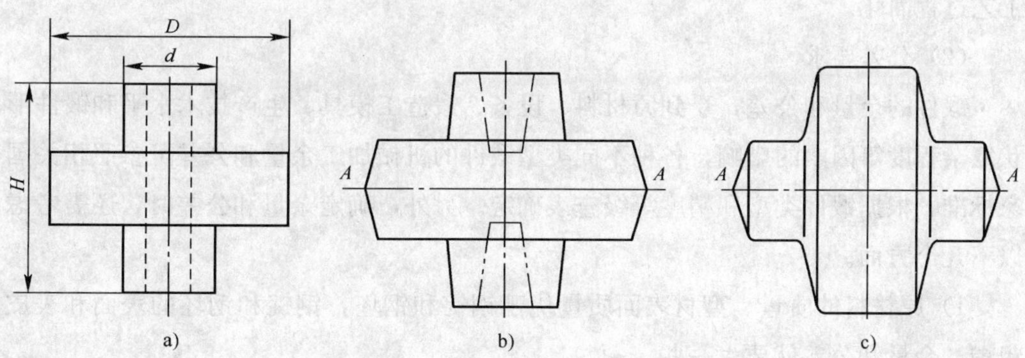

图 1—14　回转体锻件的分模位置

a) 回转体锻件　b) 径向分模　c) 轴向分模

(5) 尽量采用平面分模

采用平面分模可以使模具制造容易，并可减少锻件的错移，如图 1—15a 和图

1—15c 所示，可避免如图 1—15b 所示的曲面或折面。但就图 1—15c 所示的锻件而言，选择 $A—A$ 平面为分模面时，会由于上模膛太深而使金属充不满，应对锻件外形作相应调整，将分模面上移，改以 $B—B$ 为分模面，如图 1—15d 所示。

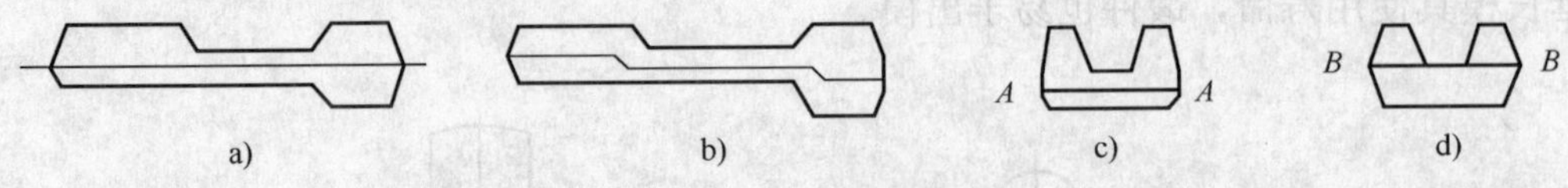

图 1—15　分模面

a)，c)，d）平面分模面　b）折面分模面

2. 加工余量的确定

(1) 零件尺寸

加工余量是由零件尺寸、零件结构和锻造工艺共同决定的，其中零件尺寸对加工余量的确定起着根本的作用。

零件尺寸是确定锻件形状和锻件尺寸的依据，按理想状态，锻件形状应尽可能地接近零件的形状或粗加工的形状，以减少机械加工工时，同时使金属纤维的排列符合零件的受力要求，从而保证锻件的质量。但是，好的锻件往往既受到锻造模具和工装以及成本等生产条件与技术的限制，同时又受到经济合理性等因素的制约，所以，没有必要把零件上所有的孔、台阶、凹档、法兰等都锻出来，在满足零件尺寸要求的前提下，必须尽可能使锻件形状简化。为便于锻造，对零件的某些小孔、较小的台阶和凹槽等，可添加余块，以简化锻件形状，使锻造模具结构简单，锻造工艺过程简化。

(2) 公差要求

锻件的余量和公差，受到原材料、设备、锻造工模具、生产技术水平和锻件形状复杂程度等因素的影响，各种不同类型锻件的机械加工余量和公差可参照相关国家标准，根据锻件类型和精度等级查表确定。另外，确定余量和公差时，还需考虑以下几个方面。

1）原材料的质量。型材表面质量优于钢锭和钢坯，钢锭和钢坯的表面和表皮粗糙，余量和公差就要大一些。

2）锻件形状复杂，余量和公差应大一些；反之，形状简单的就要小一些。

3）大尺寸、截面形状复杂、长度较大的锻件，余量和公差应大一些；反之，尺寸小、形状简单、长度短的锻件，余量和公差就要小一些。

4）工人操作水平高，工模具、夹具、设备完好且精度高，锻件余量和公差应小一些。

5）生产批量较大时，余量和公差应小一些；锻件技术要求高时，余量和公差就要大一些。

（3）模锻斜度

锻件的侧面斜度称为模锻斜度或起模斜度、出模斜度。其作用是保证锻后能够顺利地将锻件从模膛中取出。模锻斜度分外斜度和内斜度两种。锻件冷却时收缩趋向离开模膛的部分称为外斜度 α，反之称为内斜度 β，如图 1—16a 所示。

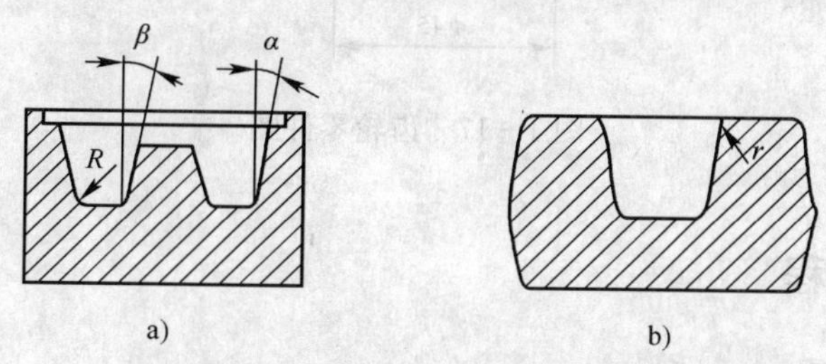

图 1—16　模锻斜度与圆角半径

a）锻模　b）锻件

模锻斜度越大，锻件取出越容易。但是增大斜度会增加金属的消耗，使金属充满模膛困难。所以，在保证锻件能顺利出模的前提下，应尽量减小模锻斜度。为便于机械加工，模锻斜度应按标准系列选取，即 30′、1°、1°30′、2°、3°、5°、7°、10°、12°、15°。

（4）圆角半径

锻件上相邻两个面相交的地方不允许有尖角，必须用一定半径的圆弧光滑地连接起来。这个半径称为圆角半径。圆角半径分外圆角半径（凸角）和内圆角半径（凹角）。外圆角半径用 r 表示，箭头指向锻件外面如图 1—16b 所示；内圆角半径用 R 表示，箭头指向锻件内部，如图 1—16a 所示。

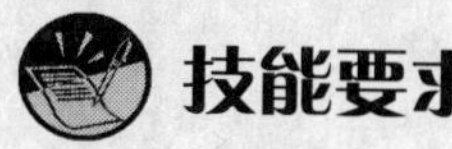

技能要求

一、工作名称

设计齿轮锻件胎模具。

二、工作条件

锻坯名称：齿轮锻件。

材料：45 钢。

批量 200 件，属于小批量生产，故采用自由锻造。其零件图如图 1—17 所示。

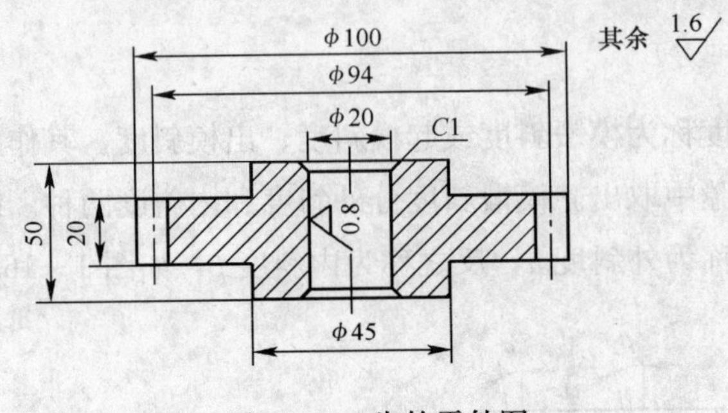

图 1—17　齿轮零件图

三、工作过程

1. 绘制锻件图

根据齿轮零件图，其外形结构中间部位有一小孔，两侧有凸台，在锻件中小孔不锻出，应加余块。锻件水平方向的双边余量和公差为（6±2）mm，锻件高度方向的双边余量和公差为（8±2）mm。根据这些数据绘制出齿轮锻件图，如图 1—18 所示。

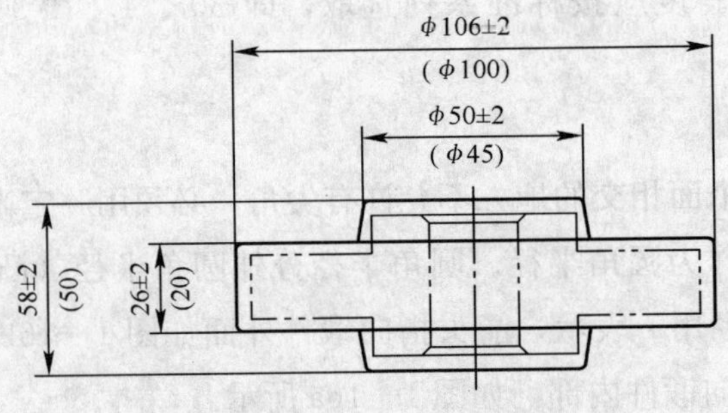

图 1—18　齿轮锻件图

2. 确定锻造工序

下料—镦粗—套模终锻成形。

3. 进行模具设计

（1）确定模套外径

套模在工作中承受较大的冲击力和金属流动对模套的张力。模套一般为筒形，内孔大小由锻件最大直径确定，外径可查表 1—1 确定。

表 1—1　　**模套外径**

	锻件最大外径 $D_{锻}$（mm）	模套外径 D（mm）
$R5～10$ 或 $C5$；0°30′～5°；H；$D_{锻}$；D	≤40	$D_{锻}+70$
	41～70	$D_{锻}+75$
	71～100	$D_{锻}+80$
	101～130	$D_{锻}+85$
	131～160	$D_{锻}+95$
	161～200	$D_{锻}+100$
	201～240	$D_{锻}+110$
	241～280	$D_{锻}+125$

（2）下模垫高度

下模垫高度如图 1—19 所示，下模垫高度 H_1 可按下式计算：

$$H_1 = h_1 + h_2$$

式中　h_1——下模垫厚度，可查表 1—2 确定；

h_2——锻件凸台或凹坑高度，由锻件图尺寸确定。

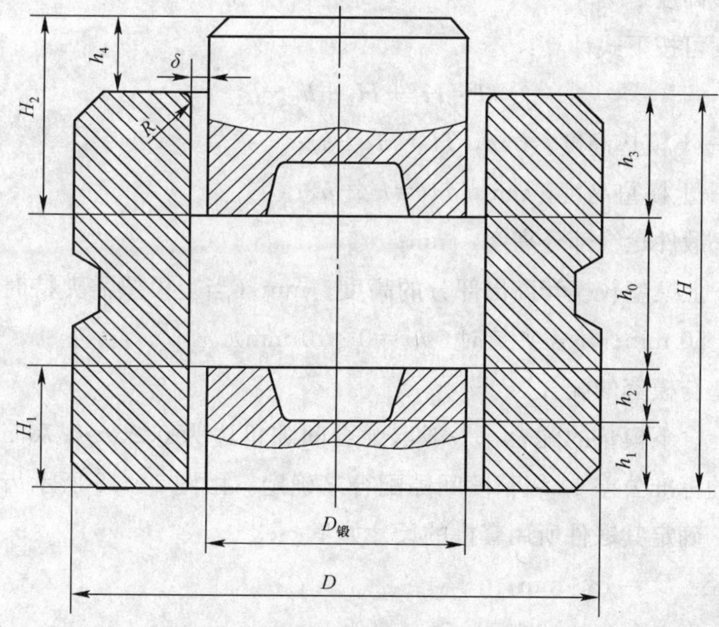

图 1—19　模套及上、下模垫尺寸

表 1—2　　下模垫最小厚度

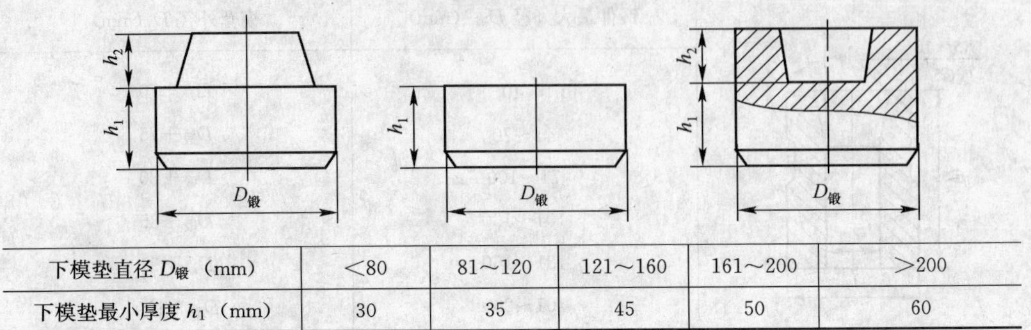

下模垫直径 $D_{锻}$ （mm）	<80	81～120	121～160	161～200	>200
下模垫最小厚度 h_1 （mm）	30	35	45	50	60

（3）上模垫高度

上模垫高度 H_2 可按下式计算：

$$H_2=h_3+h_4$$

式中　h_3——上模垫伸入模套高度，按坯料在套模中的变形量而定，但应保证初始导向段长度不小于 25 mm；

h_4——上模垫较模套高出部分的高度（当上模垫需夹持时，$h_4=30\sim50$ mm；不需夹持时，$h_4=0\sim10$ mm）。

（4）套模高度

套模高度可按下式计算：

$$H=H_1+H_2+h_0-h_4$$

式中　H_1——下模垫高度，mm，$H_1=h_1+h_2$；

H_2——上模垫高度，mm，$H_2=h_3+h_4$；

h_0——锻件轮缘部分高度，mm；

h_4——上模垫较模套高出部分的高度，mm（当上模垫需夹持时，$h_4=30\sim50$ mm；不需夹持时，$h_4=0\sim10$ mm）。

（5）模垫与模套的配合

模套与上、下模垫的配合，一般取配合间隙单边为 0.25～0.70 mm，也可按公差与配合的标准公差 11 级精度间隙配合来确定。由图 1—18 所示齿轮锻件图的各部分尺寸，确定其锻件所用套模的尺寸如下：

模套外径：$D=185$ mm；

下模垫高度：$H_1=h_1+h_2=35\text{ mm}+16\text{ mm}=51\text{ mm}$；

上模垫高度：$H_2=h_3+h_4=25\text{ mm}+30\text{ mm}=55\text{ mm}$；

套模高度：$H=H_1+H_2+h_0-h_4=51\text{ mm}+55\text{ mm}+32\text{ mm}-30\text{ mm}=108\text{ mm}$。

四、注意事项

1. 模垫与模套的配合间隙不宜太小，否则会给模具制造带来一定的困难，但也不宜太大，间隙过大会造成锻件纵向边缘出现飞翅，使模垫与模套分离困难。

2. 模套外径的选择要和使用的设备、生产锻件的数量相匹配。

学习单元3 自由锻造设备

学习目标

➢能识读自由锻造设备的原理图、装配图

➢能对自由锻造大型锻造设备及特种锻造设备进行调试

知识要求

一、大型锻造设备及特种锻造设备

1. 自由锻造水压机

(1) 工作原理

水压机是根据液体的静压力传递定律（即帕斯卡定律）设计制造的，是自由锻大型锻造设备。帕斯卡液体静压力传递定律的内容是：加在密闭容器中液体上的压强（即单位面积上受的力）能传递至液体的任何部位，其数值不变。根据这一定律（见图1—20），在连通器中的小柱塞上施加力F_1，则液体各部都将产生相同的压强p，即

$$p=F_1/A_1$$

压强p作用在大柱塞上，结果在大柱塞上产生向上的推力F_2，可按下式计算：

$$F_2=pA_2=F_1A_2/A_1=F_1D_2^2/D_1^2$$

式中 F_1——作用在小柱塞上的力，N；

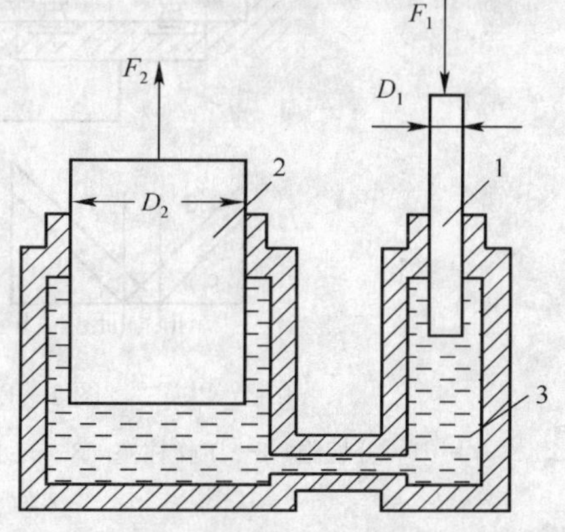

图1—20 液体静压定律示意图

1—小柱塞 2—大柱塞 3—连通器

A_1——小柱塞的横截面积，mm^2；

D_1——小柱塞的直径，mm；

F_2——作用在大柱塞上的力，N；

A_2——大柱塞的横截面积，mm^2；

D_2——大柱塞的直径，mm。

由上式可知：在小柱塞上作用一个小的力 F_1，就可在大柱塞上产生一个比 F_1 大的力。F_2 比 F_1 大的倍数就是大柱塞横截面积比小柱塞横截面积大的倍数。

水压机就是将水泵和工作缸做成连通器，使水泵内较小的总压力传递到工作缸，工作缸柱塞直径和水泵柱塞直径的尺寸相差较大，因此可在工作缸柱塞上产生很大的推力，从而转化成水压机的巨大压力。

分配器是水压机的操作机构，水压机的工作循环由悬空、空行程向下、工作行程和回程 4 个动作组成，其操作简图如图 1—21 所示。

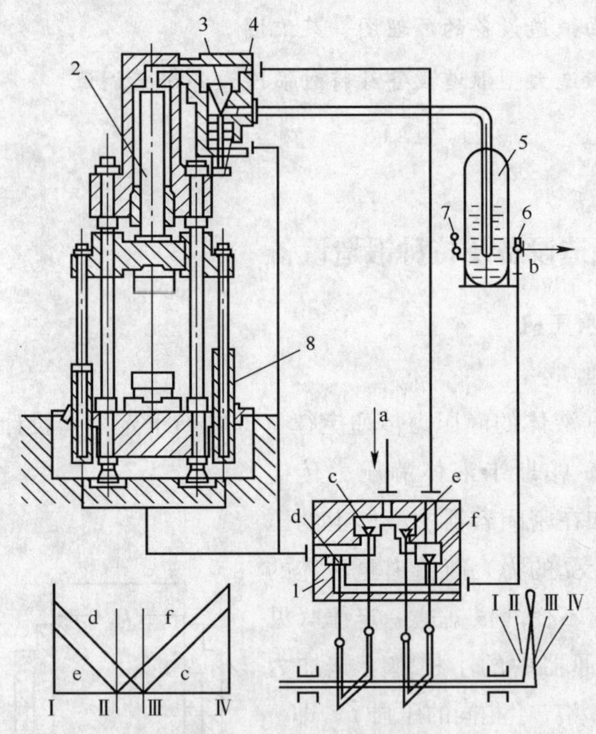

图 1—21　水压机操作简图

1—分配器　2—工作柱塞　3—充水阀　4—充水阀接力器　5—充水罐　6—溢流阀　7—安全阀　8—回程缸

a—进水管　b—通向水箱水管　c—回程缸和充水阀接力器的进水阀　d—回程缸和充水阀接力器的排水阀　e—工作缸进水阀　f—工作缸排水阀

1）悬空。悬空就是水压机活动横梁处在上面或运动空间的其他位置实现不动状态。悬空的操作是将手柄推到Ⅲ的位置，这时 a、b、c 三阀关闭，只有 f 阀开启，使工作缸与低压管道连通，而回程缸的排水阀 d 是关闭的，回程缸 8 内的水被封死，因此实现活动横梁悬空。

2）空行程向下。空行程向下就是活动横梁由悬空位置下落至与工件相接触。空行程向下的操作是将手柄推至Ⅱ的位置，此时 c、e、f 阀关闭，只有 d 阀开启，使回程缸 8 中的水经低压管路排入充水罐 5，活动横梁因自重而下降，工作缸中压力降低，充水罐 5 中的低压水顶开充水阀 3 流入工作缸，迫使活动横梁下面的上砧与工件接触，而使工作缸中的压力与充水罐中的压力平衡，充水过程停止，充水阀 3 则因弹簧的作用自动关闭。

3）工作行程。工作行程就是高压水进入工作缸，上砧对工件施压进行锻造。工作行程的操作，是将手柄推至Ⅰ的位置，这时 d、e 阀开启，c、f 阀关闭。高压水由 a 管进入分配器 1，经开启的 e 阀进入工作缸，作用在工作柱塞 2 上产生向下的推力，通过活动横梁带动上砧对工件施压，回程缸 8 内的水通过开启的 d 阀流入充水罐 5。

4）回程。回程就是工作行程结束，活动横梁上升到下一循环的开始位置。回程的操作是将手柄推至Ⅳ的位置。这时 f 阀先打开，使工作缸内水压降低，c 阀随着打开，高压水由 a 管进入分配器 1，经开启的 c 阀进入回程缸 8，充水阀接力器 4 在 c 阀打开时提起，将充水阀 3 打开，使工作缸内的水经充水阀 3 进入充水罐 5，活动横梁靠回程缸 8 顶起，上升到需要的位置。

（2）结构

水压机的结构主要由本体和附属设备组成。最常见的结构形式为三梁四柱框架结构和水泵—蓄压器传动式结构。

1）水压机的本体结构。典型的水压机本体结构如图 1—22 所示。

由图 1—22 可以看出，水压机由活动系统和固定系统两部分组成。水压机的活动系统主要由活动横梁 5、工作柱塞 8、回程柱塞 11 和回程拉杆 15 等组成。水压机的固定系统主要由下横梁 1、立柱 3、上横梁 6、工作缸 9 和回程缸 10 等组成，下横梁则固定在水压机基础上。

四个立柱将上、下横梁连接成水压机机架，组成框架结构，工作缸 9 和回程缸 10 固定在上横梁上。活动横梁装在上、下横梁之间，由立柱导向，活动横梁的上面装有工作柱塞及回程拉杆，而工作柱塞与工作缸相连，上砧装在活动横梁下面。

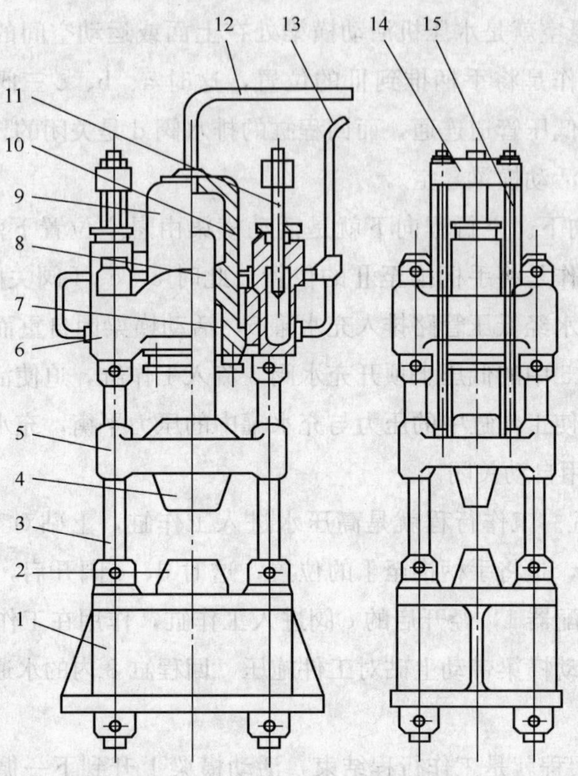

图1—22　典型的水压机本体结构

1—下横梁　2—下砧　3—立柱　4—上砧　5—活动横梁　6—上横梁　7—密封圈　8—工作柱塞　9—工作缸　10　回程缸　11—回程柱塞　12，13—管道　14—回程横梁　15—回程拉杆

水压机的工作循环是这样完成的：当高压水通过管道12进入工作缸时，工作柱塞8带动活动横梁5沿立柱向下运动，通过上砧完成锻造。当高压水由管道13进入回程缸时，使回程柱塞11和回程横梁14向上运动，通过回程拉杆15带动活动横梁5沿立柱上升，从而完成一个工作循环。

2）水压机的附属设备。水压机的附属设备主要有水泵、蓄压器、充水罐和水箱等。

①水泵。其作用是产生高压水。常用曲轴柱塞式水泵，其柱塞有单柱塞、双柱塞和三柱塞三种，单柱塞式水泵的工作原理如图1—23所示。电动机带动曲轴1旋转，曲轴1通过连杆2带动滑块3左右运动。当滑块3向左运动时，空腔内压力增高，吸水阀5关闭，压出阀6打开，水被压出；当滑块3向右运动时，空腔内压力降低，压出阀6关闭，吸水阀5打开，水进入空腔。滑块3不停地运动，上述过程便能连续进行。

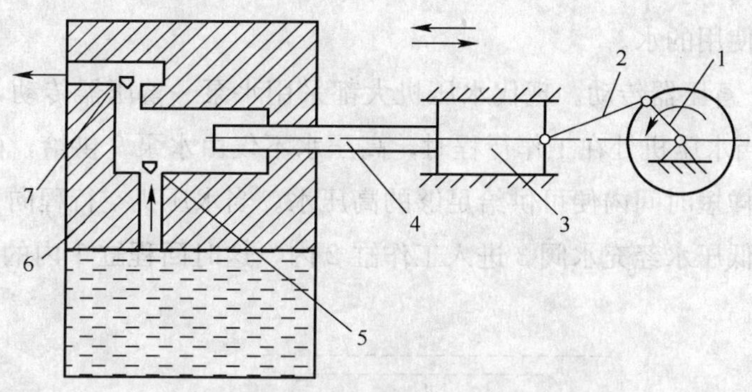

图 1—23　单柱塞式水泵的工作原理示意图

1—曲轴　2—连杆　3—滑块　4—柱塞　5—吸水阀　6—泵体　7—压出阀

②蓄压器。其作用是储存和调节高压水的输出量，可以将蓄压器看做高压水的“水库”。当水压机不需要或只需要少量高压水时，水泵压出的高压水就储存到蓄压器中去；当水压机需要大量高压水而水泵供水不足时，蓄压器中的高压水则予以补充，满足工作缸的需要。最常用的蓄压器是空气无活塞式蓄压器，如图 1—24 所示。它由一个高压水罐和数个高压空气罐用管道连通而成，多余的高压水储存于高压水罐内，当水压机需要大量高压水时，蓄压器便补充高压水到水压机去。这样做的目的是水泵和电动机功率可较小，能充分利用，使其效率得以提高。

③充水罐。其作用是提供低压水。充水罐是一个封闭的低压容器，上部充有压力为 0.6～1.2MPa 的空气。当水压机空行程向下时，充水罐将低压水送入工作缸，使工作缸上部快速充满，这样便节约了高压水，提高了水压机的效率。充水罐简图如图 1—25 所示。

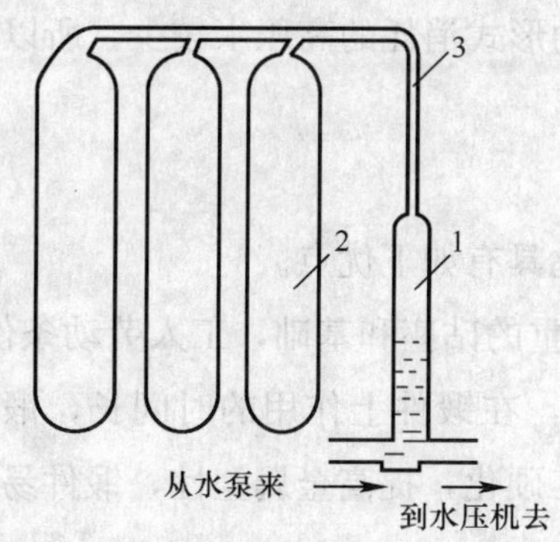

图 1—24　空气无活塞式蓄压器

1—高压水罐　2—高压空气罐　3—管道

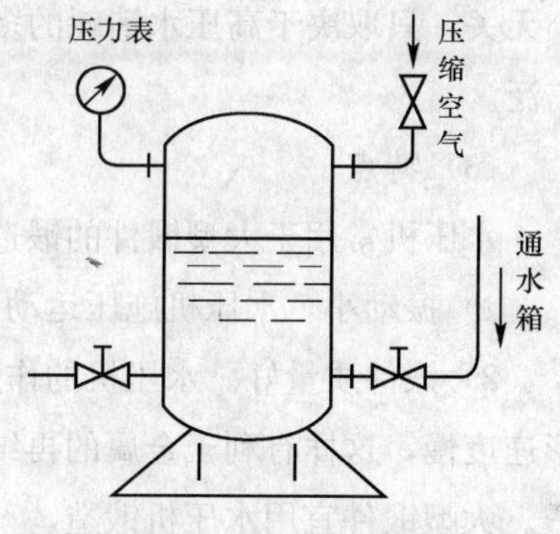

图 1—25　充水罐简图

④水箱。其作用是储存水。水箱是焊接件，容纳水压机排出的已用过的水和供

水压机各装置使用的水。

3）水泵—蓄压器传动。现代水压机大都采用水泵—蓄压器传动，其原理如图 1—26 所示。当水压机处在工作行程时，高压水不仅由水泵 9 供给，而且还由蓄压器 7 供给，这样短时间内便可供给足够的高压水。当水压机空行程向下时，充（低压）水罐 4 中低压水经充水阀 3 进入工作缸 2 内，这时回程缸 1 内的水经分配器 5 排入水箱 8 中。

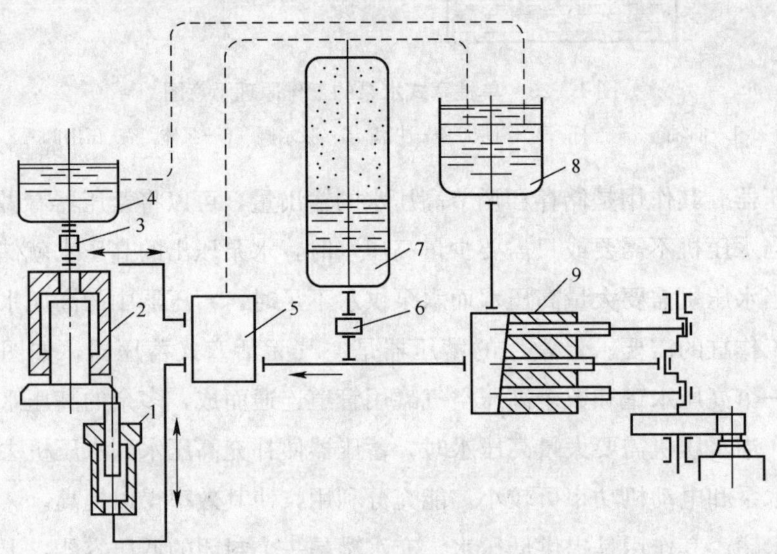

图 1—26　水泵—蓄压器传动水压机传动原理

1—回程缸　2—工作缸　3—充水阀　4—充水罐　5—分配器　6—闸阀　7—蓄压器　8—水箱　9—水泵

水泵—蓄压器传动的优点是能量利用效率高，能量的消耗与锻件变形抗力的大小无关，只取决于高压水消耗的多少。这种传动形式消耗的高压水较少，所以应用广泛。

（3）特点

水压机常用于大型锻件的锻造，与锻锤相比具有如下优点。

1）振动小，水压机施压运动平稳，没有笨重的砧座和基础，工人劳动条件好。

2）锻件质量好。水压机的作用力是静压力，在锻件上作用的时间长，锻造变形速度慢，这样有利于金属的再结晶以消除加工硬化，提高金属塑性，锻件易于锻透。大型锻件宜用水压机锻造。

3）操作空间大，操作方便灵活。

4）能量利用率高。水压机施加的压力全部传递到了封闭框架中的坯料上，不像锻锤那样将打击能量大多传递到了基础上，所以能量利用率高。

5）有利于采用机械化和自动化设备，这是因为水压机施力平稳，压下量大，有足够的操作空间。

水压机的缺点是：体积庞大，投资费用大，占地多。

2. **精锻机**

精锻机常用于旋转锻造。旋转锻造是用来使棒（管）料直径减小，长度增加的一种锻造工艺。旋转锻造时，在棒（管）料周围用几个锤头，沿径向从几个方向对准棒（管）料进行对称的高速锻打。锻打时，棒（管）料与锤头之间有相对的旋转运动和轴向移动。目前，旋转锻造所使用的设备有轮转锻机，如图1—27所示；径向精密锻轴（管）机，如图1—28所示。

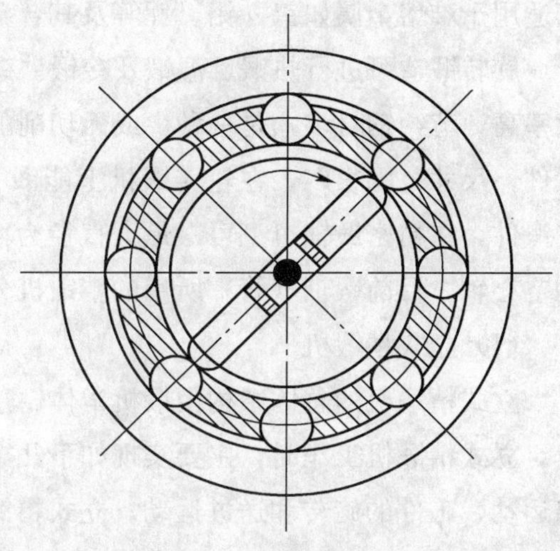

图1—27　轮转锻机锻造示意图

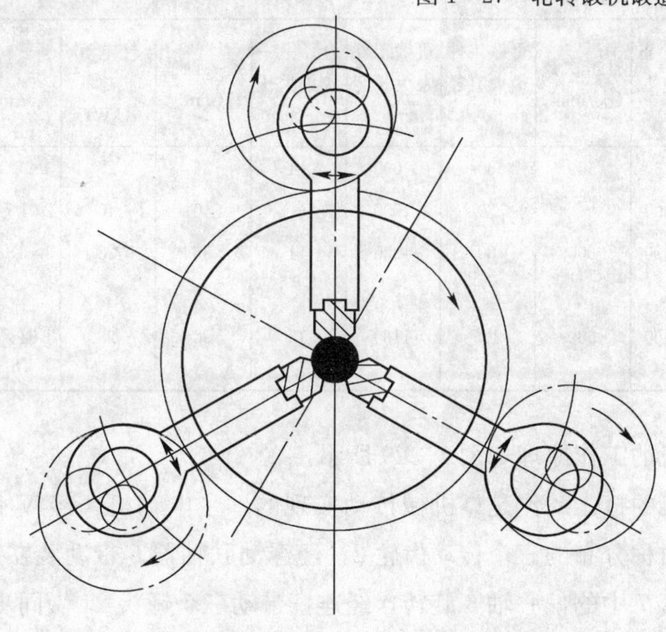

图1—28　径向精密锻轴机锻造示意图

旋转锻造的基本工序为多头螺旋式延伸，工艺上则兼有脉冲锻打和多向锻打的特点。脉冲锻打具有频率（锤头数×每分钟锻打次数）高，每次变形量较小的特点，因此，使金属变形时摩擦阻力降低，变形功减小，同时，脉冲加载对提高锻件精度也有利。多向锻打采用的锤头个数多（可多达 8 个），又是沿径向从几个方向锻打，使金属变形时处于三向压应力状态，有利于提高金属塑性。因此，旋转锻造工艺不仅适用于一般钢材的锻造，而且适用于锻造高强度、低塑性的高合金钢，尤其适用于难熔金属如钨、钼、铌等及其合金的开坯和锻造。

旋转锻造可进行热锻、温锻及冷锻。锻件的表面质量和内部质量都较好，生产效率高，节约钢材多，是一种少或无切削加工的先进工艺方法。目前，旋转锻造的锻件，尺寸范围很广，在轮转锻机上能锻 0.15 mm（实心件）到 320 mm（管子）的锻件，在精密锻轴机上可锻最大直径为 400 mm 的实心轴和最大直径为 600 mm 的空心轴。目前锻轴（管）所用的精锻机分为立式和卧式两种。

（1）立式精锻机

立式精锻机的总体结构由锻机本体、液压系统、电气控制系统及辅助系统所组成。立式精锻机工作时，主要实现如下几个动作：锤头的打击动作、径向送进与退出运动、工件的旋转和送进运动。立式精锻机技术规格见表 1—3。

表 1—3　　立式精锻机技术规格

型号	锤头数(个)	设备吨位(t)	打击次数(次/min)	可锻工件最大直径(mm)	可锻工件最大长度(mm)	直径上一次最大压缩量(mm)	锤头调节量(mm)	主电动机功率(kW)	轮廓尺寸(长×宽×高)(m×m×m)	主要用途
D61-80	3	100	600	80	1000	14	36	28	3×3×4.5	热锻实心轴
D61-80A	3	100	600～800	80	1000	—	40	40	2×1.7×3.6	热锻实心轴
D63-80	3	100	600	80	1000	14	36	28	3×3×6.5	锻实心轴和空心轴
JD63-135	3	100	500	135	1100	18	90	28	1.92×1.89×4.8	热锻实心轴

立式精锻机的工作原理如图 1—29 所示。

立式精锻机的打击动作是靠机械传动实现的，主电动机 4 经 V 带轮 3 及 1 带动传动箱Ⅰ中对称分布的三个传动齿轮 2，经浮动联轴器 5 带动装在锻造箱Ⅱ中相应的三个偏心套 7 中的偏心轴 6 旋转，经连杆带动三个锤头 21 做同步往复运动。

径向送进是通过卧油缸 20 往复运动的活塞杆前端的一段齿条，经一系列齿轮带动锻造箱中的大齿圈 22 转动，带动偏心套 7 下部的齿轮，使偏心套 7 转动，从而使装在偏心套里的心轴的轴心产生位移，以实现径向送进运动。卧油缸活塞杆前端装有滚轮，可由卧鼓 9 上布置的挡块 10 限位，以调节径向尺寸。

夹头 12 靠气动夹紧工件，并由夹头旋转电动机 14 经蜗轮蜗杆减速机构带动夹

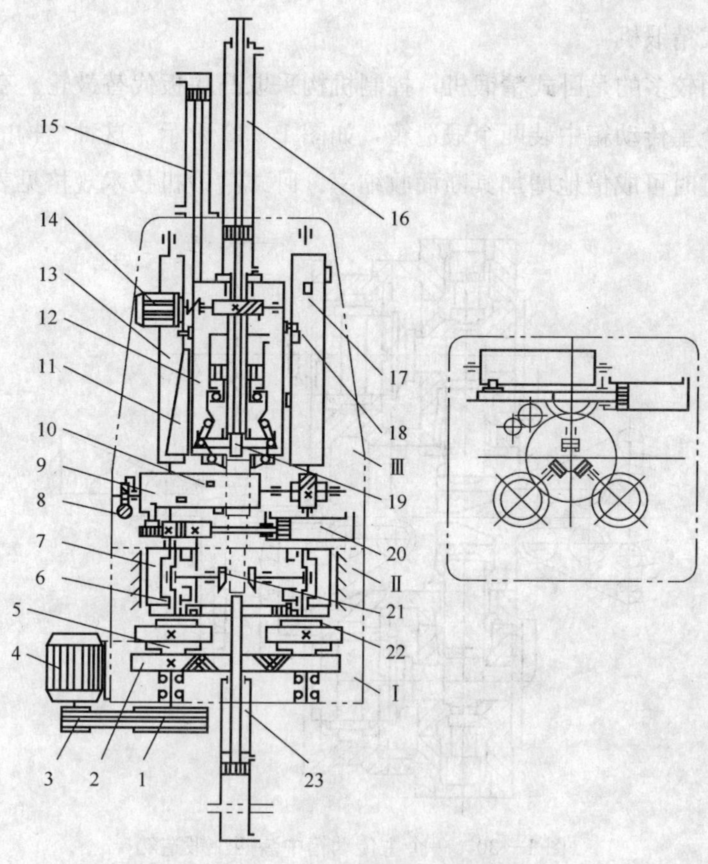

图1—29　立式精锻机的工作原理

1，3—V带轮　2—传动齿轮　4—主电动机　5—浮动联轴器　6—偏心轴　7—偏心套　8—分度机构　9—卧鼓　10，18—挡块　11—锥度板　12—夹头　13—仿形鼓　14—夹头旋转电动机　15—夹头缸　16—心棒缸　17—立鼓　19—心棒接头　20—卧油缸　21—锤头　22—大齿圈　23—反支撑器

持着的工件旋转。在液压驱动的夹头缸15的作用下，夹头沿着床身Ⅲ的导轨上下运动，实现轴向送进。由立鼓17上布置的挡块18限位，以调节轴向尺寸。仿形鼓13下端以齿轮与卧油缸活塞杆齿条相啮合，用预先设计好装在仿形鼓上的锥度板11来控制夹头和锤头的送进运动规律，可锻出锥度轴。分度机构8装在卧鼓左端，在每个工步完成后将卧鼓和立鼓转位，以进入下一工步。

锻空心体时，可将心棒装在心棒缸16活塞杆下端的心棒接头19上，通过心棒缸活塞杆，使心棒做上下运动。锻较重的件或尾部需要支撑的件时，可用反支撑器23来支撑工件，它可与夹头上下随动。机器的径向送进、轴向送进和分度等动作，均由程序控制盘经步进选线器用电液阀按预选动作进行程序自动控制。

（2）卧式精锻机

目前使用较多的是卧式精锻机，控制机构采取凸块板代替鼓轮。有些卧式精锻机甚至在一个主传动箱中装两个锻造箱，如图 1—30 所示。这种结构的优点是能保证在坯料通过时可成倍地增加其断面收缩率。卧式精锻机技术规格见表 1—4。

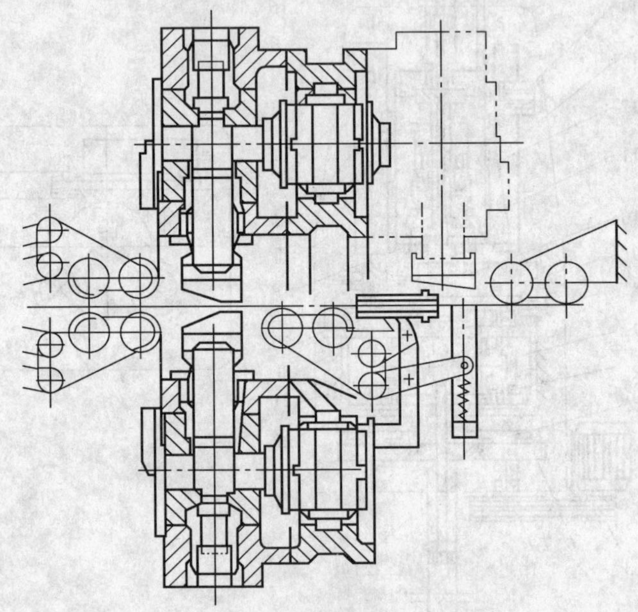

图 1—30　一个主传动箱中装两个锻造箱

表 1—4　　卧式精锻机技术规格

型号	锤头数（个）	设备吨位（t）	打击次数（次/min）	可锻工件最大直径（mm）	可锻工件最大长度（mm）	直径上一次最大压缩量（mm）	锤头调节量（mm）	主电动机功率（kW）	轮廓尺寸（长×宽×高）（m×m×m）	主要用途
DA65－125	2	250	600	125	1 300	—	50	55	5.7×3.1×1.6	热锻实心轴
DA65－85	4	120	600～800	85	700	—	45	55	9×9×2	锻实心轴和空心轴

二、自由锻造设备的规格、调试和维修

1. 自由锻水压机常见故障及其排除措施（见表 1—5）

2. 自由锻水压机的维护保养

水压机的维护保养分为日常的维护保养和定期的中修及大修。前者以锻造操作工为主负责，机修工配合；后者以机修工为主负责，锻造工配合。这里主要介绍日常的维护保养。

表 1—5　　自由锻水压机常见故障及其排除措施

序号	常见故障	产生原因	排除措施
1	充水行程时，活动横梁下降太慢	①充水罐压力过低 ②回程罐排水阀未全部开启	①调整充水罐压力 ②修理回程罐排水阀
2	充水行程时，活动横梁发生剧烈跳动	两回程罐的排水通道横截面积不一致	重新检查、调整或加工，使其横截面积一致
3	活动横梁不能悬空停置	回程缸的排水阀或进水阀泄漏	更换密封或修理阀
4	充水行程时，活动横梁加不上压或加压缓慢	①充水阀泄漏 ②工作缸进水阀未开启或开启不够 ③工作缸排水阀泄漏	①调整充水阀接力器 ②调整进水阀 ③更换密封或修理阀
5	回程时，活动横梁上升太慢	①充水阀未开启或开启不够 ②回程缸的排水阀泄漏	①调整充水阀接力器 ②更换密封或修理阀
6	活动横梁的运动与手柄位置不一致	①接力器串压 ②控制接力器的分配器或油压随动阀阀芯窜动	更换或修理有关零件
7	工作缸漏水	①密封环磨损或刮伤 ②活塞被擦伤 ③活塞与缸孔不同心，使密封环安装位置偏移 ④铜套变形	①更换密封环 ②修理活塞擦伤 ③调整活塞与缸的中心，使两者重合 ④修理或更换铜套
8	工作缸体窜动	缸体法兰上的螺栓松动或折断	拧紧或更换螺栓
9	横梁、立柱、工作台等运动部件擦伤	①润滑不足 ②氧化皮或污物进入滑动面或工具擦伤	①修理润滑系统，保证润滑良好 ②清洗污物，修理擦伤部分
10	机架晃动	①立柱紧固螺母松动 ②缓冲罐空气太少或压力太低 ③偏心锻造	①紧固立柱螺母 ②调整缓冲罐空气压力 ③注意避免偏心锻造

续表

序号	常见故障	产生原因	排除措施
11	活动工作台自行窜动	①控制活动工作台进、退的排水阀或进水阀泄漏 ②活动工作台活塞密封损坏	①修理阀 ②更换密封
12	水压机停车时，充水罐水位下降、压力降低	充水罐安全溢流阀泄漏	修理阀或更换密封

（1）经常检查紧固件的紧固情况，如管道连接的螺栓、螺母，水压机缸、梁、柱上的螺栓、螺母等。

（2）全部液压系统都应在 0℃以上的温度下工作。天气特别寒冷时，应采取必要的保温措施，以免水液冰冻。

（3）经常检查验证水位指示器的灵敏性和可靠性。

（4）经常检查工作缸和回程缸的密封情况，及时修理和更换损坏的密封圈。

（5）用气缸油对立柱进行润滑，对用油泵供油润滑的应检查油路是否畅通。

（6）保持立柱、导套的清洁，防止工件氧化皮黏附在其上。

（7）检查操作机构是否轻便、灵活、准确和安全，否则不能进行生产。

（8）水压机运行前应空运转 3～5 min 后，检查各运动部分的密封等情况，低压罐充气到规定压力后方能进行锻造。

中修和大修的工作内容主要是对水压机的工作缸及其柱塞、回程缸及其柱塞、横梁、立柱、活动工作台、操纵机构等进行拆卸检查、修理，更换磨损严重的零件。

3. 精锻机的维护保养

精锻机属于高速精密锻造设备，集机、电、液、气于一体，主要包括液压传动部分和机械传动部分。为保证精锻机的正常使用，必须对上述两部分进行维护保养。

（1）液压系统

液压油是液压系统的工作介质，必须保证具有优良的物理和化学性能，油质清洁，液压系统才能可靠工作，所以液压油必须符合质量标准。

设备停运一段时间后再启动时，应空负荷运行一段时间，聆听各泵运转有无异常噪声及振动情况，检查系统管道有无漏油现象，系统各部压力是否稳定，是否在规定范围内。

在给油箱补油时要进行过滤，加完油后油箱盖要密封好，防止灰尘进入。处理漏油和更换密封或阀块时，新换上的部分酸洗后方可使用，检查泵阀时，必须用高号汽油清洗元件，清洗干净并待汽油挥发后再进行组装。

（2）机械部分

设备各部件的紧固和运动部位润滑良好是使设备正常运转和保证设备使用寿命的前提条件。

定期检查润滑泵及润滑系统，对易出现故障的主要设备或主要部位，要加强维护，如有异常及时停机处理。

定期检查连接固定螺栓是否有松动现象，如发现问题及时解决。

日常注意随时对各泵的声音和运行情况进行检查，发现异常情况及时停机处理，必要时可解体检查。

学习单元 4　编制工艺规程

- 能编制复杂自由锻锻件的工艺规程
- 能设计自由锻专用检测工具

一、复杂自由锻锻件的锻造工艺特点

1. 一般特点

复杂锻件是指形状比较复杂，锻造成形比较困难的锻件。复杂锻件是相对于杆件、环件、饼形件、模块等形状简单锻件而言的，两者没有十分明显的界定。复杂锻件的工艺特点如下。

（1）成形工序复杂

复杂锻件成形必须经过多次加热，每次加热需多道工序方能成形。操作中应当恰当地分配材料，选用或特别制备专用工具和量具，每道工序应画出变形图，标出相应尺寸。

（2）材料利用率低

由于加热次数多、火耗大，有的锻件要切割尾部或冲孔，材料利用率一般较低。

（3）技术要求高

复杂锻件成形困难，对操作者的技术水平要求高。体现在要熟练地运用各种工序的变形工艺及其组合、制备工具和量具、计算材料等方面。

2. 特种成形锻件的锻造工艺特点

（1）辊锻件

辊锻是用一对相向旋转的扇形模具使坯料产生塑性变形，从而获得锻件或锻坯的一种锻造工艺，如图1—31所示。

辊锻是轧钢工艺在锻造生产中的应用，它既可以作为模锻前的制坯工艺，也可以直接辊制锻件。前者称为制坯辊锻，后者称为成形辊锻。辊锻件一般是轴类件，或杆形带有小枝芽的锻件。辊锻不适用于回转体类锻件，若用于制坯，最适合生产批量大且要求高的锻件制坯，通过自动控制系统机械手操作。

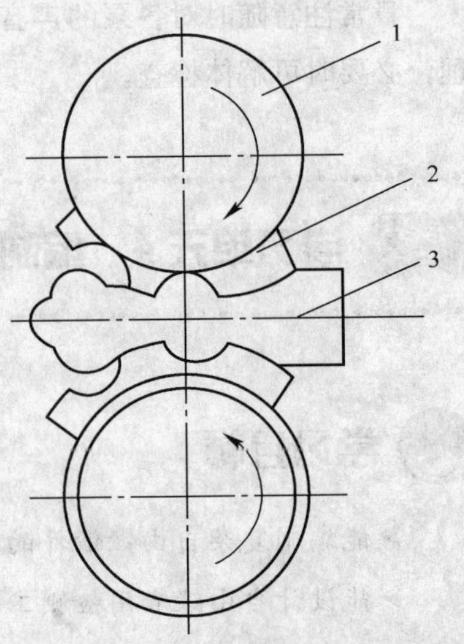

图1—31　辊锻示意图

1—轧辊　2—扇形模块　3—锻件

某轿车连杆的辊锻制坯件如图1—32所示。该件为一根坯料两根锻件。其工艺特点如下。

1）劳动生产率高。一般辊锻件的生产率是锤上模锻的5～10倍。

2）所需设备压力小。辊锻是逐步连续的变形过程，在变形的一瞬间，模具只与坯料的一部分接触，因此所需的变形力小。

3）对厂房要求不高。由于辊锻设备构造简单，容易制造，因此对厂房的要求不高。

4）锻件质量好。辊锻时金属连续变形，使纤维方向按照锻件的轮廓分布，因而延长了零件的使用寿命和提高了锻件的力学性能。例如，叶片、连杆类锻件辊锻后，其金属流线与受力方向一致。

（2）楔横轧件

楔横轧原理如图1—33所示，两个带楔形模具的轧辊，以相同的方向旋转并带

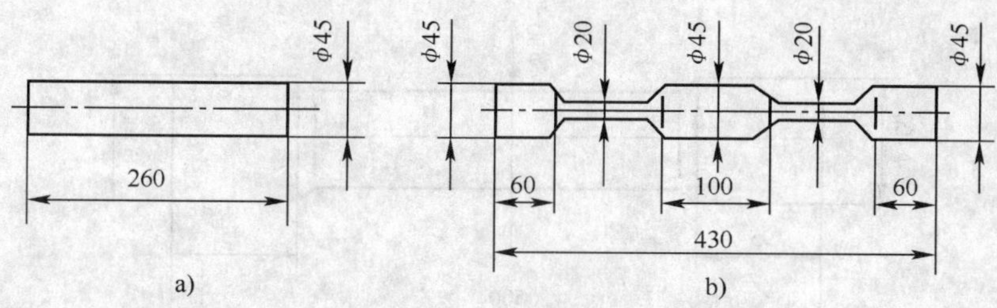

图1—32　辊锻制坯件

a）辊锻前　b）辊锻后

动轧件旋转，轧件在楔形轧辊的作用下，被轧制成各种形状的台阶轴。楔横轧的变形主要是径向压缩、轴向延伸。楔横轧广泛应用于汽车、拖拉机、摩托车和内燃机等的轴类零件坯料的生产。

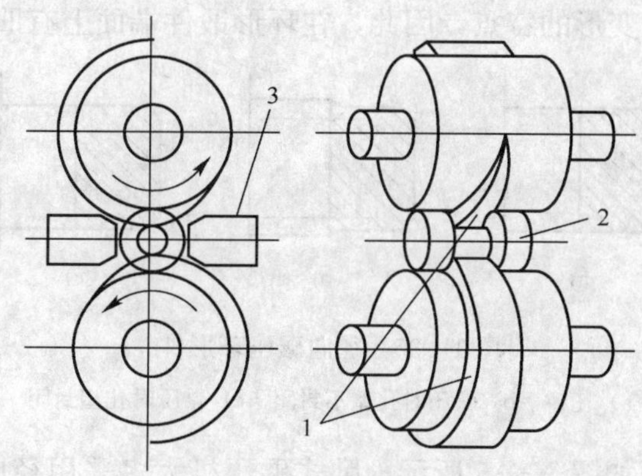

图1—33　楔横轧原理图

1—带楔形模具的轧辊　2—轧件　3—导板

楔横轧与辊锻相比，有相同之处，即都是利用机器上、下轧辊做圆周运动使金属在模具中变形；其不同之处为，辊锻是上、下轧辊旋转方向相反，金属主要在操作者的前后方向变形，楔横轧是上、下轧辊旋转方向相同，金属主要在操作者的左右方向变形。此外，两者所用的模具也是不同的。

楔横轧件只能是台阶类锻件，楔横轧适用于大批量生产轴类。辊锻的应用范围比楔横轧的广泛。

楔横轧件举例如图1—34所示。其工艺特点如下。

1）生产效率高。比一般工艺生产效率高几倍到几十倍。

2）产品精度高。产品尺寸精度高，表面粗糙度值小，具有显著的节材效果。

3）模具大而复杂。模具大并且比较复杂，故它一般适合于轧制长度小于1 200 mm、年批量大于3万件的轴类零件。

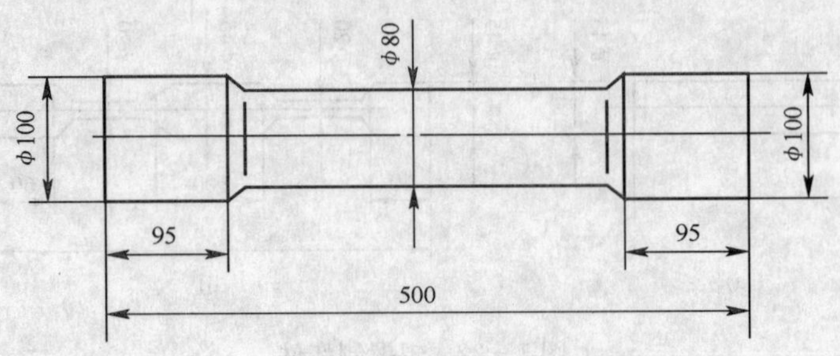

图 1—34 楔横轧件

(3) 碾扩件及其工艺特点

碾压有径向碾压和径向—轴向碾压两种方式。

径向碾压是在径向碾压机上进行的。径向碾压环形件断面如图 1—35 所示。由于金属变形具有表面变形的特点，因此，在环形锻件端面上有凹坑出现。

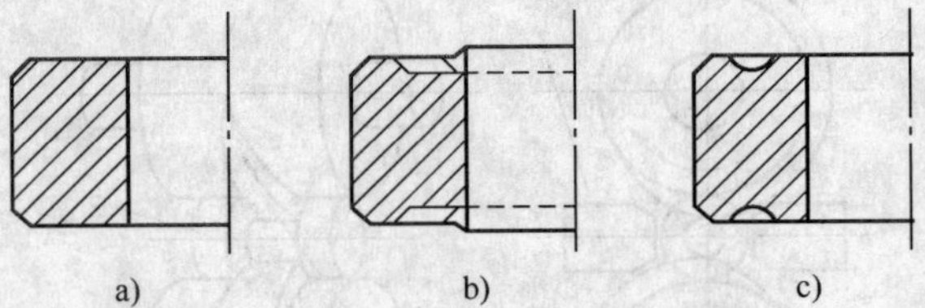

图 1—35 径向碾压环形件

a）坯料 b）碾压时孔型不封闭 c）碾压时孔型封闭

径向—轴向碾压如图 1—36 所示。卧式碾压机大多采用径向—轴向碾压扩孔。它用一对径向轧辊和一对轴向轧辊，分别轧制环的壁厚和环的高度。其特点是轧制的圆环具有平直的端面，模具更换次数少。

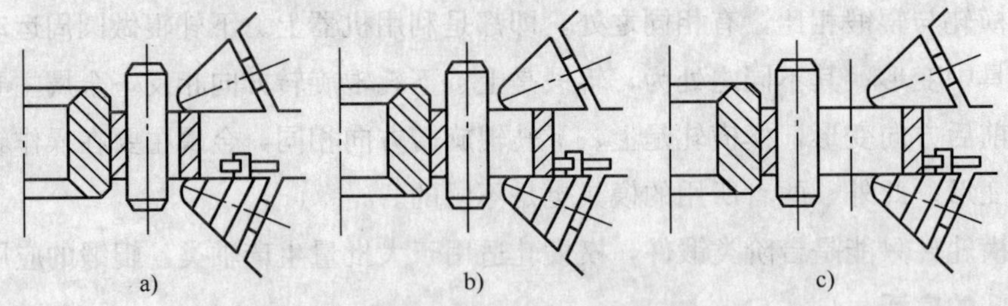

图 1—36 径向—轴向碾压

a）碾压开始 b）随动开始 c）碾压结束

碾扩是在专用的扩孔机上对在其他设备上锻得的环形坯料进行碾压，使其壁厚减薄而内孔、外径同时变大的工艺。碾扩也可称为扩孔机上扩孔。从变形特点来看，碾扩可以视为沿着环形坯料圆周进行连续的拔长工序。碾扩工艺只能用于生产环形锻件。碾扩件举例如图 1—37 所示。碾扩工艺广泛用于生产发动机大型号齿圈和汽车、拖拉机齿轮箱里的盆形齿轮，也可以用于生产各种规格的轴承内、外圈。

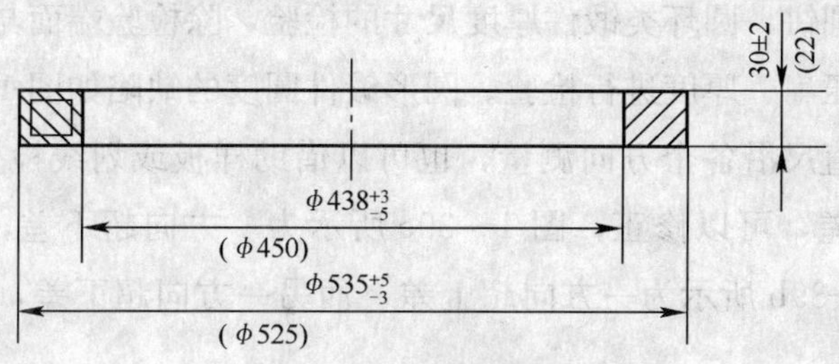

图 1—37　碾扩件

碾扩件工艺特点如下。

1）变形小。用碾扩工艺制备的环形碾扩件具有坯料旋转、变形连续、压下量小，并发生表面变形的特征。

2）精度比自由锻高。碾压圆环的壁厚误差小，圆度误差小，尺寸精度高，形状可接近于零件截面的形状。

3）材料利用率和生产效率比自由锻高。碾扩件工艺和自由锻相比，材料利用率可提高 10%～20%，机械加工时间可减少 15%～25%，生产效率可提高 30%左右。

4）生产周期短、费用低、劳动条件好。碾压的生产周期短，投资费用低，劳动条件好。它生产的环形锻件的尺寸范围很宽，一般直径为 40～10 000 mm，质量可达 6 t 或更大。

5）碾压机需与制坯设备配套使用。一般情况下，碾压前坯料需经过加热、镦粗、冲孔等制坯工序。

二、设计自由锻专用检测工具

实际生产中，各类锻件常出现一些不规则的形状，而且要求严格检验各典型锻件的尺寸和整体形状或局部形状。

1. 一般检验

（1）锻件高度检验

对于方块、圆饼、圈类锻件高度尺寸的检验，主要是检验锻件中的秃角。秃角是该类锻件的缺陷，如图 1—38 所示，一般能用通用量具直观地量出，有时

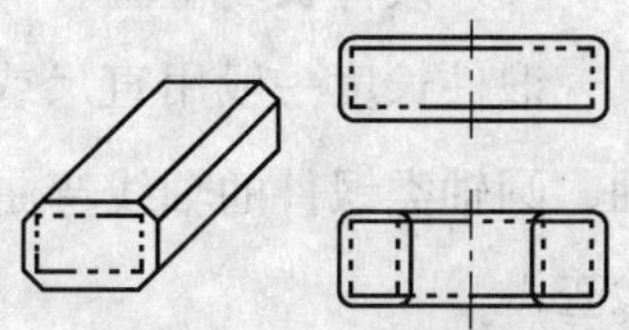

图 1—38　锻件的秃角

也需借助样板或划线才能发现。秃角过大会导致机械加工余量不足。

（2）锻件厚度检验

对于圆轴、圆饼、圆环类锻件厚度尺寸的检验，除检验端面与圆周秃角外，还要对圆度、局部压扁、厚度进行检验。圆形锻件圆度的缺陷如图 1—39 所示，这类缺陷可用卡钳、直尺沿各个方向测量，也可以借助样板或划线检查。图 1—39a 所示为一方向超上差，可以修正；图 1—39c 所示为一方向超下差，加工余量不够，可能报废；图 1—39b 所示为一方向超上差，而另一方向超下差，可通过改锻后达到加工尺寸。

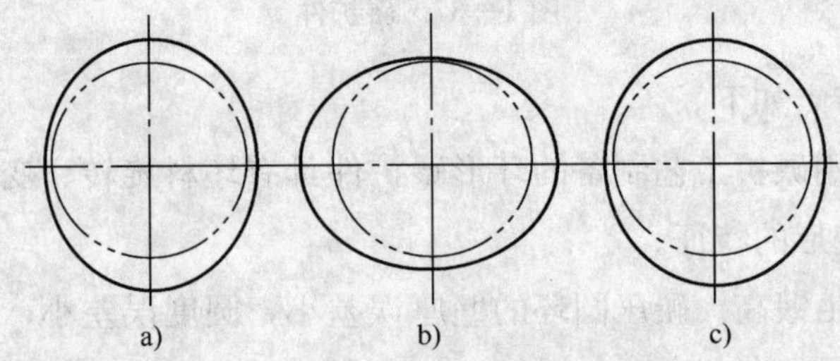

图 1—39　圆形锻件圆度的缺陷

a）一方向超上差　b）一方向超上差，另一方向超下差　c）一方向超下差

对于方轴、扁板形类锻件出现的角棱，如图 1—40 所示，图中 H 能达到加工要求，而 H_1 可能达不到加工要求而出现角棱。锻件的角棱一般用卡钳量取两个对角线发现，也可用 90°角尺在截面上作出简单的划线发现。

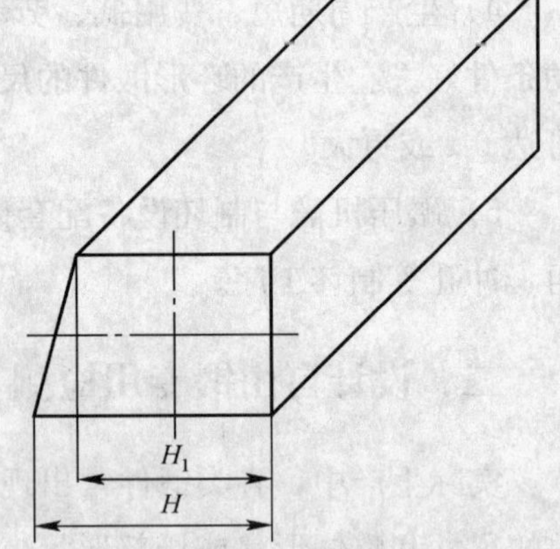

图 1—40　方形锻件的角棱

对于方截面轴出现凸肚或凹陷形截面的缺陷，如图 1—41 所示，该缺陷是由锻造中砧面磨出凹陷，或拔长后侧面平整工序不够所致。侧面尺寸 H_1 应满足加工尺寸，而 H 为假想尺寸，不可作为依据。

（3）锻件长度检验

锻件长度一般用直尺或样板检验。对于方轴、圆轴类锻件的轴线弯曲或扭曲的缺陷，如图 1—42 所示，可用划线或直观方法检查。

2. 部位检验

（1）圆角半径检验

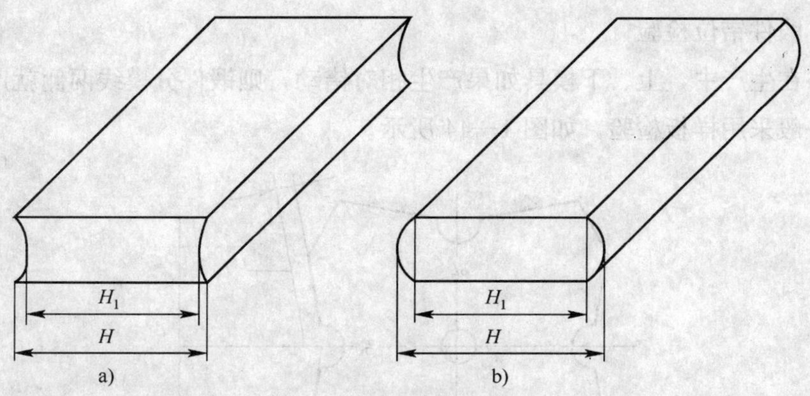

图 1—41 方截面轴锻件的凸肚和凹陷

锻件上的圆角半径分为内、外圆角半径，对这些部位的检验，一般根据锻件图，按 1∶1 的比例制作相应的检验样板。检验内圆角半径时，样板做成凸圆形状；检验外圆角半径时，样板做成凹圆形状。

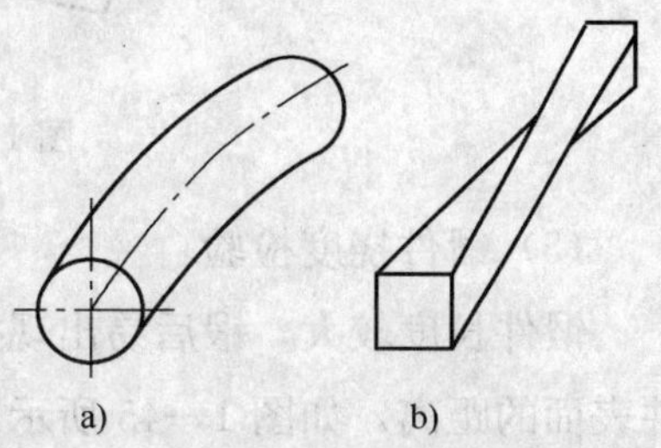

图 1—42 轴线弯曲或扭曲的锻件

a）圆轴的轴线弯曲 b）方轴的扭曲

（2）锻件角度检验

锻件上角度的检验方法，一般采用角度靠板或角度样板，特殊角度需根据锻件图，按实际角度制作相应的检验样板。

（3）孔径检验

当锻件内孔采用冲孔加工时，采用塞规检验锻件内孔的孔径；当锻件内孔孔径较大时，如孔径很大的轮毂、轮缘，采用样板检验，如图 1—43 所示。

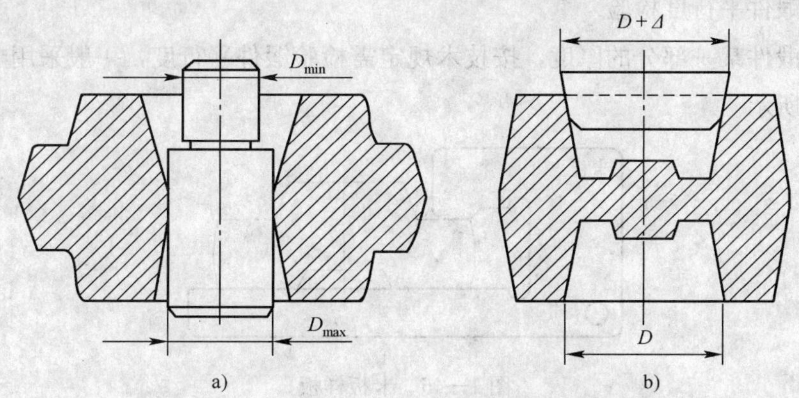

图 1—43 锻件孔径检验塞规和样板

a）孔径塞规 b）轮缘孔径样板

（4）锻件错位检验

锻件在生产中，上、下模具如果产生相对错动，则锻件分模线两侧就产生错移偏差，一般采用样板检验，如图 1—44 所示。

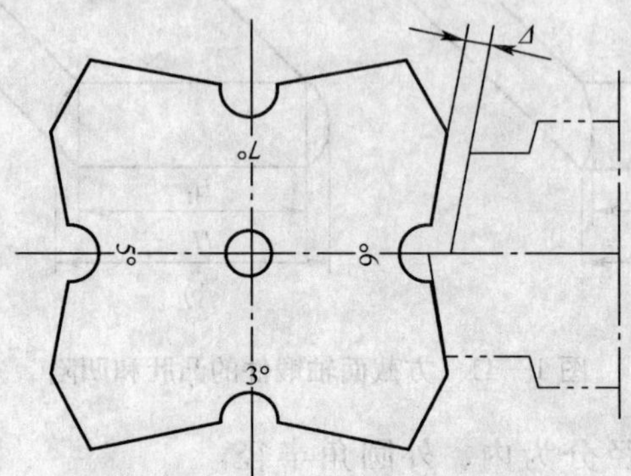

图 1—44　锻件错移检验样板

（5）锻件挠度检验

锻件长度较大，锻后易出现挠度，对其检验，一般是采用靠板，测量靠板与锻件表面的距离，如图 1—45 所示。若锻件长度过大，属于大型锻件，可采用拉线的方法检验、测量锻件最大挠度。

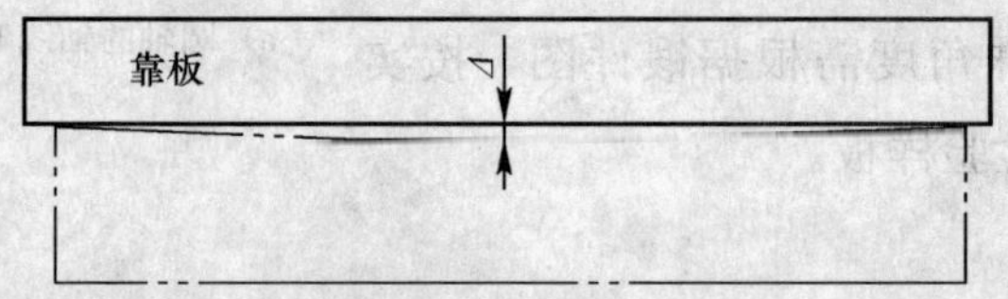

图 1—45　锻件挠度检验

（6）锻件平行度检验

根据锻件某一部分的厚度，按技术规定需检验锻件平行度，一般采用卡板，如图 1—46 所示。

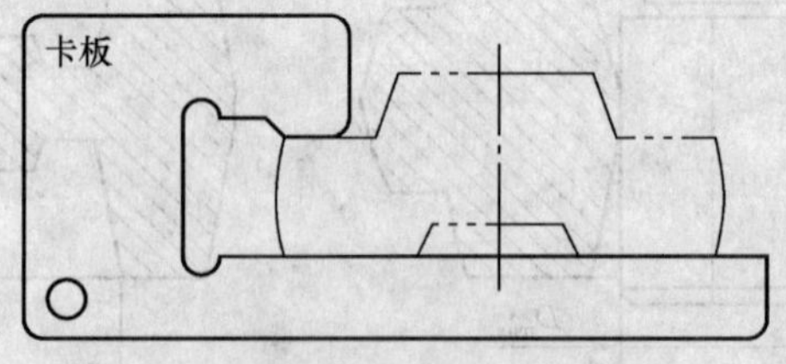

图 1—46　卡板样板

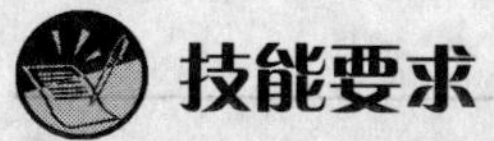

技能要求

一、实例一

1. 工作名称

编制半轴锻造工艺规程。

2. 工作条件

锻件名称：半轴。

锻坯材料：18CrMnTi。

毛坯质量：25 kg。

设备：0.75 t 空气锤。

3. 工作过程

（1）审核锻件图

半轴锻件图参见表 1—6，为一端带法兰的细长轴类锻件，法兰部位呈阶梯形状，且有一定径向尺寸差，所以在锻造时应将此阶梯形状锻出。靠近细长轴杆端部有一圆周凸起部分，与细长轴直径差较小，可以按凸起部分直径锻造细长轴，由于凸起部位轴向长度较小，为减小坯料质量和加工余量，锻造时需将凸起部分锻出。

（2）确定工序

半轴锻件基本锻造工序为：坯料镦粗、剁刀切槽、摔模摔出法兰端部、拔长细长轴、锻出凹档、修整。

（3）操作说明

坯料镦粗时，外径应为 ϕ130 mm，采用三角剁刀在距端部 50 mm 处切槽，切槽深度为 10 mm，用成形胎具（摔模）锻出法兰，见表 1—6。

拔长细长轴时，先用垫环锻出阶梯部分，然后再按直径 ϕ81 mm 进行拔长。

在距法兰端部 152 mm 处锻出最小阶梯部分，然后再按直径 ϕ70 mm 进行拔长。

根据锻件图，锻出凹档部分（直径为 ϕ55 mm，长度为 287 mm），留出 90 mm 长的凸起部分，再按 ϕ60 mm 直径拔长出细长轴端部。

（4）工序简图

工序简图见表 1—6。

表 1—6　　半轴锻造工序简图

锻件名称	半轴	
坯料质量	25 kg	
坯料尺寸	ϕ130 mm×240 mm	
材料	18CrMnTi	
设备	0.75 t 空气锤	

加热次数	工序说明	变形简图	工具
1	锻出头部		成形胎具
	拔长		
	拔长及修整台阶		垫环
	拔长并留出台阶		

续表

加热次数	工序说明	变形简图	工具
1	锻出凹档及拔长端部并修整	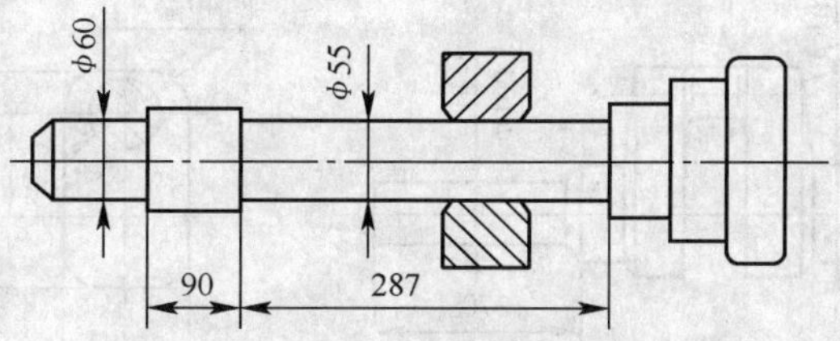 φ60　φ55　90　287	

4. **注意事项**

(1) 注意工序规则，例如镦粗时，高径比应小于 3。

(2) 压肩时应保证各部分有足够的体积。

二、实例二

1. **工作名称**

编制单拐曲轴锻造工艺规程。

2. **工作条件**

锻件名称：单拐曲轴。

锻坯材料：45 A。

毛坯质量：300 kg。

锻件质量：240 kg。

3. **工作过程**

(1) 审核锻件图

单拐曲轴锻件图参见表 1—7，其两端为长轴类锻件，中间部位有凹档，曲柄臂呈两个长方体，并与 ϕ140 mm 曲柄颈相连。为减小锻件质量和加工余量，锻造时需将曲柄部分锻出。

(2) 确定工序

单拐曲轴基本锻造工序为：钢锭镦粗、拔长、剁刀切槽、拔长细长轴、摔模整形、锻出凹档、修整。

(3) 操作说明及工序简图

单拐曲轴基本锻造工序操作说明及工序简图见表 1—7。

4. **注意事项**

(1) 注意工序规则，例如镦粗时，高径比应小于 3。

表 1—7　　　　单拐曲轴基本锻造工序操作说明及工序简图

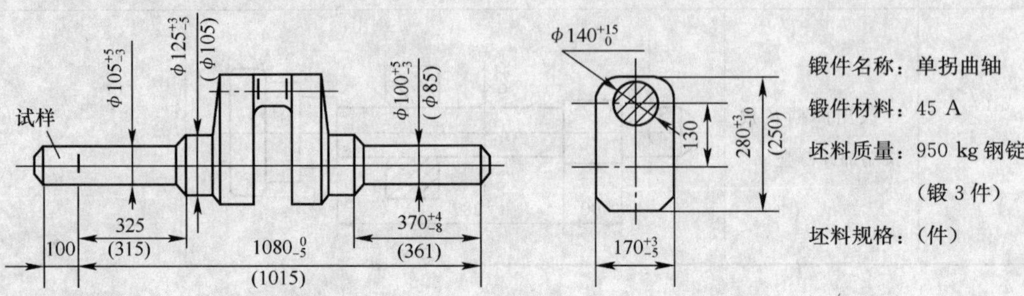

加热次数	温度（℃）	操作说明	变形过程图	设备	工具
1	1 200～780	1. 拔冒口端，切除冒口 2. 掉头锻成扁方 3. 去底部	180　300　~560 ~1500　~110	3 t 空气锤	剁刀
2	1 200～780	4. 切肩 5. 拔出一端为 125 mm × 125 mm 的方形 6. 切下一件 7. 掉头锻另一端为 125 mm × 125 mm 的方形 8. 冲孔	220　95　300　110 70　50　220　125方 220　125方　125方　180　80　300 125方　125方　65方		三角压铁、剁刀、冲头

续表

加热次数	温度（℃）	操作说明	变形过程图	设备	工具
3	1 200～780	9. 锻两端为 ϕ125 mm 10. 去连皮 11. 成形 12. 切头 13. 校正			压辊、摔模、剁刀、测量样板

（2）压肩时应保证各部分有足够的体积。

（3）曲柄颈摔圆时，注意曲柄臂间距不要超过 80 mm。

三、实例三

1. 工作名称

连杆锻件专用检测工具设计。

2. 工作条件

锻件名称：连杆。

锻坯材料：45 钢。

连杆锻件如图 1—47 所示。

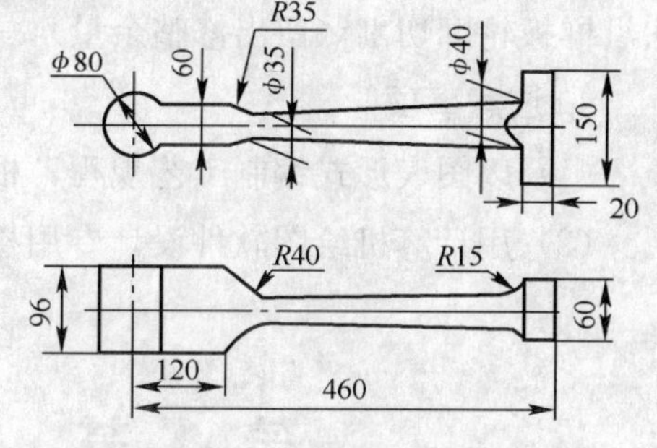

图 1—47　连杆锻件图

3. 工作过程

（1）选择材料

考虑到长久使用，可选用 2 mm 钢板制作样板。若使用时间较短，为制作方便则可选用 1 mm 钢板制作样板。

（2）核对连杆零件尺寸

由连杆锻件图可以看出，中间为锥体，与两端连杆头有过渡圆弧 R40 mm 和 R15 mm，其中一连杆头呈圆柱体 ϕ80 mm，与扁方体 96 mm×60 mm 有过渡圆弧，为此，需要制作样板，以便对锻件进行检验。

（3）绘制连杆样板

连杆外形比较复杂，其检验样板可以做成三部分，图 1—48a 和图 1—48b 所示为两个侧面轮廓样板，图 1—48c 所示为一连杆头检验样板。

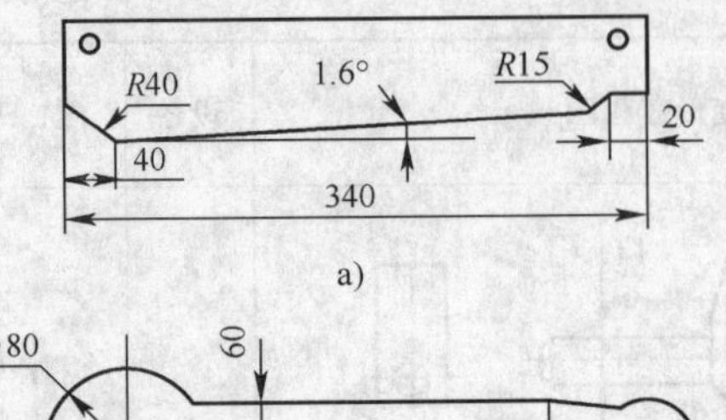

a)

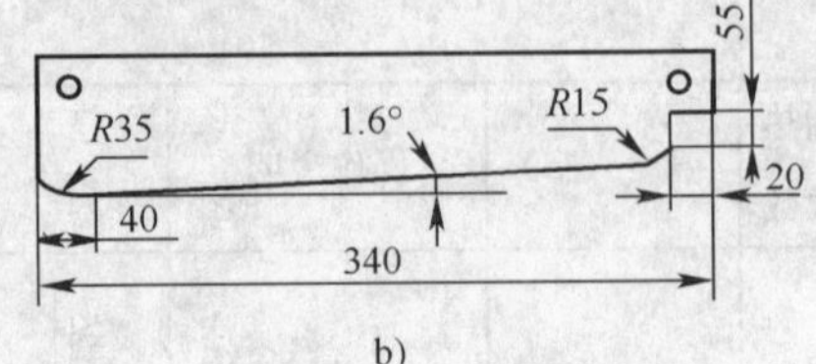

b)

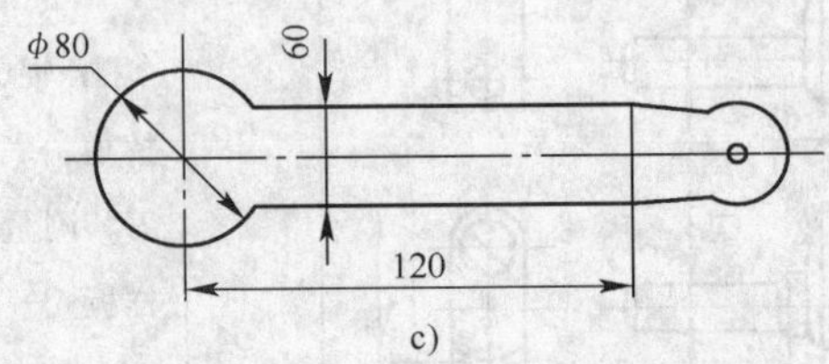

c)

图 1—48　连杆检验样板

（4）样板尺寸审核

样板绘好后应对样板各部分尺寸进行审核，参照锻件图逐一核对，根据锻件图尺寸公差，可对样板尺寸作适当放大或缩小。

（5）确定样板加工工艺

选定样板钢板材料，剪床下料，裁成长方形条料，按样板图划线，采用气割方法沿样板轮廓切割（留出修整余量），由钳工按样板轮廓修整。

4. 注意事项

（1）以图表形式编制工艺规程，根据锻造工艺绘制工序简图。

（2）用计算机绘图软件设计专用检测工具，以使专用检测工具设计更加精确。

第 2 节　工 件 锻 造

学习单元 1　锻件试制

学习目标

➢能针对新材料锻件试制过程中出现的技术问题提出改进意见

➢能解决新材料锻件试制过程中出现的技术问题

知识要求

一、新材料锻件试制过程

随着材料科学的不断发展，新型材料不断出现，一些合金类材料，如铝合金、镁合金、铜合金、钛合金、高温合金。其中，高温合金又称耐热合金，是具有高抗腐蚀性、耐高温和高温强度高的近代新型材料之一。根据合金中所含金属成分的不同，高温合金可分为铁基合金和镍基合金。以铁元素为基体，加入其他合金元素的高温合金为铁基高温合金，该铁基高温合金又按其正火后的组织分为珠光体型、马氏体型和奥氏体型三种基本类型。以镍元素为基体，加入其他合金元素的高温合金为镍基高温合金，其基体组织为奥氏体。

另外，还有钴基合金、铬基合金和铜基合金，它们的稳定性好，使用温度可达1 000℃以上，但是塑性差，难成形。

1. 新材料样品试制

（1）下料

坯料的切断一般采用冷切（型材切割机切断、车削等）或热切（坯料加热至650～800℃采用锻锤或剪床进行），尽量不要用气割方法。为达到锻件表面质量要求，应首先清除坯料表面的缺陷，并通过坯料表面的粗加工或粗磨（棒料车削或无心磨）来达到质量要求。下料数量少，一般不超过20件。

（2）试生产

坯料一般采用电阻炉加热，控制加热速度、加热时间，锻造时注意坯料颜色的变化及锻造方法、锤上锻造时间及加热次数，并对上述过程做好记录。锻件按工艺规程锻造，锻后封存，用于进行机械加工和最终热处理，目的是考核锻件的成形性能及零件的性能，考核产品是否合格。

（3）检验

坯料锻后注意锻件表面缺陷及氧化皮脱落量，在锻造中应尽量减少氧化皮，必要时可对锻件进行金相组织分析检验，并写出锻件检验报告，向锻件用户出具锻件合格的书面意见报告，以备存档。

（4）向生产部门反馈

将试生产记录、相关检验报告及向锻件用户出具的锻件合格书面意见报告汇总，提供给生产部门，并制定相关锻造工艺，组织小批量生产。

2. 小批量生产

（1）下料

选定下料方法，一般均采用机械下料，按生产部门制订的计划准备生产所用坯料。其下料数量为供一个班次生产或能考核模具寿命的数量。

（2）小批量生产

在加热过程中确定坯料装炉量或装炉顺序间隔，控制好炉温（最好有监控炉温装置），坯料出炉与锤锻之间的衔接，应缩短其间隔时间，以保证锻造温度，并对上述过程做好记录。制出专用模具或工量具，考验模具的使用寿命，寿命短会影响大批量生产。在小批量生产中可采取多次生产试制过程。

（3）检验

采取抽样检验的方法，对小批量生产的锻件进行检验。发现并解决锻件质量问题，试制者应全力以赴，处处小心谨慎。锻件合格后，模具使用寿命达到预期目标方可转入大批量生产阶段。

（4）向生产部门反馈

将试生产记录及相关检验报告汇总，并制定相关锻造生产工序流程，提供给生产部门，组织大批量生产。

3. 大批量生产

（1）建立质量检验体系

锻件在生产过程中，其质量取决于生产过程中各项质量因素的变化，包括工艺方案的确定、各类锻件的标准规范、操作者的技术水平、材料、设备、工装及锻造方法等，在生产制造过程中要研究、掌握锻件质量的变化规律，通过质量管理手段来改善各项因素，达到控制和提高锻件质量的目的。

1）确定合理的工作程序。对工作的全过程应划分为若干阶段，而每一阶段又分解成若干工序。

2）明确规定各道工序的单位、部门，建立专人负责、专人解决制。

3）建立岗位责任制，制定工作标准。

4）明确相互关系。

（2）确定工时定额

根据实际设备等情况，确定工时定额。

（3）制作检测器具

锻件质量检验一般包括表面质量、几何形状和尺寸检验以及硬度检验。其中，几何形状和尺寸检验需用常规通用量具，如直尺、卡钳、游标卡尺等；形状复杂的锻件应采用样板或局部样板、专用工具检验，根据锻件图的技术要求，制作相应的检验样板，如角度样板、圆弧样板、极限尺寸卡板、错移样板、内孔检验塞规等。

二、解决新材料锻件试制过程中出现的技术问题

1. 确定工艺方案

在新材料锻件试制过程中，应根据材料的组织特点和加热特点，掌握其锻造全过程应遵循的原则及操作要点，编制合理的锻造工艺，达到锻件所需的质量。

（1）确定锻造工序

新材料锻件锻造工序的确定，一般根据组织和加热的特点来进行，如高合金钢锻造时应注意以下问题。

1）钢锭坯料。由于其组织晶界脆弱、偏析严重且初晶粗大，开始锻造时要轻打，将组织初步击碎。当皮下气泡焊合、表面金属材料强度增加时便可重击，确保钢锭内部锻透。在接近终锻温度时，由于塑性下降，需轻打轻锻，以免残余应力加大。

2）变形均匀。在操作中应采用较大吨位的锻造设备及较大的锻造比，并采用镦粗和拔长交替进行的锻造方法，使碳化物细化并均匀分布。在拔长过程中尽量达到变形均匀，且送进量应控制在砧宽的60％～80％范围内。

3）工具预热。变形量较大时应在高温下进行，坯料接触工具会使锻件温度下降，从而影响坯料塑性，容易开裂，因此，必须预热工具，预热温度不超过250℃，同时应避免低温下进行倒角、冲孔和扩孔等。

4）采用V形砧。上、下V形砧角度一般取90°～150°，砧两侧面要倒圆角，圆角半径为坯料半径的0.2～0.3倍。小型锻件可用上平砧、下V形砧或在摔模内拔长。

5）锻后处理。锻造结束后应优先选择炉冷或缓冷方法。

（2）确定加热规范

高合金钢的加热特点是升温速度慢和锻造温度范围窄。

1）导热性能差。高合金钢的导热性远远低于碳钢，而且随着合金元素的种类和含量增加而降低，应采用低温装炉和缓慢加热，否则易引起裂纹。当温度升高到850℃以上时，由于钢的塑性提高，导热性有所改善，这时便可加快升温。

2）锻造温度范围窄。高合金钢的成分比较复杂，始锻温度比碳钢要低一些，高合金钢的再结晶温度高、升温速度慢，变形抗力大、塑性低，终锻温度又高于同类的碳钢，一般碳钢的锻造温度范围为350～400℃，而高合金钢只有100～200℃。总之，高合金钢锻造温度范围比碳钢窄。

3）高合金钢钢锭偏析严重、内应力大。在锻造加热前，应先进行退火处理，

避免加热时产生裂纹。

4）表面清理。高合金钢钢锭或坯料，在加热前必须检查、清理金属表面的缺陷，采用剥皮清理后加热，以防加热时缺陷进一步向内扩展。

2. 解决试制过程中出现的技术问题

（1）一般问题

在锻造过程中，应及时发现问题，如锻造温度下降时应及时回炉加热，在锤击中因锤击热效应使坯料温度上升时，应停锤一段时间，待温度正常后再锻打。锻打时应采用“轻—重—轻”“两均匀”规则，镦粗时应勤掉头，不要镦歪，避免中心偏移，防止坯料产生严重鼓形，否则表面易开裂。拔长时注意送进量，以及砧铁、工具的预热温度。

（2）特殊问题

若锻件镦歪或拔歪应立即对角矫正，矫正时两角要对齐。在锻造中发现裂纹应及时清除凿去，凿痕要圆滑，防止凿痕延伸产生新裂纹。

技能要求

一、工作名称

钛合金锻件的试制。

二、工作过程

1. 分析钛合金的特点

钛合金是耐热性高、耐腐蚀性强的有色金属材料，具有良好的塑性，锻造温度偏低时，变形抗力大，在900℃以上锻造时，与钢的塑性差异不大。

2. 样品试制

采用冷切的方法下料，首先清除坯料表面的缺陷，并通过坯料表面的粗加工或粗磨来达到质量要求。对样品加热时，要严格控制炉温。对导热性较低的钛合金，在加热过程中，特别是进入高温阶段后，由于内外温差较大，温度应力较高，应特别小心，防止热应力使钛合金破坏或产生裂纹。对ϕ200 mm以上的坯料应分段加热，即使坯料先在800～850℃预热，然后再升温至始锻温度。坯料在炉内应选择具有均匀温度的区域放置。钛合金在高温下对气体介质氧、氢及氮的亲和力大，这些气体易对钛合金造成伤害，致使锻件质量变坏。危害最大的是氢，会形成钛氢化合物，导致冲击韧度和强度下降，造成“氢脆”。所以，钛合金不宜在高温下停留时间过久，坯料均匀热透便可立即出炉锻造。锻造后应对锻件进行相应的热处理，进行外观及内在质量的检验，并制定相关工艺规程。

3. 小批量生产

样品试制后，根据锻件工艺规程进行小批量生产，关键是要解决好锻件加热过程，钛合金应在有氩气或氦气保护气氛的电阻炉中进行加热，也可采用快速感应加热或在具有良好密封条件的箱式电阻炉内加热。控制装炉量、加热时间、加热温度及坯料出炉间隔，对锻件进行抽样检查，并进一步完善锻造工艺规程。

4. 大批量生产

小批量生产后，根据完善的锻造工艺规程，组织安排大批量生产。在大批量生产中，随时进行抽样检查，确保锻件质量符合技术要求。

三、注意事项

1. 注意钛合金表面质量，必须进行粗加工，清除坯料表面的缺陷。

2. 注意锻造钛合金时，工模具及砧铁必须预热，一般预热温度不超过250℃。

学习单元2　特殊合金钢锻造

- 掌握基体钢的锻造工艺
- 掌握钛合金的锻造工艺

一、基体钢及其锻造工艺

1. 基体钢简介

基体钢是一种特殊用途工具钢，其化学成分相当于高速钢的基体成分，在正常热处理后其组织与高速钢基体相同。这种钢具有接近高速钢的强度并且具有相当好的韧性，可用来制造高硬度耐冲击工具。

近几年来，我国开展了对基体钢的大量研究工作，取得了很大的成效。其中适合用来生产挤压模具的基体钢有 5Cr4Mo3SiMnAl（简称 O12Al）、8Cr4Mo3Ni2WV（简称 CG－2）、65Cr4W3Mo2VNb（简称 65Nb）、7Cr7Mo3V2Si（简称 LD1）等四种。这些新钢种的共同特点是在国内外现有基体钢的基础上，重新调整合金元素，用铌、镍和硅、锰等合金元素使之进一步合金化。钢的奥氏体合金化程度高，固溶强化和二次硬化效果显著，具有高的韧性和耐磨性。经热处理后，具有细小而均匀分布的过剩碳化物，当硬度为 62～64HRC 时，疲劳强度及韧性均优于高速钢。

这些新型模具钢的化学成分、锻造温度范围、热处理规范以及力学性能分别见表 1—8、表 1—9、表 1—10、表 1—11。

表 1—8　　国内几种新型基体钢的化学成分

钢号	化学成分（%）								
	C	Si	Mn	Cr	Mo	W	V	S，P	其他
CG－2	0.55～0.64	≤0.4	≤0.4	3.8～4.3	2.8～3.3	0.9～1.3	0.9～1.3	≤0.03	Ni1.8～2.2
O12Al	0.47～0.57	0.8～1.10	0.8～1.1	3.8～4.3	2.8～3.3	—	0.9～1.2	≤0.03	Al0.3～0.7
65Nb	0.6～0.7	≤0.35	≤0.4	3.8～4.4	2.0～2.5	2.5～3.0	0.8～1.1	≤0.035	Nb0.2～0.3
LD1	0.7～0.8	0.7～1.2	≤0.5	6.5～7.0	2.0～2.5	—	1.7～2.2	≤0.03	—

表 1—9　　国内几种新型基体钢的锻造温度范围

钢号	加热温度（℃）	始锻温度（℃）	终锻温度（℃）	冷却方式
CG－2	1 100～1 140	1 050～1 080	850～900	砂冷≤150℃
O12Al	1 100～1 140	1 050～1 080	≥850	砂冷≤150℃
65Nb	1 120～1 150	1 100	850～900	砂冷≤150℃
LD1	1 120～1 130	1 100	≥850	砂冷≤150℃

表 1—10　　国内几种新型基体钢的热处理规范

钢号	退火处理					淬火处理		回火处理					
	加热		球化		硬度（HBW）	加热温度（℃）	加热系数（s/mm）	第一次回火			第二～三次回火		
	温度（℃）	时间（h）	温度（℃）	时间（h）				温度（℃）	时间（min）	冷却方式	温度（℃）	时间（min）	冷却方式
CG－2	810	2～3	660	4～6	241～270	1 100	18～25	540	120	空	540	120	59～62
O12Al	860	4	710～720	6	200～230	1 100	30	510	120	油	540	90	60～62
65Nb	860	2	740	5～6	183～207	1 150	15	540	90	空	540	90	58～60
LD1	850	2～3	740	4～6	210～240	1 100	25	540	120	空	540	90	59～62

注：1. 退火加热后以 30℃/h 的速度冷至球化温度。

2. 淬火加热前，在 800～850℃或 500℃及 800～850℃进行一次或 1～2 次预热，预热时间为淬火加热时间的 2 倍以上，加热后进行油冷。由这些数据可知，CG－2 是一种加镍的基体钢，加入镍主要是为了改善钢的韧性，提高热硬性和导热系数，从而提高钢的耐热疲劳性。

表 1—11　　国内几种新型基体钢的力学性能

钢号	抗压屈服强度 (MPa)	弯曲强度 (MPa)	弯曲屈服强度 (MPa)	冲击韧度 (J/cm^2)	断裂韧度 (N/mm$^{3/2}$)
CG-2	254	4 940	3 710	132	692
O12Al	259	4 500	3 690	148.8	564
65Nb	262	5 320	3 700	77.7	608
LD1	365	5 670	3 900	79.7	592

2. 基体钢锻造工艺

(1) 锻造范围

基体钢锻造温度范围一般为 850～1 100℃，在 800℃以下应缓慢加热，大型坯料装炉的炉温宜为 650℃，小型坯料装炉的炉温宜为 750～800℃。

预热段炉温保持在 800～900℃，预热时间按 1 min/mm 计算，加热和均热阶段应保持较高炉温，加热时间一般按 0.5 min/mm 计算，这样加热能够保证质量，但加热时间长，生产成本高。对于一些直径小于 100 mm 的坯料，可采用快速加热，不经预热直接装炉加热，加热时间按 0.6～1 min/mm 计算，这样生产效率高、燃料消耗少、成本低、组织细，沿晶界上的碳化物来不及聚集长大，减少了锻造过程中产生裂纹的危险。

(2) 操作方法

基体钢锻造时，碳化物偏析程度的改善主要取决于锻造比。一般来说，锻造比越大，变形程度越大，网状碳化物就能充分破碎，并均匀地分布在基体中，同时可使材料心部的组织致密。锻造比一般取 12～20 为宜。生产中常用的锻造方法有以下几种。

1) 单向镦粗。只进行一次镦粗即可达到要求。这种方法适用于原材料碳化物偏析级别与锻件要求的碳化物偏析级别比较接近时。毛坯高径比一般应小于 3。

2) 单向拔长。当原材料碳化物偏析级别与锻件要求的碳化物偏析级别相近，且长径比较大时，可采用单向拔长，锻造比一般取 2～4 为宜。

3) 轴向反复镦拔。在坯料轴向反复进行镦粗和拔长，如图 1—49 所示。镦粗到原高度的一半，拔长的长径比为 2～3。

4) 径向十字锻造。将坯料镦粗后，沿横断面中两个相互垂直的直径方向反复镦拔，最后再沿轴向拔出锻件，如图 1—50 所示。

(3) 防止心部开裂

锻造中控制锻造温度范围，采用“轻—重—轻”的操作方法，坯料的温度和变形要均匀，倒角时对角线应垂直于砧面，且要轻打，以防材料心部开裂。

(4) 防止镦粗弯曲

镦粗时若有弯曲发生，应及时矫正。砧面应预热，预热温度为 200～250℃，

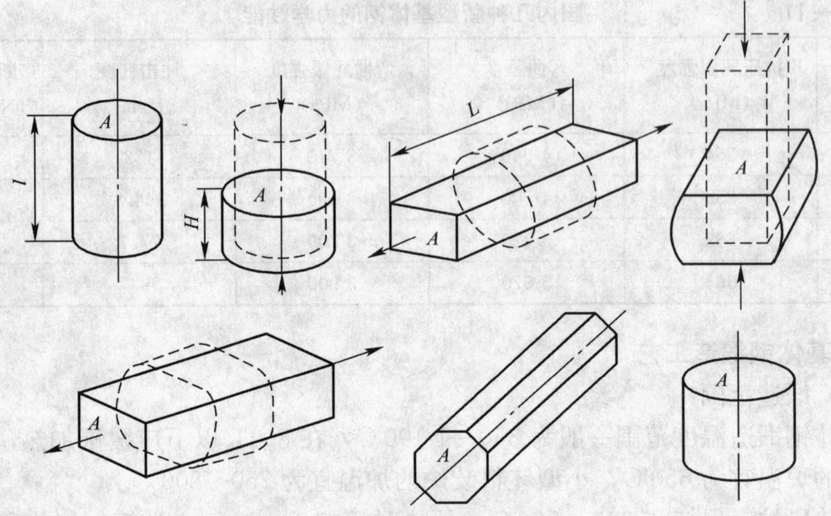

图 1—49　轴向反复镦拔的变形过程

A—与材料纤维方向垂直的面　*H*—镦粗后的高度　*L*—拔长后的长度　*l*—坯料长度

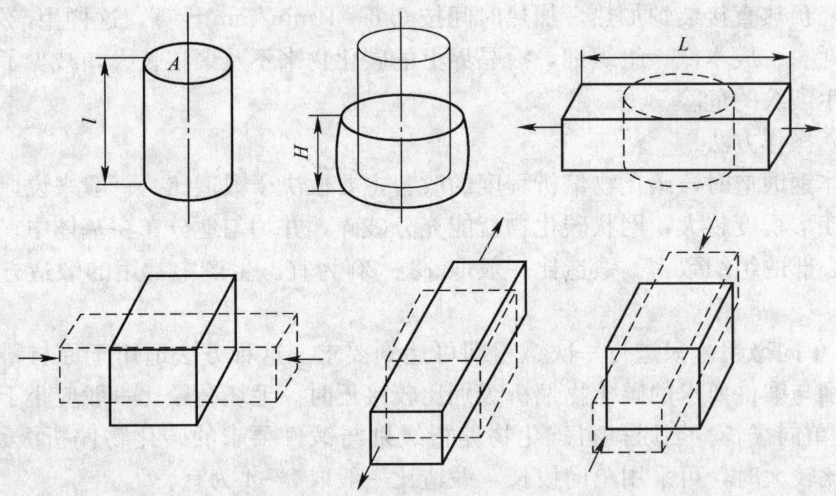

图 1—50　径向十字锻造的变形过程

H—镦粗后的高度　*L*—拔长后的长度　*l*—坯料长度

砧面要保持光洁。发现锻件裂纹时，应及时凿除，且痕迹要圆滑。

二、钛合金及其锻造工艺

钛合金是密度小、强度高、耐热性好、耐腐蚀性强的有色金属。锻造钛合金需要的能量比锻造碳钢及各种合金钢的多，因此锻造钛合金所需的锻造吨位比锻造碳钢锻件的大。一般来说，锻造钛合金比锻造镍基高温合金要容易些。钛具有两种同素异形结构，在882℃以上是体心立方晶型结构，其组织称为β钛；在882℃以下是密排六方晶型结构，其组织称为α钛。

1. 可锻性

（1）工艺塑性

钛合金在静变形时的塑性比动变形时的高些，尤其在900℃以下的温度下，速度对其塑性的影响更加明显。在高于900℃的温度下，这种影响实际上可以忽略不计。

（2）变形抗力

温度变化对钛合金变形抗力的影响十分明显。钛合金的变形抗力随着变形温度的降低而急剧上升，比合金结构钢快得多。这一特点尤其重要，因为钛合金在锻模中冷却得快，这将会大大提高变形抗力。

（3）流动性

由于钛合金有较大的变形抗力和动摩擦因数，因而它的流动性是比较差的，与铝合金有些相似，不宜采用拔长和滚压工序予以变形。

2. 锻造操作要求

（1）工具、模具应预热至250～300℃，压力机锻模应预热到300℃以上。

（2）模具应进行润滑。常用的润滑剂有胶状石墨与水的混合物、石墨与水基或油基二硫化钼的混合物、重油或机油与石墨的混合物，也可采用玻璃涂层。

（3）钛合金一次加热后的变形量，铸锭可取30%～80%，而锻坯可取40%～80%。

（4）锻造铸锭时，开始轻打然后重击，锻造过程要迅速，并注意及时倒棱。

（5）批量小、尺寸大的模锻件不切边，用机械加工方法切除；对于批量大、尺寸小的模锻件用热切法切除，温度不低于600℃。

3. 锻造工艺

（1）坯料准备

采用冷切的方法下料，首先清除坯料表面的缺陷，并通过坯料表面的粗加工或粗磨（棒料车削或无心磨）来达到质量要求。坯料的切断采用型材切割机切断或车削的方法，也可将坯料加热至650～800℃用锻锤或剪床热切。

（2）坯料加热

钛合金对加热温度、加热速度、保温时间及炉内气氛等均有一定的要求。坯料采用有氩气或氦气保护的电阻炉，也可采用快速感应加热或具有良好密封条件的箱式电炉进行加热。对于铸锭的加热时间一般为2 min/mm，而对于锻坯则取

1～1.5 min/mm 来计算。钛合金不宜在高温下停留过久，坯料均匀热透便可立即出炉锻造。

（3）锻造温度

钛合金的锻造温度范围很狭窄，一般为 150～170℃。钛合金的锻造温度范围见表 1—12。

表 1—12　钛合金的相变温度和锻造温度范围

合金	T_β（℃）	铸锭		锻坯	
		开坯温度（℃）	终锻温度（℃）	开坯温度（℃）	终锻温度（℃）
TA2，TA3	890～920	1 050	750	950	650
TA7	930～970	1 180	900	1 100	850
TB2	730～770	1 100		可冷加工	
Ti-1023	790～820	950	750	850	700
TC1	920～930	980	750	900	700
TC3	940～990	1 050	850	920	800
TC4	980～1 010	1 150	850	980	800
TC5	930～980	1 150	750	950	800
TC6	960～1 000	1 150	850	950	800
TC8	970～1 000	1 150	900	970	850
TC9	970～1 000	1 150	900	970	850
TC10	930～960	1 150	900	930	850
TC11	980～1 020	1 200	900	980	850

自由锻开坯时，应在 T_β 以上 150～250℃始锻，轻打快击，变形程度为 20%～30%。多向反复镦拔时，在 T_β 以上 80～120℃始锻，交替 2～3 次镦粗和拔长，同时交替改变轴线和棱边。第二次多向反复镦拔在 T_β 以下 20～40℃始锻，这样可获得细晶粒的锻件产品。如果是作为下一道工序的坯料，则应在 T_β 以上 30～50℃始锻。

钛合金自由锻造时，打击速度要快，尽量减少坯料与工具的接触时间；拔长时必须多次翻转坯料，调节打击力，及时倒棱，避免产生锐角（因棱角处冷却速度快）。

（4）模具预热

钛合金的变形抗力随温度下降而显著增加，因锻造温度狭窄和坯料温度下降的影响，所用工具、模具应预热至 250～300℃，必要时涂以润滑剂，减小金属在高温下的黏附力。

(5) 锻件清理

锻造过程中发现裂纹、折叠和孔内壁有毛刺等缺陷时应及时清除，以防下道工序中缺陷扩展导致锻件报废。锻件可用机械和热切的方法清除飞翅，热切温度为600℃。

三、高温合金及其锻造工艺

1. 高温合金简介

高温合金是一种兼具热稳定性（热抗蚀性和热抗氧化性）和热强性的金属材料。它分为变形高温合金和铸造高温合金，变形高温合金又分为铁基、镍基、钴基三种变形高温合金。

(1) 牌号

变形高温合金的牌号以“GH”后接四个阿拉伯数字表示。第一位数字表示分类号，“1”表示固溶强化型铁基合金；“2”表示时效强化型铁基合金；“3”表示固溶强化型镍基合金；“4”表示时效强化型镍基合金；“5”为空位，留作他用；“6”表示钴基合金。第二、三、四位数字表示合金的编号。

(2) 成分

铁基高温合金的成分以铁为主，并含有大量的镍、铬等其他元素，称为Fe-Ni-Cr合金。铁基高温合金分为两种，一种为含碳量较高的碳化物时效硬化型合金，另一种为含碳量较低的金属间化合物时效硬化型合金。二者分别含有钨、钼、铌、钒和铝、钛、铌等元素，以形成碳化物和金属间化合物，用以强化合金。它的高温变形抗力小、塑性好、易成形、价格低廉，常用于锻造大型锻件，但稳定性稍差。

镍基高温合金以镍为主，还含有10%～20%铬，称为Ni-Cr合金；部分合金含有10%～20%钼，形成Ni-Cr-Mo合金。镍基高温合金分为两种，一种为固溶强化高温合金，另一种为时效强化高温合金。二者具有较高的再结晶温度和高温强度，可制造在700～1 000℃的温度下长时间工作的耐热工件。

(3) 锻造性能

1) 塑性。现以合金结构钢、铁基高温合金GH2036、镍基高温合金GH4037为例。三种锻材的工艺塑性曲线如图1—51所示。由图可见，GH2036的工艺塑性比GH4037高，在冲击变形时，设备每次行程允许的变形量，GH2036为60%～65%，GH4037为40%～50%，而合金结构钢则高达80%以上。

高温合金的塑性变形程度与变形速度、变形方式有关，以GH4037镍基高温

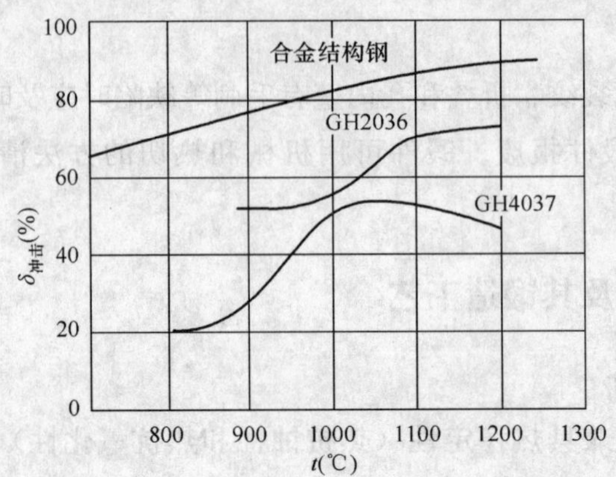

图 1—51　三种锻材的工艺塑性曲线

合金为例，其变形速度对塑性的影响如图 1—52 所示。由图可见，从锻锤的冲击变形改变为压力机的静变形时，GH4037 镍基高温合金的工艺塑性明显提高，在 1 000℃时，由 50％提高到 60％。而合金结构钢由静变形改变为冲击变形时，其工艺塑性实际上并未降低。

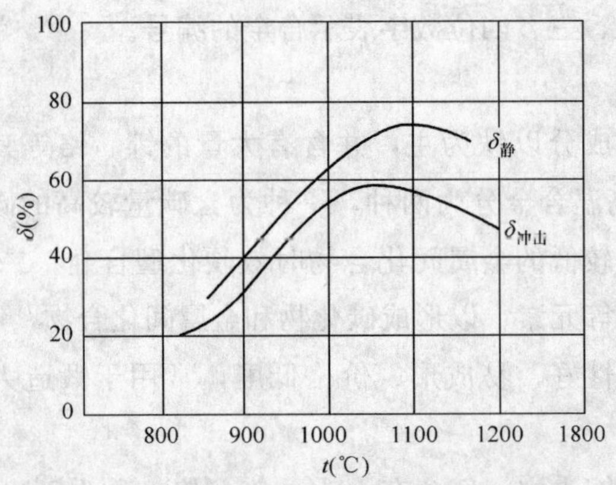

图 1—52　变形速度对 GH4037 镍基高温合金塑性的影响

2）变形抗力。根据变形抗力可以确定设备规格和估计合金锻造的难易程度，以铁基高温合金 GH2132 为例，在不同温度下的锻造压力与压缩变形程度的关系如图 1—53 所示，阴影部分为 20 钢的锻造压力曲线。由图可见，在同一温度、同一变形量下，GH2132 所需的锻造压力要比 20 钢大许多，这说明 GH2132 要比 20 钢难锻得多。另外，由图还可看出温度对锻造压力（变形抗力）的影响。

综上所述，高温合金在高温下仍有较大的变形抗力、较低的塑性。有些铁基高温合金（例如 GH2132、GH2036 等）的锻造困难程度与奥氏体不锈钢相近，但是，绝大多数高温合金，特别是镍基高温合金比不锈钢难锻。因此，在锻造过程

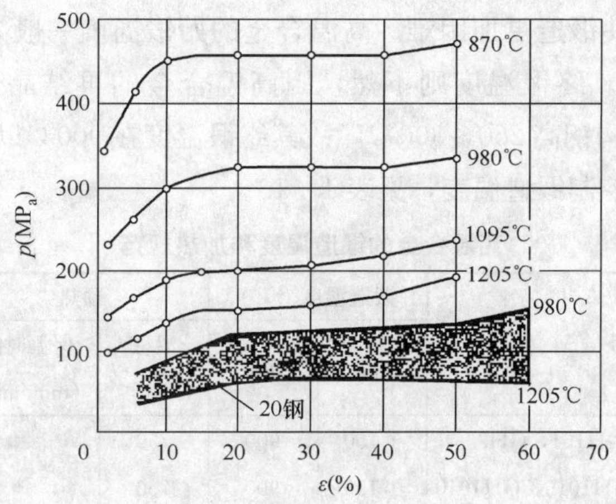

图 1—53　GH2132 锻造压力、镦粗压缩量及温度之间的关系

中，应采用多次加热、更多的击打次数等措施。一般可根据强化元素铝、钛的总含量来评估高温合金的可锻性，在强化元素总含量大于或等于 6%时，锻造性能将大幅度下降。

2. 高温合金锻造工艺

（1）坯料准备

坯料采用冷切的方法下料。坯料直径小于 25 mm 时，采用剪切下料；坯料直径大于 25 mm 时，一般采用型材切割机，利用高速旋转的薄片（片厚 2～3 mm）砂轮，对高温合金进行切割，此方法不宜大量使用，因为会造成坯料加热时两端产生裂纹。为满足锻造工艺要求，一般常采用机械加工方法下料，然后清除坯料表面的缺陷，并通过坯料表面的粗加工或粗磨来达到质量要求。

（2）坯料加热

一般用电阻炉加热，以便精确控制温度、减少污染，炉膛内温差不应超过±10℃。因为高温合金在低温时导热性很差，需两阶段缓慢加热。预热阶段温度为 750～800℃，保温时间以 0.6～0.8 min/mm 计；加热阶段温度为 1 100～1 180℃，保温时间以 0.4～0.8 min/mm 计。当用火焰炉加热时，因燃料中的硫会渗入合金中，与镍结合生成 Si3S2 - Ni 共晶体，使钢产生热脆，故应严格控制燃料的含硫量，尤其是在镍基高温合金加热时更应注意。高温合金的加热规范见表 1—13。

（3）锻造温度

锻造温度范围的确定，对高温合金来说不仅取决于其工艺塑性和变形抗力，还取决于其晶粒度，因为晶粒大小均匀程度对其性能影响很大。高温合金对锻造温度很敏感：温度偏高，晶粒会急剧长大，且热处理不能消除其影响；温度下降，变形抗力急剧增大，会使锻造更加困难。高温合金的始锻温度一般为 1 120～1 200℃，与合金结构钢相近。终锻温度则不然，因高温合金的再结晶开始温度达 900～1 170℃，比合金结构钢高 250～300℃，故其终锻温度在 900℃以上，使锻造温度较窄，因此要求严格控制锻造温度，见表 1—13。

表 1—13　　高温合金的锻造温度和加热规范

合金牌号		锻造温度（℃）		预热		加热	
		始锻	终锻	温度（℃）≤	保温时间（min/mm）	温度（℃）≤	保温时间（min/mm）
铁基高温合金	GH13，GH27，GH161，GH36	1 100	900	750	0.6～0.8	1 130	0.4～0.8
	GH14，GH1015，GH1016，GH1040	1 150	900	750		1 170	
	GH38，GH138	1 100	900	750		1 130	
	GH2018	1 140	900	750		1 160	
	GH19，GH34	1 150	850	800		1 170	
	GH1035，GH1131，GH1140	1 100	900	750		1 130	
	GH2036	1 180	980	800		1 200	
	GH2135	1 120	950	750		1 140	
	GH78	1 100	900	750		1 130	
	GH95，GH2130	1 100	950	750		1 130	
	GH2132，GH2302	1 100	950	750		1 130	
	GH761	1 100	950	750		1 130	
	GH984	1 130	900	750		1 150	
	GH167，GH189，GH901	1 120	950	750		1 140	
镍基高温合金	GH17，GH3030，GH3039，GH3128	1 160	900	800	0.6～0.8	1 180	0.4～0.8
	GH22，GH333	1 160	950	750		1 180	
	GH32，GH163，GH170	1 120	950	800		1 140	
	GH4033	1 150	980	800		1 170	
	GH4133，GH698	1 160	1 000	800		1 180	
	GH4037，GH4049，GH143，GH220	1 160	1 050	750		1 180	
	GH146	1 150	1 000	750		1 170	
	GH4043，GH3044，GH50，GH151	1 180	1 050	800		1 200	
	GH80，GH141	1 140	1 000	750		1 160	
	GH118，GH710	1 110	1 000	750		1 130	
	GH145	1 160	850	750		1 180	
	GH4169	1 120	950	750		1 120	
	GH738	1 150	1 050	750		1 170	

(4) 模具预热

在锻造开始前，砧面、工具、模具及夹钳应预热，预热温度为200～300℃。

(5) 锻后处理

高温合金的再结晶速度非常缓慢，需要在高温和适当的变形程度下，再结晶才能与变形同时完成。对于一些中小型锻件，可利用锻后余热堆放在静止的空气中冷却，完成锻件再结晶的过程。对于镍基高温合金，锻后应及时将锻件放入比合金再结晶温度高50～100℃的炉中保温5～7 min后空冷。这样处理可获得晶粒度均匀的锻件。

高温合金的热处理通常是最终热处理，对大型锻件需经表面粗加工后再进行热处理，一般采用固溶（淬火）处理+时效（一次或两次）处理。固溶处理可促使合金碳化物或金属间碳化物的溶解更加充分，奥氏体分布均匀，提高合金的塑性，降低其硬度。时效处理可促使合金的塑性和韧性得到提高，提高屈服强度，降低缺口敏感性。

技能要求

一、工作名称

高温合金锻造。

二、工作过程

1. 下料

采用机械加工方法下料，然后清除坯料表面的缺陷，并通过坯料表面的粗加工或粗磨来达到质量要求。

2. 加热

采用电阻炉加热，精确控制温度，炉膛内温差不超过±10℃。加热温度控制在1 120～1 200℃。两阶段加热，预热阶段温度为750～800℃，保温时间以0.6～0.8 min/mm计；加热阶段温度为1 100～1 180℃，保温时间以0.4～0.8 min/mm计。

3. 拔长

一般采用上、下V形砧拔长。在塑性允许的情况下，可以采用平砧按方—矩形—方的变形方案来锻造，锻透性好。合金塑性较差时，则采用上、下半圆弧砧拔长，以改善材料的受力状态，避免产生裂纹。开始拔长时应轻击，砧边缘应有较大的圆角半径；当水压机压下量为30～50 mm时便可重击，增大变形量，运用宽砧大进给量拔长，促使锻件锻透和变形均匀。

4. **镦粗**

镦粗时为使锻件变形均匀，可以用涂有玻璃润滑剂的纸垫在镦粗坯料的两端。对 D/H 较大的锻件采用叠镦，用碳钢做软垫，垫在锻件的两端。锻造过程中可休息 5～15 s，以消除坯料部分的加工硬化，提高其塑性。高温合金最后一次镦粗的加热温度应低于该材料晶粒急剧长大的温度，变形量为 20%～25%。

三、注意事项

1. 高温合金塑性低，故不要在相当低的温度下进行锻造，否则残余应力会引起冷却开裂。

2. 注意高温合金锻造温度范围，始锻温度一般为 1 120～1 200℃，终锻温度在 900℃以上。

第2章 模锻造

第1节 工艺及工具准备

学习单元1 模锻件实物测绘

学习目标

➢ 能够测绘模锻件

技能要求

一、工作名称

根据实物测绘模锻件图。

二、工作条件

如图2—1所示为测绘的连杆锻件图。

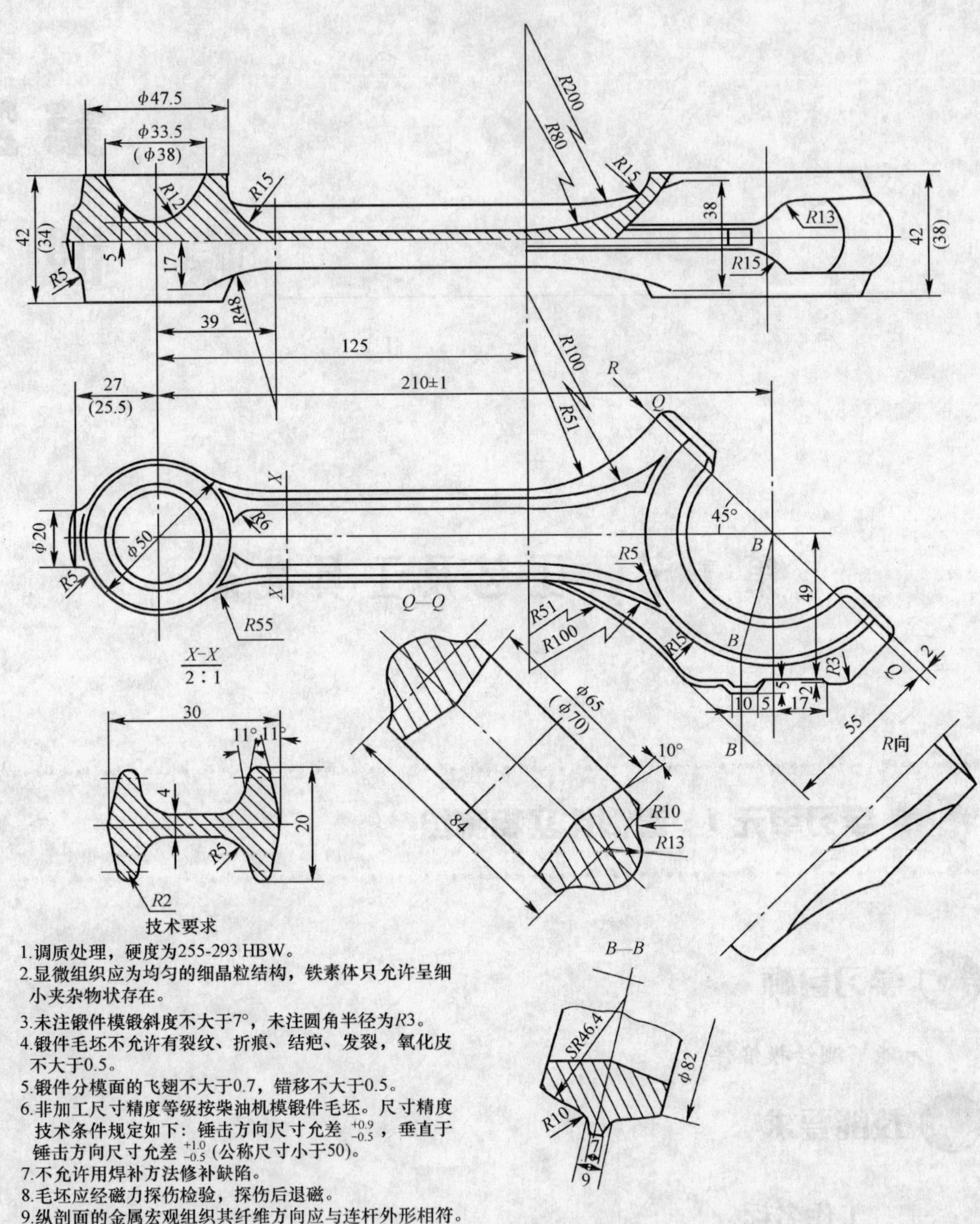

图 2—1　连杆锻件图

三、工作程序

1. 测得的尺寸均为锻件实际尺寸，包括机械加工余量，但锻件公差必须由测绘者根据模锻件尺寸公差与余量的国家标准查表得到。至于精度等级，国家标准中规定有精密级和普通级两个等级，该件可选定为普通级。

2. 锻件公差可注在锻件的各个尺寸上方，也可在技术要求里注明。该件在中心距尺寸上注出了公差±1，其余尺寸的公差则在技术要求里予以注明。

3. 机械加工后的零件尺寸注在相应的锻件尺寸下方，加上小括号，例如该件大头平面加工后尺寸为 38 mm，小头平面加工后尺寸为 34 mm，其余类推。

4. 加注技术要求，对锻件提出热处理要求，显微组织要求，模锻斜度、圆角半径等工艺要求。考虑到该件为重要件，故还应加注磁力探伤检验要求，探伤后退磁。另外，还应加注对金属宏观组织纤维方向的要求。

5. 最后，填写标题栏（图 2—1 中未列标题栏）。

学习单元 2　编制复杂模锻件工艺规程

学习目标

➢ 掌握复杂形状模锻件及特种成形锻件工艺规程的一般编制方法

➢ 了解特种成形锻件工艺规程的编制要点

知识要求

一、复杂模锻件举例及其工艺特点

复杂模锻件是指形状比较复杂、锻造成形比较困难的锻件。复杂模锻件是相对于杆件、环形件、饼形件、模块等简单形状锻件而言的，两者没有十分明确的界定标准。

1. 复杂模锻件举例

模锻件分类见《锻造工（高级）（第 2 版）》，复杂模锻件示例如图 2—2 所示。

2. 复杂模锻件的工艺特点

（1）成形工序复杂

复杂模锻件必须经过多次加热，每次加热需多道工序方能成形。操作中应当恰当地分配材料，选用或特别制备专用工具或量具，每道工序应画出变形图，标出相应尺寸。

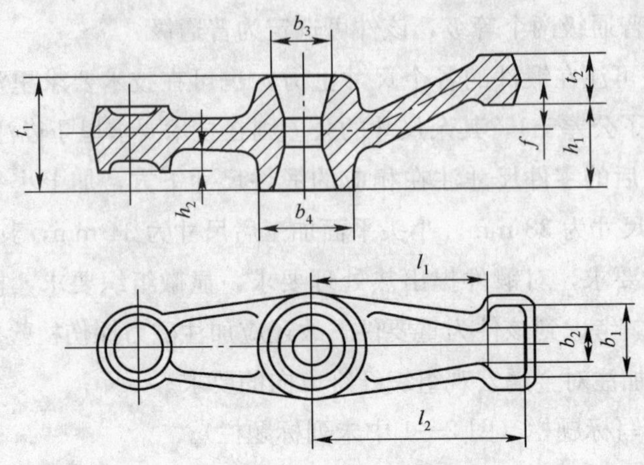

图 2—2　复杂模锻件示例

（2）材料利用率低

由于加热次数多、火耗大，有的模锻件要切割掉尾部或冲孔，材料利用率一般比较低。

（3）技术要求高

复杂模锻件成形困难，对操作者的技术水平要求高。体现在要熟练地运用各种工序的变形工艺及其组合、制备工具和量具、计算材料等方面。

二、精密锻件举例及其工艺特点

1. 精密锻件举例

精密锻件是指尺寸精度高、表面粗糙度值小、无切削或少切削加工的锻件，通常是指精密模锻件。图 2—1 所示的连杆，属于精密锻件。图 2—3 所示的行星齿轮，属于少或无切削的精密锻件。

2. 精密锻件的工艺特点

（1）坯料需特别制备

坯料尺寸和质量要求高，端面平整，无下料毛刺，下料后经过打磨、抛光和抛丸等表面处理，去除氧化皮、油污、锈斑等。

（2）坯料少氧化或无氧化加热

氧化皮影响坯料精密度和表面粗糙度，所以必须采用少氧化加热，最好是无氧化加热。工艺措施是采用中频感应加热、在盐浴炉中加热或在坯料表面上涂刷玻璃润滑剂后加热，降低始锻温度（700～900℃）最终成形等。

（3）模具精度高、材料优

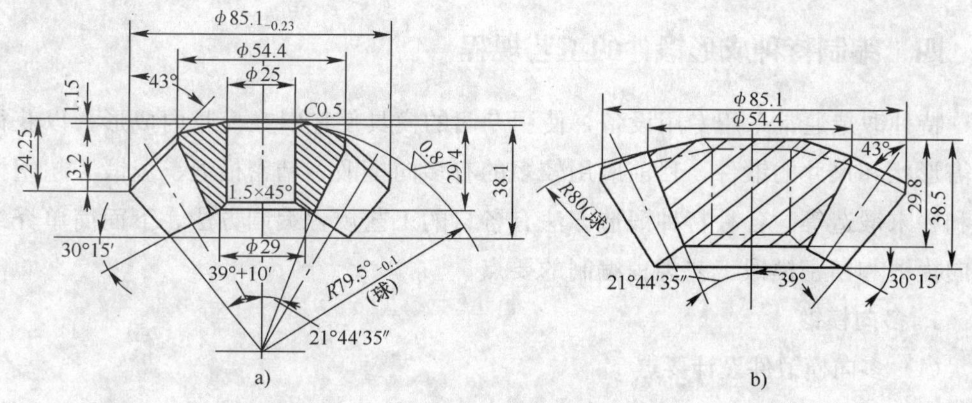

图 2—3 T－234 差速行星齿轮锻件图

a）零件 b）精密锻件

精密锻件所用模具必须具有尺寸精度高、表面粗糙度值小等特性，模具材料必须具有红硬性、高的耐磨性，还要求具有较好的抗热疲劳性。上述这些性能对于精密锻件，特别是对于在高速镦锻机上大批量生产的汽车齿轮锻件来说是不可或缺的条件，否则会导致模具使用寿命缩短，设备效益发挥不出来，产量和质量都达不到要求。

三、编制复杂形状和多道工序的模锻件工艺规程的一般方法

除高级锻造工应掌握的模锻件工艺规程编制方法外，编制复杂形状和多道工序的模锻件工艺规程还应考虑以下几点。

1. 对于形状复杂的模锻件，分模面可以是由水平面、倾斜面和圆弧面组合起来的复杂表面。

2. 可以考虑将锻件分成两个或更多的锻件进行模锻，然后焊接起来。采用这种锻、焊结合的方法，可以用比较小的设备制造复杂、大型的锻件，金属的成形也较为容易。

3. 对于大型、复杂的锻件可以采用联合模锻的方法进行锻造，例如，采用锤上模锻和自由锻结合的方法。

4. 对于形状复杂的高肋、薄壁、薄辐的模锻件，为使金属充满模膛且不产生折纹，一般模锻工步采用镦粗→预锻→终锻。

5. 对于复杂叉形类模锻件，为防止终锻时叉形部位顶端处金属充不满，预锻时需将叉形部位金属劈开，以利于终锻成形。

四、编制特种成形锻件的工艺规程

特种锻造通常采用专用设备，使用专门的模具使坯料在模膛内成形，以获得所需形状和尺寸的锻件。目前应用较多的有多向模锻、精密模锻、温锻、超塑模锻和粉末锻造等。各种特种锻造方法有各自的工艺规程编制方法，下面简单介绍多向模锻和精密模锻工艺规程编制的要点。

1. 多向模锻

（1）多向模锻件设计要点

1）锻件分模面的选择。分模面一般按开式模锻的选择原则确定，除此之外，还应根据多向模锻的成形特性考虑模具、工艺等方面的问题。

①分模面的布置。应尽量使锻件相对于分模面对称，特别是对于带有凸出的台肩、凸肩和有枝芽部分的锻件，这一点较为重要。分模面应尽可能选择平面，避免曲面。

②锻件孔中心位置。多向模锻件多为带孔锻件，设计锻件图时应尽量将孔中心线确定在水平方向，并使孔的变形处于镦挤变形状态。

③模具的组合。多向模锻件采用多个分模面，使模具分成多块组合形状。单块模具制造简单，但要把多个模块组成尺寸和配合精度良好的封闭式模膛，必须在选择分模面时，考虑使模块易于组合，并且使工作稳定可靠。

④夹持力的计算。多向模锻成形时，凹模对坯料的夹紧力一般为凸模对坯料的挤压成形力的 1～4 倍。因此，夹持力大于成形力。所以，应该把锻件的最大投影面置于设备的主液压缸的作用下，即把夹持力的方向设计在设备能产生最大压紧力的方向。

2）锻件机械加工余量及公差。多向模锻件，特别是一些中小型多向模锻件，常采用闭式精密模锻方式成形，因此设计锻件图时应尽可能使锻件接近于产品零件的轮廓形状，尽量减小机械加工余量及公差。多向模锻采用的加工余量及公差，一般选定为热模锻机普通开式模锻件的 20％～50％。

3）圆角半径和深孔斜度。多向模锻件圆角半径大小的确定与闭式模锻件圆角半径的确定方法相同，数值一般取普通模锻时的 1/4～1/2 为宜。

由于多向模锻的凹模一般是可分式模具，并且锻件易出模，故可不设计模锻斜度，或取小于或等于 0.5°的小斜度。另外，深孔锻件的模锻斜度应视锻件的成形方式而定，开口式反挤压成形时只有反挤压变形，此时可不设计模锻斜度；而采用闭口反挤压成形时，除反挤压变形外，两端的圆台和凸肩要依靠镦粗成形，其模锻斜度可选用0.5°～1°。

(2) 成形工艺

1) 坯料的形状和尺寸。坯料的形状和尺寸及其体积对锻件成形有直接影响。要求坯料尺寸精确，下料时应严格遵守公差要求，且采用锯切下料为好。

2) 多向模锻中的金属流动。多向模锻过程中的金属流动与锻件的形状、坯料的形状和尺寸、变形方式、变形温度和润滑等因素有关。而金属流动情况对锻件成形质量、模具使用寿命等均有较大影响。

2. 精密模锻

(1) 典型锻件的设计要点

下面以图2—3所示的T-234差速行星齿轮锻件为例进行说明。

1) 分模面的确定。当锥齿轮的节锥角 $\delta<62°$ 时，分模面一般设在齿轮大端的齿顶处；而对于节锥角较大的盘形锥齿轮，则分模面选择在齿轮大端齿根处。

2) 机械加工余量。齿轮的精锻齿面不留加工余量，端面及大端背锥面是非配合面，故也不留机械加工余量，其余面均留加工余量。

3) 公差及部分缺陷极限值。可查阅GB/T 12362—2003《钢质模锻件 公差及机械加工余量》中对精密锻件所作出的规定值，但必须收紧公差，具体数值可大于该标准中表列数值的1/2，或由供需双方协商确定。

(2) 精锻工艺流程

锥齿轮精锻常用工艺流程有以下几种方案。

1) 下料→清理坯料→少氧化或无氧化加热→预锻→冷切边→清理氧化皮→少氧化或无氧化加热→精锻→冷切边→清理氧化皮→后续切削加工。

2) 下料→清理坯料→少氧化或无氧化加热→预锻→精锻→冷切边→清理氧化皮→后续切削加工。

3) 下料→清理坯料→少氧化或无氧化加热→预锻→精锻→热切边→温整形→冷却→清理氧化皮→后续切削加工。

技能要求

以星形旋转环模锻件和大功率柴油机进气摇臂模锻件的工艺规程为例，分别介绍编制复杂形状和多道工序模锻件工艺规程的操作步骤。

一、大功率柴油机进气摇臂模锻件

1. 工作名称

大功率柴油机进气摇臂模锻件工艺规程编制。

2. 工作过程

图 2—4 所示的进气摇臂，是大功率柴油机里的重要锻件。该件的材料为 40Cr，其形状为带大枝芽的复杂锻件，其主轴一侧带一个枝芽，另一侧带两个枝芽，枝芽长度大于 100 mm，左右不对称，上下也不对称。除两端及小圆钻孔外，外轮廓基本上为黑皮锻件。要求在一火内成形，充得满，无折叠、欠压等缺陷。其工艺规程见表 2—1。该表中提到的成形模膛，如图 2—5 所示。

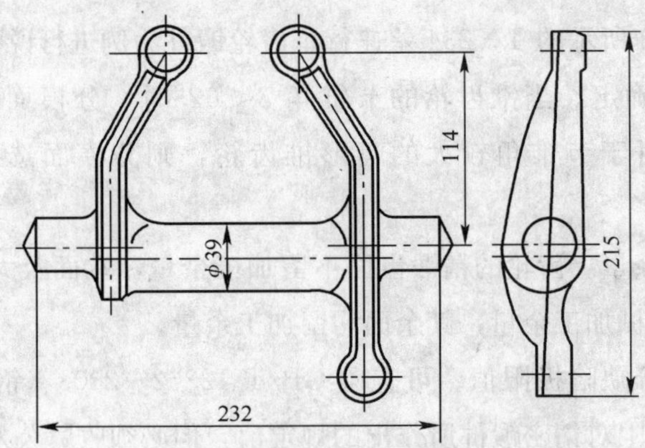

图 2—4　进气摇臂锻件图

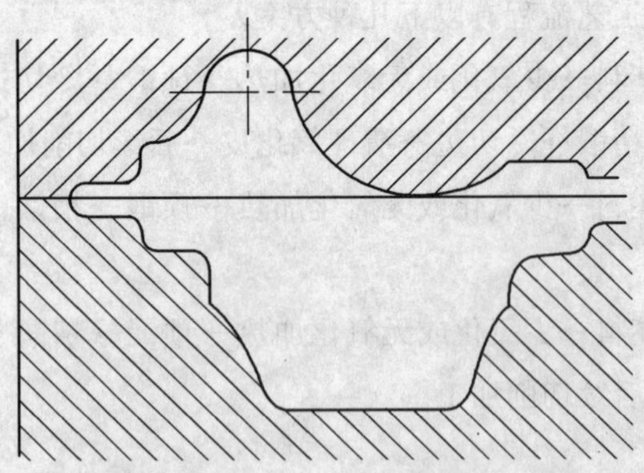

图 2—5　进气摇臂成形模膛

表 2—1　　进气摇臂成形工艺规程

工序	设备	操作内容
1. 备料	锯床	带锯下料
2. 加热	油炉	炉温<1 250℃
3. 模锻 （1）拍扁 （2）成形（成形模膛如图 2—5 所示） （3）预锻 （4）终锻	3 t 模锻锤	始锻温度<1 250℃ 终锻温度>900℃ 预锻后翻身放入终锻模膛 锻件错移、尺寸、缺陷等方面都符合要求
4. 热切边	3 150 kN 切边压力机	不能压伤锻件，内档毛刺不能大
5. 矫正	3 t 模锻锤	在原锻模内矫正
6. 打磨毛刺	砂轮机	
7. 热处理	正火炉	
8. 清理及检验	抛丸机	按锻件图

二、星形旋转环模锻件

1. 工作名称

星形旋转环模锻件工艺规程编制。

2. 工作过程

星形旋转环是直升机自动倾斜器上的受力零件。其模锻件形状如图 2—6 所示，锻件材料为 LC4CS（超硬铝合金）。该锻件主体为 ϕ488.6 mm 的圆环，从主体上伸出六个带槽的支臂，其形状复杂，截面变化大，制坯工艺难度大，而且只有主体内孔和六个支臂端头的耳子需进行加工，其余均为非加工表面。其工艺规程见表 2—2。

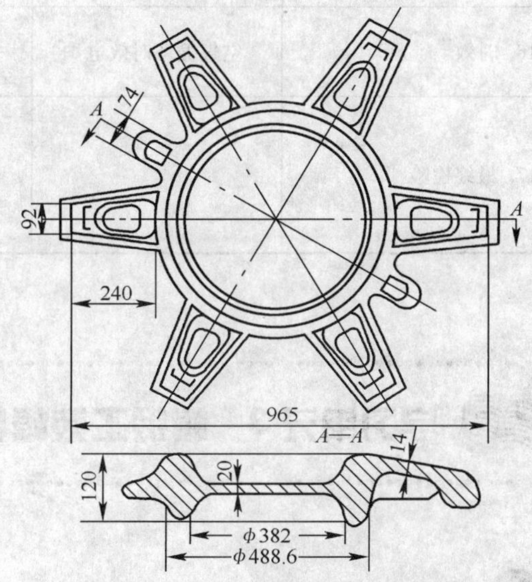

图 2—6　星形旋转环模锻件

表 2—2　　星形旋转环锻造工艺规程

工序	设备	操作内容
1. 备料	电炉 挤压机 圆盘锯	1. 熔炼和铸锭 ϕ630 mm 2. 热挤压成 ϕ320 mm 的棒材 3. 按 ϕ320 mm×765 mm 下料
2. 加热	电炉	(430±10)℃，保温 4.5 h
3. 制坯	6×10^4 kN 水压机	镦粗至 82 mm，锻造温度：430～350℃
4. 加热	电炉	(430±10)℃，保温 30 min
5. 第一次模锻	3×10^5 kN 水压机	用 1×10^5 kN 级压力，锻造温度：430～360℃
6. 锯切飞翅	带锯	锯掉全部飞翅
7～9. 第二次模锻		重复 4～6 工序，用 2×10^5 kN 级压力
10～12. 第三次模锻		重复 4～6 工序，用 2×10^5 kN 级压力
13. 钻、铣孔内连皮	钻床及铣床	钻、铣掉孔内连皮
14. 固溶处理	空气循环热处理电炉 水槽	将锻件和连皮一同装炉处理，(430±10)℃，保温 3.5 h 在 50℃温水中冷却
15. 矫正	液压机	将固溶处理后的锻件矫正
16. 时效	空气循环时效电炉	将锻件和连皮一同装炉处理，135℃，保温 16 h，空冷
17. 最终检验		1. 超声波探伤 2. 低倍和高倍组织检查 3. 力学性能检查

学习单元 3　模锻工装模具图

学习目标

➢ 掌握绘制工装模具图的方法和步骤

知识要求

一、绘制工装模具图的步骤

1. 收集、分析、消化原始资料

收集整理锻件图、锻造工艺和锻造设备等有关资料，以备绘制工装模具图使用。

2. 拟定表达方案

绘制工装模具图应尽量采用1∶1的比例，其主视图应尽可能按工装模具的工作位置确定，其他视图数量也要确定。应尽量少用或不用虚线表达零件结构，可以采用局部视图和放大图表达局部结构和装配关系，但并不是视图越多越好，图面布局要力求匀称美观。

3. 绘制图形

可按先大零件后小零件、先内部零件后外部零件、先总体结构后局部细节、从上到下、从左到右等顺序，绘制工装模具图。

4. 标注尺寸

工装模具图应标注主要尺寸、配合尺寸及其公差配合、总体尺寸等。

5. 编写序号，填写标题栏、明细表

序号按顺时针或逆时针、从上到下或从左到右的方向进行编写。标题栏中填写名称、型号、图号、材料、单位、图样标记、质量、比例等，应有签字并注日期。明细表的内容包括序号、代号、名称与规格、数量、质量和备注等。

6. 编写技术要求和技术参数

技术要求包括对制造的总的要求、装配要求和装配后应保证要素的要求，如模具装配后分模面的间隙要求，模具上、下面的平行度要求等。并应指出由装配决定的尺寸和对该尺寸的要求。

二、工装模具图示例

热模锻压力机用模架如图2—7所示。

三、锻模图的特殊表达方法

锻模图作为机械制图中的一种，必须符合制图的全部规定。但因为模具不是一般的机械零件，其模膛复杂，所以形成了如下特殊表达方式。

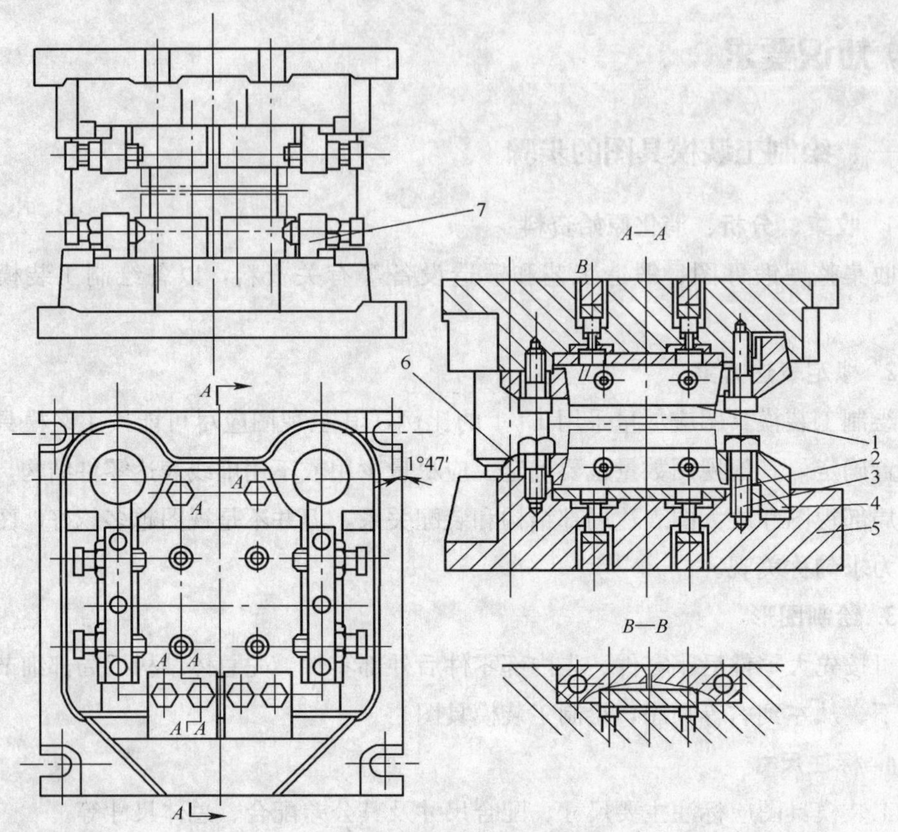

图 2—7　热模锻压力机用模架

1—模具　2—垫板　3—螺钉　4—斜面压板　5—模板　6—后挡板　7—侧墙板螺钉

1. 热锻件图及模锻斜度、圆角半径等技术要求画或标注在锻模图的右上方。这样锻模图中终锻模膛尺寸的标注将大大简化。这种画法也能给制造锻模带来方便，根据热锻件图做出电极，用电极通过电脉冲或电火花工艺加工出终锻模膛。

2. 锻件图的水平视图一般不画上模燕尾的俯视图，而是假想取去上模，画出下模分模面上所有的模膛。这种画法是一种约定俗成的做法，不太符合制图的通常规则。

3. 锤上锻模的燕尾部分及键槽可以不画出来，只需注上某号燕尾和键槽，或某吨锤燕尾和键槽，按生产厂的企业标准制造即可；但键槽中心线的尺寸必须在锻模图上注明。

4. 如果多模膛锻模设置有预锻模膛，则预锻模膛的尺寸不必全部标注出来，只需画出预锻模膛尺寸与终锻模膛尺寸的不同之处，并加注“其余按终锻模膛尺寸制造”。

学习单元 4　模锻模具设计

学习目标

➢掌握锤上单模膛锻具、各种镶块的设计技能

知识要求

螺旋压力机锻模镶块是安装在模架中的，螺旋压力机锻模模架可分为矩形模架和圆形模架两种，镶块外形相应的也可分为矩形镶块和圆形镶块两种。这里着重介绍锤上单模膛锻模设计步骤。

一、锻件图设计

1. 确定分模面

确定分模面位置的最基本的原则是：保证模膛能分开，保证锻件能从模膛中取出，同时还应考虑到锻件的成形、材料的利用率、模具的使用寿命以及生产效率等问题。

2. 确定锻件公差和机械加工余量

锻件公差和机械加工余量是根据模锻设备类型和锻件形状尺寸来确定的，具体数值可以从国家标准《钢质模锻件　公差及机械加工余量》（GB/T12362—2003）中查取。

3. 模锻斜度

锻件的侧面斜度称为模锻斜度，它的作用是保证锻后锻件能够顺利地从模膛中取出。模锻斜度可分为外斜度和内斜度两种。锻件冷却时趋向离开模壁的部分称为外斜度 α，反之称为内斜度 β。为便于机械加工，模锻斜度应按标准系列选取，即 30′、1°、1°30′、2°、3°、5°、7°、10°、12°、15°。

4. 圆角半径

锻件上凸角圆角的半径为外圆角半径 r，凹角圆角的半径为内圆角半径 R，如图 2—8 所示。

合理的圆角半径有利于金属充满模膛，并能达到出模方便和延长模具使用寿命

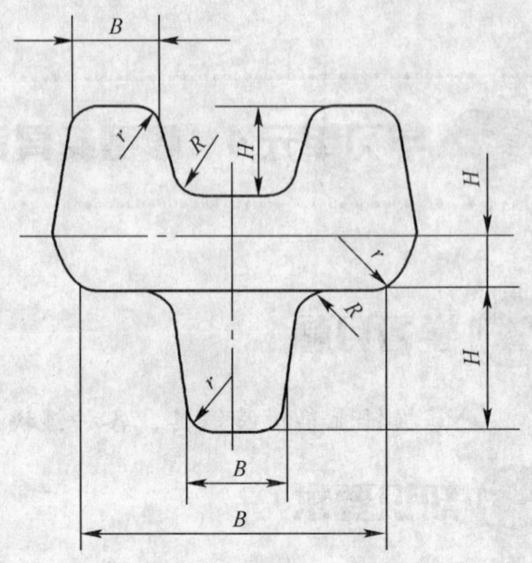

图 2—8 内、外圆角半径

的效果。如果内、外圆角半径过小，模具热处理和锻造过程中易产生裂纹和堆塌，金属也不易充满模膛，而且还会造成锻件折叠和切断金属流线等缺陷。

由此可见，较大的内、外圆角半径有利于金属充满模膛，提高锻件质量，方便出模和延长模具使用寿命。但是，内、外圆角半径也不能太大，外圆角半径太大，会减少圆角处的余量，以至于加工后留有黑皮（氧化皮层）；而内圆角半径太大，会扩大圆角处的余量，增加金属的消耗，浪费材料。为了便于制模所用刀具的标准化，可按下列数值选用圆角半径：1.0 mm、1.5 mm、2.0 mm、2.5 mm、3.0 mm、4.0 mm、5.0 mm、6.0 mm、8.0 mm、10.0 mm、12.0 mm、15.0 mm 等。圆角半径大于 15 mm 时，逢 5 递增。

5. 冲孔连皮

锻件内孔直径大于 25 mm 时要考虑冲孔。若内孔直径小于 25 mm 时，一般不冲孔。冲孔连皮有平底连皮、斜底连皮、带仓连皮、拱底连皮、压凹连皮等形式（见图 2—9），其尺寸按表 2—3 确定。平底连皮厚度也可按图 2—10 确定。

表 2—3 **各种冲孔连皮尺寸计算表**

连皮形式	使用范围	连皮尺寸（mm）	符号说明
平底连皮	最为常用	$t=0.45\sqrt{d-0.25h-5}+0.6\sqrt{h}$ $R_1=R+0.1h+2$	R——内圆角半径 其余如图 2—9a 所示
斜底连皮	常用于预锻模膛（$d>2.5h$ 或 $d>60$ mm）	$t_{大}=1.35t$ $t_{小}=0.65t$ $d_1=(0.25\sim0.3)d$	t——平底连皮的计算值 其余如图 2—9b 所示
带仓连皮	用于预锻时采用斜底连皮的终锻模膛	厚度 t 和宽度 b 分别与飞翅桥部高度 $h_{飞}$ 和桥部宽度 b 相同	如图 2—9c 所示
拱底连皮	用于内孔很大、高度很小的锻件（$d>15h$）	$t=0.4\sqrt{d}$ R_1——作图决定 $R_2=5h$	如图 2—9d 所示
压凹连皮	用于内孔小于 25 mm 的锻件	孔底以球面为主，目的是使锻件能充满型腔	如图 2—9e 所示

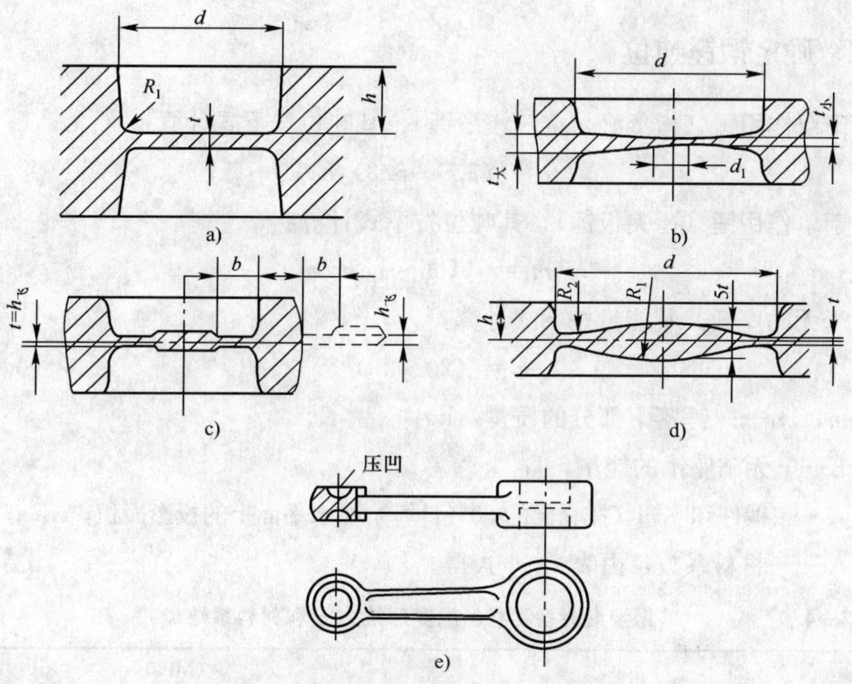

图 2—9 冲孔连皮的形式

a）平底连皮 b）斜底连皮 c）带仓连皮 d）拱底连皮 e）压凹连皮

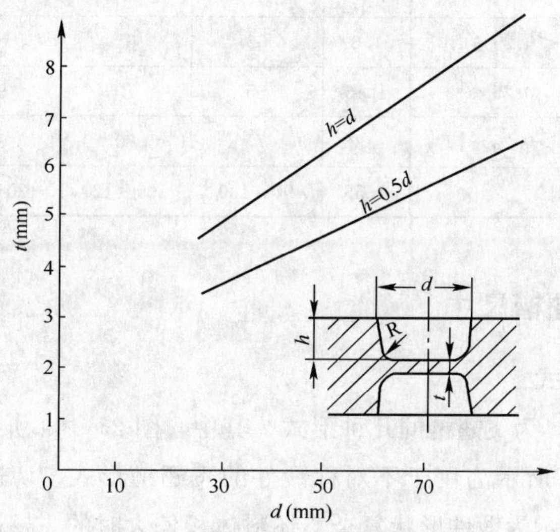

图 2—10 平底连皮厚度的确定

6. 技术要求

图上无法表示的内容，均应列入技术要求加以说明。

二、确定锻锤吨位

对于双作用锤（指蒸汽—空气模锻锤），其吨位按下式计算：

$$m=(3.5\sim6.3)KA$$

对于单作用锤（指夹板锤），其吨位按下式计算：

$$m_1=(1.5\sim1.8)m$$

对于无砧座锤，其能量按下式计算：

$$E=(20\sim25)m$$

式中　m，m_1——锤落下部分的质量，kg；

E——无砧座锤的能量，J；

A——锻件和飞翅（按仓部的50%计算）在水平面上的投影面积，cm^2；

K——材料系数，由表 2—4 查得。

表 2—4　　终锻温度时各种材料的变形抗力 σ 和材料系数 K

材料	K	σ（MPa）			
		锤上	锻压机	平锻机	热切机
碳素结构钢［$w_{(C)}<0.25\%$］	0.9	55	60	70	100
碳素结构钢［$w_{(C)}>0.25\%$］	1.0	60	65	80	120
低合金结构钢［$w_{(C)}<0.25\%$］	1.0	60	65	80	120
低合金结构钢［$w_{(C)}>0.25\%$］	1.15	65	70	90	150
高合金结构钢［$w_{(C)}>0.25\%$］	1.25	75	80	90	200
合金工具钢	1.55	90～100	100～120	120～140	250

三、确定飞翅槽尺寸

1. 飞翅槽的形式

图 2—11 所示，为飞翅槽的几种形式。其中，图 2—11a 所示为最常用的飞翅槽形式；图 2—11b 所示为用于不对称锻件的飞翅槽形式，切边时须将锻件翻转 180°；图 2—11c 所示为锻件形状复杂、坯料体积偏大时的飞翅槽形式；图 2—11d 所示为设有阻力沟的飞翅槽形式，用于锻件难以充满的局部位置。

2. 飞翅槽的尺寸

(1) 计算方法

用经验公式计算桥部高度：

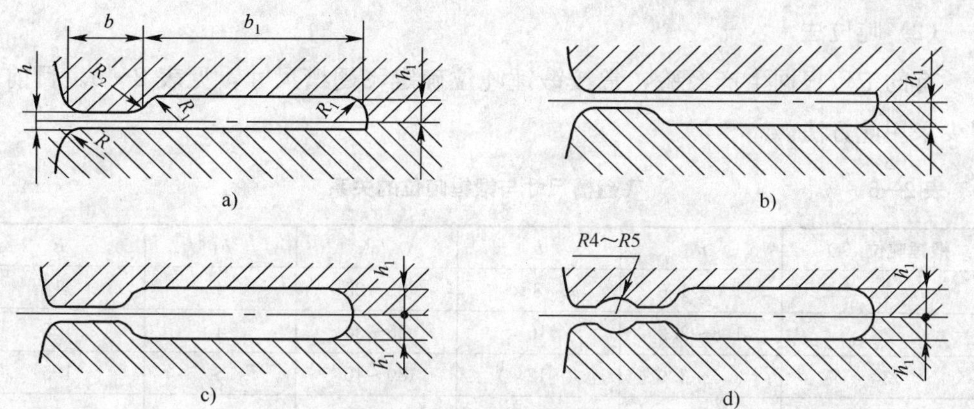

图 2—11　飞翅槽形式

$$h=0.015\sqrt{A_f}$$

式中　h——飞翅槽桥部高度，mm；

A_f——锻件在水平面上的投影面积，mm^2。

根据 h 的值由表 2—5 可查得飞翅槽的其他有关尺寸，表中 A_k 为飞翅槽横截面积。

表 2—5 中宽度尺寸分三组，第一组用于镦粗充满，因充满容易，故宽度可小一些；第二组用于压入充满，充满困难一些，因而宽度适当增加；第三组用于很复杂的锻件，因充满困难，故宽度取得更大。

表 2—5　　飞翅槽尺寸　　mm

飞翅槽编号	高度尺寸		R	宽度尺寸								
				第一组			第二组			第三组		
	h	h_1		b	b_1	A_k (mm^2)	b	b_1	A_k (mm^2)	b	b_1	A_k (mm^2)
1	0.6	3	1	6	18	52	6	20	61	8	22	74
2	0.8	3	1.5	6	20	69	7	22	77	9	25	88
3	1.0	3	1.5	7	22	80	8	25	91	10	28	104
4	1.6	3.5	1.5	8	22	102	9	28	113	11	30	155
5	2.0	4	2	9	25	136	10	28	153	12	32	177
6	3.0	5	2	10	28	201	12	32	232	14	38	278
7	4.0	6	2.5	11	30	268	14	38	344	16	42	385
8	5.0	7	2.5	12	32	343	15	40	434	18	46	506
9	6.0	8	3	13	35	435	16	42	530	20	50	642
10	7.0	10	3.5	14	38	601	18	46	745	22	55	903
11	8.0	12	3.5	15	40	768	20	50	988	25	60	1202

（2）吨位法

有的工厂根据生产经验，常按锻锤吨位确定飞翅槽尺寸，见表2—6。目前已很少采用此方法。

表2—6　　飞翅槽尺寸与锻锤吨位的关系　　mm

锻锤吨位（t）	h	b	b_1	h_1	R
1	1.0～1.6	8	22～25	4	1
2	1.8～2.2	10	25～30	4	1.5
3	2.5～3.0	12	30～40	5	1.5
5	3.0～4.0	12～14	40～50	6	2
10	4.0～6.0	14～16	50～60	8	2.5
16	6.0～9.0	16～18	60～80	10	3

注：1. 锻锤吨位偏大或偏小时，h值适当修改。

2. 锻件较复杂时，b、b_1适当增大。

四、确定锁扣尺寸

锤上锻模多数要特别设计锁扣，用以平衡锻击时上、下模的错移，从而保证锻件错移量小于锻件图上规定的允许量。模锻件的错移是所有模锻件不可或缺的技术要求之一。有的锻件不需特别设计锁扣，如连杆盖，因其分模面为半圆形状，纵向错移时可自身得到平衡，所以生产中连杆盖锻模通常不设计锁扣。

普通锁扣的形式和排布如图2—12所示。图2—12a所示为纵向锁扣，用于纵向错移力小而横向错移力大的锻件，因为该种锁扣只能平衡左右方向的横向错移力，不能平衡前后方向的纵向错移力；图2—12b所示为侧面锁扣，它可平衡横向和纵向错移力，可用于两端尺寸大、中间尺寸小的杆形锻件；图2—12c所示为圆形锻件锁扣；图2—12d所示为角锁扣，可排布为对角两个锁扣、三个锁扣或四个锁扣，该图所示为四个锁扣。

锁扣的基本尺寸设计：一般锁扣的高度h=25～60 mm。锁扣的高度过小，不容易收到平衡错移力的效果；高度过大，机械加工量大，模具材料消耗太多。上、下锁扣接触面间隙δ一般为0.2～0.4 mm。凸形锁扣通常设在下模，凹形锁扣通常设在上模，这样更为安全。上、下锁扣非接触面间隙Δ可取1 mm，角度α为3°～5°。图中R_1～R_4的设计原则为：上、下模不因此圆角半径而阻碍上、下模分模面的贴合。

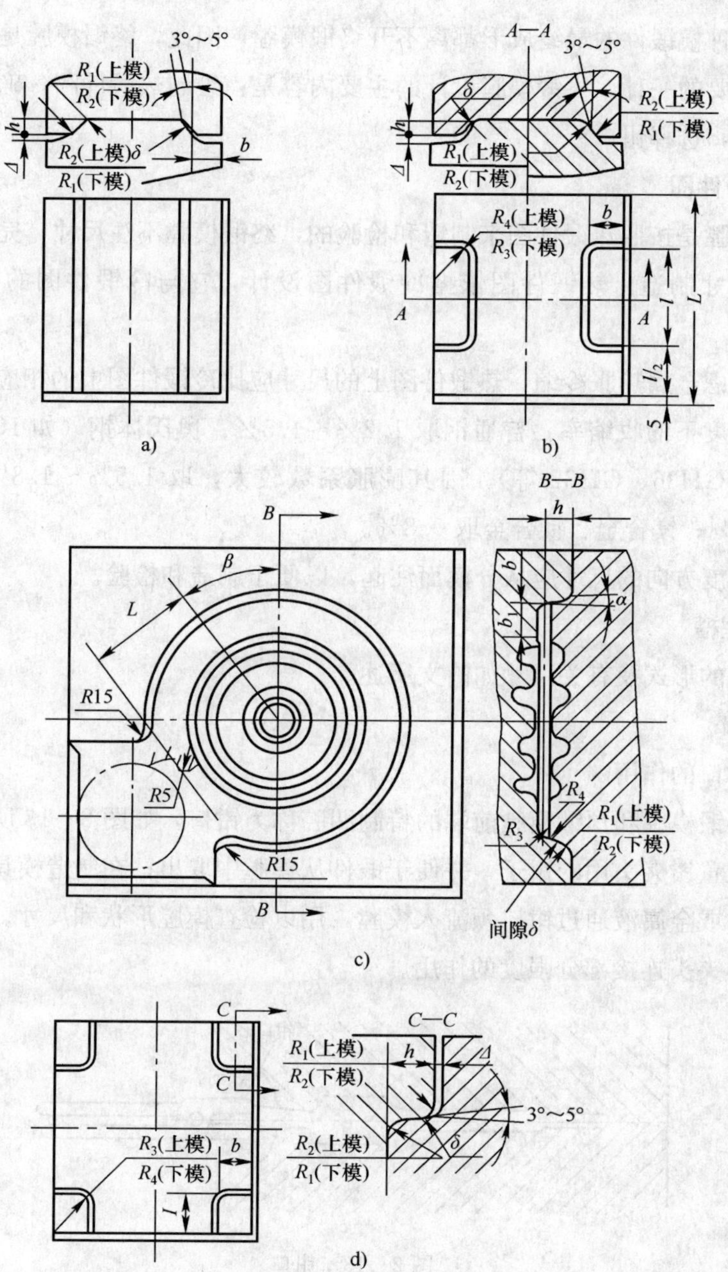

图 2—12　锁扣形式

a）纵向锁扣　b）侧面锁扣　c）圆形锻件锁扣　d）角锁扣

五、终锻模膛的设计

任何一种模锻件的最终成形都离不开终锻模膛，因此，终锻模膛是锻模上各种模膛中最重要的一种。终锻模膛设计的主要内容是：绘制热锻件图，确定飞翅槽的形状和尺寸，选择钳口。

1. 热锻件图

终锻模膛是按照热锻件图来制造和检验的，终锻模膛不注尺寸，完全参照热锻件图上的尺寸制造。热锻件图依据冷锻件图设计，它与冷锻件图的主要不同点如下。

（1）考虑金属热胀冷缩，热锻件图上的尺寸应比冷锻件图上的相应尺寸有所放大。终锻温度下的收缩率：普通钢取 1.2%～1.5%；奥氏体钢（如 1Cr18Ni9Ti）、高温合金（GH36、GH32 等），因其膨胀系数较大，取 1.5%～1.8%；铝合金、铜合金取 1%；镁合金、钛合金取 0.8%。

（2）高度方向的尺寸应从分模面注起，以便于制造和检验。

2. 飞翅槽

飞翅槽的形式及有关尺寸如前文所述。

3. 钳口

（1）钳口的作用

位于终锻模膛和预锻模膛前端的特制凹腔称为钳口，如图 2—13 所示。钳口用于模锻时放置钳夹头用的钳子，并便于锻件从模膛中取出；在制造模具时，可作为浇口，铅水或金属液通过钳口颈流入模膛，用以检查模膛形状和尺寸。钳口颈有加强锻件与钳夹头连接部分强度的作用。

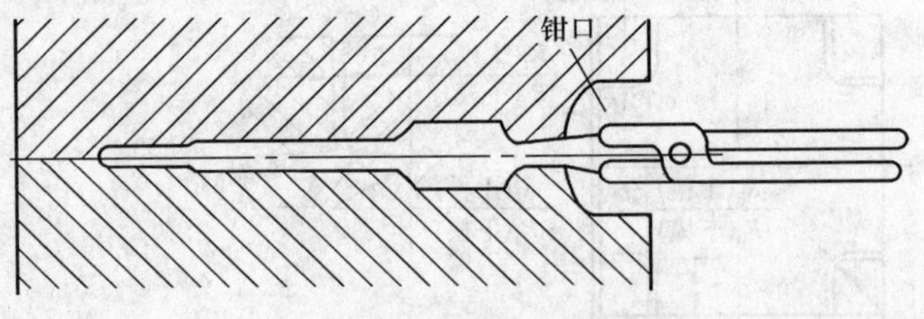

图 2—13　钳口

（2）钳口的形式及尺寸

终锻模膛和预锻模膛都需配置钳口。常用的钳口形式如图 2—14 所示，其尺寸可由表 2—7、表 2—8 查得。

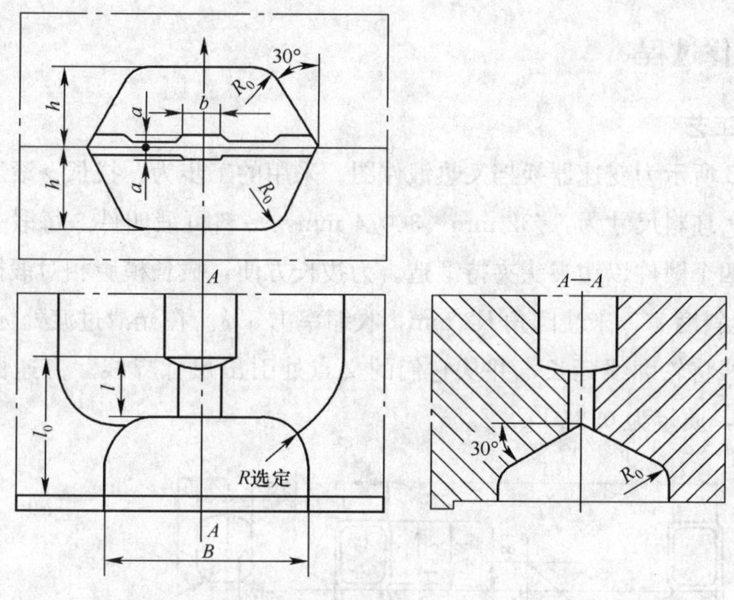

图 2—14　常用的钳口形式

表 2—7　　钳口尺寸　　mm

钳夹头直径 d	<18	18～28	28～35	35～40	40～50	50～55	55～60	60～65	65～75	75～85	85～90	95～105	105～115
B	50	60	70	80	90	100	110	120	130	140	150	160	170
h	20	25	30	35	40	45	50	55	60	65	70	75	80
R_0	10	10	10	15	15	15	15	15	15	20	20	20	20

表 2—8　　钳口颈尺寸　　mm

锻件质量（kg）	<0.2	0.2～2	2～3.5	3.5～40	40～50	50～55	55～60
b	5	6	7	8	10	12	14
a	1	1.5	2	2.5	3	3.5	4
l	$l \geqslant 0.5 l_0$，l_0为锻模外壁最小厚度						

技能要求

以变速器换挡叉的锻模设计为例，介绍典型模锻件的锻模设计。

一、工作名称

换挡叉锻模设计。

二、工作过程

1. 模锻工艺

图 2—15 所示为变速器换挡叉热锻件图。采用的工步为：拔长→滚压→预锻→终锻→切断。坯料尺寸为：ϕ32 mm×360/4 mm，一料可锻四件。每锻一件后用切刀切下，第四个锻件以钳夹头夹持锻造。为拔长方便，拔长模膛相对锻模左侧面斜置 10°。起模斜度 7°，未注圆角 R2 mm，收缩率 1.5%。在光滑过渡处标注尺寸时，必须用细实线将轮廓线延长，并从它们的交点处引出尺寸界线。变速器换挡叉为 20 钢正火件，质量为 0.34 kg。

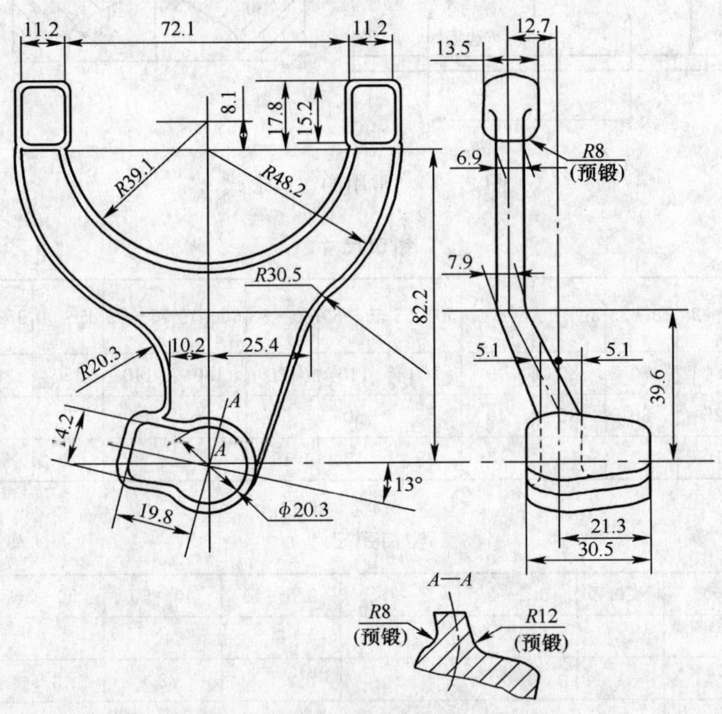

图 2—15　变速器换挡叉热锻件

2. 锻模设计

预锻的作用有三：一是将叉口部分的坯料劈开；二是有利于锻件头部金属的充满；三是延长终锻模膛的寿命，特别是飞翅桥部的寿命。由于锻件为冷态下切边，所以减小飞翅桥的磨损对切边质量来说十分重要。锻模图如图 2—16 所示。锻模材料为 5CrNiMo。预锻设飞翅阻力沟，限制被劈开的金属向外侧流动。叉体厚度较小，所以预锻的边缘做出斜坡，如图 2—17 中的 D—D 断面图所示，防止终锻时坯料稍有定位不准而啃出折纹。锻件有 12.7 mm 的落差，故有形状锁扣（形状锁扣与本单元所介绍的普通锁扣有区别，又称为平衡锁扣，用于具有落差的锻件上。这类锻件的分模面不在一个平面上，在锻击中会迫使锻模产生偏移，需设计锁扣以平衡其错移力)，但是为了使锁扣起到平衡错移的作用，将其高度增大至 25 mm。叉口内为双仓飞翅槽，用以容纳此处不可避免的较多的过量金属。这除了能保证模具的打靠外，还可防止金属进入锁扣。

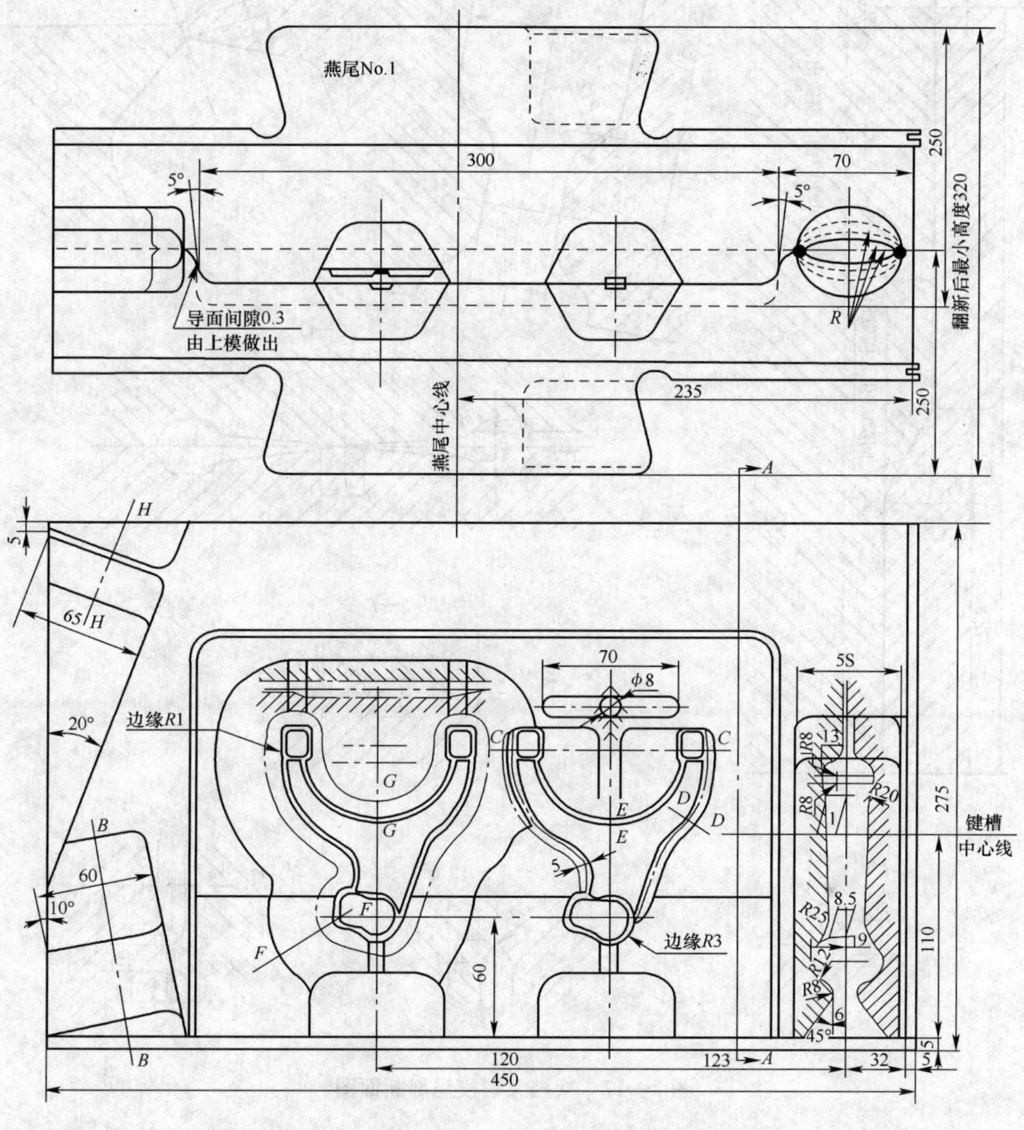

图 2—16 换挡叉锻模图

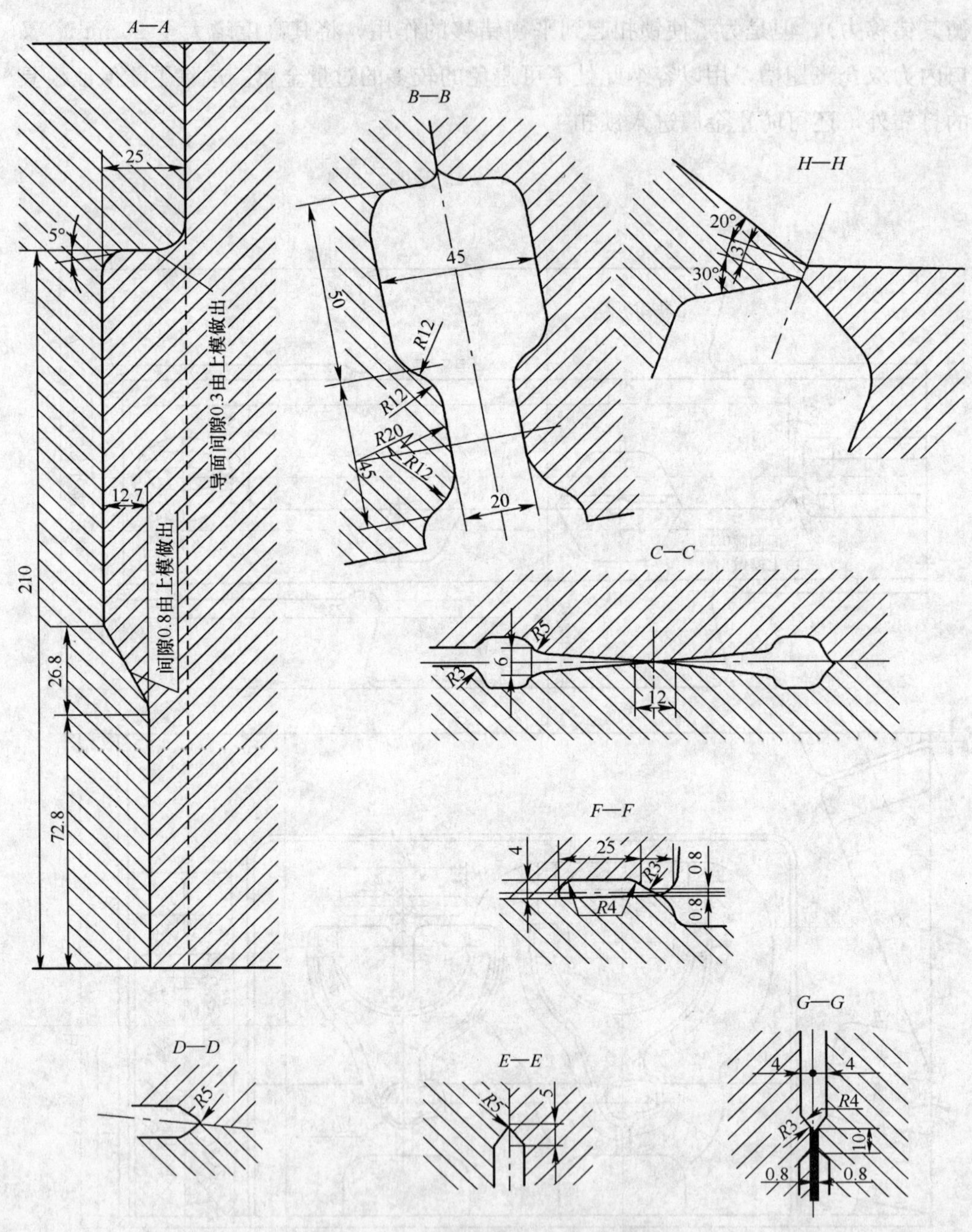

图 2—17　换挡叉锻模局部断面图

学习单元5　锻模结构的改进

学习目标

➢能够改进锻模结构

知识要求

以下介绍典型的锻模结构改进内容。

一、锤上锻模燕尾破裂的结构改进

锤上锻模燕尾破裂，从结构上检查，常有两个原因：一是燕尾根部圆角太小；二是燕尾高度小于或等于燕尾座的深度，即燕尾高度不够。正确的锻模燕尾尺寸配合，如图2—18所示。锻模燕尾破裂，如图2—19所示。

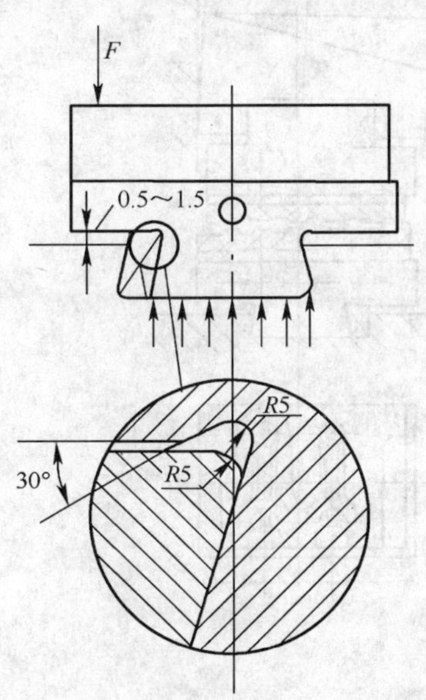

图2—18　锻模燕尾正确尺寸配合

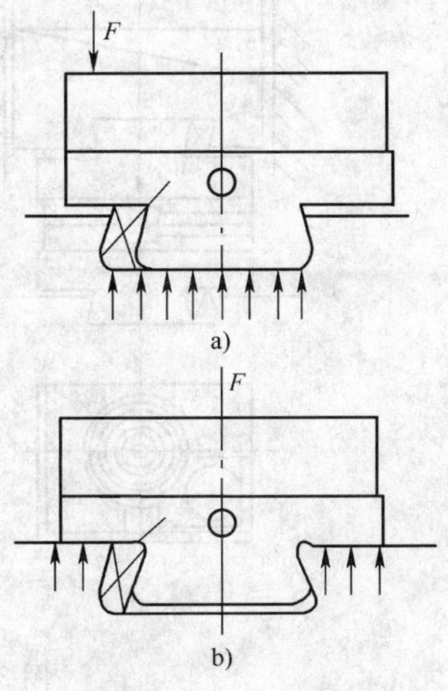

图2—19　锻模燕尾破裂

a）燕尾根部圆角太小　b）燕尾高度不够

二、改进模膛的布置

模膛布置不合理，会造成锻件质量不符合要求或影响模具使用寿命和生产效率，增加工人操作难度。在改进模膛布置时，最重要的是首先要布置好终锻模膛和预锻模膛，然后再根据它们的位置、模锻的工艺程序与模膛的数量，布置其余模膛。

1. 改进终锻模膛与预锻模膛的布置

（1）锻模中心与模膛中心。锻模中心即锻模燕尾中心线与键槽中心线的交点，它位于锤杆的轴线上。模膛中心是锻造时模膛中金属变形阻力的合力作用点，若锻件等厚，可认为其形心就是模膛中心。如图 2—20a 所示，改进时模膛应尽可能使锻件形心与锻模中心重合。否则将产生偏心力矩 $F'e$，如图 2—20b 所示。模膛中心相对于锻模中心的偏移量越大，则偏心力矩也越大，从而会造成锻件在分模面上的错差，增加设备磨损。

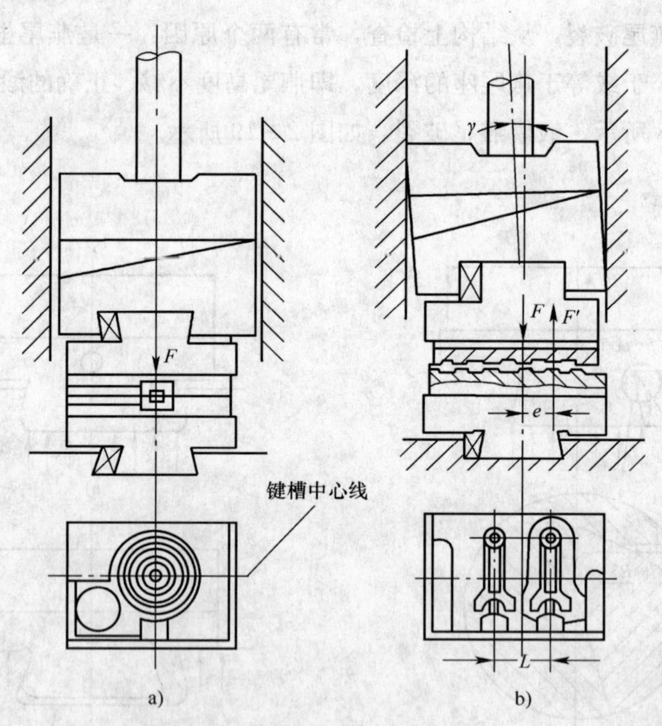

图 2—20　模膛布置

a）正中锤击　b）偏心锤击

（2）无预锻模膛时，终锻模膛中心的位置应取在锻模中心处，以保证锻件质量。

（3）如果锤上模锻锻模内设有预锻模膛和终锻模膛，则不可使其中任何一个模膛的中心与锻模中心相重合，而应将两模膛的中心分别安排在锻模中心的两旁，使终锻模膛的中心至锻模中心的距离为两模膛中心间距 l 的 1/3，如图 2—21 所示。

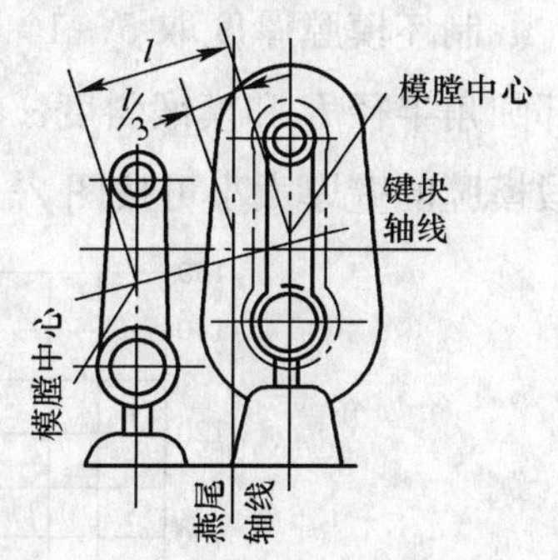

图 2—21 设有预锻模膛和终锻模膛的锻模中心位置

这样安排后，锻模在终锻时的偏移便与在预锻时的相反，从而使锻模的错移量最小。$l/3$ 间距是根据终锻时的转矩与预锻时的转矩假设相反且相等（假设来自终锻时的作用力约为预锻时的 2 倍）而定的。按图 2—21 所示调整后，终锻模膛与锻模中心间距为 $l/3$，预锻模膛距锻模中心间距为 $2l/3$，间距之比为 1∶2。然后再校核终锻模膛与燕尾中心线的偏移量，该偏移量应不超过表 2—9 中的规定尺寸，且预锻模膛中心应位于燕尾支撑面内。

表 2—9 终锻模膛与燕尾中心线的偏移量

设备吨位（t）	1	1.5	2	3	5	10
偏移量（mm）	25	30	40	50	60	70

2. 改进制坯模膛布置

（1）制坯模膛应尽可能按工艺顺序排列，操作时一般只允许改变一次方向，以缩短操作时间。

（2）模膛的排列应与加热炉、切边机的位置相适应。如加热炉布置在锻锤左边，则第一道制坯工步一般布置在锻模左侧。

（3）氧化皮最多的模膛是锻模中的第一道制坯模膛，如拔长模膛、滚压模膛。它应位于吹风管的对面，以防止氧化皮被吹入终、预锻模膛内。

（4）弯曲模膛应设在能以最顺手的移动与翻转将锻件放入终锻或预锻模膛之处，即应采用如图 2—22a 所示的形式，不应采用如图 2—22b 所示的形式。

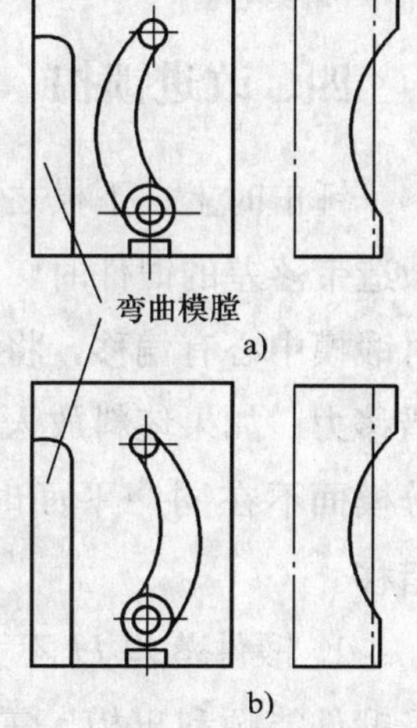

图 2—22 弯曲模膛布置

a）正确 b）错误

（5）拔长模膛若在锻模的右边，应取直式；若在左边，应取斜式，以方便工人操作。

三、改进模壁厚度

制坯模膛厚度取 5～10 mm。终锻与预锻模膛的壁厚大小与模膛的深度 h、底部圆角半径 R 和模锻斜度 α 有关，h 越大、R 和 α 越小，则壁厚应越大。终锻与预锻模膛的壁厚大小可按图 2—23 选取。

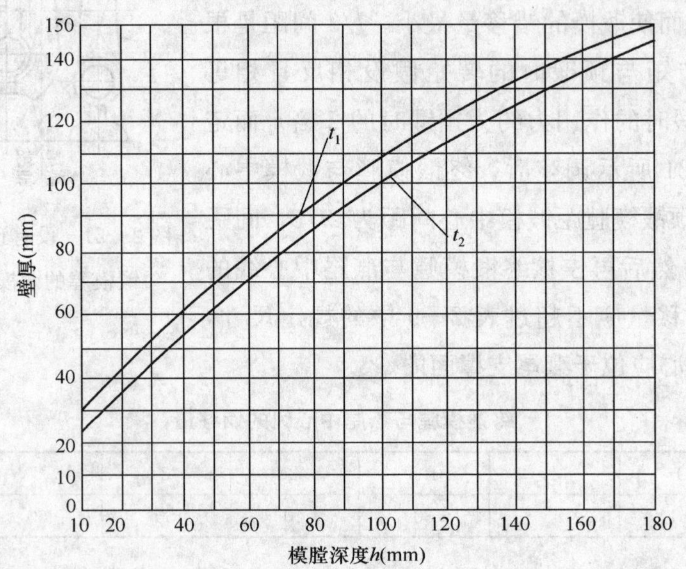

图 2—23　锤锻模膛壁厚的确定曲线

t_1—终锻　t_2—预锻

四、改进锁扣

锤击时上、下模之间经常产生水平错移力，锁扣的主要作用是平衡错移力。在锻造带落差的锻件时，如果分模面不在同一平面上，将产生错移力；如果模膛中心对锻模中心有偏移，将产生偏移力矩；如果锤头与下砧座水平面间不平行，将产生错移力；如果坯料放入终锻模膛后偏向一边较大，也会产生错移力。为了平衡锻件分模面不在同一平面时产生的错移力，常采用以下改进方法来减小上、下模的错移。

1. 锻件落差 H 不大时，可将锻件斜放，使模膛两端分模面处于同一高度。为了锻件能顺利出模，需在局部地方增大模锻斜度，故此方法适用于 $\gamma \leqslant 7°$、落差 $H < 15$ mm的情况，如图 2—24 所示。

2. 锻件落差 H 较大时，应在锻模内设置锁扣，如图 2—25 所示。

3. 锻件落差很大时（$H > 50$ mm），既需斜放锻件，又需设置锁扣。

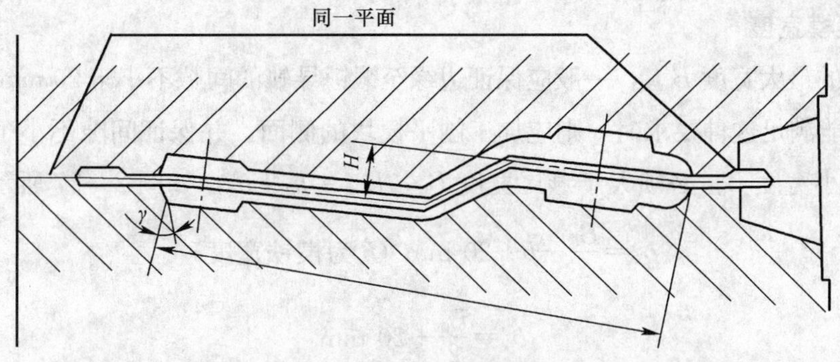

图 2—24 锻件斜放

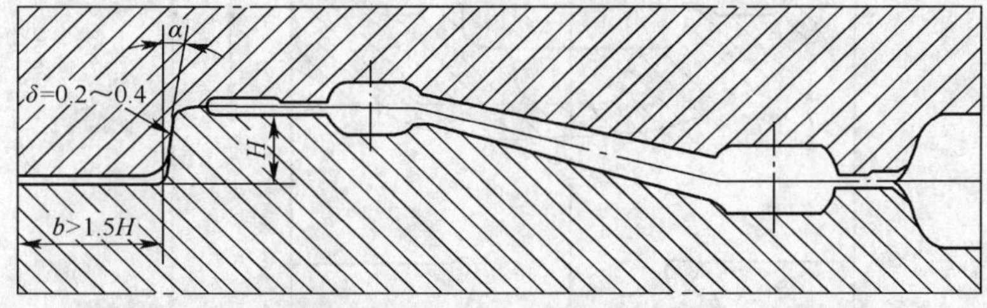

图 2—25 带锁扣的锻模

4. 对具有落差但尺寸较小的锻件，可成对排列，不设锁扣。

五、改进模块尺寸

1. 模块长度

模块长度超出锤头宽度时，其超出长度应限制为 $f<H/3$，如图 2—26 所示。

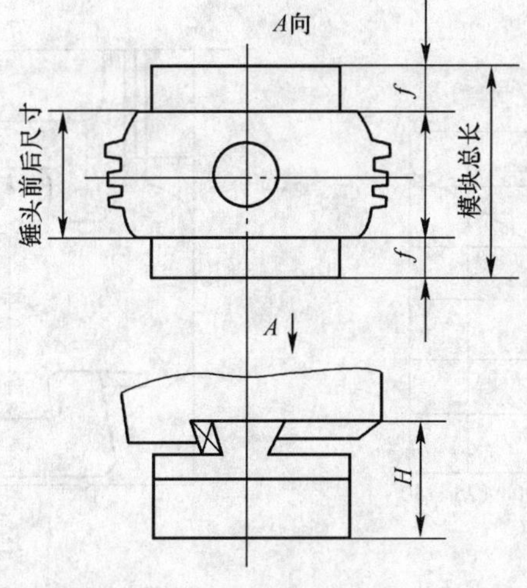

图 2—26 模块长度

2. 锻模宽度

锻模的最大宽度 B_{max}，一般应保证边缘至锻锤导轨的间隙不小于 20 mm。模块面积较大不能满足这种要求时，则应加工刨平模块的侧面，并保证间隙不小于 10 mm。锻模的最小宽度 B_{min} 必须大于燕尾宽度 B_0，$B_{min}=b_3+b_4$，如图 2—27 所示。

$$b_3=\frac{B_0}{2}+b+20\ \text{mm}\ (b\ 为楔铁宽度)$$

$$b_4=\frac{B_0}{2}+20\ \text{mm}$$

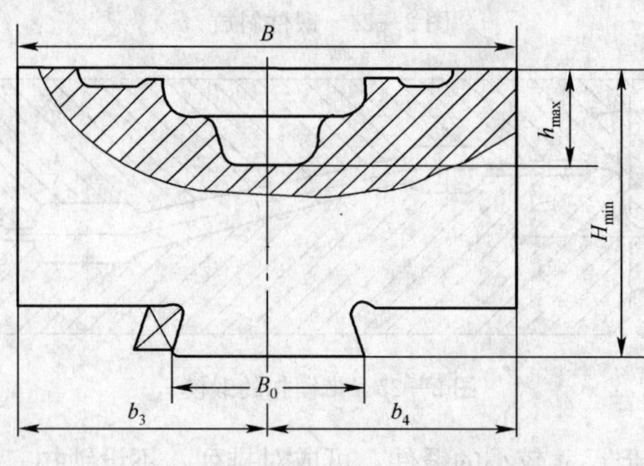

图 2—27　锻模宽度

3. 锻模高度

锻模高度按模膛最大深度确定（见图 2—28、图 2—29 和表 2—10），且要保证上下模块的闭合高度大于锻模允许的闭合高度 H_{min}。

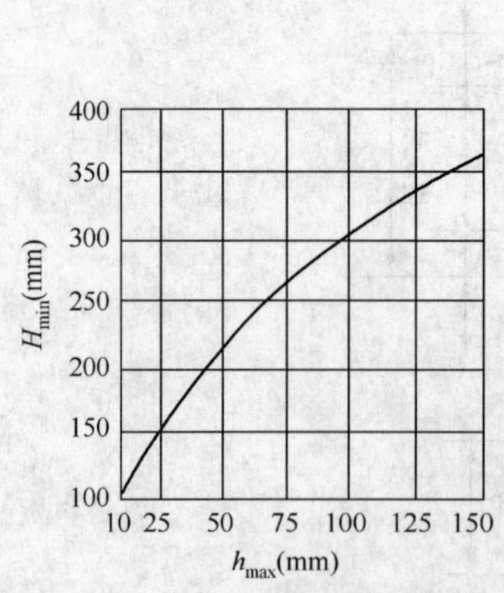

图 2—28　模膛最大深度与锻模最小高度的关系曲线图

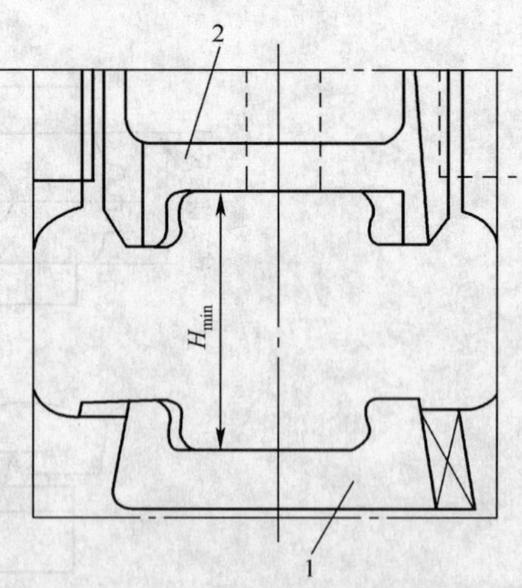

图 2—29　锻锤最小闭合高度

1—模座　2—锤头位于下死点

表 2—10　　模块最小高度　　mm

终锻模膛最大深度（h_{max}）	<32	32～40	40～50	50～60	60～80	80～100	100～120	120～160	160～200
模块最小高度（H_{min}）	170	190	210	230	260	290	320	390	450

学习单元 6　锻压设备图样的识读

学习目标

➢ 掌握锻压设备原理图、装配图的读图方法

➢ 能够调试模锻设备

技能要求

一、识读设备的原理图和装配图

识读锻压设备的原理图、装配图，需有一定的锻压设备知识及其相关知识。要读懂锻压设备的工作原理图、装配图，首先要了解锻压设备的基本结构，尤其是熟悉其主要机构的结构，相关内容请参见《锻造工（中级）（第 2 版）》和《锻造工（高级）（第 2 版）》。这里以几个实例介绍识读模锻设备工作原理图和装配图的方法。

大型有色金属模锻水压机主要用于模锻大型铝、镁合金以及钛和钛合金的模锻件，广泛用于航空工业中。

我国第一重型机器厂自行设计并制造的 300MN 大型模锻水压机的结构简图如图 2—30 所示，该设备主要用于模锻各种铝和铝合金。该模锻水压机为八柱八缸上传动结构。每两个立柱和一个上小横梁、一个下小横梁通过加热预紧构成一个横向的刚性框架。八个工作缸成对地分别装在四个上小横梁内。四个框架的上小横梁分成两组，成对地以螺栓和键通过加热预紧组成一个整体，而四个框架的下部则以下横梁将四个横向框架构成一个刚性的整体。因此，它相当于具有共同的活动横梁和下横梁的两台四柱式立式水压机。

活动横梁和下横梁均由纵向厚钢板和两侧的铸钢侧梁通过拉紧螺栓加热预紧组

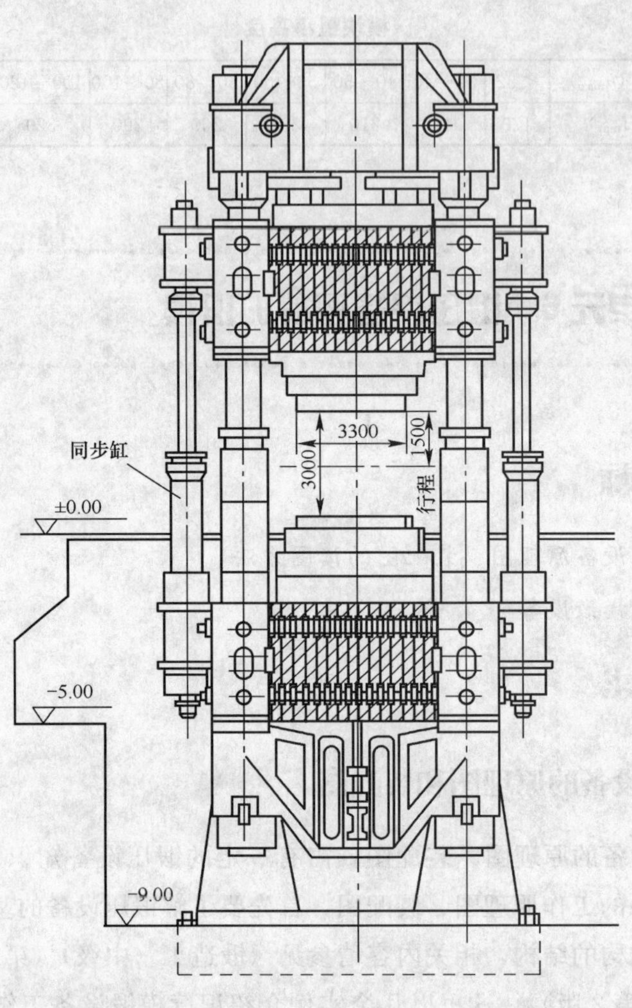

图 2—30　300MN 模锻水压机

成。在活动横梁的下面装有垫板，其上可直接固定上模座。下横梁上则有可动工作台，它由三块锻钢板以工字扣连成整体，其上也有垫板，用以固定下模座，工作台可向一侧移出一定距离（工作行程）。

工作缸的柱塞具有上、下球面铰接结构，工作缸下面通过垫板支撑在活动横梁上。四个平衡缸、四个回程缸及四个同步缸均按对称位置以球面支撑于活动横梁和下横梁之间。

水压机下部有中央顶出器，五个顶杆可同时或分别使用。外侧的四个立柱下部装有立柱应力测量装置，当立柱应力超过额定应力（1 200×10^5 Pa）时，能发出声响信号，同时自动切断泵站的来水，并使水压机工作缸卸压，以保证水压机安全。

二、调试模锻设备

1. 平锻机的调整和试车

平锻机总装完毕后，应按总装技术要求进行检查和调整。具体要求如下：

（1）对设备进行外观检查，活动零部件附近不应有无关物件，紧固螺钉不应有松动现象，油路应齐全、畅通。

（2）检查调整传动带松紧程度，并检查离合器是否正常。

（3）检查各导轨间隙是否符合要求，有无过松、过紧现象。

（4）检查曲轴轴瓦、连杆瓦及夹紧机构各轴套的间隙是否合适。

（5）接合离合器，以吊车转动飞轮，检查各运动零部件有无互碰情况，并保证间隙足够。

（6）夹紧机构须作如下试验：装上标准凹模并调整，用 2～3 mm 的钢板夹在凹模分模面处，接合离合器，用吊车运转飞轮试验一个往复行程，如弹簧不起作用，可用再厚一点的钢板进行试验，直到弹簧起作用才说明夹紧机构符合要求。

（7）经上述检查调整合格后，可进行空运转试车。空运转试车按下列顺序进行：

1）单一行程试车 1 h，每 15 min 停车检查一次。

2）连续行程试车 2 h，每 15 min 停车检查一次。

检查项目：电流、电动机转速、空行程次数、各运动部件的温度等。

3）经空运转试车后，离合器外表温度升高不得超过 70 ℃，离合器内部温度升高不得超过 150℃，导轨发热不得超过 50℃，曲轴瓦及连杆瓦发热不得超过 45℃。

（8）切断电源、气源，对凹模支撑部分与凸模支撑部分的相对位置精度，按标准进行全面检查。

（9）对润滑系统进行压力试验，试验压力不低于 10 MPa（干油集中润滑）。

（10）安装全部安全防护装置，检查及排除不正常之处。

（11）测量曲轴轴瓦间隙：取出斜铁、瓦盖、上半铜瓦并清理干净，选用合适的铅丝置于曲轴裸露表面上，装上瓦盖，拧紧螺钉，打紧斜铁。再次拆去斜铁、瓦盖、上半铜瓦，取出压扁的铅丝，用千分尺测量，其厚度即轴瓦的实际间隙值。

2. 液压模锻锤的调试

液压模锻锤是采用纯液压驱动或者采用液气驱动的锻锤，不同于蒸汽—空气模锻锤和热模锻压力机。

液压模锻锤调试时可以按下列程序进行：

(1) 工作缸先充入压力为额定充气压力 1/2 的气体，其他充气部位如蓄能器充压。

(2) 启动电动机，在卸荷状态下泵空运转，检查卸荷回路工作是否正常。

(3) 卸荷回路电磁阀给电，系统升压，同时调节溢流阀和安全阀，并松开放气螺塞排除系统中的气体，直至锤头提升。

(4) 锤头提升至上限位置，检查行程开关工作是否正常。

(5) 试车时可用平砧模放好试件，进行单打试验和连打试验。

(6) 检查手动对模阀工作是否正常。

(7) 将气缸充气压力调整到额定压力进行上述试验，并检测一些简单参数，如打击次数、工作行程、工作油压及试件变形功等。

(8) 进行偏心打击试验。

(9) 连打数小时并检测油温等是否正常。

(10) 液压模锻锤调试前必须按该产品说明书的规定办理。

学习单元 7　专用检测工具设计

学习目标

➢能设计专用检测工具

知识要求

锻造工用的样板一般由锻造工或检验工自己制作，样板的材料可用普通薄钢板。样板除用在完工后检验外，也常在锻造过程中使用。

检验锻件几何形状的样板如图 2—31 所示，这种样板一般应按零件图的尺寸来绘制，也可按锻件图的尺寸来绘制。

在检验时，将样板放在锻件平面上来检验其外形。按锻件公称尺寸绘制的样板，只能确定锻件外形是否符合工艺要求。使用按零件图绘制的样板，可直观地看出锻件的实际加工余量，便于确定锻件是否能够加工得出，以及为此所要采取的必要补救措施，否则锻件可能被判报废。

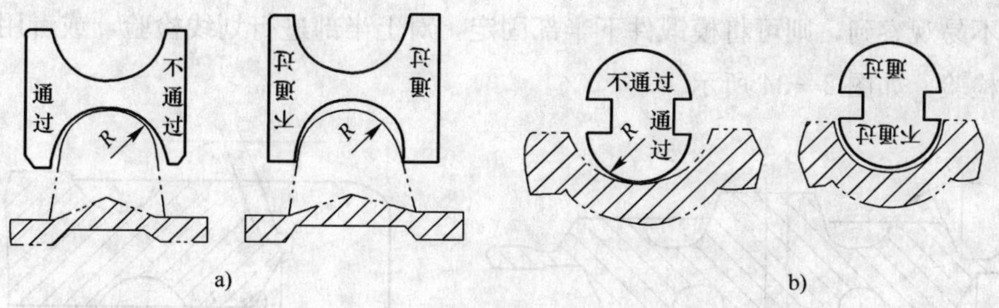

图 2—31 检验锻件几何形状的样板

技能要求

一、工作名称

模锻件检测。

二、工作过程

1. 锻件孔径检查

(1) 如果孔没有斜度，游标卡尺的内测量爪能够自由进入被测量的孔内，则用游标卡尺测量，这种孔径也可用卡钳来测量。

(2) 如果孔有斜度，生产批量又大，则可用极限塞规检验。

(3) 如果孔径很大，则可用大刻度的游标卡尺测量，或用样板检验。图 2—32 所示的锻件内径，因模膛压塌而使尺寸增大，则可用样板长度为 D 的不通过样板来检验。

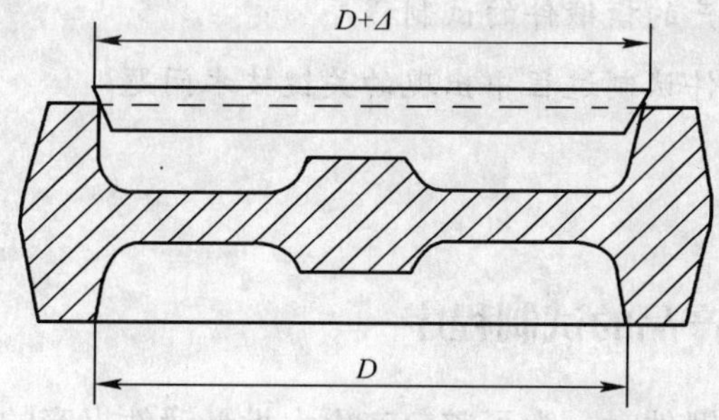

图 2—32 用样板检验轮缘内径

2. 模锻件错位检验

如果模锻件上端面高出分模面且有 7°～10°的起模斜度，或者分模面的位置在模锻件本体中间，则可在切边前观察到模锻件是否有错位面，如图 2—33 所示。若错位不易观察到，则可将模锻件下半部固定，对上半部进行划线检验，或者用专用样板检验，如图 2—34 所示。

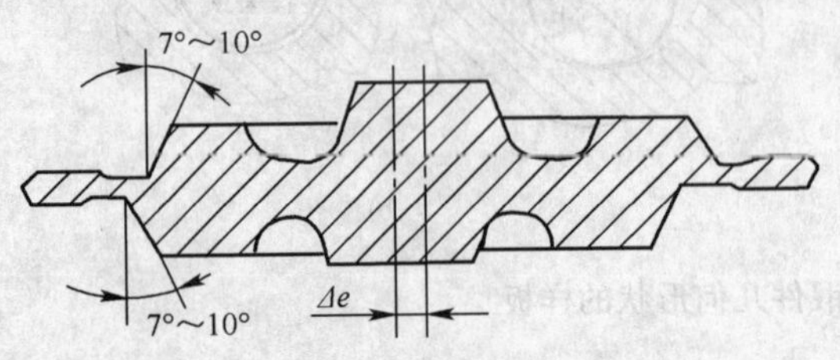

图 2—33　模锻件错位

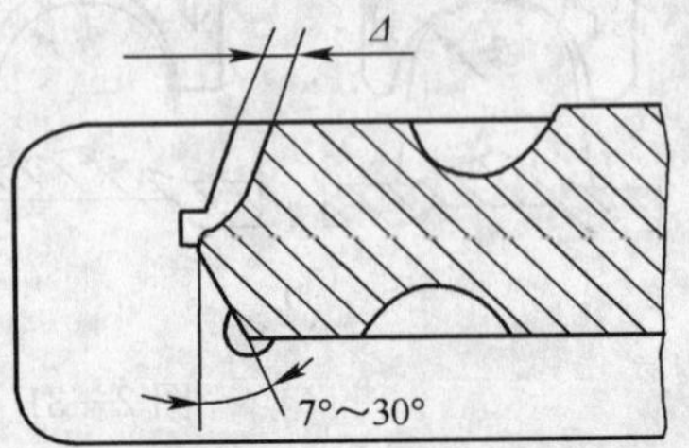

图 2—34　用样板检验模锻件错位

第 2 节　工件锻造

学习单元 1　解决模锻件试制及生产中的关键技术问题

学习目标

- 掌握大批量生产的模锻件的试制程序
- 能够解决模锻件试制过程中出现的关键技术问题

知识要求

一、模锻件新产品的试制程序

在大批量生产模锻件时，为了避免产生大批量锻件报废的事故或产品零件质量事故，锻件试制需采取一套试制程序。

1. 样品试制阶段

样品试制阶段简称样试，其主要做法如下。

（1）下料数少，一般不超过 20 件。

（2）模具尽量借用，或用简易模具，这样可以缩短试制周期，降低生产成本。

（3）锻件按工艺规程操作，样试件小部分封存，大部分流入机械加工和最终热处理。目的是考核锻件的成形性能及零件的性能，考核产品是否合格。

（4）样试应写出锻件检验报告，锻件用户应将锻件后续工序的加工结论反馈给锻件生产者。只有收到反馈合格的书面意见后方可转入小批量生产阶段。

2. 小批量生产阶段

小批量生产阶段的主要做法如下。

（1）下料数增加。一般下料数为供一个班次生产或能考核模具使用寿命的数量。

（2）模具不再借用，应制出专用模具和工量具，考核模具的使用寿命。模具的使用寿命问题应视为工艺的成败问题。因为即使锻件完全合格，但若模具使用寿命太短，大批量生产也还是不行。

（3）发现并解决锻件质量问题。在样试阶段，往往不能发现锻件的全部质量问题，因为在样试阶段，试制者往往是全力以赴的，处处小心谨慎，这与小批量生产有所区别。

（4）小批量生产后锻件合格，且模具使用寿命达到预期目标后方可转入大批量投产阶段。小批量生产阶段可能不止一次或两次，多次才达到目标是很正常的。

3. 大批量投产阶段

大批量投产阶段的主要做法如下。

（1）建立完整的质量检验体系，包括各道工序建立若干个特殊质量控制点，必要时须经过 ISO 9000 质量体系的认证。

（2）建立完整的工时定额体系，包括各道工序的批量生产工时定额。

（3）设计和制造必要的工步器具。

（4）建立设备的各级维修管理制度并贯彻执行。

（5）建立合理的物流路线，尽量提高劳动生产率。

（6）建立和不断完善各项必要的管理制度和规章措施。

二、解决生产中的关键技术问题

锻件试制中在生产现场出现的质量问题，取决于生产过程中质量因素的变化，具体因素是错综复杂的，有工艺方案本身的缺陷，有操作者、材料、设备、工装及锻造方法等对锻件质量的综合作用。这些因素的变化与试制锻件质量的内在联系是有一定规律可循的，其中较关键的因素有以下几点。

1. 确定锻造工艺方案

不同类型的试制锻件的工艺方案，应根据试制锻件的变形特点、形状、尺寸和技术要求，并参考典型的锻造工艺，同时结合现有的设备条件、原材料情况、工模具以及工人的技术水平和经验来确定。

模锻工艺方案确定的要点如下。

（1）模锻件形状

模锻件的外形结构是确定模锻件工艺方案的重要依据。例如锤上模锻有多种不同的方法，对于简单形状的锻件，可以采用单模膛模锻；对于形状较复杂的模锻件，可以采用多模膛模锻。

（2）现场设备条件

每一类型的锻造设备都有其合理的典型锻件，但也要根据具体条件而定。例如，平锻机适合锻造带杆的局部镦粗件和带孔的锻件，但如果车间没有平锻机，且产量不大，则可改在别的设备上模锻。

2. 确定加热规程

锻造材料加热是锻造工艺中不可缺少的工序。由于在加热过程中可能产生氧化、脱碳、过热、过烧及内部裂纹等缺陷，因此，必须采用正确的加热方式和操作方法。

（1）防止锻造材料加热缺陷

在锻件试制过程中，锻件材料加热出现缺陷时，要对锻造材料化学成分、加热温度、加热时间和炉气成分等因素做具体分析，找出缺陷形成的原因，提出纠正措施。如在模锻和高合金钢及有色金属的锻造中，为减少氧化，材料的加热可以采用有保护介质的加热方式和方法。

（2）加热规范

锻造原材料形式较多，其各自的加热工艺及规范有差异，所以在制定加热规范时应区别对待。如冷锭加热规范主要根据材料的塑性、导热性和钢锭的断面尺寸来确定；而热锭的加热规范只取决于断面尺寸。

技能要求

一、工作名称

LD10 铝合金大型框架模锻件试制过程中关键问题的解决。

二、工作过程

用模锻法生产 1.2 m^2的 LD10 铝合金大型框架需要用 600 MN 的重型水压机，据报道，美国用强力水压机（450 MN）模锻这类大型模锻件。我国某轻合金加工厂在现有的 103 MN 模锻水压机上，用高温分部多次模锻法，试生产出 LD10 合金 1.2 m^2大型框架。试制过程简介如下。

为了使本体模锻件的试生产有较大的把握，在本体模锻件试制之前做了四个模拟实验，即将该模锻件缩小为原来的 1/10，将它在 30 MN 水压机上用第一级压力（15 MN）进行试模锻，待取得经验后，再进行本体模锻件的试制。在本体模锻件试制过程中，必须解决以下四个较困难的关键问题。

1. 坯料锻造问题

在规程规定的锻造温度范围内经过 4 次加热，在 50 MN 水压机上借助于平砧和一些其他的锻造工具等，将 ϕ390 mm×1 000 mm 的铸锭锻成形状和尺寸完全符合工艺要求的坯料。坯料锻造经过 5 道工序，现分述如下。

（1）铸锭镦粗

设备——50 MN 水压机，工具——大平砧，镦粗温度 430～470℃。镦粗工序图如图 2—35 所示。

（2）压扁

设备——50 MN 水压机，工具——大平砧，压扁温度 430～470℃。压扁工序图如图 2—36 所示。

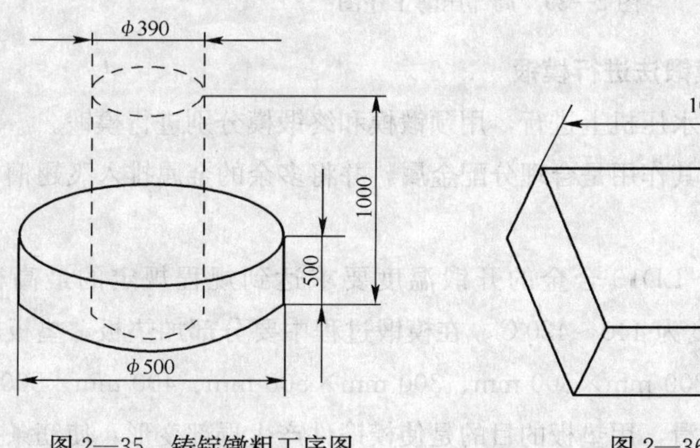

图 2—35 铸锭镦粗工序图　　图 2—36 压扁工序图

（3）冲孔

设备——50 MN 水压机，工具——大平砧、ϕ350～ϕ400 mm 冲头及漏盘，冲

孔温度 430～470℃。冲孔工序图如图 2—37 所示。

（4）侧面压长

设备——50 MN 水压机，工具——大平砧，压长温度 430～470℃。侧面压长工序图如图 2—38 所示。

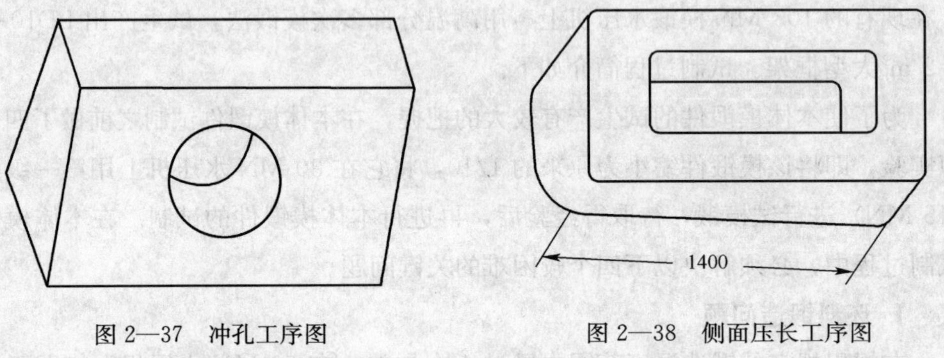

图 2—37　冲孔工序图　　　　图 2—38　侧面压长工序图

（5）局部压薄

设备——50 MN 水压机，工具——大平砧、拔长平砧，压薄温度 430～470℃。局部压薄工序图如图 2—39 所示。

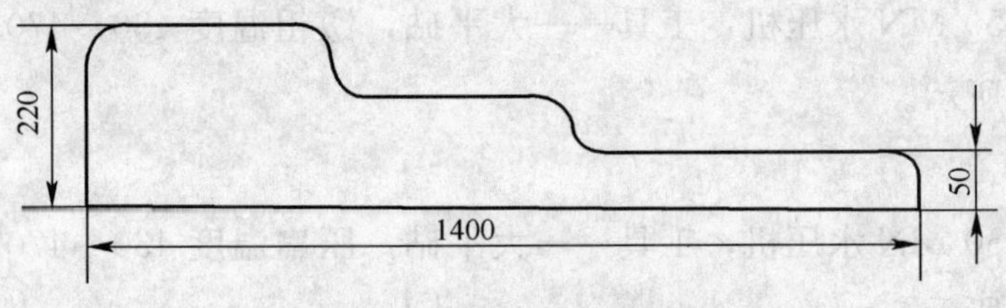

图 2—39　局部压薄工序图

2. 用高温分部多次模锻法进行模锻

模锻在 103 MN 模锻水压机上进行，用预锻模和终锻模分别进行模锻。

用预锻模模锻 2 次，其作用是合理分配金属，并将多余的金属排入飞翅槽，要注意留足欠压量。

用终锻模模锻 6 次。LD10 合金的开锻温度要求达到规程规定的最高极限温度（490℃），锻模温度为 440～420℃。在模锻过程中要分部加垫板，垫板厚度为10 mm，宽×长分别为 200 mm×500 mm、300 mm×500 mm、400 mm×500 mm 各两块，并将棱角打磨圆滑，用垫板的目的是使模锻件产生局部变形，使筋条得以充满。根据每次模锻的情况，留出适当的欠压量，以便下次加热后再用垫板进行模锻。

这样在较高的金属温度和锻模温度的情况下，将垫板垫在所需要的位置，进行反复变形、多次模锻，以得到模锻件的方法，就是所谓的高温分部多次模锻法。用此方法在 103 MN 水压机上模锻出的大型框架如图 2—40 所示。

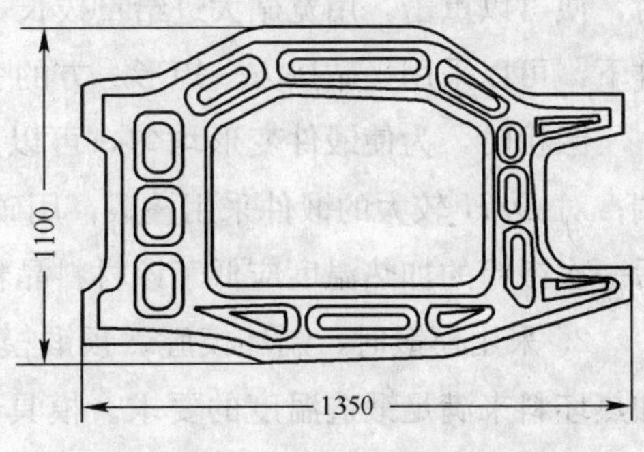

图 2—40 模锻大型框架简图

3. 切内飞翅

为了减小模锻压力和便于切内飞翅，必须将模锻前的锻造坯料在中心部分冲出一个 ϕ350～ϕ400 mm 的孔，以便于在模锻后带锯条能穿入孔内，在天车和切边小车的配合下，用带锯将内飞翅切掉，其飞翅最大宽度可允许为 20 mm。

4. 淬火

该模锻件外形尺寸较大，为 1 400 mm×1 100 mm×220 mm，用盐浴槽加热，加热温度为（500±3)℃，保温 2 h，水中淬火，然后自然时效 5 昼夜。

经过试生产，在没有强力水压机等大型模锻设备的情况下，可以用高温分部多次模锻法生产出大型模锻件。这种模锻方法在小批量或专门单件大型模锻件生产中有实用价值。

学习单元 2 特殊合金材料的锻造

学习目标

➢ 掌握特殊合金材料的锻造知识

➢ 能对特殊合金材料进行锻造

知识要求

一、高温合金的锻造

高温合金具有塑性低、变形抗力大、锻造温度范围窄、再结晶速度慢和低温导热性较差等特点，对其进行自由锻或模锻时，应掌握以下工艺特点和方法。

1. 采用上、下 V 形砧拔长，或采用上、下半圆弧砧拔长，以改善材料的受力状态，避免裂纹的产生。钢锭拔长开始时应轻击，当水压机压下量为30～50 mm时，便可以重击，用宽砧大进给量拔长，使锻件锻透和变形均匀。在塑性允许的条件下，可以采用平砧按方—矩形—方的变形方案来锻造。

镦粗时，为使锻件变形均匀，可以用涂有玻璃润滑剂的纸垫在镦粗坯料的两端；对 D/H 较大的锻件采用叠锻，用碳钢做软垫，垫在锻件的两端。高温合金最后一次镦粗的加热温度应低于该材料晶粒急剧长大的温度，变形量为20%～25%。

2. 采用模锻时，制坯模膛、预锻模膛和终锻模膛要分别设置，每一工序都须加热坯料来满足锻造温度的要求。模具预热温度为250～300℃。模具表面粗糙度值要小，可以采用合适的润滑剂，如石墨胶体、玻璃润滑剂等。

二、基体钢的锻造

基体钢是一种新型模具钢，其成分与高速钢淬火组织中基体的化学成分相同，是在高速钢基体成分中添加少量其他元素，适当增、减含碳量得到的，钢的性能有所改善，详细情况见本书第1章基体钢锻造部分。

以65 Nb基体钢为例，其锻造操作要求如下。

1. 严格控制锻造温度范围。
2. 采用轻—重—轻的操作方法。
3. 操作中注意坯料的温度均匀和变形均匀的要求。
4. 倒角时对角线应垂直于砧面，且要轻打，以防材料心部开裂。
5. 镦粗时若有弯曲发生，应及时矫正；拔长时进给量要适当。
6. 锻造时发现裂纹，应及时凿除，且痕迹要圆滑。
7. 锻造前，砧面、工具的预热温度为200～250℃；锻造中砧面要保持光洁。

三、镁合金的锻造

与铝合金相比，镁合金是密度小、强度高、减振性好的有色金属，在航空工业中主要用于制作各种壁板、框架、轮毂机匣等零件。镁合金根据其成分和工艺性能可分为铸造镁合金和变形镁合金两大类，变形镁合金可用于锻造。变形镁合金按合金元素主要分为：Mg－Mn系、Mg－Al－Zn系、Mg－Zn－Zr系、Mg－Mn－RE（稀土）系四类。

1. 可锻性

镁具有密排六方晶体结构，室温下塑性很低，温度升高到200℃以上时镁合金塑性有很大提高，一般在350～450℃温度范围内适合进行热变形。镁合金对应变速率很敏感，黏度大，流动性差，可锻性不如铝合金、铜合金和铁合金。

2. 锻造温度范围

镁合金具有良好的导热性，任何尺寸的镁合金铸锭或坯料均可不经预热直接放入炉膛内加热，但是镁合金锻造温度范围比铝合金窄，加热时间可按每毫米坯料直径（或厚度）1.5～2 min 计算。表 2—11 为常用变形镁合金锻造温度范围和加热规范。

表 2—11 常用变形镁合金锻造温度范围和加热规范

合金牌号		MB1	MB2，MB3	MB5	MB7	MB8	MB11	MB14	MB15
锻造温度（℃）	始锻	480	435	370	370	470	360	470	420
	终锻	320	350	325	320	350	300	330	320
加热温度$^{+10}_{-20}$（℃）		480	435	370	370	470	360	470	420
保温时间（min/mm）		1.5～2							

3. 锻造操作要求

（1）镁合金对变形速度十分敏感，随着变形速度的增加，镁合金的塑性显著下降。大多数镁合金在锤上变形时，允许变形程度为 30%～40%；而在压力机上变形时，变形程度可达 60%～90%。所以，液压机或慢动作机械压力机是镁合金模锻的最常用设备。镁合金很少用锤或高速压力机进行锻造，因为在这样的设备上锻造，若不采用很严格的工序，将会产生裂纹。

（2）镁合金的流动性差，只适用于单型槽模锻。对于一些形状复杂、尺寸较大的模锻件，一般采用自由锻制坯，最后进行单型槽模锻。模具型腔表面要光洁，精心抛光表面有助于锻造过程中金属的流动，并可防止锻件表面产生粗糙、划伤等缺陷。镁合金导热性好，遇到冷模具会由于激冷产生裂纹，模具应预热到比锻坯低不太多的温度。而从表 2—11 可看出大多数镁合金始锻温度不超过 470℃，这是为了避免发生氧化及晶粒粗大。一般锻造时模具应预热至 250～300℃。

（3）用于铝合金模锻的润滑剂均适用于镁合金。常用的润滑剂有胶状石墨与水的混合物、石墨与水基或油基二硫化钼的混合物、重油或机油与石墨的混合物等。

（4）镁合金锻件锻后通常在空气中冷却。国外对镁合金采用锻后直接淬火，以防进一步再结晶和晶粒长大。

（5）小批量生产中，镁合金锻件常用带锯在冷态下切边。镁合金容易产生切边裂纹，用切边模切除飞翅时，适宜采用咬合式模具，尽可能使凸、凹模间的间隙小或无间隙，切边温度应为 200～300℃。

技能要求

一、工作名称

镁合金内半环的锻造。

二、工作条件

图 2—41 所示为内半环的锻件图，锻件材料为 AZ40M 镁合金，模锻斜度 7°，未注明圆角 R5 mm，表面缺陷深度为加工余量之半。

三、工作过程

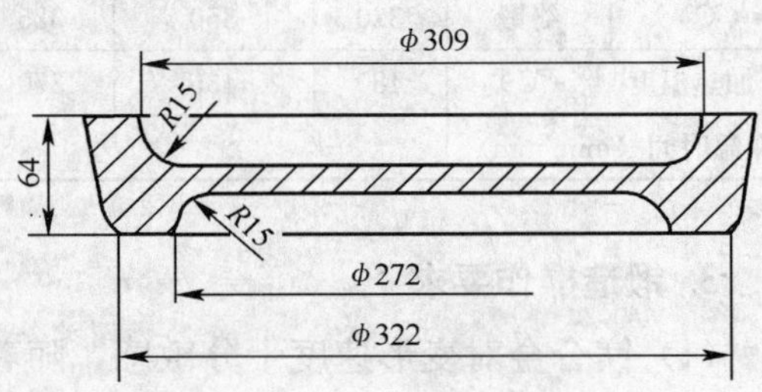

图 2—41　内半环的锻件图

镁合金内半环的模锻过程如下。

1. 下料

坯料尺寸 ϕ150 mm×168 mm，端面表面粗糙度 Ra=3.2 μm，尖角倒圆（R6 mm）。

2. 加热

电炉加热，加热温度为（440±10)℃，保温时间不少于 5 h。

3. 镦粗

3 t 模锻锤平模镦粗，锻造温度范围为 450～350℃，锻后空冷。镦粗时轻击，滚1～2 次外圆，以避免产生裂纹。

4. 氧化处理

按镁合金氧化处理规程进行。

5. 检验

发现表面缺陷并标记。

6. 打磨

用刃磨机、刮刀、抛光机清除表面缺陷，经打磨后的锻件应重复工序 4～6。

7. 加热

电炉加热，加热温度为（440±10)℃，保温时间大于 2 h。

8. 模锻

设备为 3 t 模锻锤，模锻温度范围为 450～350℃，锻后空冷。

9. 冲孔

在 3 150 kN 冲床上用冲孔模冲孔，模锻后立即冲孔。

10. 氧化处理

按镁合金氧化处理规程进行。

11. 检验硬度

用布式硬度计，压头直径 $d \leqslant 5.15$ mm，100％检查。

12. 最终检验

10％抽查尺寸，100％检查表面质量。

13. 打磨

按检验要求清除表面缺陷。

14. 氧化处理

按镁合金氧化处理规程进行。

四、注意事项

1. 镁合金容易卡模，除了模具的表面粗糙度值要求要小以外，锻造过程中要有良好的润滑。

2. 加热时，镁合金不能与钢料混放，以免起火。

学习单元3 技术与技能方面的创新

学习目标

➢能在模锻技术与技能方面有创新

技能要求

一、工作名称

改善冷锻冷挤润滑条件。

二、工作过程

冷锻冷挤是指坯料在室温条件下进行的锻造、挤压。其优点是制品表面光洁，且因其变形的强化作用，也提高了制品的强度。其缺点是因为变形抗力大，造成设备所消耗的能量大，对设备的负荷容量要求高，加上模具和坯料之间的压力高、摩擦力大，模具磨损严重。在一定条件下，改善润滑条件是经济并且见效快的手段。

对于冷锻生产，目前较成功的润滑方法是对坯料表面进行磷化—皂化处理。所谓“磷化”就是用化学方法在金属材料表面生成磷酸锌及磷酸铁多孔状的薄膜，膜的厚度一般为 10～25 μm，其摩擦因数也很小。磷化膜与钢表面结合很牢固，具有一定的塑性，并能在一定程度上与金属一起变形，这层多孔状薄膜能储存润滑剂，在锻压时，可起到将坯料与模具相隔离的作用，并降低变形金属与模具间的摩擦力。所谓“皂化”就是用脂肪酸皂类作为润滑剂，使之与磷化层中的磷酸锌发生化学反应生成硬脂酸锌的润滑处理方法。尽管磷化—皂化的预处理工序能保证冷挤压工艺的顺利进行，但是，由于磷化—皂化处理工序繁多，处理时间长，磷化质量要求严格，同时磷化废液会对环境造成污染，所以需要寻求新的润滑方法。

为了解决该问题，出现了叫“一步型润滑”的方法。该方法的主要特征是用工件蘸取润滑剂，然后在热空气中吹干，在工件表面形成一层固态润滑膜。

第 3 章

锻后处理及检验

第 1 节　锻 后 处 理

学习单元 1　锻后余热热处理

学习目标

➢ 掌握金属锻后余热热处理与合理利用能源的关系

➢ 能进行锻件的锻造余热球化退火

知识要求

一、金属锻后余热热处理与合理利用能源的关系

目前，我国的锻造车间还是广泛采用锻后冷却，再到热处理车间进行二次加温，进行普通热处理，这种方法会造成能源的极大浪费。

1. 锻后余热热处理与锻件后续普通热处理的比较

无论是采用锻件锻后余热热处理还是采用锻件后续普通热处理，锻件都可达到合格的金相组织和硬度，但从合理利用能源方面来看，两种方法还是有很大差别的，见表 3—1。

表 3—1　锻件锻后余热热处理与锻件后续普通热处理效果比较

热处理方法	能耗成本（元/t）	物流
锻件后续普通热处理	平均耗电 400	工序多，搬次运数多，影响生产
锻件锻后余热热处理	平均耗电 160	生产便利

2. 不采用锻后余热热处理的原因

国外普遍采用锻后余热热处理，而我国对锻后余热利用率不高。导致我国很多锻造厂不能利用锻件余热进行热处理的原因主要如下。

（1）担心国内钢材质量不如进口钢材，从而难以保证退火质量，最终影响切削性能和最终淬火的变形量。

（2）加热和锻造工序不稳定，锻后温差大，影响余热退火效果。

（3）锻后不能快速均匀入炉。

（4）锻造车间布局不合理。

二、锻造余热退火的操作

我国钢材余热退火质量可以满足锻件退火质量要求（现要求金相组织 1～2 级，硬度 156～207 HBW）。经过试加工证实，对机械加工切削性能和最终淬火变形量无影响。

锻造余热退火的操作方法如下。

1. 在中频感应加热炉上增加温度闭环控制和温度自动检测分选装置，保证加热温度均匀。

2. 将锻件的镦粗、成形、冲孔工序放在同一台热模锻压力机上完成，锻后温度不低于 900℃。

3. 在网带式退火炉前加上输送带和均料装置，使锻件快速均匀地进入退火炉，入炉温度不低于 800℃，从而保证了退火质量。

三、亚共析钢锻造余热淬火

锻后热处理是指锻件在锻造后，利用余热直接进行热处理，也称为余热热处理。

锻后热处理除了在《锻造工（中级）（第 2 版）》《锻造工（高级）（第 2 版）》中讲的大型锻件的等温退火和正火、回火工艺外，还有利用余热进行淬火的工艺。

像 40Cr、45 钢这样的亚共析钢，可以在锻造后直接进行锻热淬火，锻热淬火指的是热锻成形后，立即将锻件放入淬火介质中，以获得淬火组织的一种锻造与淬火相结合的工艺方法，可以把锻热淬火看成是高温形变淬火。锻造余热淬火工艺如图 3—1 所示。

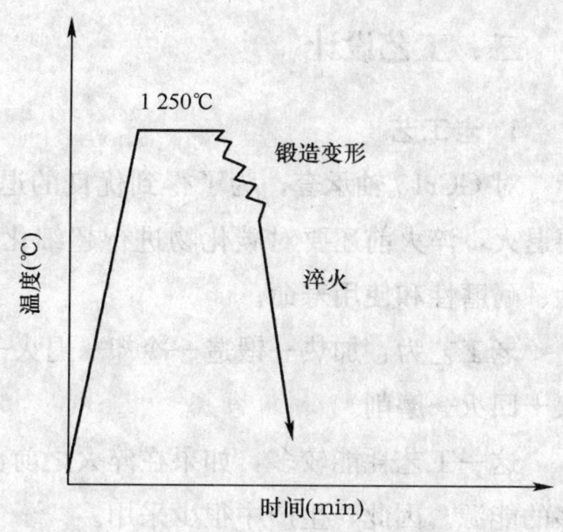

图 3—1　锻造余热淬火工艺

锻热淬火后，可以接着进行高温回火，这样的工艺可以取代传统的调质工艺，使亚共析钢获得合适的硬度和韧性，并能大大地节约能源、时间和设备的投资。

相关链接

锻后余热强化正火

锻后余热强化正火是指在热锻成形后，在空冷或在吹风冷却条件下连续冷却锻件至室温，使锻件在珠光体转变区域转变为珠光体组织的一种工艺。锻坯冷至室温后经机械加工即可使用，不必再经任何其他改善性能的热处理，这种工艺可用于对性能要求不高的零件。

锻后冷速越快，所得组织越细，强度、韧性越高。但冷速不得大于临界冷速，否则将不能得到珠光体组织而将得到马氏体组织。

锻后余热强化正火与普通正火相比，不仅可以提高锻件强度，而且可以提高其塑性及韧性，降低锻件冷脆转变温度及缺口敏感性。

技能要求

一、工作名称

采用锻造余热球化退火工艺对 GCr15 轴承套进行锻后热处理。

二、工艺设计

1. 老工艺

对 GCr15 轴承套，为了得到优良的退火组织，即细粒状珠光体，不但锻造后要退火，淬火前还要对碳化物进行超细化处理，这样可显著提高制品的强度、韧性、耐磨性和使用寿命。

老工艺为：加热→锻造→冷却→退火→机械加工→碳化物进行超细化处理→淬火＋回火→磨削。

这一工艺耗能较多，如果在淬火之前再加一道碳化物超细化处理，又将消耗更多的能源。因此，生产中很少采用。

2. 新工艺

利用轴承套锻造成形之后的剩余热量进行球化退火，可节省能源、缩短生产周期和改善组织。

新工艺为：加热→锻造→余热球化退火→机械加工→淬火＋回火→磨削。

新工艺不但可以节省能源、缩短生产周期，还可以得到良好的退火组织，获得良好的性能。

每盘装料 100 kg 左右的锻件，使用 T－300 型推杆式电炉进行余热球化退火，其工艺为：GCr15 轴承套停锻后空冷至 650℃后，立即加热至 800 ℃，作短时间（20 min）保温，可以获得最有利于碳化物球化的奥氏体组织，然后再冷至 720℃等温保持 80 min，出炉空冷，如图 3—2 所示。试验证明，处理后的显微组织表明碳化物基本上都实现了球化。

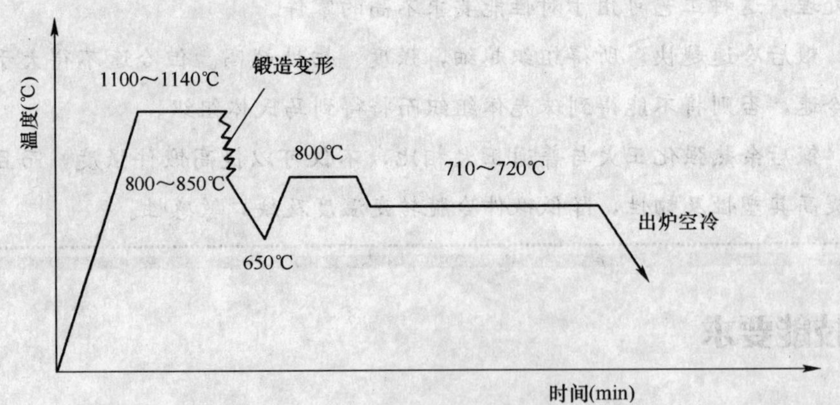

图 3—2　GCr15 锻造余热球化退火曲线

三、GCr15 锻造余热球化退火效果

1. 锻造余热球化退火后，钢件的硬度比较均匀，普遍稳定在 197～212 HBW 范围之内，硬度接近于目前工业上要求的上限，切削加工性良好。

2. 锻造余热球化退火的显微组织中碳化物较为细小，呈球状，而且分布均匀，轴承使用寿命提高了 1 倍左右。

3. 锻造余热球化退火的突出优点是节能，GCr15 锻件的老热处理工艺在炉中加热、保温，一般都需要 18～22 h，而锻造余热球化退火，充分利用锻造余热，加热、保温时间仅为 2.5～3 h。锻造余热球化退火工艺显著提高了生产率，缩短了生产周期。

4. 减轻了锻件的表面氧化、脱碳。

四、轴承套锻造余热退火生产线

轴承套锻造余热退火生产线如图 3—3 所示，锻造后的工件经过滑槽 1、输送带 2，通过控制锻件入炉装置 3 进入输送带式加热炉 4，经过加热、等温、冷却，最后经过卸料装置 7，装入退火锻件储存箱 8 中，完成锻造余热退火过程。

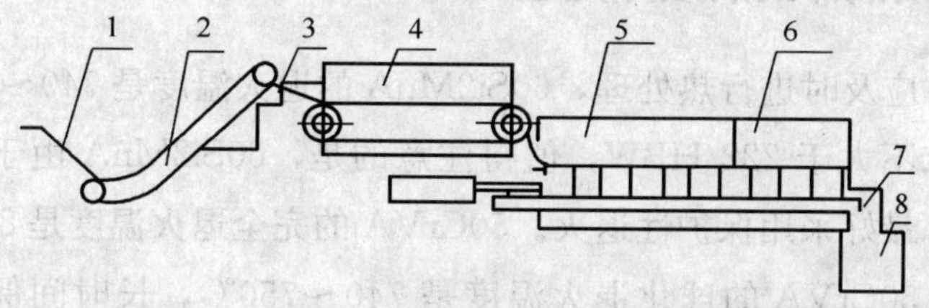

图 3—3　轴承套锻造余热退火生产线示意图

1—滑槽　2—输送带　3—控制锻件入炉装置　4—输送带式加热炉　5—推杆式等温炉　6—连续冷却室　7—卸料装置　8—退火锻件储存箱

五、注意事项

在轴承套锻造余热退火生产线的设计中，由于等温保持时间定为 120～150 min，故推料的节奏由锻造生产速度确定，并以此确定等温炉的长度。

学习单元2　弹簧钢锻件的锻后热处理

学习目标

➢ 能进行弹簧钢锻件锻后冷却和热处理

➢ 能预防弹簧钢锻件锻后缺陷

➢ 掌握弹簧钢锻件锻后热处理规范

知识要求

一、弹簧钢锻件锻后冷却

尺寸大的弹簧钢锻件（≥300 mm）必须采用炉冷，尺寸较小的锻件（≤150 mm）可以采用坑冷，150～300 mm之间的弹簧钢锻件需埋入石灰中冷却。

二、弹簧钢锻件的后续热处理

弹簧钢锻件应及时进行热处理，60Si2MnA的退火温度是740～760℃，保温后炉冷，硬度要求不大于222 HBW，值得注意的是，60Si2MnA由于含有硅，高温退火极易脱碳，最好采用保护性退火。50CrVA的完全退火温度是810～820℃，短时保温后炉冷；50CrVA的球化退火温度是740～750℃，长时间保温后，缓冷至500℃后空冷。弹簧钢锻件的后续退火可以去除应力，防止锻件开裂；降低硬度，便于后期的机械加工；为后期的淬火和回火处理做组织上的准备。

技能要求

一、工作名称

ϕ200 mm碟簧弹簧钢锻件的锻后冷却和热处理。

二、工作条件

锻坯材料：50CrVA。

锻件尺寸：ϕ207 mm×ϕ91 mm×18 mm。

硬度要求：小于 222 HBW。

锻件图：如图 3—4 所示。

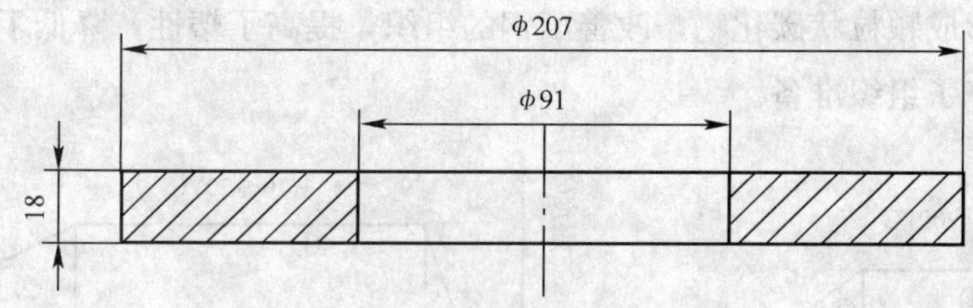

图 3—4　ϕ200 mm 碟簧弹簧钢锻件

三、工作分析

弹簧钢 50CrVA 锻件的断面尺寸不大，采用锻后灰砂坑冷退火工艺。

四、工作过程

1. ϕ200 mm 碟簧毛坯锻件的加工工艺

锯切下料→加热→锻造→锻后冷却→锻后退火→锻件清理。

2. 锻后冷却

锻后碟簧坯堆放在灰砂坑内，并在其上面用灰砂覆盖，进行冷却。

3. 锻后退火工艺

（1）碟簧毛坯锻件退火要求

比起其他的弹簧钢，50CrVA 中的少量钒有提高弹性、强度和屈强比，细化晶粒，减小脱碳倾向的作用。50CrVA 中碳含量较少，塑性、韧性较其他弹簧钢好，淬透性高，疲劳性能也好，是制造碟簧的理想材料。

碟簧锻件后期需要机械加工和后续热处理，锻件退火热处理要求是：2～3 级的球状珠光体，硬度小于 222 HBW，以便于后期机械加工和淬火。对材料组织要求是碳化物细小均匀。50CrVA 的 A_{c1}＝730～740℃，A_{c3}＝780～810℃。

（2）50CrVA 的退火工艺

球化退火是使钢获得弥散分布于铁素体基体上的细粒状（球状）碳化物组织的一种工艺方法，其目的是改善钢的切削性能，减少淬火时的变形开裂，使钢件得到相当均匀的组织。为了获得优良的性能，50CrVA 锻坯采用球化退火工艺。

某厂对 50CrVA 的原球化退火工艺如图 3—5a 所示，采用该工艺退火后，坯料中还存在残余的网状渗碳体和网状铁素体，组织和硬度均达不到要求。采用如图 3—5b 所示的新工艺，提高了保温温度，延长了保温和随炉缓冷的时间，结果所有指标完全达标。经显微观察，发现 50CrVA 的组织以原来的细碳化物的质点为核心，均匀地形成颗粒状碳化物，改善了钢的组织，提高了塑性，降低了强度，为后续热处理做好了组织准备。

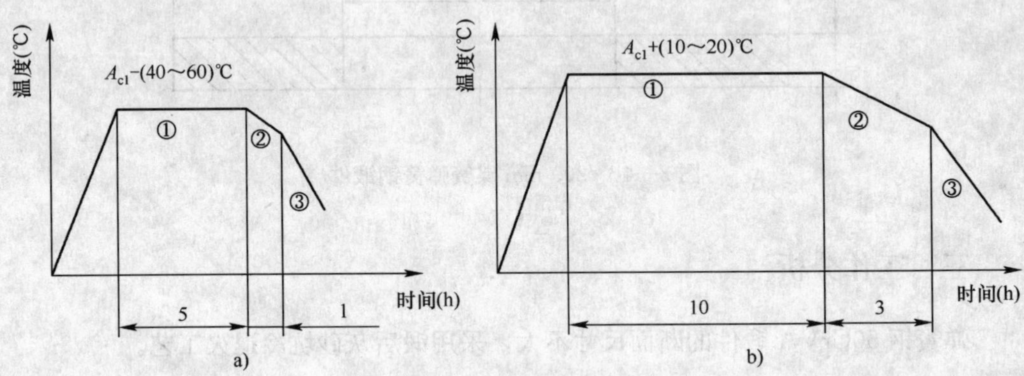

图 3—5　50CrVA 的退火工艺

a）原工艺　b）新工艺

①保温　②随炉冷　③空冷

新工艺中，锻件保温后以 30℃/h 的冷却速度经过 3 h 的随炉冷却，再出炉空冷。

五、注意事项

对于 ϕ200 碟簧毛坯弹簧钢锻件，如果锻后冷却和热处理操作不当，会出现变形和裂纹等缺陷，因此，在锻后冷却和热处理过程中，应注意以下两点。

1. 在冷却坑或加热炉中，碟簧毛坯应水平摆放，以防止变形。

2. 锻件冷却一定要均匀，停锻后不能放在风口或潮湿的地面上；随炉缓冷的时间要充足。

学习单元 3　高速钢和不锈钢锻件锻后处理

学习目标

➢能处理高速钢和不锈钢锻件的锻后缺陷

➢能对高速钢和不锈钢锻件制定锻后冷却和热处理规范

知识要求

一、高速钢锻件锻后热处理

1. 高速钢的锻造特点

塑性低、变形抗力大、锻造温度范围窄、导热性差。

2. 高速钢锻件锻后冷却

高速钢锻件锻后应缓慢冷却，有条件的工厂应选择锻后炉冷，无条件炉冷的应埋入石灰中冷却，对于小件（散热尺寸不大于 80 mm）可埋入石灰中冷却到室温取出。

3. 高速钢锻件锻后热处理

高速钢锻件锻后应及时退火，其退火应采用等温退火工艺，以消除内应力，提高锻件的韧性，降低硬度，以便于加工。

二、不锈钢锻件锻后热处理

1. 奥氏体不锈钢的锻后冷却和热处理

奥氏体不锈钢锻后不能慢冷，因为锻后慢冷不利于得到单相组织，应选择空冷。

为了使锻件在冷却过程中析出的碳化物全部溶解于奥氏体中，获得单相奥氏体组织，提高抗腐蚀能力，奥氏体不锈钢后续的热处理方法是固溶处理，方法是：将锻件加热到 1 000～1 100℃，均温后在水中快速冷却，使碳化物全部溶解并固定在奥氏体中。

2. 马氏体不锈钢的锻后冷却和热处理

马氏体不锈钢如果采用锻后快冷，其组织将转变为马氏体，钢内会存在较大的组织应力和温度应力，容易出现表面龟裂和裂纹，因此马氏体不锈钢锻件锻后必须采用随炉冷却、坑冷等缓慢冷却方法。

马氏体不锈钢锻件锻后热处理方法是等温退火，以消除内应力、降低硬度、便于机械加工。另外要注意的是，马氏体不锈钢热处理必须及时。

3. 铁素体不锈钢锻件锻后冷却和热处理

铁素体不锈钢锻件锻后冷却采用空冷。

铁素体不锈钢锻件锻后热处理方法是再结晶退火，以消除冷却所产生的残余应力，可加热到 700～800℃，保温后空冷。

技能要求

一、高速钢锻件的锻后冷却和热处理及锻后缺陷的处理方法

1. 工作名称

盘形直齿插齿刀锻件锻后冷却和热处理工艺及锻后缺陷的处理方法。

2. 工作条件

材料：W18Cr4V（高速钢）。

硬度要求：207～255 HBW。

锻件图：如图 3—6 所示。

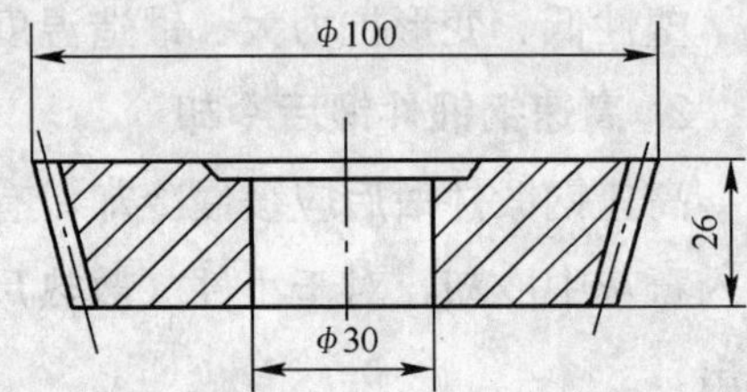

图 3—6　盘形直齿插齿刀锻件图

3. 工艺分析

高速钢的冷却需要缓慢冷却，由于盘形直齿插齿刀锻坯的尺寸比较小，锻件锻后冷却应采用灰砂坑冷，热处理工艺为热装炉等温退火工艺。

盘形直齿插齿刀整个生产过程：锻造→冷却→退火→检验→机械加工→淬火→回火→精磨→检验，入库。

4. 工作过程

（1）锻后冷却

将锻造完的锻件装入铸铁箱内，在其上面覆盖干燥的灰砂，厚度不小于 80 mm，进行冷却。

（2）热处理

盘形直齿插齿刀锻件采用热装炉等温退火，工艺为：当锻件的温度降到 400℃以下后，可以将锻件连同铸铁箱一起装入 400℃电炉中，升温到 850～870℃，保温 4～5 h，之后随炉冷却到 720～750℃，保温 5～7 h，再随炉缓冷到 400～500℃，出炉空冷，如图 3—7 所示。

对经过锻后冷却和热处理的盘形直齿插齿刀锻件进行检验后，即可进行机械加工。

（3）高速钢锻件的锻后缺陷及处理方法

高速钢锻件容易出现锻造裂纹，裂纹可能产生于高速钢锻造的加热、锻造和锻后处理等所有过程。

1）高速钢锻件裂纹产生的原因分析。产生裂纹的原因如下。

①高速钢的加热工艺不规范。

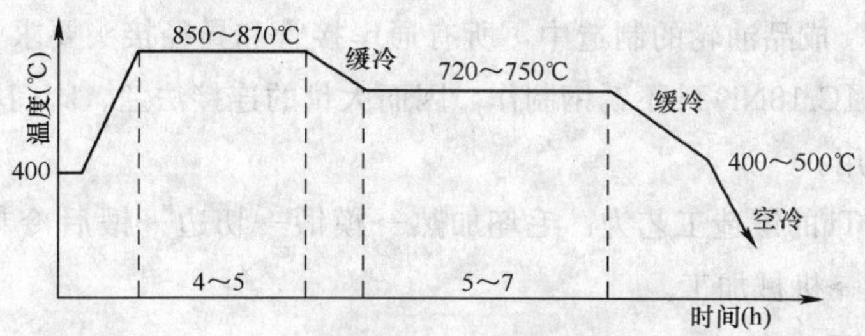

图 3—7　盘形直齿插齿刀锻件热处理规范

②锻坯材料的杂质元素含量过高。

③由于高速钢塑性差、变形抗力大、变形过程复杂，增加了变形的难度。

④锻后冷却和热处理不规范。

2）高速钢锻件裂纹处理方法。处理方法如下：

①对原材料应按标准进行检查，严格控制有害金属元素的含量。

②规定铸锭要经扒皮或砂轮清理后才能加热，并严格控制加热温度和保温时间、变形温度。工、模具应进行预热，预热温度一般为 150～300℃。

③铸锭拔长时，开始应轻击，待铸态组织得到适当破碎，塑性有所提高后，再增大变形量。自由锻在拔长时的每次加热总变形量应控制在 2～4 倍范围内。在锻造高速钢时，应减少在原料的同一部位连续旋转变形的次数，规定少于 8 次。

④对于停锻的高速钢锻件按前面的工艺进行正确的锻后冷却和热处理。

5. 注意事项

（1）高速钢锻后硬度高，若采用正火处理，会转变为马氏体组织，不易进行机械加工。

（2）高速钢锻造的主要目的就是把粗大的共晶碳化物打碎成细小分子。

二、不锈钢锻件的锻后冷却和热处理

1. 工作名称

不锈钢法兰、阀门零件的锻后冷却和热处理。

2. 工作条件

材料：1Cr18Ni9Ti。

硬度：小于 150 HBW。

耐腐蚀性：符合相应标准。

3. 制造工艺

1Cr18Ni9Ti 为奥氏体不锈钢，具有耐热、抗腐蚀、无磁性、高温不起皮等特性。在 38 000 t 成品油轮的制造中，所有通岸接管和异径接头要求强度高、耐腐蚀，全部采用 1Cr18Ni9Ti 不锈钢制作，因而大量的连接法兰、阀门零件必须经过锻造后加工使用。

1Cr18Ni9Ti 的锻造工艺为：毛坯加热→模锻→切边→锻后冷却→锻件热处理→表面清理→机械加工。

4. 工作过程

（1）锻后冷却

由于奥氏体锻件锻后慢冷不利于得到单相组织，故应采用空冷。不锈钢无 475℃ 冷脆性，不必采用水冷等急冷方法，但有碳化合物和 α 相析出引起的变脆现象，锻后可正常空冷至室温。

（2）锻件热处理

为了使锻件在冷却过程中析出的碳化物全部溶解于奥氏体中，获得单相奥氏体组织，提高锻件抗腐蚀能力，奥氏体不锈钢在后续的热处理方法应是固溶处理，方法是：将锻件加热到 1 000～1 100℃，均温后在水中快速冷却，使碳化物全部溶解并固定在奥氏体中。

1Cr18Ni9Ti 不锈钢法兰锻造后，为防止晶间腐蚀，提高塑性，消除加工硬化，得到最好的耐蚀性，必须进行热处理，通常做固溶处理。将锻件加热至 1 050～1 070℃,使碳化物全部溶解到奥氏体中，然后快速冷却，获得单相奥氏体组织，提高其抗应力腐蚀和抗晶间腐蚀的性能，锻后热处理曲线如图 3—8 所示。

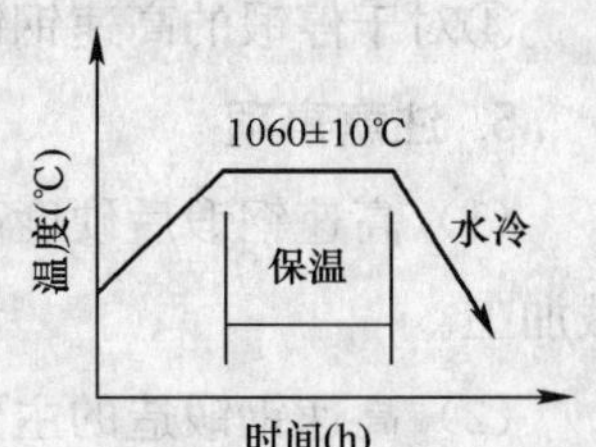

图 3—8　1Cr18Ni9Ti 锻件锻后热处理曲线

（3）不锈钢锻件的锻后缺陷及处理方法

1）锻造裂纹。如果不锈钢锻造始锻温度过高，将降低不锈钢的抗腐蚀性、塑性，特别是冲击韧性；还会使奥氏体晶粒急剧长大，导致晶粒间彼此结合力大为降低，在锻造过程中容易使其开裂。所以一定要控制不锈钢的始锻温度不能超过工艺要求。

2）切损。1Cr18Ni9Ti 锻造成材后，由于存在冒口、缩孔，以及局部质量不合格等缺陷必须切除，称为切损。切损主要包括切头、切尾，以及局部质量不合格等造成的金属损失，切除量可达 1%。切损以切除干净为原则，尽量少切，以降低金属消耗，提高成材率。

3）弯曲。由于加工过程中加热温度不均、操作不当，锻造时钢锭未打直或次序切时放置不合适等因素造成的弯曲，可以通过矫直去除。

5. 注意事项

加热保温时间在保证碳化物充分溶解的条件下，应尽量缩短，防止晶粒长大。

第 2 节　产品检验

学习单元 1　检验特种锻件

学习目标

- ➢能对斜横轧锻件进行检验
- ➢掌握等温锻件的检验

知识要求

一、斜横轧产品

斜横轧是指圆柱形坯料在两轧辊的模具间或是两平板模具间发生连续局部变形，轧制成形状与模具底部型槽的形状一致的零件。

图 3—9 所示为斜轧产品图，图 3—10 所示为横轧产品图。

二、等温锻件

1. 等温锻造的特点

等温锻造是模具与工件始终保持相同的温度，以低应变速率进行变形加工的一种锻造工艺。为了防止模具与工件的氧化，等温锻造常在真空或惰性气体保护气氛中进行。

等温锻造具有如下优点：避免了模具激冷和局部过热，工件具有较理想的微观组织与力学性能；可以在较低应变速率下变形，锻造载荷小，所需成形设备吨位大大减小；可以精确控制工件尺寸，实现近净成形；可以实时控制锻造工艺参数，如

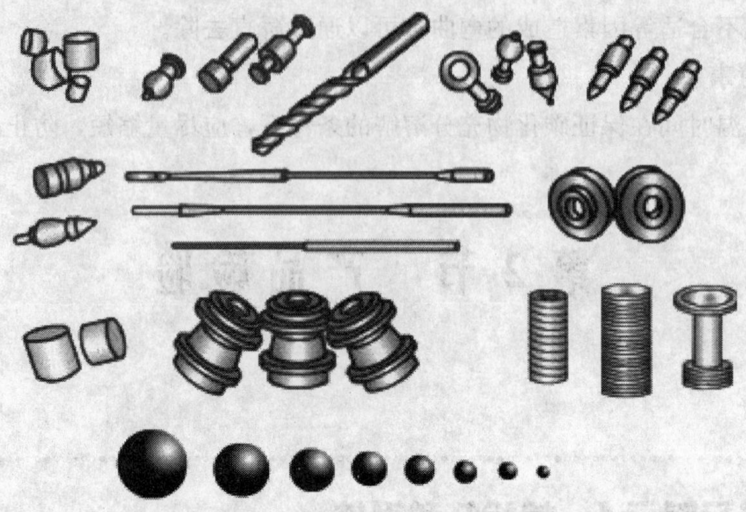

图3—9　斜轧产品图

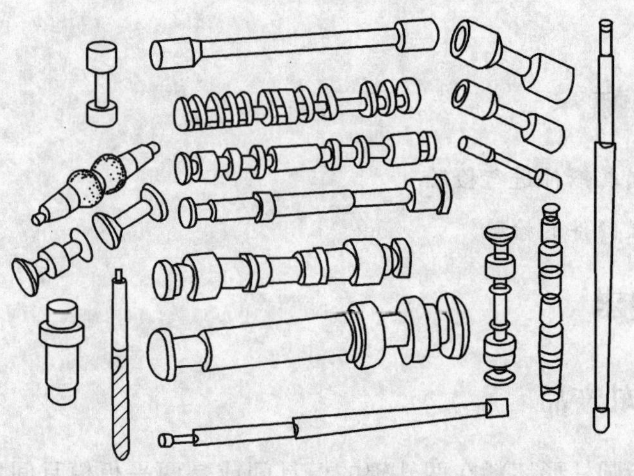

图3—10　横轧产品图

温度、变形速度等，工件更容易获得均匀一致的微观组织和优良的力学性能。

等温锻造工艺多用于钛合金、铝合金等锻造温度范围窄的金属，而由于等温锻造的优越性，铝合金、钛合金等温锻件因其表面光洁、外形尺寸精确、金属流线分布合理、组织均匀、性能稳定，满足了航空、航天精锻件的要求。

2. 钛合金等温锻造的生产工艺

钛合金的等温锻造是把稍高于锻造温度的钛合金坯料置于加热到锻造温度的模腔中，并使坯料和模具温度基本保持不变，或将模具加热到稍高于锻造温度，再把室温下的钛合金坯料置于模腔中，加热到锻造温度，并保温一定时间，使坯料和模具温度基本保持不变，施加适当的压力，保压一定时间，使坯料以低应变速率变形的锻造方法。

3. 等温锻件的检验

对于等温锻造的钛合金产品，由于锻件尺寸精确、缺陷少，产品的检验以组织和性能的检验为主。

技能要求

一、斜横轧锻件的检验

1. 斜轧滚针的产品检验

斜轧滚针是斜轧的主要产品，斜轧滚针的检验包括尺寸、形状和主要缺陷检验，尺寸和形状检验是按图样和技术要求进行。而斜轧滚针的主要缺陷有尺寸太大、尺寸太小、滚针两锥端外形角度不等、在一端锥头上留有凸泡、两端锥面尖端出现台阶、两锥体中心疏松或出现空洞、一端或两端锥体尖端处凹陷等。斜轧滚针产品缺陷、原因和消除方法见表 3—2。

表 3—2　　斜轧滚针产品缺陷、原因和消除方法

缺陷	原因	消除方法
尺寸太大	1. 两轧辊的间距太大 2. 下导板太厚	1. 调整轧辊距离 2. 减小下导板厚度
尺寸太小	1. 两轧辊的间距太小 2. 下导板太薄	1. 调整轧辊距离 2. 增加下导板厚度
滚针两锥端外形角度不等	轧辊凸棱角度磨得不相等	修磨轧辊
在一端锥头上留有凸泡	1. 轧辊精整凸棱顶部磨损 2. 成形段凸棱宽度太大	1. 修磨轧辊 2. 减小成形段凸棱宽度
两端锥面尖端出现台阶	1. 轧辊凸棱高度低于滚针半径 2. 下导板太厚	1. 修磨轧辊，增加凸棱高度 2. 修磨下导板
两锥体中心疏松或出现空洞	1. 轧辊孔型设计不合理，孔型中剩余金属多 2. 轧辊凸棱严重磨损	1. 减少金属的剩余量 2. 修磨轧辊

续表

缺陷	原因	消除方法
一端或两端锥体尖端处凹陷	1. 毛坯成形时早断 2. 下导板磨损严重 3. 材料太硬，延伸率低 4. 切削液效果不好	1. 减少金属的剩余量 2. 修磨下导板 3. 退火 4. 提高切削液性能

2. 仿形斜轧产品检验

仿形斜轧适用于轧制断面变化不甚急剧的长轴件，如图3—11所示。产品检验内容仍然是尺寸、形状和主要缺陷检验。仿形斜轧产品有如下缺陷：表层沿螺旋方向掀起、表层起鳞、打滑、弯曲、断头、表面螺旋线过粗、中心破裂。缺陷产生的原因和防止方法见表3—3。

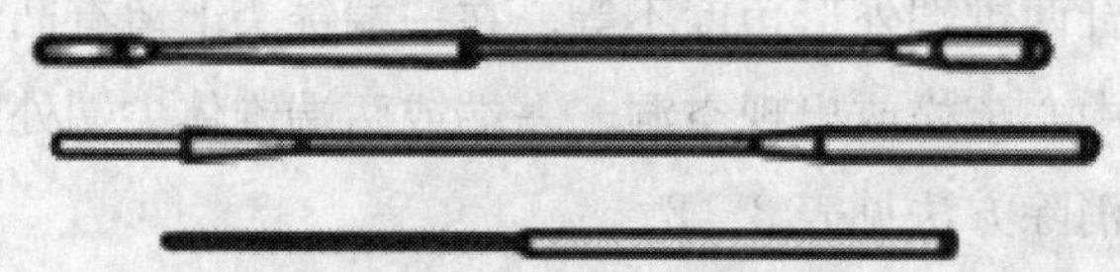

图3—11 仿形斜轧产品

表3—3 仿形斜轧产品缺陷产生的原因和防止方法

现象	原因	防止方法
表层沿螺旋方向掀起	原材料表面有裂纹	按技术要求检验原材料
表层起鳞（瓦片状）	温度过高，压下量过小	适当降低温度，增大压下量
打滑（呈方断面和麻花形）	轧辊表面有油，压下量增加过剧烈；轧制温度不当，偏位或偏角不对称	防油，使压下量均匀增加；调整轧制温度与轧辊偏位及偏角
前半部弯曲	夹头中心与轧制线不一致，拉速过低	调整轧机，提高拉速
后半部弯曲	轧辊张开不同步	调整轧机
断头	1. 拉力过大，若轧制温度正常，可能是由于拉速过高，这时易断前头 2. 若温度过低，拉速正常易断后头（断尾） 3. 轧辊冷却得不好，或表面被压塌使阻力增大	1. 适当降低拉速 2. 适当提高拉速 3. 加强轧辊冷却，修磨轧辊
表面螺旋线过粗	1. 压下量过大，整形区过短 2. 三个轧辊偏位或偏角不等，位置有前有后	1. 适当减小压下量，加大整形区长度 2. 调整轧机
中心破裂	1. 拉力过小或无拉力 2. 偏位不等	1. 增加拉力 2. 调整偏位

二、热轧齿轮锻件的检验

1. 工作名称

热轧齿轮产品的检验。

2. 工作条件

圆柱齿轮尺寸：外径 200 mm。

材料：22CrMoH。

3. 热轧齿轮分析

（1）原理与特点

轧制前毛坯的外层金属被加热到一定温度（950～1 050℃），然后将带齿的轧轮作径向进给，与毛坯对碾，如图 3—12 所示。

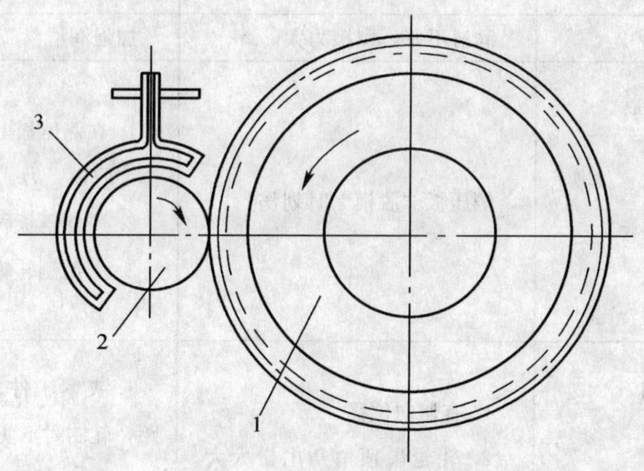

图 3—12　热轧齿轮示意图

1—轧轮　2—毛坯　3—感应加热器

热轧齿轮使用的设备是齿轮热轧机，其优点为：生产率比切齿提高 5～10 倍，材料节约 20%，劳动力节省约 30%，齿轮强度有所改善，轧辊使用寿命比较长（修磨一次可加工 1 500 件以上），总使用寿命为 5 000～12 000 只齿轮。

（2）齿轮生产过程

锻造齿轮毛坯→热轧齿轮→退火→机械加工→热处理→精磨轮齿。

（3）产品检验

1）尺寸和形状的检验。齿轮的尺寸可以采用通用量具和样板来测量，一般情况下，热轧齿轮尺寸的主要问题是齿轮外径偏小，产生的原因和防止方法见表3—4中的第一项。

2）外部缺陷检验。热轧齿轮的外部缺陷检验可以通过目测进行，其外部缺陷产生的原因和防止方法见表 3—4。

表 3—4　　热轧齿轮产品外部缺陷产生的原因和防止方法

现象	原因	防止方法
齿顶充不满，齿轮外径偏小	1. 毛坯外径过小 2. 毛坯宽度过小 3. 轧轮齿根被润滑剂堵塞	1. 加大毛坯外径 2. 加大毛坯宽度 3. 注意清理润滑剂的残留物
乱齿、缺齿	定位不可靠	1. 加大夹紧力 2. 更换已磨损的卡爪 3. 改进夹紧机构 4. 轧轮采用负移距
齿顶折叠	润滑不好，摩擦力大	加强润滑
齿部端面呈鱼鳞状 	侧压板“脱模”时划伤	1. 在侧压板上加 1°～3°的斜度以减小“脱模”力 2. 应使压板硬度高于轧轮 3. 采用侧轧轮代替压板
齿根部有沟槽 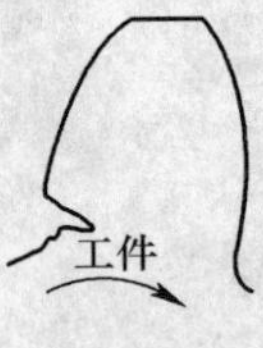 工件	1. 有切向位移 2. 轧轮齿顶角凸出量太大，且未倒圆 3. 加热温度低	1. 夹紧工件，并对轧轮采用负移距，轧制时不使工件打滑 2. 减小轧轮齿顶角凸出量，注意倒圆 3. 提高加热温度
齿根部有卷皮 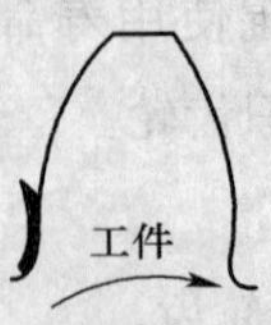 工件	1. 轧轮齿顶角凸出量大 2. 轧轮齿面粗糙	1. 减小轧轮齿顶角凸出量 2. 改善轧轮齿面粗糙度，加强润滑

3）内部缺陷检验。锻件内部不允许有白点、裂纹、气孔、缩孔等缺陷，锻件的内部缺陷可以使用超声波和磁粉探伤检验，检验标准见相应的国家标准。

4）化学成分、金相组织检验和力学性能检验，其检验标准见相应的国家标准。

三、等温锻件的检验

1. 工作名称

钛合金整体叶盘的检验。

2. 工作条件

锻件材料：TC17。

钛合金整体叶盘的实物图如图 3—13 所示。

图 3—13　钛合金整体叶盘的实物图

3. 工作过程

由于钛合金整体叶盘是汽车、飞机发动机的重要零件，其组织和性能的检验项目要完整。

(1) 外部检验

锻件各部位没有折叠及其他缺陷，成形良好。

(2) 整体叶盘锻造组织性能检验

1) 通过显微镜对其组织进行观察。

2) 通过力学试验进行室温拉伸、400℃高温拉伸试验，量测其强度和塑性指标。

3) 测量断裂韧度。

4) 测量低周疲劳和高周疲劳强度。

5) 测量 400℃、100 h 的热稳定性，测量指标为强度和塑性。

6) 测量蠕变性能：400℃，355 MPa，100 h 后的应变值。

7) 测量持久性：400℃，能保持 685 MPa 的时间。

8) 测量室温冲击韧度和缺口拉伸性能等。

学习单元 2　锻件缺陷分析

学习目标

➢能够解决大型锻件质量问题

➢能够解决精密锻件质量问题

➢能够撰写锻件检验报告

知识要求

一、大型锻件质量缺陷产生的原因

大型锻件往往是用钢锭锻造的，在《锻造工（高级）（第 2 版）》中分析了大型自由锻件的内部疏松性裂纹和夹杂性裂纹产生的原因和防止方法，在这里对大型锻件的质量缺陷来源进行分析。

大型锻件的质量缺陷可能来自以下方面。

1. 钢锭方面

因为大型锻件多半是由铸造钢锭直接锻造成形的，因此铸锭的缺陷会影响到锻件质量。钢锭缺陷主要表现在以下几个方面：钢锭的毛细裂纹、钢锭的偏析、钢锭缩孔和气泡、钢中非金属夹杂物等，这些钢锭的缺陷不但会使锻件在锻造过程中产生锻件的外观和内部缺陷，还会使锻件的各项性能指标变差，影响锻件的使用。

2. 锻坯的加热

大型锻件的加热非常容易过烧和过热，造成金属塑性降低；加热中的氧化和脱碳，使得由锻件生产出的零件强度和硬度降低，耐磨性降低。

锻坯的加热温度不均匀也会造成锻件质量缺陷，如果加热温度过高，会造成晶粒过大；如果加热温度过低，或温度不均匀，会造成锻件的内应力增加，甚至产生裂纹。

3. 锻造过程

锻造变形不均匀，锻造工艺不合理等，都会造成锻件内应力增加，甚至产生裂纹，还会造成折叠缺陷。

4. 锻后冷却和热处理

锻后冷却和热处理不当，会造成锻件的冷却裂纹、冷却变形和锻件内部网状碳化物的析出。

大型锻件质量缺陷分析见下文技能要求中“300MW 发电机转子锻件质量缺陷分析”示例。

二、精密锻件质量问题

精密锻造成形技术（净成形）是指零件锻造成形后，只需少量加工或不再加工即符合零件要求的成形技术。目前已应用于生产的精密锻造工艺很多，按成形温度不同可以分为热精锻、冷精锻、温精锻、复合精锻、等温精锻等。

由于精锻对锻件的精度要求高，因此，精锻对锻造工艺、下料的精确性、设备、模具等要求极为严格。

1. 径向精锻工艺

径向精锻属于热精锻，其方法是在棒（管）料周围用几个锤头对准棒（管）料的轴线对称地进行高速锤打，并且棒（管）料与锤头之间有旋转和轴向移动，使棒（管）料直径减小，长度增加。

该工艺由于频率高，每次变形量很小，尺寸精确，如某厂热锻的精锻件尺寸公差：锻件直径小于 60 mm 的径向直径公差为±0.3 mm；由于径向多方向的锻打，使金属处于三向压应力状态，有利于提高金属的塑性，所以适用于如钨、钼等高强度、低塑性的高合金钢的锻造。

2. 径向精锻件的质量缺陷和防止方法

径向精锻件的质量缺陷和防止方法见表 3—5。

表 3—5　　径向精锻件的质量缺陷和防止方法

质量缺陷	产生原因	防止方法
端部凹坑	1. 一次压入量小 2. 始锻温度过低 3. 高合金钢，变形抗力大，锻不透	1. 增大一次压入量。变形程度大于 50%，凹坑基本消除 2. 保持适当的始锻温度 3. 使用大吨位设备，增大一次压入量
外圆出棱角	1. 被锻部分直径与锤头整形段圆弧直径差过大 2. 夹头转数不适合	1. 设计双圆弧整形表面锤头；小直径段多采用一次精整；适当降低轴向送进速度 2. 合理选择夹头转数
螺旋形凹坑	锤头表面龟裂，粘住氧化皮	清理毛坯氧化皮，锤头返修
螺旋形脊椎纹	1. 压入量大，且轴向送进速度大 2. 台阶变化处有脊椎纹，属于“延时”不够	1. 采用较小的压入量，配以较低的轴向送进速度 2. 加长“延时”时间
端部马蹄形	毛坯截面温度不均引起变形不均	保持毛坯截面温度均匀
各台阶不同心	工件旋转中心与锤头打击中心不重合	提高锤头、夹钳制造精度，保持二者重合

续表

质量缺陷	产生原因	防止方法
锻件弯曲	1. 锻后放置不当，锻后冷却时造成弯曲 2. 带凹档件，直径差大，且锻件较长，锻下部台阶时，易将上部扭出“硬弯”	1. 保持立放，避免一侧风冷 2. 适当修改锻件尺寸，降低夹头转数，减小一次压入量

三、锻件检验报告的内容

锻件检验报告的内容主要包括锻件的外观、形状、尺寸、化学成分、硬度和力学性能等。在需方提出其他特殊检验要求时，经供需双方协商，应在有关文件中注明。

技能要求

一、大型锻件质量缺陷分析

1. 工作名称

300MW 发电机转子锻件质量缺陷分析。

2. 工作条件

材料：34CrNi3Mo。

锻件质量：77 t。

钢锭质量：103 t。

锻件图：如图 3—14 所示。

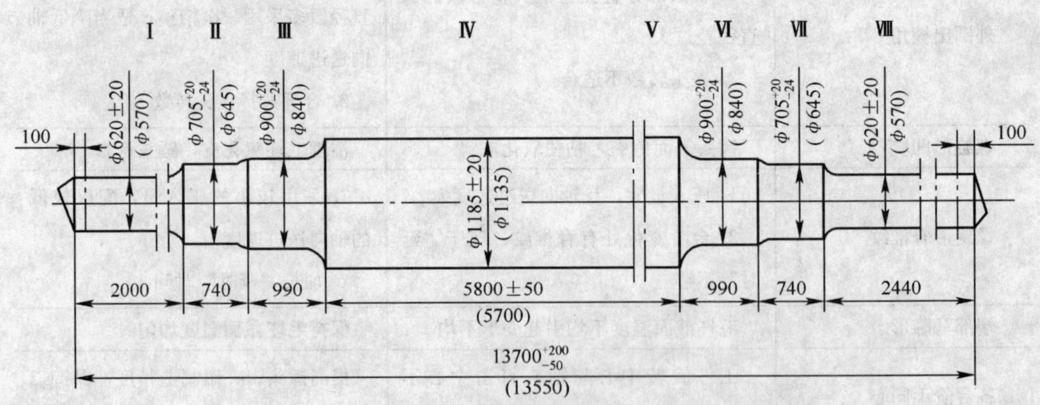

图 3—14 300MW 发电机转子锻件图

3. 质量缺陷分析

大锻件在锻造过程中，由于影响因素多，极易产生各种缺陷，要注意分析缺陷的形成原因，在发现缺陷时，要积极想办法防止，并积极修复。

(1) 夹渣

在水口、冒口端可见由于冶炼产生的夹渣，本钢锭水口切头 11 t，冒口切头 36.67 t，就是为防止锻件出现夹渣。

(2) 偏析裂纹

由大型钢锭制造的锻件容易出现偏析裂纹，位置一般是水口端或冒口端中心，发现裂纹后，可以检验该处的硫、磷、氢含量是否过高。防止方法：一是要去除足够多的水口切头和冒口切头；二是要注意选择合理的锻后冷却和热处理方案，充分去氢处理。

(3) 锻件轴线弯曲

大型轴类锻件加热、锻造、冷却过程及其间的放置，都会造成锻件轴线弯曲，注意尽量直立放置，如果直立有困难，应加垫块完全水平放置，另外加校正工序，校正后应进行去除应力退火。

(4) 过烧

大型锻件的加热一定要按规范进行，缓慢加热，不要造成部分过烧，因为过烧可以产生明显的晶界氧化裂纹。过烧是很严重的缺陷，如果因为严重过烧而产生裂纹，锻造就不能进行，锻件就会报废，所以要注意观察，严格遵循加热规范。

(5) 龟裂

钢锭中铜、锡、砷、硫等杂质元素过多，或锻造温度不合适，都会造成锻件表面产生龟甲状的浅裂纹。防止方法：一是控制冶炼杂质的混入，二是对锻件进行表面清理——铲去 1～3 mm，即可除去龟裂纹。

(6) 急冷裂纹

由于锻后冷却或热处理过程中冷却太快或不均匀冷却，会产生表面裂纹。其防止方法是锻后放入炉中冷却和锻后热处理。

(7) 拉伸裂纹

选择砧板形状不合理、锻造温度过低、锻造比过大，都会产生拉伸裂纹，裂纹发生在锻件的端部或棱角处。

(8) 白点裂纹

锻件在机械加工后，断面上发现呈银白色或灰白色的圆形白点和断口，这是由金属中的氢引起的。防止的方法是钢锭采用真空浇铸及对锻件采取去氢热处理。

(9) 折叠

由于不均匀加热，或送进量比毛坯直径小，锻件端部的表层被拉伸，轴端中心部分产生折叠。

二、精密锻件质量缺陷分析

1. 工作名称

电动机轴精密锻件质量缺陷分析。

2. 工作条件

材料：45 钢。

坯料：ϕ65 mm×480 mm。

锻造机：径向精锻机。

锻件图：如图 3—15 所示。

径向公差：$d<60$ mm，公差为±0.5 mm；60 mm$<d<$90 mm，公差为±0.6 mm。

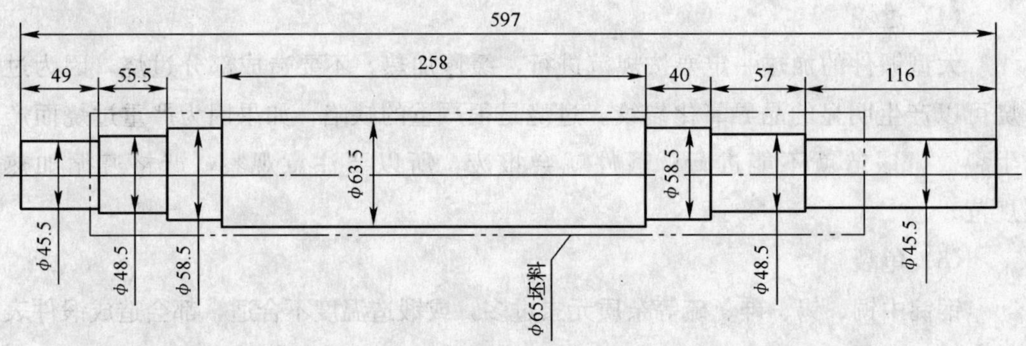

图 3—15　电动机轴精密锻件图

3. 质量缺陷分析

(1) 不同心

采用径向精锻机精锻，在掉头操作中，出现装夹误差，使得锤头打击中心变化，造成同心度超差。防止方法是：每次装夹都要精确调试，使工件的旋转中心与锤头打击中心重合。

(2) 精锻面螺旋形凹坑

锤头表面磨损龟裂，粘住工件的氧化皮，锤打时的径向进给变大，造成工件表面凹坑，又由于锻件相对锤头做螺旋运动，因此，精锻面出现螺旋形凹坑。

（3）台阶变化处螺旋形脊椎纹

台阶变化处螺旋形脊椎纹通常是从小直径到大直径的台阶出现，是由两个原因造成的：一是台阶处工作循环的“延时”不够，其锤击压入量没有调整到位；二是轴向进给速度没有调整（小直径向大直径变化，轴向进给速度应降低），所以出现了螺旋形脊椎纹。

（4）锻件轴线弯曲

锻后冷却放置不当，会造成锻件弯曲。防止方法：一是竖直放置在室内，二是热处理前进行校正。

三、锻件检验报告示例

锻件的检验报告并没有相应的标准，各单位的格式和内容也不尽相同，多是供需双方协商，或供应方根据需要方的要求提供。下面是某供应方和需求方就生产某型号汽车连杆（见图 3—16）所做的一系列锻件检验文件。

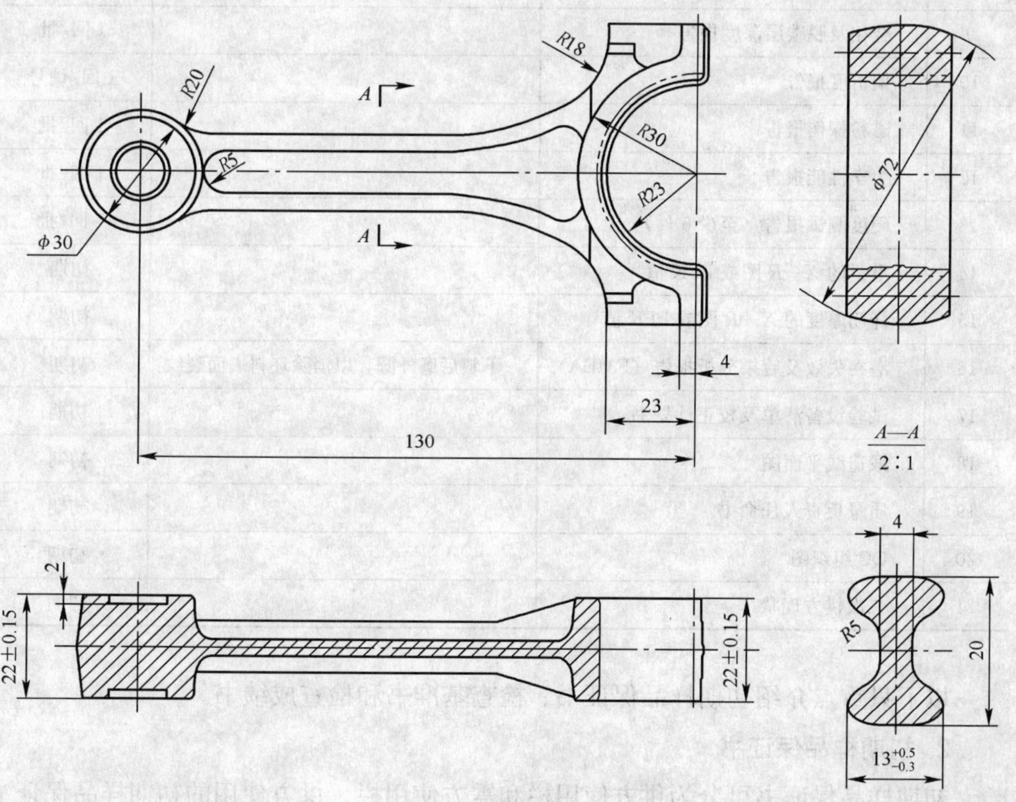

图 3—16　汽车连杆

1. 文件清单

供应方需向需求方提供表3—6所列出的所有文件，这里不但包括质量检验报告，还包括管理和控制报告。

表3—6 锻件初期样品检查报告清单式样

序号	内容	备注	提交周期
1	初期样品保证书		初期
2	检查协定书		初期
3	检查基准书与成绩书		1回/批
4	原始材质书	更换钢材批次时必须提交	1回/炉号
5	化学成分报告		1回/炉号
6	晶粒度报告		1回/炉号
7	低倍组织报告		1回/炉号
8	非金属夹杂物报告		1回/炉号
9	金相及脱碳层深度报告		1回/批
10	偏析度报告		1回/炉号
11	磁粉探伤报告		1回/批
12	力学性能报告		1回/批
13	硬度测试报告（至少5件）		1回/批
14	重量的 X—R 图或PPK值		初期
15	杆筋厚度的 X—R 图或PPK值		初期
16	潜在失效及后果分析报告（FMEA）	下料后磨外圆，以消除坯料表面裂纹	初期
17	试验设备清单及校正计划书		初期
18	锻造线平面图		初期
19	质量负责人任命书		初期
20	QC组织图		初期
21	二次供方现状		初期

以下只重点介绍初期样品保证书、检查基准书和检查成绩书。

2. 初期样品保证书

初期样品保证书可分为供方使用栏和需方使用栏。供方使用的初期样品保证书是供方由于某种原因，造成生产条件变更后，对各检验指标书的承认情况的保证，见表3—7。

表 3—7　　初期样品保证书（供方使用栏）式样

顺序	承认项目	承认基准	
1	外观检查成绩书	承认	
2	尺寸检查基准书	承认	
3	材质试验成绩书	承认	
4	性能试验成绩书	承认	
5	规格变更书	无此项	
6	样品	承认	
7	电装配件企业认可	无此项	
8	测定仪器检查成绩书	承认	
9	其他	无此项	
主管部门：		供方综合判断：	
日期：		审核：	批准：
供方保证需方对零件认可的所有要求事项如上述判定			
需方接受确认	零件开发负责人：		
	质量管理负责人：		

3. **检查基准书**

检查基准书用来确定检查项目的具体标准和大部分数据（几何尺寸仅取一部分），见表 3—8。

表 3—8　　检查基准书式样

序号	检查项目	测定方法	基准	检查周期		备注
				供应者	需求者	
1	毛坯外观	目测	锻件应保证质量，不能有疵点、裂纹、折叠、毛刺、残留飞翅、淬火裂纹、压印痕等缺陷。不允许进行补焊修复。锻后喷丸处理，去除氧化皮，并增强疲劳强度	100%全检		
2	探伤	磁粉探伤机	无裂纹，符合 GB/T 15822.1—2005	100%全检		
3	材料化学成分	分光光度计	符合 GB/T 222—2006 标准	1 件/批炉		
4	材料晶粒度	金相显微镜	≥5 级，不能有混晶	1 件/批炉		
5	低倍组织	金相显微镜	低倍组织试片上不得有肉眼可见的缩孔、气泡、裂纹、夹杂、翻皮和白点，且在镜下应符合下列要求：一般疏松不大于 3.0 级，中心疏松不大于 3.0 级，偏析不大于 3.0 级	1 件/批炉		
6	非金属夹杂物	金相显微镜	符合 GB/T 13320—2007 标准	1 件/批炉		

续表

序号	检查项目	测定方法	基准	检查周期		备注
				供应者	需求者	
7	硬度	布氏硬度试验机	240～285 HBW	2 件/批炉		
8	金相显微组织	金相显微镜	符合 GB/T 13320—2007 标准	1 件/批炉		
9	力学性能	万能材料试验机	$R_m \geqslant 833$ MPa，$R_{eL} \geqslant 539$ MPa	1 件/批炉		
		拉伸、冲击试验	$A \geqslant 12\%$，$Z \geqslant 35\%$，$a_k \geqslant 29.4$ J/mm^2	1 件/批炉		
10	脱碳层	金相显微镜	≤0.30 mm			
11	钢材偏析度		上、下限在 5 度之内（换算成洛氏硬度后）	1 件/批炉		
12	金属流线	目测	流线方向与锻件外形一致			
13	几何尺寸	游标高度尺	（22±0.15）mm	1 件/h		
14	几何尺寸	游标卡尺	$13^{+0.5}_{-0.3}$ mm	1 件/h		
15	飞翅	游标卡尺	≤0.4 mm	1 件/h		
16	错差	样板	≤0.5 mm	1 件/h		
17	质量	电子秤	（450±10）g	1 件/h		

4. 检查成绩书

检查成绩书的内容是供应方和需求方对检查基准书各项目的检验数据（几何尺寸仅取一部分）和判定情况，见表 3—9。

表 3—9　　　　检查成绩书式样

检查项目	规格	测定值											
		供应方						需求方					
		1	2	3	4	5	判定	X_1	X_2	X_3	X_4	X_5	判定
表面质量	见检查基准书	OK	OK	OK	OK	OK	OK						
探伤	无裂纹	OK	OK	OK	OK	OK	OK						
材质［w（%）］	C：0.43～0.47 Si：0.15～0.35 Mn：1.10～1.30 S：0.04～0.07 P：≤0.030 Cu：≤0.30 Ni：≤0.20 Cr：0.10～0.20 Mo：≤0.05 Al：≤0.02 V：0.08～0.15	C：0.44　Si：0.21 Mn：1.16　P：0.013　S：0.050 Cr：0.15　V：0.14 Ni：0.06　Mo：0.03 Cu：0.20　Al：0.010 炉号：09213021562					OK						

续表

检查项目	规格	测定值											
		供应方						需求方					
		1	2	3	4	5	判定	X_1	X_2	X_3	X_4	X_5	判定
材料晶粒度	≥5 级，不能有混晶	7 级，无混晶					OK						
材料低倍组织	见检查基准书	无缩孔、气泡、裂纹、夹杂、翻皮、白点					OK						
	一般疏松≤3.0 级	0.5					OK						
	中心疏松≤3.0 级	0.5					OK						
	偏析≤3.0 级	0.5					OK						
非金属夹杂物	符合 GB/T 13320—2007 标准	符合 GB/T 13320—2007 标准					OK						
硬度	240～285 HBW	275	272	275	279	275	OK						
金相显微组织	符合 GB/T 13320—2007 标准	符合 GB/T 13320—2007 标准					OK						
力学性能	R_m≥833 MPa	900			905		OK						
	R_{eL}≥539 MPa	585			585		OK						
	A≥12%	17			18		OK						
	Z≥35%	35			35		OK						
	a_k≥29.4J/mm	39			42		OK						
脱碳层	≤0.3 mm	0.16 mm					OK						
钢材偏析度	上、下限在 5 度之内	换算成洛氏硬度后上、下限为 5 度					OK						
金属流线	流线方向与锻件外形一致	流线方向与锻件外形一致					OK						
几何尺寸	(22±0.15) mm	22.02	22.00	21.98	21.96	22.02	OK						
	$13^{+0.5}_{-0.3}$mm	13.20	13.30	13.26	13.27	13.18	OK						
飞翅	≤0.4 mm	0.22	0.24	0.24	0.26	0.25	OK						
错差	≤0.5 mm	0.30	0.30	0.33	0.32	0.34	OK						
质量	(450±10) g	457	459	452	444	443	OK						

第 4 章 培训指导与管理

第 1 节　培训指导

学习单元 1　编写培训大纲

学习目标

- 掌握培训大纲的作用、意义
- 掌握培训大纲的内容
- 能编写本专业培训大纲

知识要求

培训初级工、中级工和高级工是技师和高级技师的一项重要工作，培训包括培训大纲的制定、理论培训和实际操作指导。

一、培训大纲的作用、意义

培训大纲是培训的主要依据，培训大纲既是为实现培训目标确定讲授内容、层次、顺序的纲领性文件，又是编写培训讲义的基础和前提。

培训大纲应包括培训名称、培训目标、培训对象、培训课程章节主要内容、学时分配、培训形式、培训教材、考核形式、对接受培训者的要求等内容。

编写培训大纲要选题准确，既与培训目标保持一致，又利于培训讲义的编写，还要明确接受培训者的要求，以便提出切实有效的考核方法。

二、培训大纲的内容

培训大纲一定要按所要表述的内容来编写，层次要分明。培训大纲应包括培训课程简介、培训课程章节主要内容和培训课程教学的基本要求三部分内容。

1. 培训课程简介

培训课程简介包括培训课程名称、学时、培训方式、考核方式及各环节所占比例、培训内容、培训对象、培训目标、课程概要、教材及主要参考书等内容。

2. 培训课程章节主要内容

培训课程章节主要内容要细化培训内容，列出培训要求、重点内容、难点内容、培训形式及学时分配等内容。

3. 培训课程教学的基本要求

这部分包括作业和考核的形式、内容及要求等内容。

技能要求

下面以制定“自由锻折叠产生的原因和防止方法”培训大纲为例，介绍培训大纲的编写方法。

一、培训大纲名称

自由锻折叠产生的原因和防止方法。

二、培训大纲内容

1. 培训课程简介（见表 4—1）

表 4—1　“自由锻折叠产生的原因和防止方法”培训课程简介

培训课程名称	自由锻折叠产生的原因和防止方法	
培训对象	中级工	
培训方式和课时	课堂讲授 1 课时	实际操作指导 2 课时
培训讲义	国家职业资格培训教程《锻造工（中级）》第 4 章第 2 节学习单元 1	

续表

考核方式	理论考核 30%，实际操作 70%
培训课程概要	本部分培训的内容是讲解自由锻折叠的形态和讲解自由锻件产生折叠的原因及纠正的方法，并实际演示产生折叠的原因、减少折叠的操作方法，以及修复折叠的方法
培训目的及要求	本部分培训的目的是使培训对象明确什么是锻件的折叠缺陷，了解自由锻件折叠缺陷产生的原因，掌握不产生折叠的正确操作方法，以及修复折叠的方法

2. 培训课程的主要内容

（1）理论培训

针对自由锻折叠的理论培训包括以下内容。

1）自由锻件产生折叠的原因。自由锻件产生折叠有以下原因：砧子的形状不适当、坯料的高径比过大、圆角半径过小、坯料的送进量小于压下量等。

2）防止折叠的方法。镦粗时坯料的高径比应小于 2.5，对于薄料镦粗，可以把两个坯料叠在一起，采用“叠镦”的方法，以减少折叠；对于端部拔长，可将端部修整成圆弧，再镦粗；另外可增大圆角半径，改进操作方法，控制坯料的送进量，使其不小于压下量等，以上措施都可以防止产生折叠。

3）修复折叠的方法。如果折叠缺陷深度小于锻件的自由公差，可以用砂轮修复。

（2）实际操作指导

实际操作指导演示以下三个实例来说明折叠的产生原因及折叠防止和修复方法。

1）镦粗时坯料的高径比过大。

2）端部拔长时，端部分料太少。

3）拔长时坯料的送进量小于压下量。

3. 培训课程的基本要求

培训课程形式包括理论培训和实际操作指导，其要求如下。

（1）理论培训

理论培训以课堂讲授为主，其教学方法和手段如下。

1）教学方法。采用启发式教学，以课堂讲授为主，培养学生思考问题、分析问题和解决问题的能力；引导和鼓励学生通过实践和自学获取知识，增加讨论课、现场课以及答疑等教学环节。

2）教学手段。在教学中采用电子教案，并部分采用多媒体教学系统，用文字、图片、视频和动画丰富理论培训内容，使学生易于理解，并对所学内容有深刻记忆。

(2) 实际操作指导

实际操作指导是在现场进行操作，本部分的实际操作要求和内容如下。

1) 实际操作要求。能判断产生折叠的原因，掌握改进锻造操作以避免产生折叠的方法。

2) 实际操作内容。自由锻折叠产生的原因和纠正的方法。

(3) 问题解答

问题解答包含提问和答疑两个环节。

1) 提问。在理论培训和实际操作指导后，针对典型问题、重点和难点问题进行提问，提问后，结合培训对象的答案给出正确答案。

2) 答疑。在课后规定时间和地点至少安排一次答疑。

4. 考核

本培训是配合锻造工中级工考级的一部分内容。为了得到更好的教学效果，每部分培训后应设置考核，本部分考核分为理论知识和技能要求两个部分。其中理论知识占 30%，技能要求占 70%。

三、注意事项

1. 编写培训大纲时要注意针对不同技术等级的培训对象和培训目标，合理地选择讲授内容，做到选题准确、重点突出、层次分明、难度适当。

2. 培训大纲一般都按初级锻造工、中级锻造工、高级锻造工、锻造技师和高级技师来编写，这里介绍的只是一小部分。

学习单元 2　理论培训和实际操作指导

学习目标

- 掌握本专业技术理论培训的基本知识
- 掌握课堂教学的基本要领
- 掌握指导实际操作的要点和方法
- 能讲授本专业的技术基础理论知识

➢能指导初、中、高级工进行实际操作，并能指导工人解决一般锻件质量疑难问题

知识要求

培训应依据培训大纲的要求来进行。对于锻造工的培训应依据《国家职业技能标准·锻造工》进行，包括理论知识和技能要求两个部分，而理论知识又包括基本要求和相关知识。理论知识最适合采用理论培训形式，而技能要求最适合采用实际操作指导形式。

一、理论培训

1. 理论培训的特点

理论培训主要是指课堂讲授，也适当辅助现场讲授。课堂讲授是讲授者对所讲授课程做充分准备后，在课堂上以口头叙述的方式，将该课程的内容系统地讲述给培训对象。

（1）优点

以课堂讲授方式讲授本专业技术理论基本知识的优点如下。

1）能够比较完整和系统地讲授本专业技术理论基本知识。

2）可有计划地安排好讲课内容和时间。

3）能在培训对象人数较多的情况下授课。

（2）缺点

以课堂讲方式讲授本专业技术理论基本知识的缺点如下。

1）培训对象往往处于被动听课状态，不易调动其积极性。

2）课堂讲授主要是单向沟通，培训对象的反馈信息有限，难以评估学习效果。

2. 课堂讲授的注意事项

讲授本专业技术理论基本知识一般采用课堂讲授的方式进行。为了达到预期的教学效果，采用课堂讲授方式应注意以下几点。

（1）安排好课堂教学的环境，如场地、视听设备等，使所有培训对象都能听清楚讲课内容，做好笔记。

（2）提前发给培训对象必要的培训资料、教材。

（3）合理地安排课程内容和时间进度，以有利于培训对象对知识的理解和吸收。

（4）安排适当的讨论和提问解答，活跃教学气氛，提高学习效果。

（5）目前的课堂讲授多采用多媒体教学方式，以增加培训对象对实际操作的感

受，所以讲授者应准备具有丰富图片、视频和动画的多媒体电子课件，以便培训对象对所学的知识有丰富的感性认识和联想。

对于理论培训不能仅仅运用课堂讲授，现场讲授也很重要。

二、实际操作指导

1. 准备工作和安全教育

（1）事先发放培训教材、实际操作指导培训报告

实际操作指导培训报告应该包含本次操作的目的、内容、步骤、要求、思考问题、作业安排、注意事项等，应事先发给培训对象，以便培训对象提前了解本次操作内容。

（2）操作的准备工作

培训者应针对本次培训的内容，提前做好与操作有关的准备，主要包括安排场地，准备设备、工具（模具）、量具、材料等。

（3）做好安全教育

由于要进行现场的实际操作，而锻造车间存在一定的不安全因素，一定要事先对培训对象做好安全教育工作，规划好行走路线、站立位置，并为培训对象准备好进入现场的劳动保护用品（如安全帽、防护服装等）。

2. 实际操作指导

（1）示范

实际操作指导是指在操作现场给培训对象示范某种锻造加工规范的操作过程，并讲解清楚某种操作程序或技巧、要点，以使培训对象能够按规范要求重复相同的操作动作或程序。

1）示范前要说明该操作的要求及预期要达到的目标。

2）实际操作示范可分段进行并做适当的讲解。

3）应使所有的培训对象看清楚实际操作的示范动作，必要时可重复示范。

（2）操作指导

在培训者的指导下，让每个培训对象进行独立操作，随时纠正培训对象的不规范动作，并教授一些操作技巧和要点。

3. 提问与总结

在操作示范过程结束后，总结培训课应知应会内容。对培训对象提出的疑问，如果有必要可再做示范，从而使培训对象对操作过程形成较深的印象。

（1）现场示范后要安排培训对象提问题，可根据需要再示范或回答问题。

（2）安排培训对象进行实际操作，现场纠正培训对象的错误动作，使之达到规

范要求。

（3）实际指导后要对操作培训过程作出简要的总结和评估。

技能要求

一、理论培训

1. 理论培训名称

自由锻折叠产生的原因和修正的方法。

2. 理论培训方法

（1）目的、要求

了解折叠的概念、折叠产生的原因、折叠产生的场合、折叠的危害、避免产生折叠的方法和对已产生折叠的修复方法。

（2）教学教具

1）样品。各种不同原因产生的自由锻折叠样品、剖切的折叠样品、折叠被磨削后的锻件。

2）挂图。不同原因产生的折叠示意图。

（3）时间及进行方式

1 课时，30 人一组，在车间教室进行讲解。

（4）教学内容、方法与步骤

1）讲解目的、要求。

2）结合样品讲解折叠的现象及危害。

3）结合样品和挂图讲解折叠产生的原因。

4）结合样品和挂图讲解防止产生折叠的方法。

3. 注意事项

有多媒体条件的教室可播放多媒体课件。

二、实际操作指导

1. 实际操作指导名称

自由锻折叠产生的原因和修正的方法。

2. 实际操作指导方法

（1）目的、要求

1）掌握自由锻造中不出现折叠缺陷的方法。

2）能够判断带有折叠的自由锻件能否修复，并掌握其修复的方法。

（2）教学条件

空气锤安全操作规程挂图，钳子、量具、平砧，示范用坯料。

（3）时间及进行方式

2 课时，10 人一组，在实习现场进行示范讲解。

（4）安全教育

1）进入车间，所有培训对象必须穿戴好劳动保护用品。

2）在车间外的教室进行锻造车间安全和纪律教育。

3）进入车间后，安排培训对象站在安全且易于观察的位置。

（5）教学内容、方法与步骤

1）不同高径比坯料的镦粗演示。取高径比分别为 4，3，2，1 的坯料进行镦粗。从高径比大的坯料开始，让培训对象观察：

①什么是折叠。

②坯料高径比的值为多少才不会产生折叠现象。

2）根据端部长度不同分料，进行端部拔长。根据分料端部长度和压肩深度不同进行拔长，让培训对象观察：

①压肩深度与单面台阶高度之比为多少才不会产生折叠。

②分料端部长度与圆坯料直径之比为多少才不会产生折叠。

3）选择不同的坯料送进量拔长。让培训对象观察：坯料送进量与压下量之比从小到大为多少才不会产生折叠。

4）折叠的修复。观察折叠缺陷，使用砂轮磨削折叠，测量磨削的深度。

（6）总结

对自由锻折叠产生的原因进行总结，见表 4—2。

表 4—2　自由锻折叠产生的原因

折叠产生的原因	参数和折叠图例	不产生折叠的条件
坯料的高径比过大的镦粗	H D	$H/D \leqslant 2.5 \sim 3$

续表

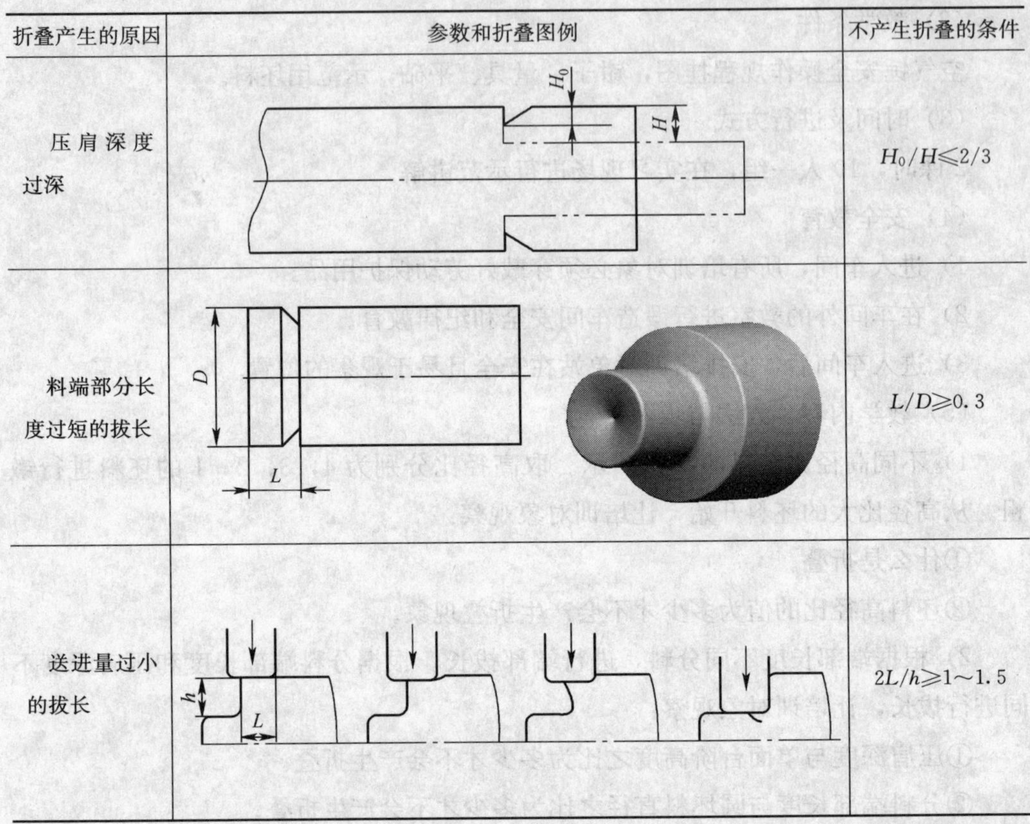

折叠产生的原因	参数和折叠图例	不产生折叠的条件
压肩深度过深	（图：H_0、H）	$H_0/H \leqslant 2/3$
料端部分长度过短的拔长	（图：D、L）	$L/D \geqslant 0.3$
送进量过小的拔长	（图：h、L）	$2L/h \geqslant 1 \sim 1.5$

第 2 节　质量与技术管理

学习单元 1　质量管理

学习目标

➢ 掌握全面质量管理（TQM）的基本知识

➢掌握 ISO 9000 质量体系认证有关知识

➢能建立质量体系、进行认证工作并贯彻质量体系相关内容

➢能应用全面质量管理方法解决锻件质量问题

一、全面质量管理（TQM）基本知识

全面质量管理（Total Quality Management，TQM）是指在全面社会的推动下，企业中所有部门、所有组织、所有人员都以产品质量为核心，把专业技术、管理技术、数理统计技术集合在一起，建立起一套科学、严密、高效的质量保证体系，控制生产过程中影响质量的因素，以优质的工作、最经济的办法提供满足用户需要的产品的全部活动。

1. 全面质量管理（TQM）的特点

（1）具有全面性，控制产品质量的各个环节、各个阶段。

（2）是全过程的质量管理。

（3）是全员参与的质量管理。

（4）是全社会参与的质量管理。

2. 贯彻全面质量管理（TQM）的意义

（1）提高产品质量。

（2）改善产品设计。

（3）加速生产流程。

（4）鼓舞员工的士气，增强质量意识。

（5）改进产品售后服务。

（6）提高市场的接受程度。

（7）降低经营质量成本。

（8）减少经营亏损。

（9）降低现场维修成本。

（10）减少责任事故。

二、ISO 9000 质量体系认证有关知识

ISO 9000 是指质量管理体系标准，它不是指一个标准，而是一族标准的统称。ISO 9000 是由 TC176（品质质量和品质保证技术委员会）制定的。ISO 标准由技

术委员会（TECHNICAL COMMITTEES，简称 TC）制定。ISO 9000 是 ISO 发布的 12 000 多个标准中最普遍的标准体系。

1. 认证

“认证”一词的英文原意是一种出具证明文件的行动。ISO 对“认证”的定义是“由可以充分信任的第三方证实某一经鉴定的产品或服务符合特定标准或规范性文件的活动”。

举例来说，对第一方（供方或卖方）提供的产品或服务，第二方（需方或买方）无法判定其品质是否合格，而由第三方来判定。第三方既要对第一方负责，又要对第二方负责，不偏不倚，出具的证明要能获得双方的信任，这样的活动就叫做“认证”。

这就是说，第三方的认证活动必须公开、公正、公平才有效。这就要求第三方必须有绝对的权力和威信，必须独立于第一方和第二方之外，必须与第一方和第二方没有经济上的利益关系或者同等的利害关系，也没有维护双方权益的义务和责任，只有这样才能获得双方的充分信任。

2. 推行 ISO 9000 的好处

一般说来，好处分内、外部两方面：内部可强化管理，提高人员素质和企业文化；外部可提升企业形象和市场份额。

3. ISO 9000 认证程序

提交申请→签订合同→审核文件→现场审核→纠正措施→批准→注册颁证。

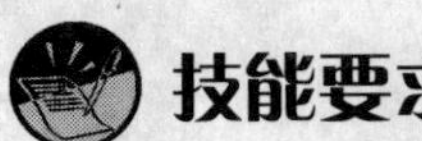

技能要求

一、质量体系的建立、认证和贯彻

1. 建立质量管理体系

作为一名技师，应当知道质量管理体系文件的作用、质量管理体系文件的层次、各层次文件的作用和相关文件的编写方法。

（1）质量管理体系文件的层次

质量管理体系文件一般为塔式结构，由以下四层文件组成：

1）第一层次——质量手册。质量手册是规定组织质量管理体系文件，供各级管理者使用。

2）第二层次——质量管理体系程序。一般被简称为程序文件，是描述质量管理标准规定的质量管理体系过程、要素及质量活动如何开展的文件，是质量手册的支持性文件，是实施运作的基础。程序文件供部门或基层管理者使用。

3）第三层次——作业文件。程序中引用的作业文件是程序文件的支持性文件，它更详细地规定某些质量活动的具体管理活动怎样开展。作业文件供具体业务管理人员和操作人员使用，如《锻造工艺卡》《热处理工艺卡》等。

4）第四层次——质量记录。在体系运行中，将质量活动的实际情况填写到质量记录表格中后，就构成了质量记录，就属于质量记录的管理范畴了。

作为一名技师，应当知道认证的主要过程，参加企业的认证工作，认真落实企业的质量方针和质量目标，能够参加产品第三层次文件（作业文件）和第四层次文件（质量记录）的编写，并能指导工人执行第三层次文件（作业文件），做好质量记录。

（2）质量管理体系建立的框图

质量管理体系的建立步骤和框图如图 4—1 所示。

2. 认证主要过程

（1）认证的主要工作任务

如图 4—1 所示，企业贯标和认证的基本过程可分为准备、质量管理体系总体设计、编写质量管理体系文件、质量管理体系运行和改进、质量管理体系认证五个阶段，五个阶段的主要任务如下。

1）准备阶段。企业领导通过调研做出贯标和认证决策，企业领导和各层次人员进行 ISO 9001 标准培训、内审员培训，选定咨询机构和人员，建立领导班子，确定、任命管理者代表，建立工作班子，编制贯标和认证计划。

2）质量管理体系总体设计阶段。包括质量方针、质量目标的拟定，管理体系过程删减，质量管理体系覆盖产品的确定，组织结构设置的调整，确定各部门职能分配及相互关系，识别资源需要。

3）编写质量管理体系文件阶段。包括质量管理体系文件策划、编写质量手册、编写质量管理体系的程序文件、编写作业文件、拟定质量记录表格、质量管理体系文件的发布和实施。

4）质量管理体系运行和改进阶段。包括运行准备、实施，进行内部质量审核，开展纠正和预防措施活动，进行管理评审。

5）质量管理认证阶段。包括初访、文件初审和初访后的整改、现场审核前的迎检准备。

（2）认证企业各部门需要准备的文件

需要认证的企业各部门需要准备如下文件。

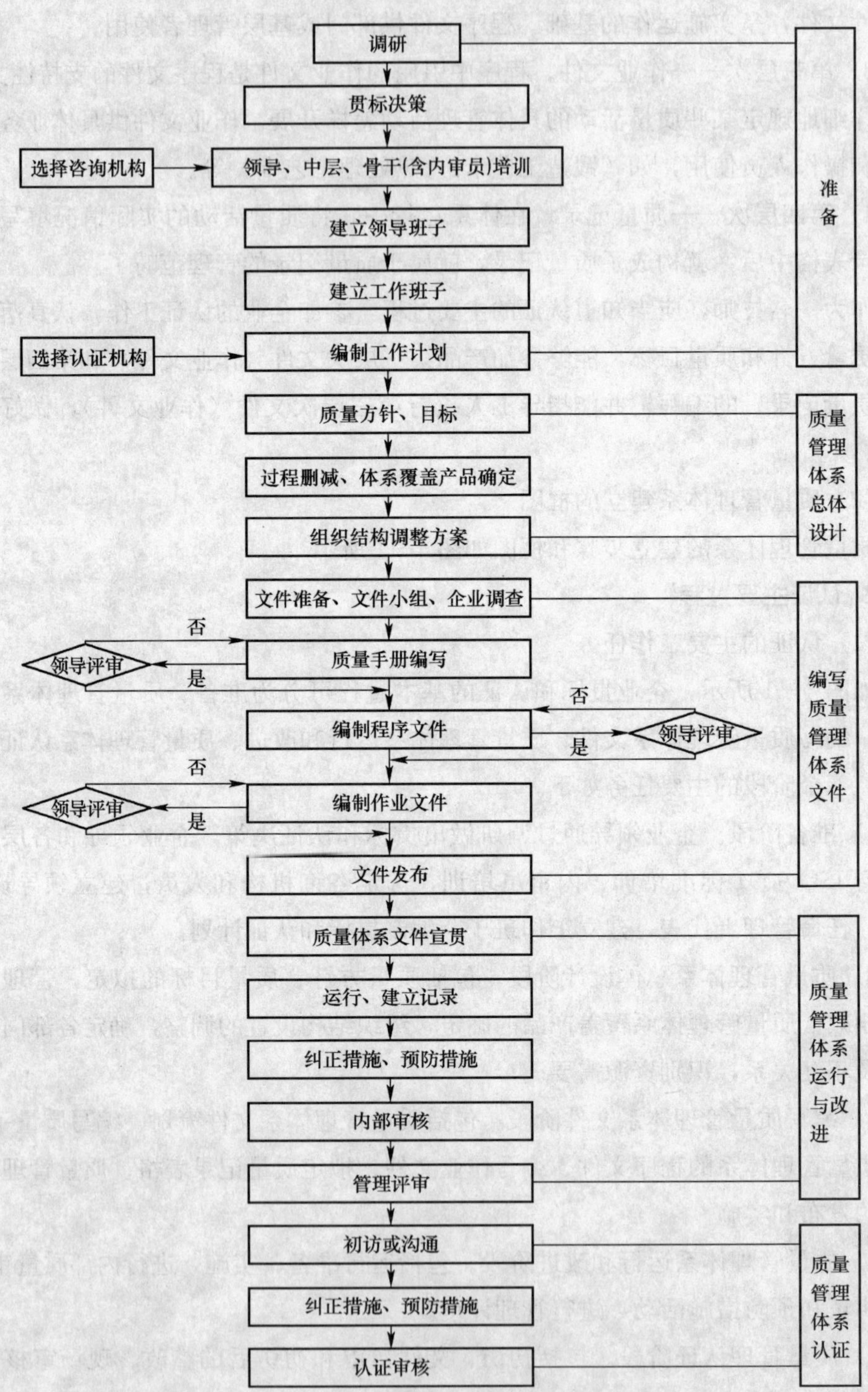

图 4—1　质量管理体系建立的框图

1）办公室文件。如文件控制、人力资源和工艺纪律检查记录的文件。

2）技术部文件。如生产设备的管理、技术文件的编制、图样管理、产品工艺单和随工单等文件。

3）生产部文件。产品标志的管理、生产任务的完成、生产过程参数记录、生产过程监控记录、产品防护和工作环境的管理等文件。

4）质检部文件。状态标志的管理、监视和测量装置的管理、产品检验和不合格品控制等文件。

5）销售部文件。与顾客有关的过程的控制、顾客满意度、发货清单等文件。

6）采购部文件。采购的供方调查表、供方评价记录、合格供方名单、供方业绩统计表、供方业绩评定表、采购计划和临时采购计划表等文件。

7）车间文件。生产计划的完成、设备的日常保养、工作环境的控制、标志的管理和产品防护等文件。

8）仓库文件。产品标志卡、仓库台账、入库单等文件。

9）质管办文件。质量手册的编制（组织、领导）、内审计划、内审实施计划、内审检查记录、不合格项报告、内审报告、不符合项分布表、质量目标完成情况考核记录和协助总经理组织管理评审等文件。

（3）企业生产的产品所需要的文件

企业产品需要按以下程序来提供文件：

产品要求评审→签订合同→登记合同→下达生产计划→生产计划→生产工艺单→用料计划单→采购计划→进货检验→随工单→过程检验→出厂检验。

（4）企业供应方所需要的文件

企业有合作单位，需要按以下程序来提供文件：

供方调查→供方评价→合格供方名单→年度供方业绩跟踪记录→供方年度复评→形成本年度名单。

3. 质量管理体系的贯彻

质量管理体系的贯彻可反映出以往企业管理中存在的弊端，如企业的工作职责不清、基础资料不全及日常管理不严等问题。

（1）ISO 9000 质量体系的认证和贯彻可为企业达到以下的目标。

1）质量体系认证和贯彻是企业产品获得顾客和社会基本信任的有效途径。

2）通过了 ISO 9000 质量认证和贯彻，就标志着企业产品质量、服务质量走上了持续保证、稳定发展的道路。

3）通过了认证，就说明企业的质量管理已步入了标准化、系统化、经常化的轨道。

(2) 强化企业管理，确保质量保证体系有效运转。

1) 建立健全相关制度，确保质量，保证体系有效运转。

2) 扩大外延，充实内涵。

3) 解放思想，更新观念，摸索适应现代企业制度的管理模式，努力搞好企业管理。

4) 任何工作都要把握以下三点：做事要有依据，做事要有记录，做事要有结果。

企业获得ISO 9000的认证是有时效性的，第一次监督是在获证后半年进行，第二次是在不到一年内进行，三年进行三次监督审核，质量体系认证证书有效期是三年。

二、应用全面质量管理方法解决锻件质量问题实例

1. 工作名称

应用质量管理方法提高锻件质量。

2. 工作概述

某锻件厂从生产实际出发，提出了工厂在锻件质量管理中所采用的锻件良品率考核标准、试制过程中的管理、材料代用的基本原则、质量奖惩考核等方法。实践证明，这些质量管理方法既提高了锻件的质量，又大大降低了生产成本。

3. 工作过程

某锻件厂的管理方法如下。

(1) 锻件良品率的考核标准

原来的锻件良品率按下式计算：

$$锻件良品率=\frac{合格品质量}{合格品质量+废品质量}\times100\%$$

很显然，上述结论反映的并不是锻件的整体质量状况。当大件良品率低或良品率高时，都会掩盖小件的质量状况。为此，提出了锻件项目综合良品率概念，将锻件按产品分项，计算各项锻件的良品率，除以锻件的项目数，其表达式如下：

$$锻件综合良品率=\frac{各项锻件的良品率}{锻件的项目数}\times100\%$$

锻件综合良品率的考核标准，更能准确地反映锻件的合格率，按这样的标准进行考核，更有利于提高锻件产品质量，从中发现锻造厂家在某些方面的锻造优势。

（2）锻件试制过程中的管理

锻件试制的主要目的在于确定合适的下料规格，验证锻造工艺、模具设计的可靠性和正确性。

试制的件数一般为 5～10 件，对下料严格控制，试锻第一件后，在后期的试锻中不断修正锻件的下料规格；对于设备的选择，也应根据锻造工艺使用本单位的设备进行试锻。锻件试锻可用表格形式来实现操作规范化、试锻标准化。

（3）锻件材料代用的基本原则

锻造生产中常常出现材料品种、规格不全或数量不足而生产又急需材料的情况。对于这种情况，可在保证产品质量的前提下，采用代用材料的办法解决，但必须有严格的原则和具体的管理程序。

（4）奖惩考核办法的管理

在锻件质量管理中，考核工厂锻件良品率指标，需按班组（机组）分别下达内控指标（关键件、重要件产品单独下达指标）。每月按各单位完成锻件良品率指标的情况，分别给予奖惩。其原则是：质量与责、权、利相结合，与班组质量意识、工作质量、产品质量的好坏挂钩。

4. 注意事项

（1）各单位的情况不同，其管理方法也不可能相同，要根据各单位的实际情况，提出具体的管理项目和方法。

（2）全面质量管理是一个以质量为中心，以全员参与为基础，目的在于通过让顾客满意和本组织所有成员及社会受益而达到长期成功的管理途径，所以要充分调动全员的力量和智慧，集思广益，才能做好本单位的质量管理工作。

学习单元 2　技术管理

学习目标

- ➢ 了解锻造产品技术管理
- ➢ 掌握锻造生产中改善生产环境、节能降耗的知识
- ➢ 能应用本专业新技术、新材料改进和提高生产工艺水平
- ➢ 能提出改善生产环境、节能降耗的具体建议

知识要求

一、锻造产品技术管理

产品技术管理是指以产品为对象，对整个产品研制过程中技术信息的生成、更改、传递、保存等一系列活动进行处理和控制的过程。产品技术状态管理是产品技术管理的核心和主体，是指对产品研制过程中形成的各类技术信息的状态进行界定、控制和使用的活动，它是产品技术管理最重要的目标之一。

锻造加工的一般过程是根据加工余量和锻造工艺，将零件图设计成为锻件图，锻造的设计与加工，在各工序生产工艺过程中严格控制，最终锻造出合格、用户满意的产品。锻造产品技术管理可分技术准备、锻造过程、锻后热处理、锻后检验和用户反馈五个阶段，在每个阶段中，技术文件的产生必须有根据且必须完备，如因为使用新材料、新工艺而需要对原有技术文件进行更改，则其五个阶段的更改材料必须齐全、完善。

二、改善生产环境、节能降耗知识

节能减排是当今世界最关注的热点，锻造生产是耗能、高污染的重要工种，必须考虑节能减排问题。

1. 锻造对生产环境的污染

锻造生产对生产环境的污染主要有废气污染、强振动与噪声污染。

(1) 强振动与噪声污染

锻锤等冲击性设备产生的强振动与噪声是一种环境公害，强振动与噪声对操作工人身体健康的危害很大，会造成厂房基础及厂房结构的破坏；强振动对邻近的精密仪器与设备精度和使用寿命、周围居民的生活质量影响很大，因此必须采用有效的防振技术。

(2) 废气污染

锻造需要采用加热炉对锻坯进行加热，加热炉燃料为煤、燃气或重油燃料。燃料在燃烧加热过程中会产生 SO_2、CO_2 等废气，造成环境污染，因此应采取适当的措施减少废气排放，如在燃煤加热器中采用消烟节，或采用污染较小的燃气作为燃料，以减少污染。对于中小型模锻件的加热多使用保护环境的中频电加热炉。

2. 锻造生产的节能

锻造生产可在以下几个方面实现节能。

（1）锻造加热炉和锻造设备

采用中频电加热炉，工件在加热时才耗能，所以节能效果最好；燃气的效率比煤高；如果使用煤作为燃料，则要使用燃烧效率高的加热炉，煤气和粉尘的排放必须达到国家规定的排放标准。在锻造生产中，锻造设备应选择锤击效率高的节能设备，如选择对击锤，它比普通锻锤的效率高。

（2）锻后热处理

利用锻造后锻件的锻造余热直接进行热处理，不仅节能，而且可以提高生产效率，应予以广泛采用。

技能要求

一、改进和提高生产工艺水平

1. 工作名称

精密锻造相关技术的现状及其发展趋势。

2. 工作介绍

（1）精密锻造

精密锻造或精密模锻是指所生产的锻品只需进行少量的机械加工或不需机械加工，因为精密锻件的尺寸公差及表面粗糙度已与经一般机械加工的工件状况基本相同或类似。

（2）精密锻造的特点与工艺要求

精密锻造生产的制件强度高、轮廓形状复杂、表面质量高、公差要求严格。它具有精度高、节约材料、少或无切削加工等优点，大大提高了生产效率，降低了成本，特别适合于大批量生产。但精密锻造对锻坯钢材、下料、锻压设备、润滑、成形方法、模具的要求极高。

3. 工作过程

（1）锻坯钢材

精密锻造对原材料的要求非常严格，要求尺寸精度高、延展性好、硬度低，内部及表面不允许有微小裂纹等，从而对炼钢、轧制以及棒线材制作都提出了很高的要求，需采用炉外精炼、真空脱气二次精炼以及连续铸造等工艺技术。

（2）下料

无飞翅精密锻造的基本前提条件是体积准确的锻造坯料，因此坯料的下料必须精确。精密剪切方法主要有以下几种。

1）拘束剪切法。要点是依靠切断刀形状实现对材料的拘束，然后通过固定刀和移动刀的相对移动完成切断。固定刀一般设计成内径比棒材直径略大的圆筒形或两个半圆形，通过压紧装置实现对材料的压紧；移动刀设计成半圆形或圆筒形。棒材在切断时由保持装置保证棒材不倾倒，切断后不反弹。

2）利用材料蓝脆的剪切方法。该方法是众所周知的传统剪切方法，材料加热至蓝脆温度后进行切断，可以获得较整齐的切断面。

3）高速剪切法。是利用材料的高速脆性来进行的剪切方法，其中包括以下几种。

①采用高速切断压力机。该方法适用于直径为 30～60 mm 的材料的切断，剪切速度可达 2 m/s。

②采用压缩流体式高速机构。该机构使压缩流体瞬间释放或产生爆炸而得到高的切断速度。该方法适用于直径为 30 mm 以下材料的切断，切断速度高达 5～20 m/s。

4）切削加工法。采用金属切削机床进行坯料的切割，但这种方法的效率较低，适用于小批量、大直径坯料的下料。

（3）锻压设备

精密锻造采用温锻和冷锻。温锻是在金属的再结晶温度以下进行的加热锻造，温锻的温度范围一般为 200～850℃，它兼顾了金属变形抗力低和表面氧化少的优点；冷锻是在室温下对金属进行的锻造。

精密锻造设备主要采用伺服电动机驱动式压力机、机械压力机和高速镦锻机。热锻和温锻使用机械压力机；冷锻的设备有冷锻压力机和高速冷锻机，冷锻压力机的吨位已经达到了 3 000 t，高速冷锻机的吨位达到了 1 200 t，高新技术的冷锻实现了完全的自动化和高精度化，适用于大批量、快速生产。

精密锻造设备的自动化程度、生产效率和导向精度都比普通的锻造设备要高得多。

（4）润滑

精密锻造的金属是在高压、高摩擦以及与模具接触面润滑条件恶劣的条件下变形的。选用合适的润滑剂，对于延长模具的使用寿命、提高锻件的质量和作业效率有着良好的效果。

1）冷锻用润滑剂。冷锻中使用的主要润滑剂为磷皂化薄膜。最近开发了化学反应润滑油系列、高黏度油系列、乳剂润滑系列以及水溶性干燥薄膜系列的替代润滑剂，并取得了较好的效果。

2）温锻用润滑剂。在温锻过程中，模具使用寿命（咬合、局部磨损、热开裂）

的提高是最大的课题，目前普遍认为在坯料表面上涂抹石墨，同时向模具上吹喷分散有微细石墨粉末的润滑剂是最有效的方法。

3）热锻润滑。目前比较先进的方法是首先喷水以冷却模具，然后向模具表面喷射雾状微细的石墨液，水分瞬间蒸发，冷却的同时形成石墨润滑薄膜，从而使模具使用寿命延长近 40%，废液处理量减少 70%～80%。

（5）成形方法

精密锻造的成形方法除了镦粗、束杆挤压、筒形挤压、密闭成形、穿孔、切边及精整等传统的成形方法外，还发展了降低成形压力的分流锻造法、无飞翅锻造的闭塞锻造法、控制流动速度的背压锻造法以及积极利用摩擦进行成形的锻造方法等。

1）闭塞锻造法。闭塞锻造法源于日本，于 1980 年前后应用于实际生产。该方法是利用材料侧方向的变形，主要目的是实现具有径向凸出形状如十字头、伞齿轮等零件的精密锻造。闭塞锻造的特点是通过加压使材料产生侧向流动，一般来说，由于加压冲头与坯料的作用面积小于锻件的投影面积，该方法可以用较小吨位的设备实现较大零件的成形。

2）分流锻造法。分流锻造法是为实现直齿轮或螺旋齿轮等具有直角形状零件的精密成形而开发的锻造方法。材料在密闭型腔中成形时，随着型腔的不断充满，成形压力逐渐上升，当型腔即将充满时，成形面压力急速升高。

（6）精密锻造模具

模具在精密锻造中发挥着重要的作用。模具制造中的显著进步主要体现在多自由度高速数控加工中心，以及各种陶瓷、金刚石刀片的开发方面，使得淬火后高硬度模具的机械加工成为可能，从而实现了复杂曲面的快速、高精度加工，拓宽了模具成形形状，缩短了模具加工周期。由于机械加工刀具的发展，传统上只能依靠电火花加工的硬质合金也可以很容易地进行机械加工了。

4. 注意事项

（1）精密锻造的发展很大程度上得益于汽车行业的发展。

（2）自动化水平以及配套技术的提高将是未来锻造业发展的方向；锻造业发展的另一趋势是向着节能环保、节约材料、降低成本、提高生产效率和附加值等方面发展。精密锻造将会伴随设备、工艺的不断进步而突飞猛进。

二、减振降噪

1. 工作名称

锻造生产中的减振降噪技术。

2. 工作过程

（1）减振技术

锻造生产中的减振问题是一个综合性课题，其解决途径大体有三个：降低工作场地的强振动，采用人工防护措施，采用必要的医疗预防和保健措施。但主要途径是采用隔振/减振技术降低工作位置上的振动强度。

锻造车间的最大振动是由锻锤产生的，机械压力机是除锻锤以外会产生明显振动的另一类锻压设备。

1）隔离材料及减振器

①隔离材料的性能要求。隔离材料的性能要求为：弹性好，承载能力大，性能稳定，抗酸、碱、油的腐蚀性能好，使用寿命长。

②常用减振器种类。常用减振器种类有：橡胶减振器（如图 4—2 所示）、卷弹簧减振器、板弹簧减振器、环形弹簧减振器、空气弹簧减振器。

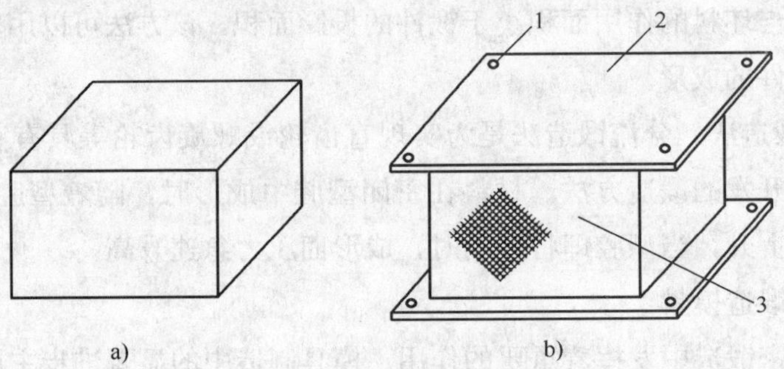

图 4—2 橡胶减振器

1—连接孔 2—钢板 3—橡胶板

a）纯橡胶块减振器 b）金属橡胶块减振器

2）锻锤减振与隔振途径。采用弹性隔振基础可使锻锤基础传给土壤的振动强度大大降低，是目前国内外应用最广泛的一种有效的积极隔振措施。

（2）锻造生产中的噪声及降噪技术

锻造车间的噪声一般在 120 dB 左右，锻造车间的噪声源主要有锻锤噪声、空压机噪声、压力机噪声、加热噪声、锻造车间辅助设备噪声。这些噪声严重危害着工人身体健康及周围环境。

锻锤的噪声主要有冲击噪声、空气动力学噪声及机械噪声。锻锤的降噪途径大体有三种，即降低噪声源噪声，控制噪声的传播，以及在噪声接受点（工人的工作位置上）进行个人防护。降低锻锤噪声源噪声的技术主要有以下两种。

1）锤身加橡胶垫。增加组合式锤身各接合面间的阻尼，可在组合式锤身各接合面间加设 6 mm 厚的氯丁橡胶弹性垫层，用以吸收声能，如图 4—3 所示。

2）降低锻锤排气噪声。对于蒸汽—空气锤及空气锤空气动力学噪声，一般可在气流通道上设置消声井和消声器，以阻止或削弱声音传播而允许气流通过。这是降低空气动力学噪声的主要措施。

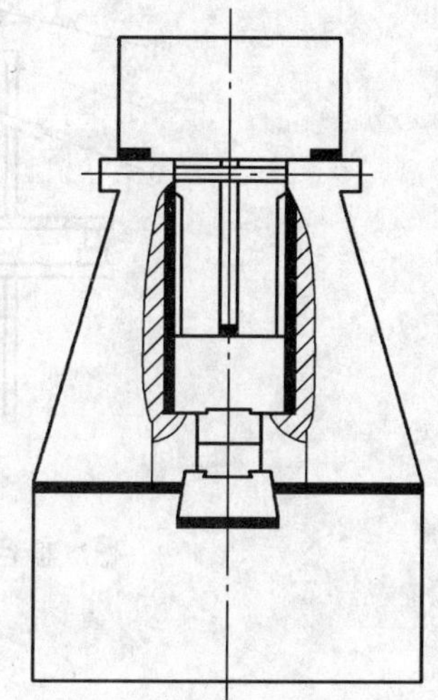

图 4—3　加橡胶垫的锤身

三、节能减排的加热炉改造

1. 工作名称

一种新型消烟节能燃煤器在锻造工业炉中的应用。

2. 工作过程

（1）燃烧器的工作原理及结构特点

1）燃烧器的工作原理。消烟节能燃煤技术是通过结构新颖的燃煤器实现的。燃煤器是一个空心的圆盘铸件，下部是进煤孔，圆盘内侧在不同高度有不同方向和大小的空气孔。下部加煤，煤在燃煤装置内向上移动的过程中经过预热、干燥、干馏、固定碳燃烧、灰熔融，实现了科学的下燃式层状燃烧。

2）燃烧器的结构特点。如图 4—4 所示为燃烧器的结构图。燃烧器主体 1 呈喇叭形状，内部为空腔。主体安装在支架 2 上，吹风管 3 插入主体上的吹风口中。在主体的内侧壁上钻有许多风眼，风在一定的风压下从风眼中吹出使煤燃烧。燃烧器最大的特点在于，从主体中部风眼中吹出的风直接吹在燃煤上，使煤充分燃烧；从主体上部风眼中吹出的风按照风眼的角度而形成一道风墙，把区域Ⅰ中燃煤燃烧后向上升腾冒出的黑烟和煤气封死在区域Ⅱ中，使煤完全充分燃烧。这样既能充分利用煤的热量，节能省煤，又能减少烟尘对大气的污染。向下移动下手柄 5 可使煤斗中的煤由主体下部进入主体中，用上手柄 4 可以将煤拉出支架和炉外。这种燃烧器主要烧面煤，燃料费用较低。燃烧器加煤时要在煤上洒些水，使面煤有一定的湿度，这样烟尘排放更少。

（2）燃烧器在加热炉中的应用

在一些企业的锻造工业炉技术改造中，把燃烧器装在加热炉中，如图 4—5 所示。将燃烧器 1 置于燃烧室 4 的底部，高温炉气越过火墙 5 进入炉膛 6 加热锻件 7，废气则经炉膛侧面设置的孔进入烟室 10，最后经烟道 11 排出。8 为装取工件用的进、出料口，3、9 为炉门。操作、出灰口 2 在工业炉左侧中部，且炉口很小，保温性能好，摒弃了过去出灰口在下部，加煤口在上部而且炉口较大的结构。

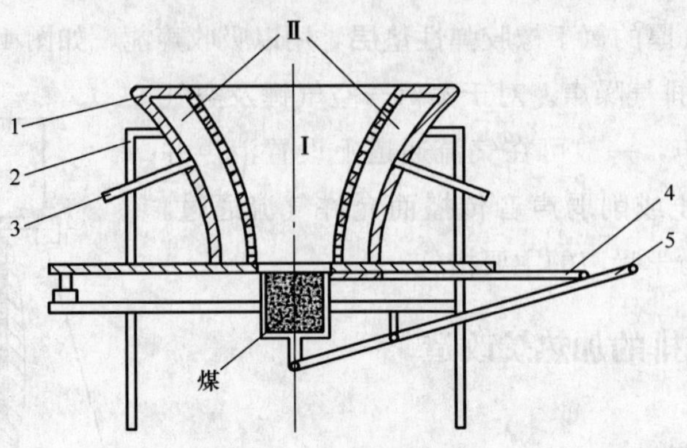

图 4—4 燃烧器结构

1—燃烧器主体 2—支架 3—吹风管 4—上手柄 5—下手柄

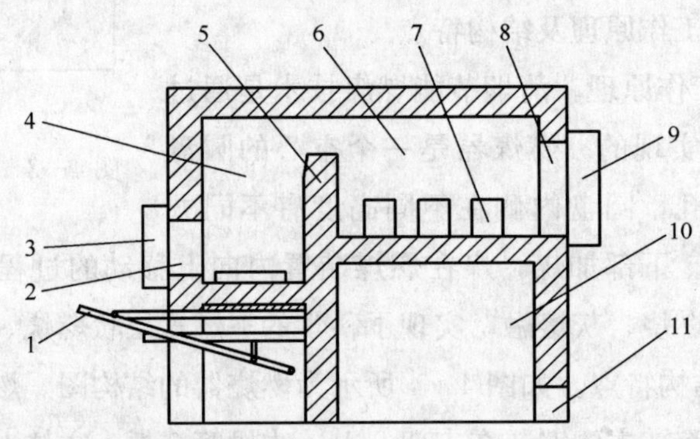

图 4—5 加装燃烧器的锻造反射煤炉

1—燃烧器 2—操作、出灰口 3，9—炉门 4—燃烧室 5—火墙

6—炉膛 7—锻件 8—进、出料口 10—烟室 11—烟道

（3）效果

改造后的锻造工业炉，炉膛温度均匀，升温快，炉温可达 1 500℃以上，炉膛面积大，加热质量好，生产率高。由于改造后的锻造工业炉燃烧充分，煤灰为白色粉末，粘在燃烧室的四壁和顶部，数量很少，出灰时只需用钩铲轻轻刮出即可。而过去的煤灰为大颗粒块状，燃烧不完全就从炉条处漏下，出灰量大，浪费严重。锻造工业炉改造前后的技术参数对比见表 4—3。

表 4—3 锻造工业炉改造前后的技术参数对比

	炉气黑度（林格级）	烟道气烟尘浓度（mg/m^3）	单班耗煤量（kg）	使用煤型	鼓风机功率（kW）	炉膛最高温度（℃）	温升平均时间（min）
改造前	4	450	150	块煤	5.5	1 400	130
改造后	1	120	99	面煤	2.2	1 500	110

燃煤燃烧装置采用不同煤种混煤代替块煤或焦炭，可节煤 30%以上。燃烧效率达 90%以上，燃烧后的烟道气烟尘浓度达到国家标准允许的 200 mg/m^3 以下，炉气黑度在一级以下。这种新型的消烟节能燃煤装置，采用下部加煤，煤在燃煤装置内向上移动过程中逐步被加热、干馏并燃烧，从而使燃烧状态更加科学合理，将燃煤烟尘的“末端治理”改为“中间消化”，是一项在工业中具有实用价值的新燃煤装置，可在锻造及其他工业窑炉中推广应用。

第二部分

锻造工高级技师

第 5 章 自由锻造

第 1 节 工艺及工具准备

学习单元 1 审查锻造工艺方案

学习目标

- 能审查锻造工艺方案
- 掌握锻造工艺方案修订方法
- 能提出自由锻件工艺方案的修订意见

知识要求

一、锻造工艺方案审查

1. 从设备和人员方面进行工艺可行性分析

主要分析锻造工艺方案是否符合本单位的设备情况、人员情况和企业的管理情况。

（1）设备情况

锻造工艺方案对单位的设备情况依赖性很强，设备不同，其锻造工艺肯定不同，所以不能把某单位某锻件的锻造工艺照搬到其他单位来执行。随着新型锻造设备的应用及工艺控制的进步，锻造工艺更合理、更科学。各单位应从设备的实际情况出发来审查锻造工艺的可行性。

（2）人员和企业管理情况

高技能水平的工人、高素质的企业人员和科学的企业管理也会使先进的锻造工艺变得更可行。

2. 从自由锻件工艺性方面进行可行性分析

（1）圆盘类锻件最小冲孔直径的规定

圆盘类锻件的冲孔直径过小，或高度远大于直径的孔不易冲出，因为冲子直径过小或冲子进入坯料的深度过大，都会造成冲子因过热而损坏。所以，一般规定圆盘类锻件最小冲孔直径为30 mm，锻件的高度不能大于圆孔直径的3倍。

（2）台阶轴类锻件台阶与凹档的规定

由于锻造工艺的要求，如图5—1所示的台阶轴类锻件，自由锻造台阶轴类的长度 l、l_1 和 l_2 不能太小。自由锻造台阶轴类最小的 l、l_1 和 l_2，应根据台阶的高度 h、锻件的总长 L、相邻台阶的直径 D 或高度 B 来确定，具体数值查相关手册。

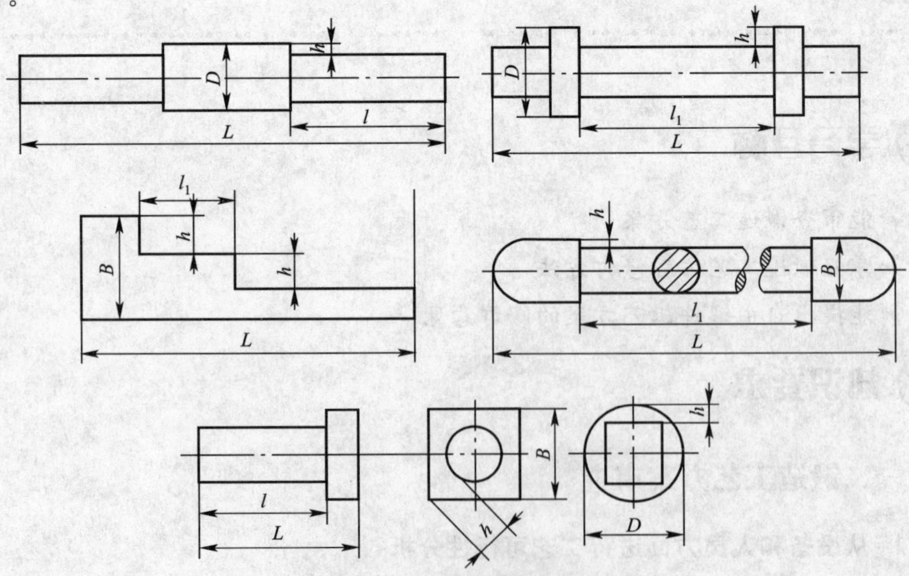

图5—1　台阶轴类锻件

(3) 法兰类锻件端部法兰与中间法兰的规定

由于受锻造工艺的限制，法兰的宽度也不能太小，如图 5—2 所示法兰类锻件的最小法兰宽度 L，应根据法兰直径 D 和与法兰连接的轴径 d 来确定，具体数值查相关手册。

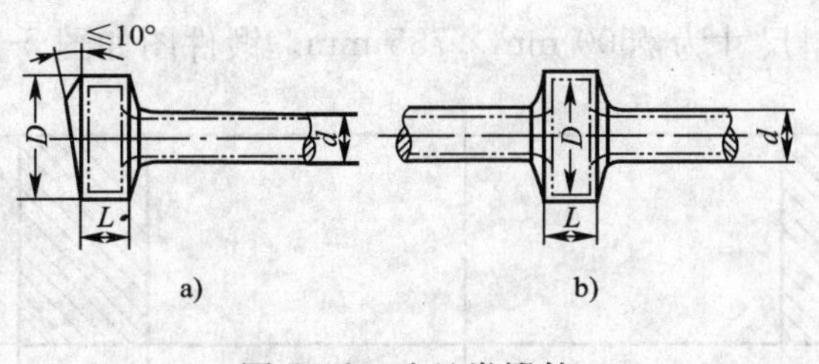

图 5—2　法兰类锻件

二、锻造工艺方案修订

1. 锻造工艺方案修订的时机

一个锻造工艺方案应该有严格的时效性、局域性和针对性，当单位设备更新，或行业内有新的工艺出现时，就应当修订锻造工艺；而当锻件按原工艺生产会出现较多的缺陷，或需求方提出更高的要求时，也是修订锻造工艺的最好时机。

当引进新的锻造设备，锻造从业人员技能水平提高或锻造环境显著改善时，都需要及时修订锻造工艺。

2. 锻造工艺方案修订的原则

在引进先进工艺与自主创新的情况下，修订锻造工艺方案的原则为：必须从本单位实际情况出发，以人员、设备、材料、方法、环境等作为锻造工艺方案修订的前提条件，制定新的锻造工艺，使其更科学合理，更符合变化的条件，更利于节能减排，最终达到提高锻件质量、提高锻造生产效率、降低成本的目的。

技能要求

锻造工艺方案的修订并没有一个统一的模式，要根据具体的情况来进行，下面是具体锻造工艺方案的修订实例。

一、实例一——因设备改变而修订锻造工艺方案

1. 工作名称

大直径圆环类锻件锻造工艺方案的修订。

2. 原设备与工艺

某厂多年来为煤矿制造 ϕ800 mm 左右、高度在 200 mm 以上的圆环类锻件，该厂最大的自由锻设备为 3 t 自由锻锤，所以锻件坯料需委托外单位在 5 t 自由锻锤上锻造。锻件材质为 42CrMo；始锻温度为 1 150℃，终锻温度为 850℃；坯料质量为1 133 kg，坯料尺寸为 ϕ500 mm×735 mm。锻件图如图 5—3 所示。

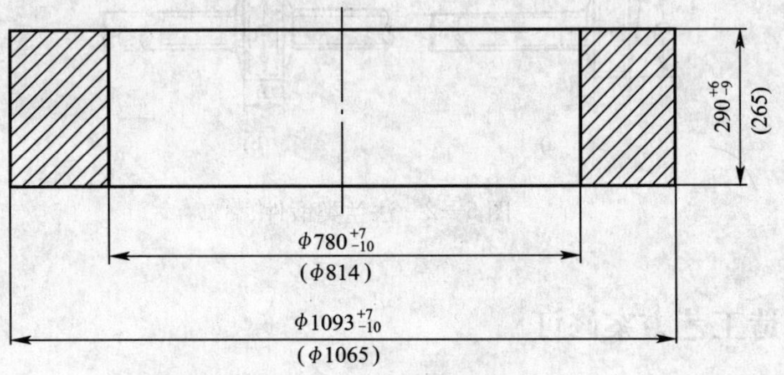

图 5—3　大直径圆环类锻件

锻造工序如下：

（1）镦粗。如图 5—4a 所示，锻件高度 H_{01} = 284 mm。

（2）冲孔、平整。如图 5—4b 所示，锻件高度 H_{02} = 258 mm。

（3）心棒扩孔、平整，如图 5—3 所示。

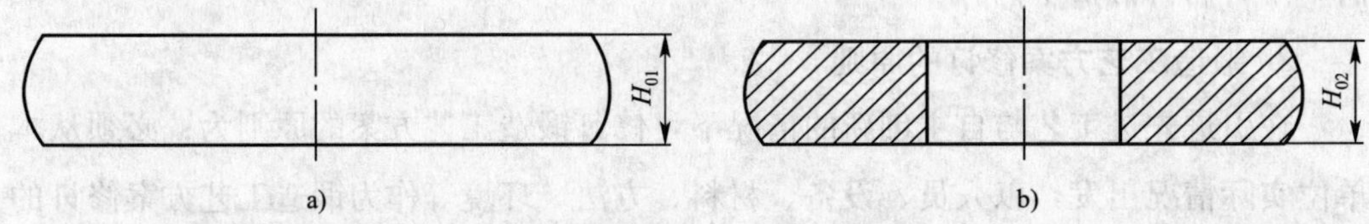

图 5—4　工序件

3. 工艺方案修订

现改用 3 t 自由锻锤锻造，由于 3 t 自由锻锤行程仅为 1 450 mm，不能扩 ϕ800 mm 以上的圆环锻件，需采取如下措施：由于马架与锻件的高度最低要保证 1 200 mm，而 3 t 锻锤锤头行程短，若马架直接放在下砧块上，锤头行程只有 250 mm，根本无法锻造，所以在冲孔后将砧块与砧垫去掉，这样就增加了 650 mm 的行程（见图 5—5）。然后在砧座燕尾上加一块垫板保护燕尾，将马架放在砧座上操作，如图 5—6 所示，这样锤头行程可达 900 mm，解决了用 3 t 锻锤加工 ϕ800 mm 圆环类锻件的难题。

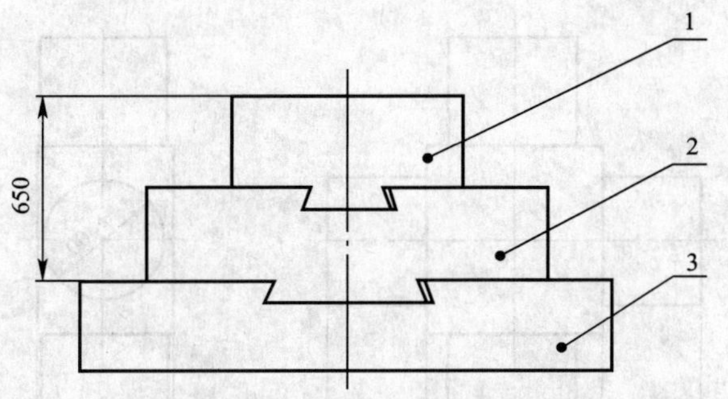

图 5—5　3 t 锻锤的下工作台组成及尺寸

1—砧块　2—砧垫　3—垫座

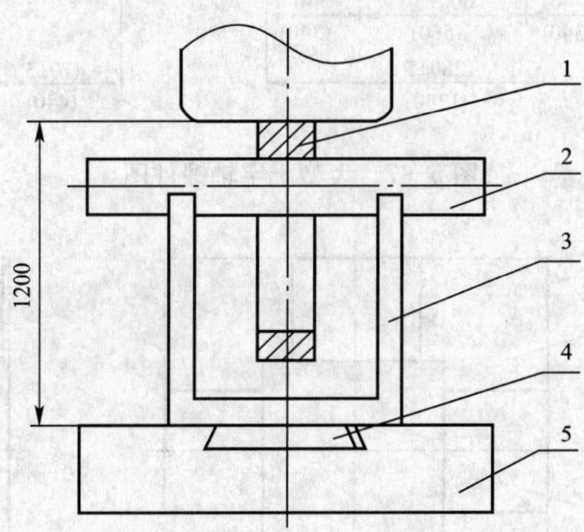

图 5—6　锻件扩孔示意图

1—坯料　2—马杠　3—马架　4—垫板　5—垫座

4. 效果

大直径圆环类锻件锻造工艺方案的修订，为工厂节约了大量的资金。

二、实例二——为提高材料利用率而修订锻造工艺方案

1. 工作名称

大型十字轴锻造工艺修订方案。

2. 工作条件

锻件图如图 5—7 所示。

3. 原工艺方案

原来采用自由锻造、胎模锻造锻成块状或圆状锻件，再进行切割的工艺方法。图 5—8 和图 5—9 所示分别为以前采用块状和圆状坯料加工大型十字轴锻件示意图。

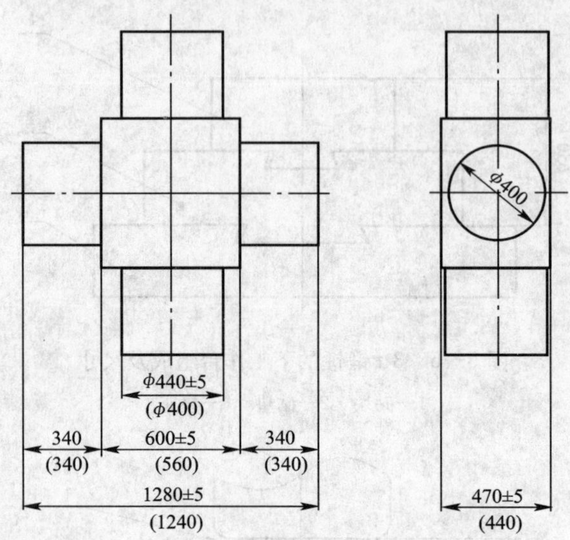

图 5—7　大型十字轴锻件图

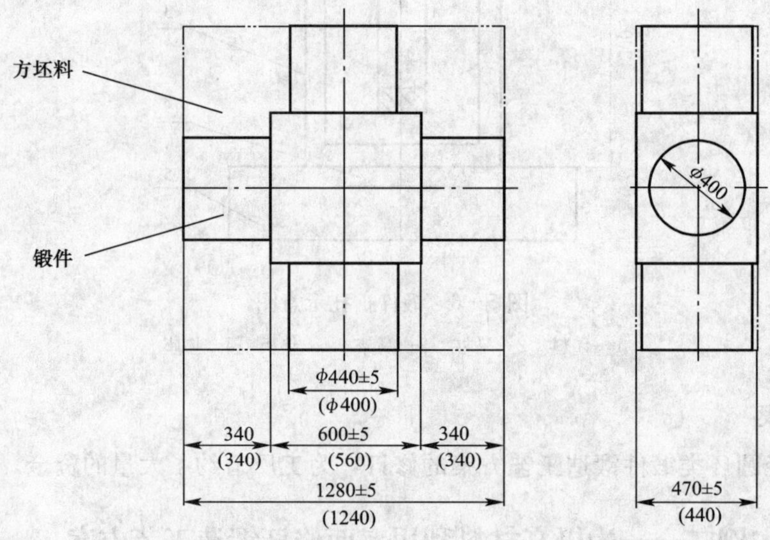

图 5—8　用块状坯料加工大型十字轴锻件示意图

这两种工艺都存在着金属流线不连续、零件强度低、材料消耗多、机械加工余量大等缺点。

4. 工艺方案修订

新工艺为：带锯下料→加热→镦粗（圆饼）→制坯→返炉加热→锻至成品。

其中制坯如图 5—10 所示，对圆坯开出四个 90°豁口，主要是为了保证锻制轴端时便于锤头压下，因为弧面贴不上砧子。

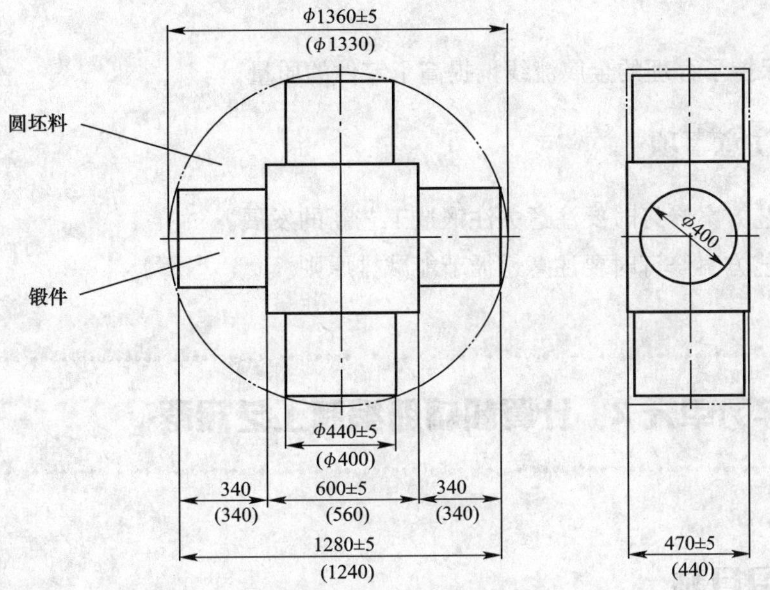

图 5—9　用圆状坯料加工大型十字轴锻件示意图

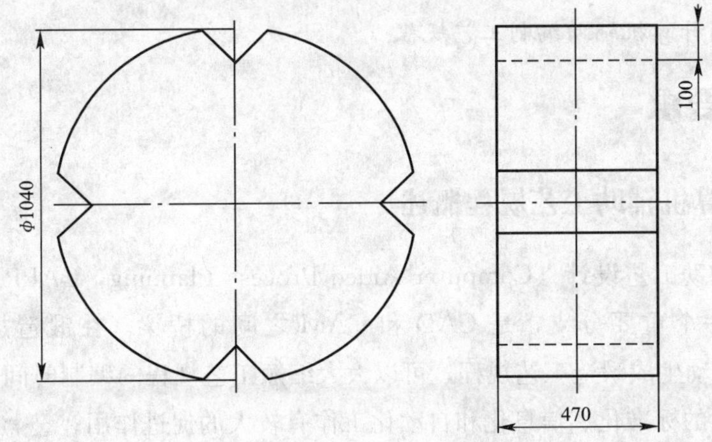

图 5—10　制坯示意图

锻至成品工艺：采用上、下平砧并且上砧子高度大于 500 mm；炉温为1 200℃，保温 1 h；采取大压下量单边大于 150 mm，按如图 5—7 所示尺寸进行修整。

采用退火工艺后，按图 5—7 所示尺寸锯切端头。

5. 改进后的效果

（1）力学性能完全符合合金钢锻件标准的要求，探伤没有发现伤波，符合一级锻件的要求。

（2）改进后的大型十字轴类锻件的成形工艺，提高了原材料利用率，降低了生产成本。

（3）保持了合理的金属流线，提高了零件的质量。

三、注意事项

1. 工艺方案修订时要注意关注锻造工艺新的发展。

2. 工艺方案修订时要注意遵循节能减排原则。

学习单元2 计算机辅助编制工艺规程

学习目标

➢掌握计算机辅助工艺规程知识

➢能运用计算机辅助编制工艺规程

知识要求

一、计算机辅助工艺规程概述

计算机辅助工艺设计（Computer Aided Process Planning，CAPP）是计算机辅助技术的一个重要分支，是CAD和CAM之间的桥梁。在锻造加工中运用CAPP技术自动生成锻造工艺规程，可以大大缩短工艺规程的编制时间，提高设计效率，对企业的标准化、信息化和自动化工作有较大的促进作用。

二、自由锻造CAPP

1. 自由锻造CAPP的功能

一般自由锻造CAPP智能化系统应具备的功能主要有：锻件的工艺设计功能、工艺卡片的输出功能和工艺卡片的管理功能。

（1）锻件的工艺设计功能

锻件的工艺设计功能是系统的核心，指自由锻造CAPP可完成以下工作：确定坯料的质量和尺寸、各加工尺寸的余量和公差、锻造温度条件以及锻件热处理规范，并制定变形工艺，选择锻压设备，提出锻件技术要求等。

（2）工艺卡片的输出功能

工艺卡片的输出功能是把系统工艺设计的最终结果以工艺卡片的形式输出，然后对系统的情况作最终评价。因此工艺卡片的绘制格式应符合国家标准和厂家习惯，图形要求线条清晰，字体要求大小合理，整体美观。

（3）工艺卡片的管理功能

工艺卡片的管理功能也是必不可少的。工艺卡片的管理包括对已经生成的工艺卡片的修改、保存、调用和查询等。

2. 自由锻造 CAPP 的结构

一般自由锻造 CAPP 的结构包括用户界面、数据库、零件信息输入模块、智能化工艺设计模块、工艺卡片管理模块和数据库管理模块。

（1）用户界面

自由锻造 CAPP 的用户界面是用户直接面对的操作平台，界面窗口布局应合理美观，显示信息应清晰全面，界面友好。

根据工艺设计的过程，系统设计有通用参数输入框、附加信息输入框、技术要求输入框以及零件尺寸输入框等。其中通用参数输入框用于用户输入零件的基本信息，如零件名称、产品名称及代号等；附加信息输入框用于输入有关锻造的基本信息；技术要求输入框用于输入某些特殊锻件的热处理要求；零件尺寸输入框用于输入零件的几何尺寸信息。

（2）数据库

自由锻造的数据库是系统功能实现的基础。数据库存储了系统运行所需的各种资源信息和数据，如余量公差信息、热处理信息、型材库存信息及工艺卡片模板信息等。

（3）零件信息输入模块

零件信息输入模块用于人机交互式输入零件的基本信息。零件的基本信息包括锻造基本信息和 CAD 参数信息，这些信息是工艺设计的基础和推理依据。

（4）智能化工艺设计模块

智能化工艺设计模块是系统的主体，其作用是以零件信息为基础，按既定的推理逻辑推理计算出零件的加工工艺路线和参数。

（5）工艺卡片管理模块

工艺卡片管理模块用于将系统生成的最终工艺规程按照企业工艺文件的标准格式进行输出、修改、存储和查询。

（6）数据库管理模块

数据库管理模块用来对工艺知识库中的知识数据进行组织和管理，使这些知识便于扩充和维护，并防止数据意外丢失和破坏。

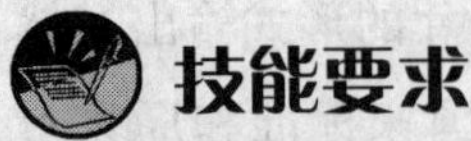

技能要求

一、工作名称

盘、套类锻件计算机辅助工艺设计。

二、工作过程

1. 现有盘、套类锻件尺寸划分存在的问题分析

在自由锻的系列锻件中，圆盘（带孔圆盘和实心圆盘）、环、套、圆柱、光轴等几类零件在外形上比较相似。这几类锻件的外形尺寸参数为外径 D、内径 d、高度 H，锻件模型图如图 5—11 所示。

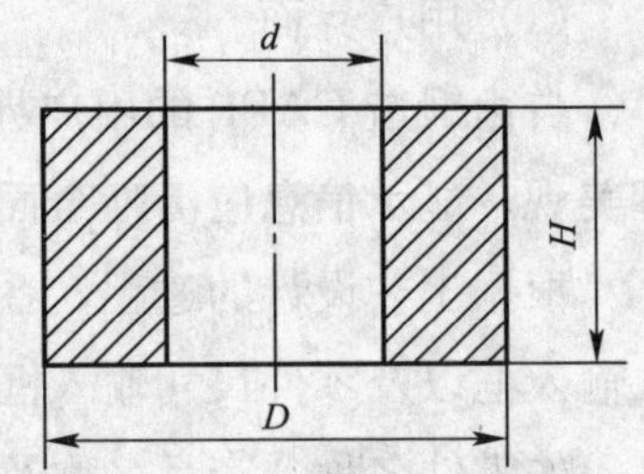

图 5—11 盘、套类锻件的形状模型

在具体类型的划分上，常以内径、外径之比 d/D，高径比 H/D 为依据，目前执行的锻造国家标准对盘、环、套等类锻件的尺寸划分范围见表 5—1。将表 5—1 中的数据绘成区域线图，如图 5—12 所示。

表 5—1 **盘套类锻件的尺寸划分范围**

锻件类型	高径比 H/D		内径、外径之比 d/D	
	最小 H/D	最大 H/D	最小 d/D	最大 d/D
实心圆盘	0.1	1.0	—	—
带孔圆盘	0.1	1.0	—	0.3
套筒类	1.0	2.0	0.5	0.8
圆环类	0.1	1.0	0.3	0.9

对照国家标准中盘、套类锻件的区域线图不难发现，按照这种范围划分方式，存在两个主要问题：一是锻件种类有交错重叠区域，即在区域线图中的同一个位置有两个及两个以上的锻件类型存在；二是有较大的空白区域，即在区域线图中的某些位置锻件类型为空，而在实际生产中存在该锻件类型。

盘、套类锻件外形虽然相似，但在锻造工艺上却相差很大。锻造 CAPP 系统

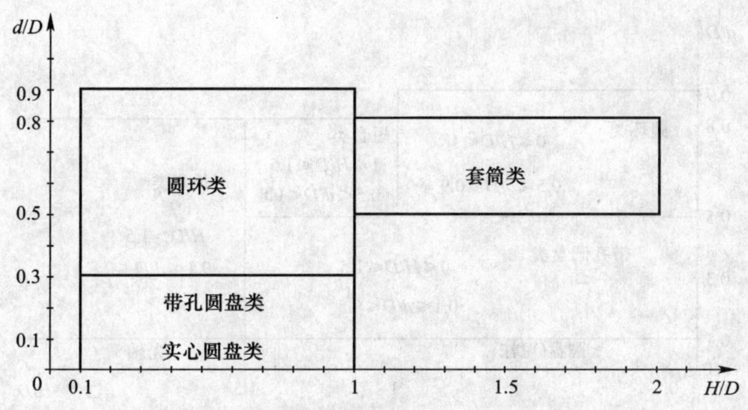

图 5—12 盘、套类锻件区域线图

在进行锻造工艺决策时，只有首先确定锻件类型，才能自动完成工艺决策。这样在上述锻件区域线图中参数落在交错重叠区域及空白区域的锻件，将会出现锻件类型的二义性或锻件类型空缺，CAPP 系统也无法实现对该锻件锻造工艺的自动决策。

2. 锻件类型划分范围调整

要在锻造 CAPP 系统下实现盘、套类锻件的工艺自动决策，就必须根据锻造加工工艺的实际情况，以 H/D、d/D 等参数为依据，对盘、套类锻件区域线图中的重叠区域及空白区域进行科学细分，使各区域的锻件类型明确。在总结开发锻造 CAPP 系统经验的基础上，根据锻造企业的实际生产情况，对盘、套类锻件的 H/D、d/D 范围作了调整，调整后范围见表 5—2。根据表 5—2 的参数范围绘制调整后的盘、套类锻件类型区域线图，如图 5—13 所示。

表 5—2　　调整后的盘、套类锻件尺寸划分范围

锻件类型	高径比 H/D		内径、外径之比 d/D	
	最小 H/D	最大 H/D	最小 d/D	最大 d/D
圆盘（短柱）	0	1.5	0	0.1
圆环	0	1.0	0.5	0.9
带孔圆盘	0	1.5	0.1	0.5
短套	1.0	1.5	0.5	0.8
长套	1.5	—	0.1	0.8
光轴	1.5	—	0	0.1

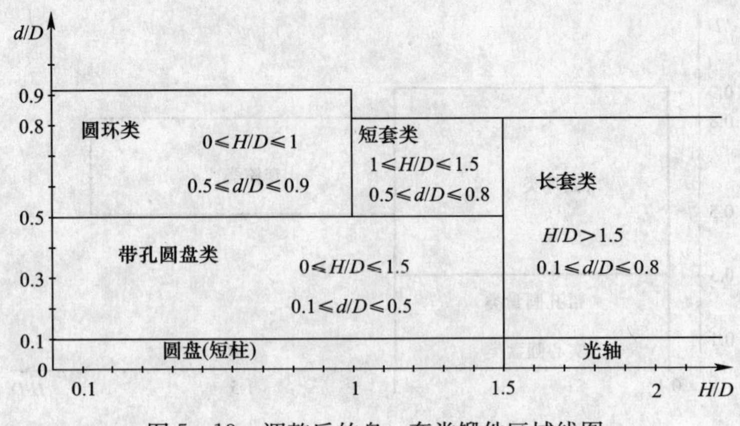

图 5—13　调整后的盘、套类锻件区域线图

3. 类型输入界面设计

锻造 CAPP 系统在进行盘、套类锻件的工艺决策时，必须首先确定锻件类型，现在常用的方法是在参数输入之前由操作人员确定锻件类型，然后直接调用该类锻件的工艺决策系统。为使系统操作方便及减少操作人员的工作量，在系统开发时，盘、套类零件信息的描述与输入采用统一输入界面，如图 5—14 所示。

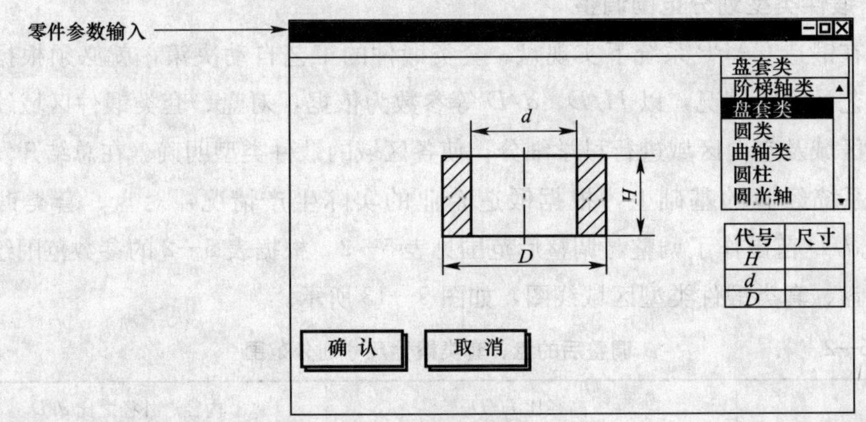

图 5—14　尺寸参数输入界面

4. 类型决策流程图

当零件参数信息输入后，由系统调用盘、套类型的判别程序，自动完成锻件的类型判定，并根据锻件的类型直接调用相应的决策模块完成锻造工艺决策，其决策流程如图 5—15 所示。

5. 判别锻件类型的编程

（1）定义变量

除了定义一个盘、套类锻件结构外，还需要定义四个变量：锻件类型、内径、外径及高度尺寸参数信息，变量的符号如下：

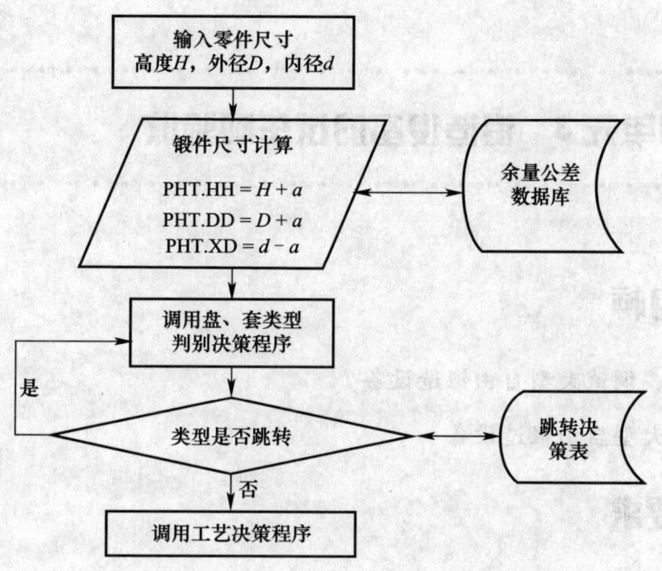

图5—15　盘、套类型决策流程图

PHT——盘、套类锻件自定义结构件

LJTYP——锻件类型

DD——锻件外径

XD——锻件内径

HH——锻件高度

(2) 分类的编程

根据调整后的盘、套类型分类表，可以得到如下盘、套类锻件类型判别决策的推理：

IF PHT. HH/PHT. DD ≤ 1 并且 PHT. XD/PHT. DD ≥ 0.5 并且 THEN PHT. XD/PHT. DD ≤1

THEN　PHT. LJTYP ＝"圆环"

ElseIF PHT. HH/PHT. DD ≤1 并且 PHT. XD/PHT. DD <0.5

THEN　PHT. LJTYP ＝"带孔圆盘"

ElseIF　PHT. HH/PHT. DD ≥ 1　并且　PHT. XD/PHT. DD ≤ 1.5　并且 PHT. XD/PHT. DD <1

THEN　PHT. LJTYP ＝"短套"

PHT. HH/PHT. DD >1.5 并且 PHT. XD/PHT. DD <1

THEN　PHT. LJTYP ＝"长套"

End IF

学习单元3　锻造设备的试车和验收

学习目标

➢能安装、调试大型自由锻造设备

➢能验收大型自由锻造设备

知识要求

一、锻造设备基础安装

锻造设备的基础安装是十分重要的，因为它直接关系到锻造设备的使用精度与使用寿命，同时会影响锻模的使用寿命。要重视锻造设备基础的设计和安装，尤其是一些大型锻压设备，如蒸汽—空气自由锻锤、自由锻造水压机等，应该严格执行施工技术要求，保证施工质量。设备基础设施验收具体要求可以参考表5—3，基础技术要求项目可以根据实际情况进行增减。

表5—3　　设备基础设施验收单　　年　月　日

<table>
<tr><td>委托单位</td><td colspan="3"></td><td colspan="2">要求完成日期</td><td colspan="3"></td></tr>
<tr><td>设备名称</td><td>型号</td><td>外部尺寸</td><td colspan="2">设备质量</td><td colspan="2">基础编号</td><td colspan="2">安装方式</td></tr>
<tr><td></td><td></td><td></td><td colspan="2"></td><td colspan="2"></td><td colspan="2"></td></tr>
<tr><td colspan="9">基础技术要求</td></tr>
<tr><td>序号</td><td>项目</td><td>要求</td><td>检查结果</td><td>序号</td><td colspan="2">项目</td><td>要求</td><td>检查结果</td></tr>
<tr><td>1</td><td>混凝土</td><td>按标准</td><td></td><td>5</td><td colspan="2">基准面找平</td><td>按标准</td><td></td></tr>
<tr><td>2</td><td>钢筋</td><td>按标准</td><td></td><td>6</td><td colspan="2"></td><td></td><td></td></tr>
<tr><td>3</td><td>主基础垫木</td><td>按标准</td><td></td><td>7</td><td colspan="2"></td><td></td><td></td></tr>
<tr><td>4</td><td>预埋件</td><td>按标准</td><td></td><td>8</td><td colspan="2"></td><td></td><td></td></tr>
<tr><td rowspan="2">基础费用</td><td>材料</td><td></td><td>费用</td><td></td><td colspan="2" rowspan="2">合计</td><td rowspan="2"></td><td>经济核算员</td></tr>
<tr><td>工时</td><td></td><td>费用</td><td></td><td></td></tr>
<tr><td rowspan="3">基础质量评价</td><td colspan="3" rowspan="3"></td><td colspan="4">质量检查员</td><td></td></tr>
<tr><td colspan="4">基础施工员</td><td></td></tr>
<tr><td colspan="4">安装施工员</td><td></td></tr>
<tr><td>基础竣工时间</td><td colspan="2">年　月　日</td><td colspan="2">基础费用计入</td><td colspan="2"></td><td>移交部门</td><td></td></tr>
</table>

二、设备开箱检查

锻造设备的开箱检查应由设备采购部门、技术部门和设备出售方代表共同进行，对于进口设备的开箱检查还应有海关代表参加。开箱前首先应检查外包装情况，如果有破损，可能造成设备的锈蚀或附件丢失。对于精密锻造设备，外包装硌、压伤都有可能造成设备的精度受损，应引起注意。开箱后应检查附件的数量和规格是否与合同写明的要求相符，对于锻造设备的易损件、专用工具和设备的附属部件要及时移交有关部门，防止丢失。对于所检设备要做检查记录，对问题严重的情况应拍照或图示说明，并由出售方代表现场签字，保留证据，以备查询，同时这也是向设备出售方交涉、索赔的重要依据。表 5—4 是设备开箱检查验收单供参考，具体检查项目可以根据设备的具体情况有所取舍。

表 5—4　　设备开箱检查验收单

设备名称		型号		制造厂	
制造编号		出厂年月		主要规格	
外形尺寸		设备质量		设备净重	
进场日期		开箱日期		出库日期	
检查情况					
受检部分		检查结果		备注	
设备外包装情况，是否有破损					
设备名称、型号和规格是否正确					
随机附件、备件、工夹具等数量是否正确					
随机附件、备件、工夹具等是否损坏和锈蚀					
随箱技术资料是否齐备					
其他需要检查的项目					
结论					
开箱检验人员签字		生产厂家代表签字			

三、设备安装调试

锻造设备的调试主要包括机械和电气两部分。机械部分主要测量以下内容：滑块下表面与工作台上表面的平行度是否符合设计要求；滑块侧导轨与工作台上表面的垂直度是否符合设计要求；滑块与侧导轨的间隙是否可调，调整后的间隙是否符合设计要求；滑块或活动横梁的工作重心是否与设备本身的重心一致，偏置的大型储能飞轮在运动中是否会造成设备的重心偏移等。电气部分应当检查上、下行程开关和自动停车、紧急停车是否灵敏可靠；设备防护装置是否能正常工作；精密锻造设备一般配有微机控制，应检查软件是否匹配，工作是否可靠。表 5—5 是设备安装调试验收单供参考，具体检验项目可以根据设备的具体情况有所取舍。

表 5—5　　　　设备安装调试验收单

设备名称		型号		资产编号	
主要规格		出厂年月		制造号	
使用车间		制造厂		安装试车日期	

设备安装内容	检查结果	设备调试内容	检查结果
1. 设备基础找平 （1）找平基准面是否按设备说明书或国家有关标准执行 （2）安装垫铁的选用是否按设备说明书的规定执行 （3）地脚螺栓、螺母和垫圈的规格是否符合设备说明书或有关设计的规定		1. 空运转 （1）运动和停车是否正常 （2）运动部分是否正常 （3）设备中心与打击中心是否一致	
2. 设备灌浆 （1）水泥标号是否符合有关规定 （2）水泥保养期是否按规定执行 （3）固定地脚螺栓是否牢固，重要设备地脚螺栓要做力学性能试验		2. 负荷运转 （1）设备满负荷的 25% （2）设备满负荷的 50% （3）设备满负荷的 75% （4）设备满负荷的 100%	

四、锻造设备的初期管理

锻造设备从安装、试运转到正常生产，这一时期为初期管理阶段，在这一阶段正确地使用和细心地操作是非常重要的，应当注意以下几个方面。

1. 建立必要的规章制度

首先要定员定岗，操作人员必须进行设备操作培训，经考核合格取得操作证后，方能操作设备。操作人员开机前，应对设备进行常规检查；设备运行中，发现异常情况，应能及时关闭设备；做好初期故障的原始记录。

2. 自由锻造设备的初期管理阶段

锻锤操作时锻坯应放于砧座中心位置，打击力应该由弱到强，逐渐使设备达到设计预期，不允许打冷铁和空击锤头，不允许进行超负荷操作。锻造用夹钳必须与锻件形状、尺寸相适应，夹持较大锻件时应用钳箍箍紧，操作时手指不得伸入钳柄中间。工具不得沾有油、水等物。按照锻造工序不同，及时更换不同的操作工具，不同的操作工具应事先放在容易取用的地方。

3. 建立设备初期运行记录卡

设备初期运行阶段应做好各项记录，包括设备运行状态记录、初期故障原始记录以及零部件失效、损坏记录。对典型故障和零部件的严重损坏故障，要进行详细研究分析，分清责任，找出原因。属于设备设计、制造方面的问题，应搜集证据，向出售方提出退货和索赔。如果属于安装、调试方面的问题，应向有关单位反映，以便及时解决。

锻造设备的安装是一个系统工程，涉及基建、机械搬运等方面，需要设备购买方精心准备，统筹安排。

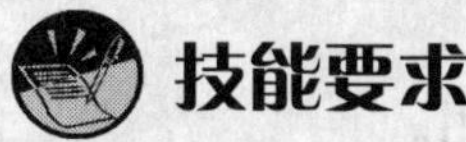

技能要求

一、实例一

1. 工作名称

自由锻造水压机安装与验收。

2. 工作条件

自由锻造水压机设备部分技术参数如下：

（1）设备公称压力：1.6 MN。

（2）液体工作压力：32 MPa。

（3）最大行程：1 400 mm。

（4）工作台尺寸（长×宽）：4 000 mm×1 500 mm。

3. 工作过程

（1）安装

1）将设备运到安装现场，开箱检查，并填写设备开箱检查验收单。

2）检查砧座基础是否达标。

3）安装顺序：应从下往上安装。

4）将水压机机身安装在砧座基础上，并核对安装位置。

5）将水压机机身安装在预埋的地脚螺栓上，并调整机身水平，上、下横梁水平允许误差为 0.1 mm/1 000 mm。

6）四根立柱垂直度的允许误差为 0.1 mm/1 000 mm。

7）工作缸垂直度的允许误差为 0.05 mm/1 000 mm。

8）活动横梁水平度的允许误差为 0.15 mm/1 000 mm。

（2）设备调试

1）各操作按钮指示灯是否鲜明，操作应准确可靠。

2）压力调节是否方便，应能实现保压，能可靠地防止过载。

3）分别以低压 3～5 MPa、中压 10 MPa 和高压 32 MPa 进行试压，时间为 15 min，压力降低不应超过 5%。

4）工作应平稳无冲击，噪声小。

5）调整各阀，检查其动作是否灵活，有无泄漏或松动。

（3）设备验收

1）设备经调试合格后，可进行设备验收，并填写设备安装调试验收单。

2）调试合格后，应试锻钢锭，负荷试车。

3）复查水压机安装情况，检测完全合格后方能交付生产使用。

二、实例二

1. 工作名称

双柱拱式蒸汽—空气锤自由锻锤安装与验收。

2. 工作条件

双柱拱式蒸汽—空气锤自由锻锤设备部分技术参数如下：

（1）结构形式：双柱拱式蒸汽—空气锤自由锻锤。

（2）落下部分质量：2 000 kg。

（3）砧块平面尺寸（长×宽）：520 mm×290 mm。

（4）外形尺寸：前后 1 700 mm，左右 4 600 mm，高 5 640 mm。

（5）整体带砧座质量：57 940 kg。

（6）基础安装示意图如图 5—16 所示。

3. 工作过程

（1）安装

1）将设备运到安装现场，开箱检查，并填写设备开箱检查验收单。

2）检查砧座基础是否找平。

3）砧座枕木事先应经油煮、机械连接并找平。如果选用弹性垫代替枕木，事先应对弹性垫进行力学性能测定。

4）将设备砧座安装在砧座基础上（设备砧座质量是 28 390 kg），并核对安装位置。

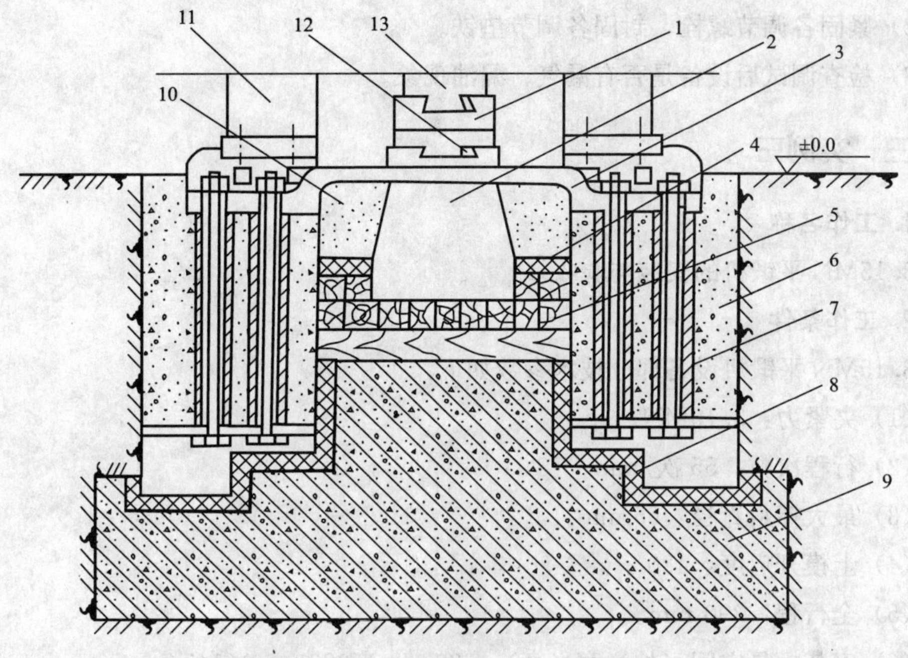

图 5—16　自由锻锤基础安装示意图

1—砧枕　2—砧座　3—底板　4，8—油毡　5—枕木　6—混凝土　7—螺栓

9—钢筋混凝土　10—填土　11—立柱　12—楔　13—下砧块

5）安装主机，并调整水平垫铁、紧固螺栓。

6）安装锤头，使锤头能运动自如。

7）安装锤杆、气缸和活塞。

8）安装进气管道和操作系统。

9）预紧地脚螺栓等。

（2）设备调试

1）安装砧座后应检查燕尾槽两台阶水平度，允许误差为 0.05 mm/300 mm。

2）检查锤杆两互相正交面的垂直度，允许误差为 0.2 mm/1 000 mm。

3）检查上下锤头工作面间隙，允许误差为 0.2 mm/300 mm。

4）锤头与导轨的间隙为 1～1.5 mm。

5）检查操作手柄是否灵活自如。

6）检查进、排气管道及气缸密封是否良好。

7）在锤头间放置软木进行试打，用低碳钢锻件进行试锻。

（3）设备验收

1）设备经调试合格后方可进行设备验收，并填写设备安装调试验收单。

2）紧固各调节螺栓，封固各调节垫铁。

3）检查调试后设备是否有漏气、漏油现象。

三、实例三

1. 工作名称

3.15MN 平锻机的安装与验收。

2. 工作条件

3.15MN 平锻机设备部分技术参数如下：

（1）夹紧力：3.15MN。

（2）行程次数：55 次/min。

（3）最大棒料直径：65 mm。

（4）上模开启度：120°。

（5）全行程：290 mm。

（6）安装模具空间（长×宽×高）：330 mm×380 mm×145 mm。

3. 工作过程

（1）安装

平锻机的安装顺序是：机架→主滑块→夹紧滑块→侧滑块→离合器→传动部分→制动器→保险装置→供气及润滑系统→电气系统。

在安装时应特别注意以下几点。

1）润滑系统油路通畅，供油充足。

2）各系统间隙合适，符合装配工艺要求。

3）安装后，主滑块、夹紧滑块和侧滑块相对位置精度应符合装配工艺要求。

4）保险装置可靠。

（2）设备调试

依次进行空运转试车、无载荷下的单次行程、自动行程、调整行程测试，然后在有载荷情况下重复调试。调试过程中应注意以下几点。

1）运转中不能出现异常响声。

2）离合器与制动器必须联锁，否则机床绝对不能使用。

3）电动机及各轴承处的温升控制在规定温度之下。

4）滑块与导轨之间的间隙应符合要求，导轨处处都要有润滑油。

（3）设备验收

1）几何精度

①滑块间隙。对于垂直导轨，尺寸精度为0.3～0.6 mm；对于水平导轨，尺寸精度为0.2～0.5 mm。

②机身上滑块导轨的平行度和垂直度，公差要求为0.1 mm/500 mm。

③机身垂直导轨面对固定凹模座垂直支撑面的平行度，公差要求为0.1 mm/500 mm。

④机身上固定凹模座的三个互相垂直的支撑面的水平度和垂直度，公差要求为0.1 mm/500 mm。

⑤主滑块行程对固定凹模胸板的垂直度，公差要求为0.15 mm/300 mm。

2）功能检验（试车）。须进行如下检查。

①单次行程检查。

②连续行程检查。

③调整行程检查。

④飞轮制动器检查。

⑤压缩空气装置检查。

⑥润滑控制装置检查。

⑦在润滑系统出现故障时断开控制检查。

⑧轴承温度检查。

⑨夹紧力吨位指示检查。

3）性能检查。须检查如下项目。

①机器空运转时间（h）。

②机器负荷运转时间（带夹紧力，h）。

③机器负荷运转时负荷（夹紧力）的大小（kN）。

④不制动状态飞轮空运转时间（s）。

⑤制动状态飞轮空运转时间（s）。

⑥机器正常运转时断电后滑块行程次数（次）。

⑦齿轮连同离合器所需的平衡质量（kg）。

4）重要零件检查。主要检查如下零件。

①曲轴。检查材质及探伤情况。

②偏心轴。检查材质及探伤情况。

③拉杆。检查材质及探伤情况。

④偏心轮。检查材质及探伤情况。

⑤离合器齿轮。检查材质及啮合情况。

四、注意事项

1. 注意制定正确的验收标准。

2. 注意调试操作的安全隐患，防止发生设备人身事故。

第 2 节　工 件 锻 造

学习单元 1　特种锻造

学习目标

➢ 了解特种锻造成形的知识

➢ 掌握特种锻造成形工艺

➢ 能对特种锻造过程中锻件出现的缺陷提出预防措施

知识要求

特种锻造成形工艺有很多种，包括径向锻造、冷锻工艺、粉末冶金锻造、等温锻造和回转成形等。这些工艺的共同特点是：能够生产出形状复杂的锻件，产品质量好，生产效率高；达到了优质、节材和节能的效果，同时也为部分难加工材料和一些具有特殊要求的锻件产品提供了有效的成形手段。

一、径向锻造

径向锻造是指在坯料周围垂直轴线的平面上对称布置几个锤头，对坯料沿径向进行高频率同步锻打，坯料边旋转边作轴向送进，使坯料直径尺寸缩小，轴向延伸。

1. 径向锻造的几种形式

径向锻造机的工作部分有二锤头、三锤头及四锤头等多种形式，如图 5—17 所示。某些生产棒材的径向锻造机有六锤头或八锤头。对于工作方式，有坯料不转，锤头打击并绕坯料旋转的锤头回转式；也有锤头只作打击，坯料旋转的坯料旋转式；还有锤头和坯料都不旋转的非回转式三种形式。

a)

b)

c)

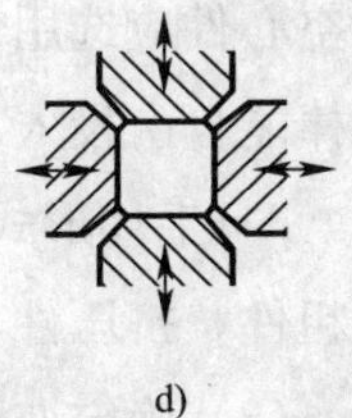
d)

图 5—17　径向锻造的几种形式

a）二锤头回转式　b）二锤头坯料回转式　c）三锤头坯料回转式　d）四锤头非回转式

2. 径向锻造机的型号和技术性能

径向锻造机有立式和卧式两种，目前使用较多的是卧式径向锻造机。目前径向锻造机可锻直径达 400 mm 的实心轴和 600 mm 的空心轴。我国自制和引进的径向锻造机的型号及其主要技术性能见表 5—6。

表 5—6　径向锻造机的型号和技术性能

参数 \ 型号	JS－100	SHK 06	SHK10	SXP 25	SXL 40	SXP 55	SXP 65
形式	卧式	卧式	卧式	卧式	卧式	卧式	卧式
每个锤头的锻造压力（kN）	1000	800	1250	3400	8000	10000	14000
可锻工件最大外径（mm）	35	30	45	250	400	550	650
可锻工件最大长度（m）	0.6	0.9	0.9	6	10	10	10
锤头长度（mm）				300	610	680	

3. 径向锻造工艺

（1）锻件图的制定

锻件的几何尺寸应在所选用的径向锻造机技术参数规定的范围内，如锻件的最大直径、最大长度、台阶数、相邻台阶最小直径差、台阶最短尺寸及锻件大小直径差等，不能大于机器的“锤头调节量”，还要确定径向和轴向的机械加工余量和公差。

（2）选用毛坯

1）毛坯材料。径向锻造是多锤头径向锻打，金属处于三向受力状态，有利于提高金属的塑性。径向锻造能够加工的材料范围广泛，除了适用于锻造一般钢材外，还适用于锻造高强度、低塑性的高合金钢，特别适用于如钨、钼、铌等难熔金属及其合金的制坯和锻造。

2）毛坯尺寸。在一般情况下，实心件毛坯直径等于或稍大于锻件的最大直径。锻空心件应选用管坯，管坯的内径应至少比芯棒的最大直径大 1～2 mm，以保证芯棒能自由投入。

3）毛坯形式。径向锻造的毛坯除了棒材、线材、管材外，还可以是拉伸件、镦粗件、挤压件、车削件、镗孔件等预成形件及切削加工件。

（3）确定变形过程

由于径向锻造机夹头的送进动作与锤头的锻打构成了程序自动控制的循环过程，故确定毛坯的变形过程即是确定夹头和锤头的动作程序，通常此动作程序称为工作循环。锻打分为拉打和推打两种。拉打就是指在毛坯变形时，夹头逐渐远离锤头的变形方式，如图 5—18 所示。推打就是毛坯变形时，夹头逐渐靠近锤头的变形方式，如图 5—19 所示。

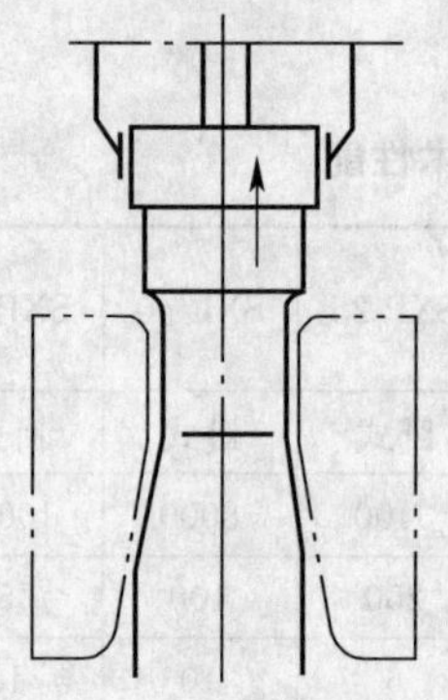

图 5—18　拉打示意图

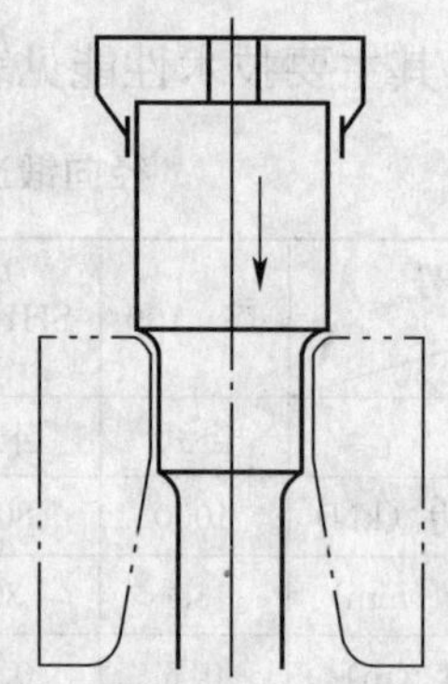

图 5—19　推打示意图

拉打与推打相比，拉打具有使锻件不易弯曲、锻件轴向尺寸稳定和可加大一次压入量等优点。推打和拉打混合使用可减少工步，减轻拉打的压力。采用小压入量推打，便于自行清理氧化皮。对于冷锻件或不易夹住的坯料（如难熔金属加热温度高，表面很滑），采用推打较为适合。径向锻造的主要工艺参数包括锤打速度、径向压下量、轴向送进速度及坯料温度等。

二、冷锻工艺

金属坯料在室温条件或再结晶温度以下进行的成形称为冷锻，包括冷镦、冷挤压等。冷锻造方法制作的零件精度高。采用冷锻工艺最主要的技术问题是金属在室温状态下强度高，变形有强化的作用，即冷作硬化，变形抗力要比高温时大几倍到几十倍，塑性差的锻件容易开裂。所以必须从原材料、坯料前处理、冷锻变形工艺、模具和设备等方面采取有效的措施，方能获得合理的冷锻工艺。

1. 冷锻的工艺特点

（1）冷锻产品质量好

由于冷锻产品是在室温状态下加工，产品尺寸精度高，表面光洁，力学性能好，且能加工形状较复杂的锻件，减少切削加工，节约材料消耗，降低产品制造成本。

（2）变形抗力大

由于金属在冷锻过程中有冷作硬化现象，提高了变形抗力，故应采取降低变形抗力的措施，包括调整原材料化学成分，做好坯料锻造前的磷化、皂化处理等。同时改进变形工艺，提高模具的硬度和表面质量，控制设备的加压速度等。

（3）摩擦力大

由于冷锻变形抗力大，单位压力也大，金属与模具表面的摩擦力也较大，因此必须改善润滑条件，降低摩擦力，目前坯料锻造前的磷化、皂化处理是常采用的方法。

2. 防止冷锻件产生缺陷的几项原则

（1）冷锻一次成形原则

本着在允许的加工变形程度内尽可能减少变形工步的原则，以塑性较好的钢材为例，一次成形的加工变形程度规定如下。

钢的正挤压：$d \geqslant 0.5D$。

钢的反挤压：$0.5D \leqslant d \leqslant 0.86D$。

钢的复合挤压：同正、反挤压，但对正挤压有利，可为 $d \geqslant 0.4D$。

钢的自由镦粗：$h \geqslant 0.45H$（$D/H \leqslant 2.5$）。

模具内镦粗：$h \geqslant 0.30H$（$D/H \leqslant 2.5$）。

式中 D，d——挤压前、后的直径；

H，h——镦粗前、后的高度。

（2）合理分配变形量

当冷锻件需要多道次成形时，应合理分配变形量。有多道次冷挤压变形时，常采用镦粗→挤压，挤压→镦粗，镦粗→挤压→模锻成形，镦粗→预锻→终锻成形等多道次变形工艺。冷锻时，提倡采用预镦、预挤、预锻等工步，降低每道工步的变形程度，改善成形过程，这样就可以延长模具使用寿命和提高产品质量。

（3）工步中间退火处理

多道次冷锻成形时，在工步之间应采用中间退火处理，以消除冷作硬化的影响，退火后仍要加润滑油，并重新进行磷化、皂化处理。

技能要求

一、径向锻造及缺陷的预防

1. 工作名称

X52K 主轴径向锻造。

2. 工作条件

锻件名称：X52K 主轴。

锻件材料：45 钢。

3. 工作过程

（1）分析锻件图

锻件草图如图 5—20 所示，锻件质量定为 17 kg，锻造始锻温度为 1 200℃，工作转速选用 25 r/min。

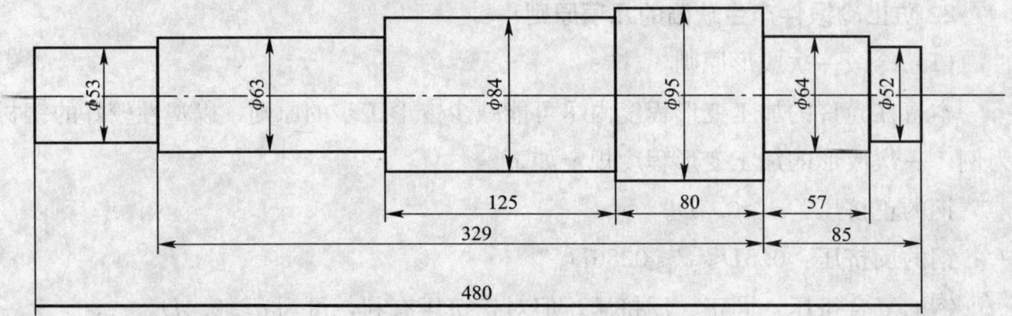

图 5—20　X52K 主轴锻件草图

（2）确定工作循环流程

首先确定工作循环流程，工作循环流程就是确定夹头和锤头的送进动作程序。径向锻轴都是逐段变形的，工作循环流程示意图中，工步用箭头表示，在箭头旁标注工步序号。变形过程用实箭头表示，坯料不变形而夹头或锤头仍作送进动作的过程用空箭头表示，垂直于轴线的箭头表示径向送进，平行于轴线的箭头表示轴向送进。该零件成形的工作循环示意图如图 5—21 所示。

（3）工艺过程

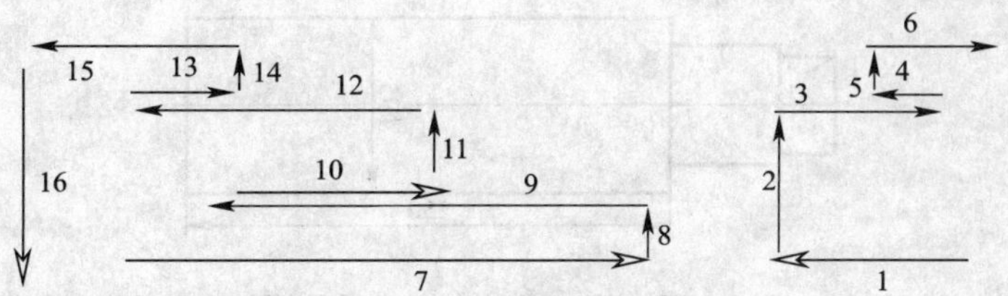

图 5—21　工作循环示意图

1）选择坯料。按照锻件图的工艺要求确定坯料尺寸为 ϕ95 mm×300 mm。坯料加热到始锻温度，夹出进行锻造，如图 5—22 所示。

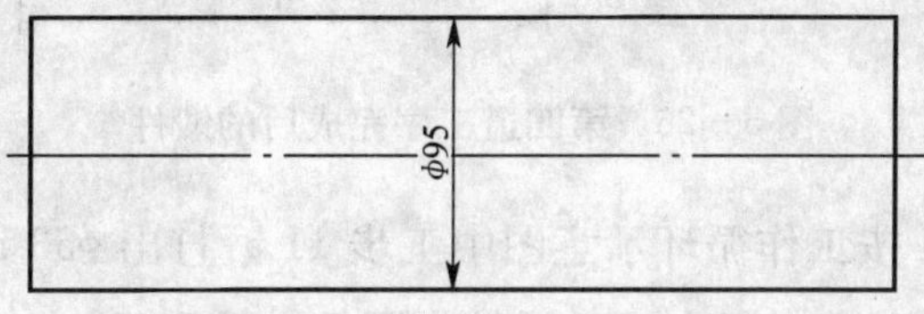

图 5—22　坯料

2）第一道工序。夹头上行，锻打出 ϕ64 mm 轴，然后锤头下行，准备进行下一道工序。第一道工序完成后锻件如图 5—23 所示。

图 5—23　第一道工序完成后的锻件

3）第二道工序。夹头上行，锻打出 ϕ52 mm 轴后锤头下行，准备掉头。第二道工序完成后锻件如图 5—24 所示。

图 5—24　第二道工序完成后的锻件

4）第三道工序。锻件掉头，准备锻其余的三个台阶轴。第三道工序完成后锻件如图 5—25 所示。

5）第四道工序。按工作循环示意图中工步 8 锻打出 ϕ84 mm 轴，然后进行工步 9，锤头下行。第四道工序完成后锻件如图 5—26 所示。

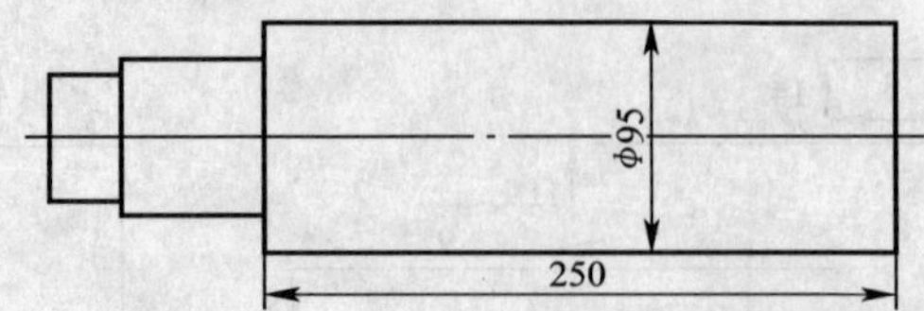

图5—25　第三道工序完成后的锻件

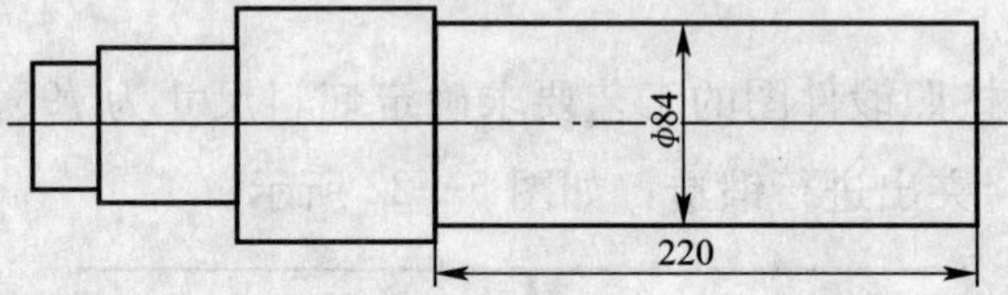

图5—26　第四道工序完成后的锻件

6）第五道工序。按工作循环示意图中工步11锻打出 ϕ63 mm轴，然后进行工步12，锤头下行。第五道工序完成后锻件如图5—27所示。

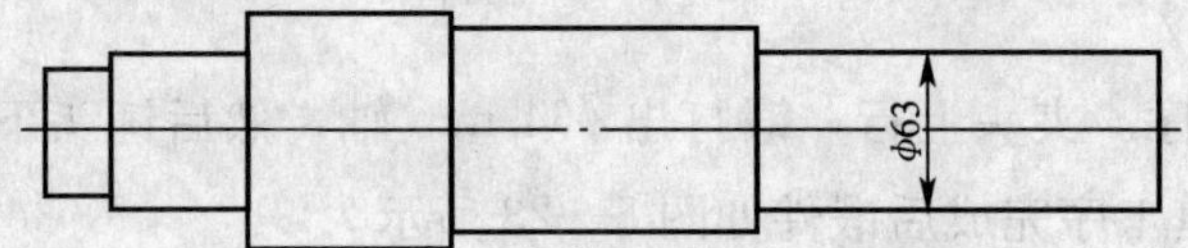

图5—27　第五道工序完成后的锻件

7）第六道工序。按工作循环示意图中工步14锻打出 ϕ53 mm轴，然后进行工步15，锤头下行。第六道工序完成后锻件如图5—28所示。

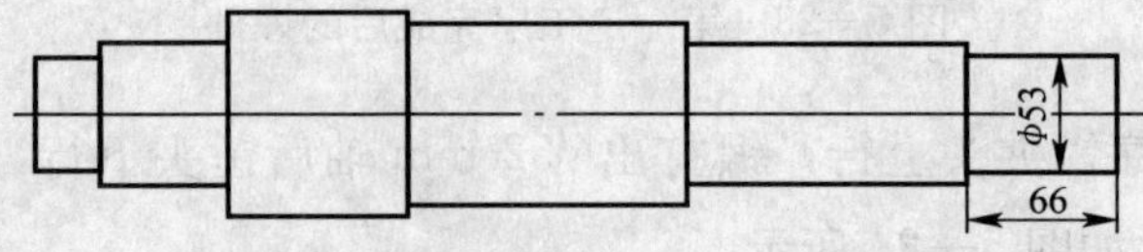

图5—28　第六道工序完成后的锻件

4. 锻件缺陷及防止方法

因径向锻造工艺变形的特点，常常导致锻件出现以下一些锻造缺陷。

（1）端部凹坑

在锻打时的压入量小会产生端部凹坑，此时可以增大一次压入量，变形程度大于50%，则凹坑基本消除。另外，坯料始锻温度过低，也会造成端部凹坑，遇到这种情况，应适当提高坯料始锻温度。

（2）各台阶不同心

各台阶不同心是因为工件旋转中心与锤头打击中心不重合，这时应提高锤头和夹钳制造精度，保持二者中心重合。

（3）螺旋形凹坑

螺旋形凹坑的产生是因为锤头表面有龟裂，粘住了氧化皮，形成锻件表面螺旋形凹坑，遇到这种情况应该及时清理锻坯氧化皮，并且返修锤头。

（4）外圆出棱角

被锻部分直径与锤头整形段圆弧直径相差过大，造成锻件外圆出棱角。防止方法是设计双圆弧整形表面锤头，小直径段宜采用一次精整，同时适当降低轴向送进速度。

5. 注意事项

（1）径向锻造机的控制尺寸是冷锻件尺寸，排挡块等位置时要考虑热锻件的膨胀。

（2）注意锤头的进退和夹头的上下会使受力构件产生一定的弹性变形。

二、冷锻缺陷的预防

1. 工作名称

棘轮冷锻工艺及防止产生缺陷的措施。

2. 工作条件

锻件名称：棘轮。

使用设备：自动剪切镦锻机、4MN 曲轴压力机、2.5MN 自动肘杆式压力机。

3. 工作过程

（1）分析锻件图

该零件的锻件图如图 5—29 所示，锻造此零件选用的坯料为 ϕ30 mm×40 mm 冷拔钢，坯料的质量为 0.22 kg。

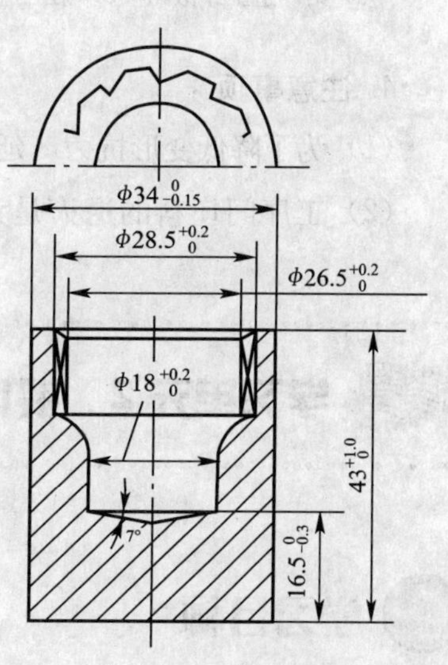

图 5—29　棘轮锻件图

（2）确定工艺方案

1）选取坯料。用自动剪切镦锻机截取尺寸为 ϕ30 mm×40 mm 的冷拔钢坯料。

2）坯料准备。坯料退火后进行磷化、皂化处理。

3）镦粗坯料。用 2.5MN 自动肘杆式压力机对选取的坯料进行镦粗，镦粗后的坯料高度减小，外径增加至 33.2 mm。

4）预成形挤压。用 2.5MN 自动肘杆式压力机对镦粗后的坯料进行挤压，预成形。

5）最终成形挤压。用 2.5MN 自动肘杆式压力机将预成形坯料挤压成形。

锻后加工到最终尺寸。

（3）防止产生缺陷的新工艺

在上面的冷锻过程中，感到最难以保证的是棘轮外径对内径的同轴度。第一道工序镦粗之前是剪切坯料，由于剪切面的塌边和外径不受限制，容易使外径尺寸产生偏差，一旦在有偏差的情况下进行下一道工序，内、外径的同轴度就会被破坏，因此在第一道工序之后加一道约束外径的工序，在坯料的上端面挤出大约 7°的凹角，能够改善坯料对凸模的同轴度。同时第二道工序坯料外径与第三道工序凹模内径之间的间隙减小，定为 0.06 mm，以保证工件内、外直径的同轴度。新的工艺方案如图 5—30 所示。

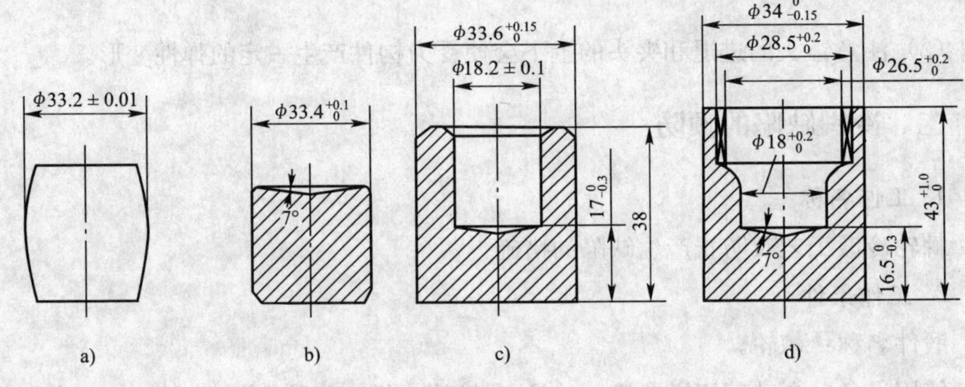

图 5—30　棘轮冷锻工艺过程简图

a）第一道工序镦粗　b）第二道工序压锥角　c）第三道工序预成形　d）第四道工序终成形

4. 注意事项

（1）为了降低变形抗力，延长模具使用寿命，坯料挤压前的处理是非常重要的。

（2）工序间坯料的退火是为了消除加工应力，减小下道工序坯料的变形抗力。

 学习单元 2　锻件质量分析及主要缺陷的预防

学习目标

➢ 能够分析自由锻件产生锻件质量问题的原因

➢ 能够提出解决方案或实施技术攻关

知识要求

一、自由锻件质量分析的过程

随着现代工业的快速发展，对于锻件质量的要求更加严格。锻件质量问题，特别是重要锻件内部质量问题是一个较复杂的问题，需要人们认真分析和解决。锻件缺陷形成的原因是多方面的，分析的过程如下。

1. 锻件的缺陷

(1) 锻件的外部缺陷

主要有外部裂纹、折叠、褶皱、缺肉、压坑和表面粗糙等。

(2) 锻件的内部缺陷

主要有内部裂纹、疏松、粗晶、非金属夹杂和白点、偏析等。

2. 缺陷产生的原因

(1) 锻件原材料方面

要查清锻件材料材质成分，钢锭冶炼的原始记录，包括钢锭规格、熔炼炉号、冶炼方法及应标明的各项试验结果。

(2) 锻造工艺方面

要查清工艺规程是否合理，加热是否按加热规范进行，有无过烧、脱碳现象；锻造过程是否按工艺进行，有无在终锻温度以下锻打情况；锻后冷却措施是否得当，冷却速度是否过快或过慢等。

3. 试验研究分析

要查清锻件缺陷的真正原因，需要观察锻件缺陷部位并进行微观分析，即对有缺陷的锻件进行取样分析，做一些工艺参数的对比试验，研究和分析导致锻件产生缺陷的原因。

4. 提出解决方案

在找到了锻件缺陷产生的真正原因后，应提出解决方案，并通过生产实践加以验证，在实践中不断修改方案，不断总结经验，解决实际问题。

二、自由锻件缺陷的预防措施

自由锻件，尤其是一些大型自由锻件质量问题的分析与解决，需要生产厂家具备必要的硬件设施，如完备的理化实验室和材料性能测试实验室。常见的缺陷和预防措施如下。

1. 晶粒粗大缺陷

晶粒度用于表示金属材料晶粒大小的程度，晶粒度级别越高，说明材料晶粒越细。晶粒度的级别大小对材料的力学性能及理化性能有很大影响，在锻造生产中一般不要求检验晶粒度的大小，这也容易让人产生一种错觉，好像晶粒度大小在锻造生产中不重要。随着工业现代化的发展，许多重要锻件（如某些连杆和轴）都对晶粒度提出了要求。

（1）一般细化晶粒度的方法

将钢坯料加热到930℃，保温适当的时间，冷却到室温，然后放大100倍观察晶粒大小，1～4级为本质粗晶粒钢，5～8级为本质细晶粒钢。为了获得细晶粒钢，在原材料冶炼时就加入了一些合金元素，如钽、铌、锆、钼、钨、钒和钛等，用来细化晶粒；用铝和钛作为脱氧剂，也是为了达到细化晶粒的目的。它们的细化作用主要在于：当液态金属凝固时，那些高熔点化合物起结晶核心作用，从而保证获得极细的晶粒；此外，这些化合物同时又都起机械阻碍作用，使已形成的细晶粒不易长大。

（2）在锻造中细化晶粒的方法

在锻造中保证锻件适当的变形和温度变化也能达到细化晶粒的目的。首先是加热操作，避免坯料在始锻温度环境下长时间停留，如因设备故障或其他原因，坯料不能及时出炉，应立即降低炉温。如果降温不及时，会使坯料晶粒长大。在锻造中，要采用合理的锻造比，锻造操作应控制在锻造温度范围内。如果锻造工序过于简单，应当适当降低始锻温度，以免锻件在高温时发生聚合再结晶；锻件的终锻温度一般不宜过高，防止晶粒长大。锻件锻后可以采用正火冷却方式，达到细化晶粒的目的。

2. 锻件中的白点

锻件中的白点是锻件在冷却过程中表现出的一种缺陷。锻件在冷却过程中，由于锻件内部氢和组织应力的作用，会使锻件炸裂，造成锻件报废。在钢坯的断口上呈圆形或椭圆形的银白色斑点，称为白点，白点的直径由几毫米到几十毫米不等，在纵向断口呈细小的裂纹。

（1）白点产生的原因

关于白点形成原因的理论较多，但比较集中的观点，认为是锻件内部氢和组织应力共同作用的结果。炼钢时钢液中吸收的氢，在钢锭凝固时因溶解度减小而析出，来不及析出的氢只能存在于钢锭内部的空隙中，而锻造之前的加热，又会使氢溶于钢中，锻件在锻后冷却的过程中，氢原子会从固溶体中析出，存在于锻件中的空隙处。氢原子在这里将结合成分子状态并形成相当大的压力，当锻件中氢含量达到 0.001%，温度为 400℃时，它造成的压力可高达 1 200 MPa 以上。

组织应力主要是指锻坯在冷却过程中，由奥氏体转变成马氏体或珠光体时产生的应力。冷却速度越快，产生的组织应力越大。锻造过程中的不均匀变形也会产生应力，这时锻件由于氢脆而失去了塑性，在组织应力及氢析出造成的几种应力的共同作用下，使锻件发生脆断。

（2）防止产生白点的方法

首先是除氢，最彻底的方法是从冶炼工艺着手，严格控制炼钢操作过程，可以采用真空浇注等方法，使钢中的氢含量降到最低，如果氢的含量不超过 2 cm^3/100 g，就不会产生白点。其次是消除组织应力，对于锻造来讲，就是制定合理的锻后冷却规范，尽量减小各种应力，包括相变组织应力、变形残余应力和冷却温度应力等，具体措施是锻后采用等温退火。

对于马氏体钢，在两个温度范围内奥氏体分解比较快，在这两个温度范围内，氢的扩散速度也是最快的，氢的扩散速度与温度的关系如图 5—31 所示。

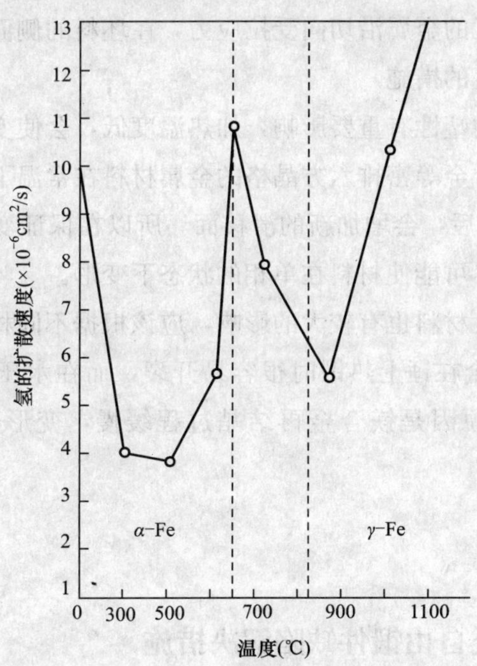

图 5—31　氢的扩散速度与温度的关系

从图中可以看出，在 600～620℃长时间保温进行等温退火时，钢的塑性较好，同时温度应力、相变应力较小，较安全，但时间较长，一般保温 15 h。

3. 锻件中的裂纹

裂纹是锻造生产中常见的一种缺陷，先是在锻件中形成细小的裂纹，如果不及时采取措施，很快就会发展成大裂纹。在锻造的全过程中，每道工序，包括加热、锻造和冷却都有可能产生裂纹。

（1）裂纹产生的原因

坯料在加热过程中，如果加热速度过快，对于某些导热性差的钢，会产生裂纹。这是由于在升温过程中，坯料表层升温快，而心部升温慢，会造成坯料的温度应力，坯料的导热性越差，截面越大，坯料形成的温度应力就越大。在锻造过程中，变形不均匀也会引起锻件产生裂纹。在锻件镦粗时，坯料的侧面会产生纵向裂纹，这是侧表面受切向拉应力的结果，这种切向拉应力是由镦粗时变形不均匀引起的，坯料镦粗时的应力状态图如图 5—32 所示。

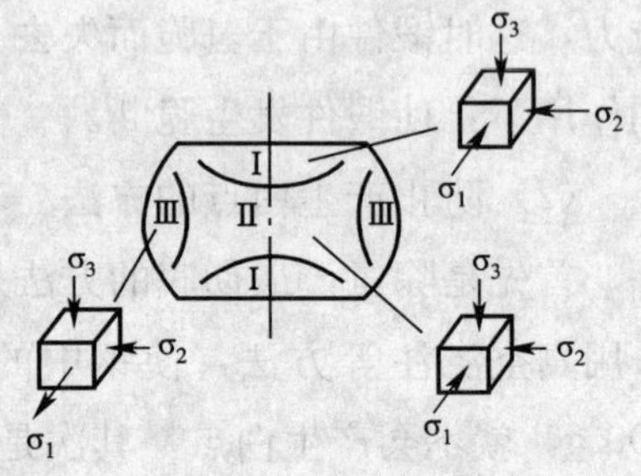

图 5—32　坯料镦粗时的应力状态图

镦粗时中心区（Ⅱ区）变形大，圆周区（Ⅲ区）变形较小，中心区的金属向外流动时，便会使圆周区的金属沿切向受拉应力，在坯料的侧面容易产生纵向裂纹。

（2）防止裂纹产生的措施

加热温度对材料的塑性有重要影响，加热温度低，会使变形硬化严重，材料的塑性下降。例如，镁合金等密排六方晶格的金属材料在常温下仅有一组滑移面，当坯料温度超过 200℃以后，会增加新的滑移面。所以在保证变形的过程中，应保证材料充分再结晶，并尽可能使材料在单相的状态下变形。

变形速度对低塑性材料也有较大的影响，应该根据不同材料选用合适的锻造设备。例如，MB5 镁合金在锤上热锻时很容易开裂，而在水压机上用同样的温度锻造则不会产生裂纹。原因是镁合金再结晶过程缓慢，变形速度快使得坯料容易开裂。

技能要求

一、大型齿圈类自由锻件缺陷解决措施

1. 工作任务

齿圈锻件白点、裂纹缺陷的分析及解决措施。

2. 工作过程

(1) 分析锻件

工件名称：齿圈。

钢坯质量：5 t。

锻件材质：42CrMo。

齿圈锻件示意图如图 5—33 所示。

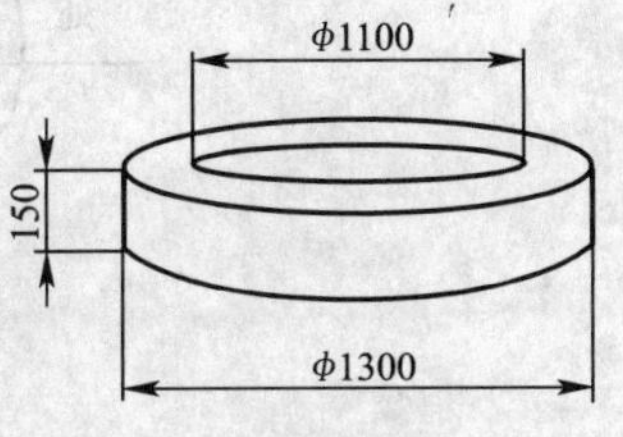

图 5—33　齿圈锻件示意图

(2) 白点、裂纹部位

缺陷产生的部位在齿断面，用着色探伤法在壁厚的中间层发现有裂纹状缺陷。另外，在拉伸试样的断口上，也可以见到灰白色的结晶状断口。在锻件的裂纹区，断口上呈现银白色、灰白色的圆形白点。

(3) 产生的原因和解决措施

齿圈锻件出现裂纹是由于白点的作用，锻件内部形成白点是因为过饱和而析出氢，形成了巨大的内部压力。另外，由于锻后锻件冷却速度过快，而形成了较大的组织应力，这也是造成缺陷的重要方面。

解决的措施首先是除氢，最彻底的方法是从冶炼工艺着手，尤其是对含有镍、铬、钼等元素的特殊钢，应采用真空浇注等方法，使钢中的氢含量降到最低，如果氢的含量不超过 2 cm^3/100g，就不会产生白点。另外，就是制定合理的锻后冷却工艺，不能采取坑冷或空冷的方式。空冷只适合较小截面的普通钢锻件，坑冷适合较大尺寸的碳钢锻件，而齿圈锻件属于大型合金钢锻件，必须采用炉冷方式，因为炉冷的冷却速度可以任意调节。还可以采用去氢热处理工艺。

3. 注意事项

白点在锻后很长一段时间内都会发生，有的合金钢锻件在冷却后 12～28 h 内都未发现白点，直到 72 h 才发现白点。因此，检查白点应在锻件冷却后，隔一段时间再进行。

二、大型轴类自由锻件缺陷解决措施

1. 工作名称

轴类锻件的折叠缺陷和解决方法。

2. 工作过程

(1) 分析锻件图

工件名称：主轴。

钢坯质量：12 t。

锻件材质：CrMoV。

主轴锻件示意图如图 5—34 所示。

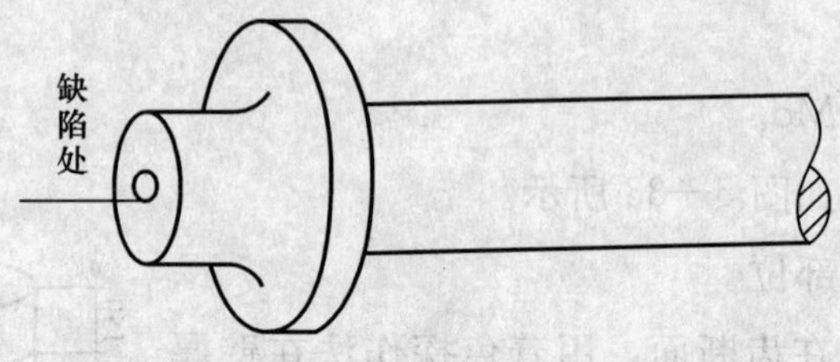

图 5—34　主轴锻件示意图

（2）出现折叠的部位

折叠的部位出现在锻造用钳口部分，如图 5—34 所示。在锻后检查中，为了能看到轴端面的折叠，经气割、磨削、精加工后，再经强腐蚀，显露出缺陷处折叠的特征。

（3）产生的原因和解决措施

主轴端部产生折叠的主要原因有两个：一个是坯料端部加热不均匀，造成锻造时金属流动不均匀，使锻件在局部形成折叠或裂纹；另外一个主要原因是在锻造时，锻件端部的压下量选择不当，在锻件端部形成内凹，继续锻打由内凹形成折叠，如图 5—35 所示。

在拔长锻件端部时，为了防止端部产生内凹，应使端部的压料长度 $A \geqslant 3D$。圆棒料拔长时端部的压料长度如图 5—36 所示。

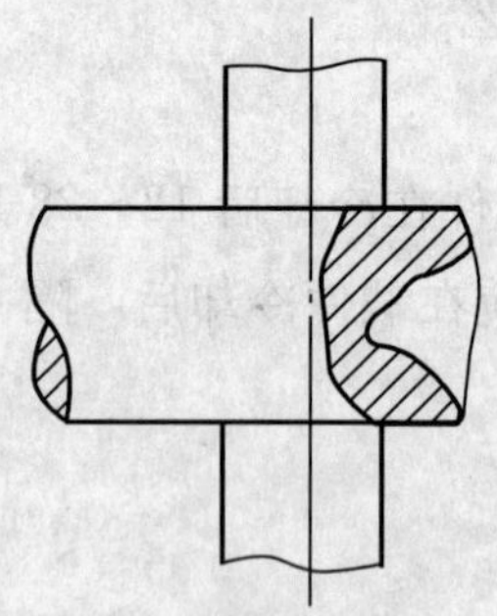

图 5—35　轴类锻件由内凹形成折叠

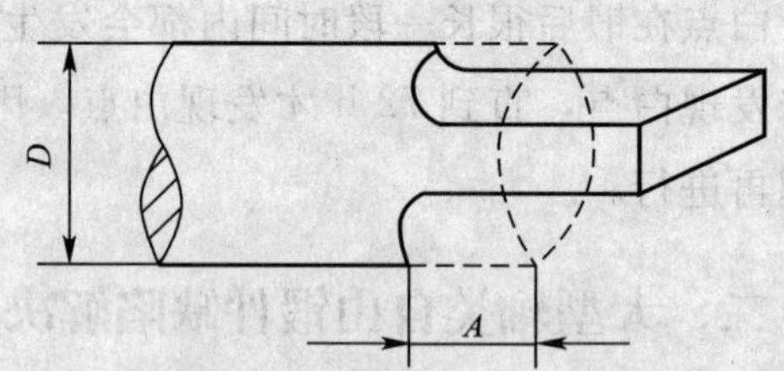

图 5—36　圆棒料拔长时端部的压料长度

3. 注意事项

轴类锻件在锻造时端部出现内凹，操作工如果发现，可以修正锻造工艺，防止折叠产生。

第6章 模锻造

第1节 工艺及工具准备

学习单元1 模锻件工艺方案审查和改进

学习目标

- 初步掌握锻造工艺可行性、经济合理性分析的技能
- 能够进行模锻件工艺审查和改进

知识要求

一、对锻造新产品的工艺方案进行可行性分析

所谓工艺可行性分析，通常是指根据本企业现有设备、拟增设备、人员的技术水平、企业整体管理水平等条件，从锻造工艺角度分析新产品能否按客户的要求进行生产。简言之，就是通过分析回答能否生产的问题。

工艺可行性是相对的概念，不是绝对的，某一企业不能生产，另一企业可能能够生产；目前不能生产，技术进步后也有可能能够生产。

1. 一般模锻件的工艺可行性分析原则

（1）满足成形要求

即锻件形状和尺寸必须到位。

（2）设备能力足够

设备能力足够，即锻造设备的吨位足够，尤其是曲柄压力机类锻造设备，是不允许超负荷运转的。辅助设备如锻造操作机、锻造行车等设备是否超负荷，相关辅助设备如加热设备、锻件热处理设备是否超负荷，都要进行分析。

（3）满足新产品的精度要求和技术条件

即对客户提出的精度要求和技术条件能否满足或经过努力攻关能否满足，要进行分析。

（4）满足新产品开发的时间要求

即能否按客户要求，在限定的时间内获得合格的产品。

如果将上述工艺可行性原则分析得更细致一些，可从一般碳钢和合金结构钢的模锻件方面提出几项分析细则。

2. 一般模锻件的工艺可行性分析细则

（1）如图 6—1 所示的饼状模锻件、十字状截面件、法兰件、碗形模锻件、齿轮类模锻件，其最小底厚有一定限制，应按其直径和宽度查表 6—1 确定。如果新产品的最小底厚小于表中的数值，一般可认为工艺上不可行。

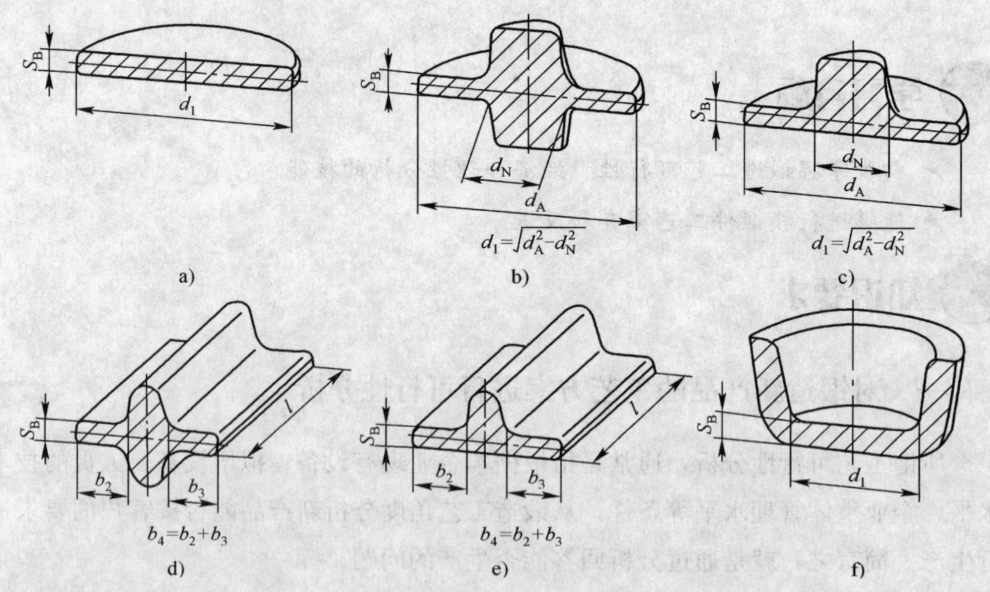

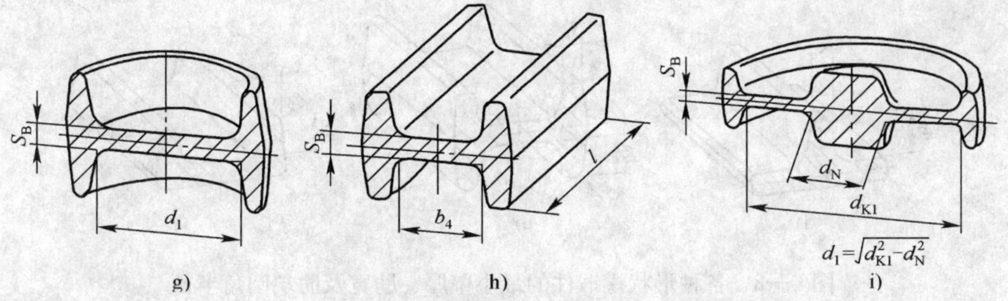

图 6—1 各种形状模锻件的最小底厚

a）饼状模锻件 b），d）十字状截面件 c）法兰件 e）T 字截面件 f）碗形模锻件 g），h）工字形截面件 i）齿轮类模锻件

表 6—1 **最小底厚 S_B** mm

旋转对称的			非旋转对称的									
直径 d_1		底厚 S_B	宽度 b_4		长度 l							
大于	至		大于	至	大于 至 25	25 40	40 63	63 100	100 160	160 250	250 400	400 630
	20	2(1.5)		16	2(1.5)	2.5(1.5)	2.5(1.5)	3(2)	3(2)	—	—	—
20	50	4(2)	16	40	—	4(2)	4(2)	4(2)	5(2.5)	5(3)	7(4)	7(5)
50	80	5(3)	40	63	—	—	5(3)	5(3)	6(4)	7(5)	8(5)	10(7)
80	125	7(5)	63	100	—	—	—	7(5)	8(5)	10(7)	10(7)	13(9)
125	200	11(7)	100	160	—	—	—	—	11(7)	11(7)	13(9)	16(11)
200	315	16(11)	160	250	—	—	—	—	—	16(11)	18(13)	22(16)
315	500	22(16)	250	400	—	—	—	—	—	—	22(16)	25(18)
500	800	32(22)	400	630	—	—	—	—	—	—	—	32(22)

注：括号内的数据因技术费用较高而尽可能不用。

（2）如图 6—2 所示的碗形件、槽钢形件、十字截面件、T 字截面件、工字截面件，其最小壁厚 S_W、肋宽 S_R及肋端圆角半径 r_{RK}有一定限制，应按壁高 h_W和肋高 h_R查表 6—2 确定。如果新产品的最小壁厚 S_W、肋宽 S_R及肋端圆角半径 r_{RK}小于表中查出的数值，一般认为工艺上不可行。

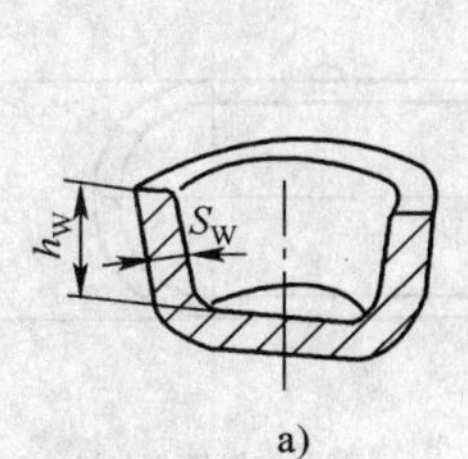

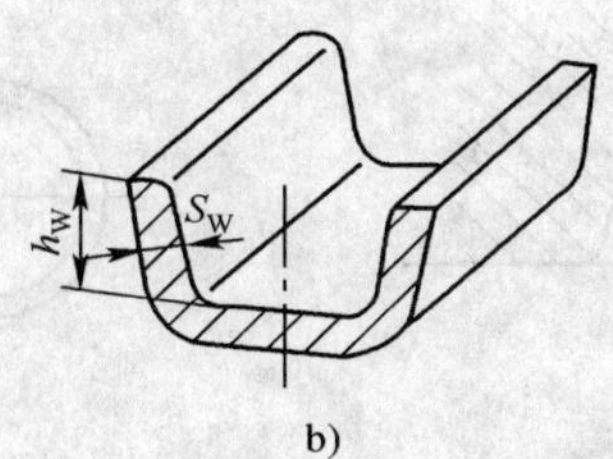

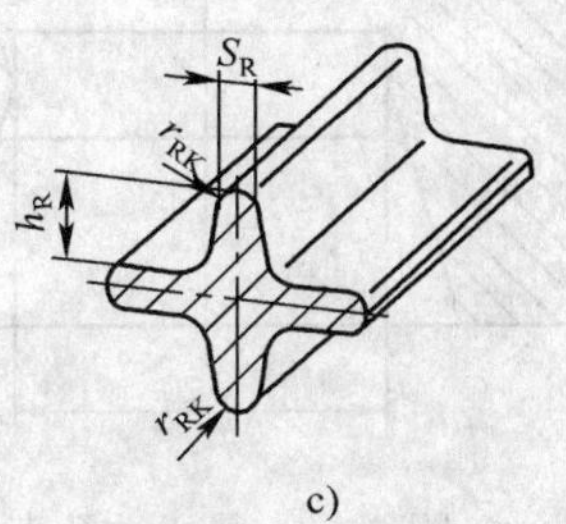

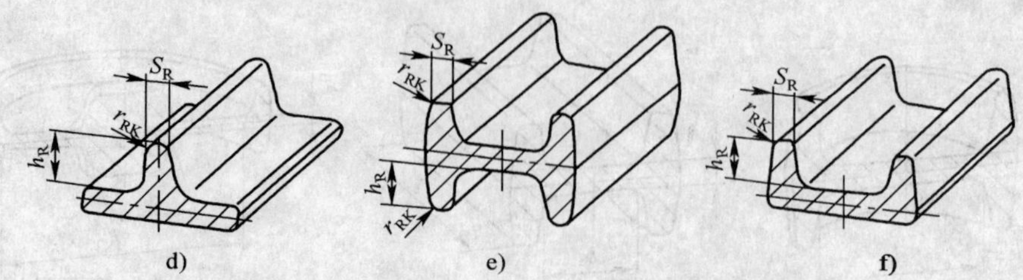

图 6—2　各种形状模锻件的最小壁厚、肋宽及肋端圆角半径

a）碗形件　b），f）槽钢形件　c）十字截面件　d）T 字截面件　e）工字截面件

表 6—2　　最小壁厚 S_W、肋宽 S_R及肋端圆角半径 r_{RK}

壁高或肋高（h_W或 h_R）		最小壁厚 S_W	肋宽 S_R	肋端圆角半径 r_{RK}
大于	至			
	16	4（2）	4（2）	2（1）
16	40	8（4）	8（4）	4（2）
40	63	12（8）	12（8）	6（4）
63	100	20（12）	20（12）	10（6）
100	160	32（20）		

注：括号内的数据由于技术费用较高而尽量不用。

（3）模锻件的最小冲孔直径一般为 25 mm，如果拥有高性能的冲头材料，此直径可缩小至 20 mm，如图 6—3 所示。如果新产品冲孔直径小于 20 mm，一般可认为工艺上不可行。

（4）单向盲孔深度（见图 6—4）。当 $L=B$ 时，$H/B\leqslant 0.7$；当 $L>B$ 时，$H/B\leqslant 1.0$。如果新产品单向盲孔深度大于上述公式示出的数值，一般认为工艺上不可行。

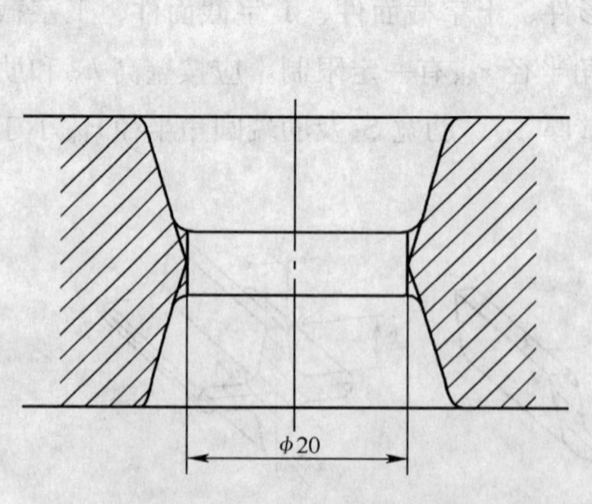

图 6—3　最小冲孔直径

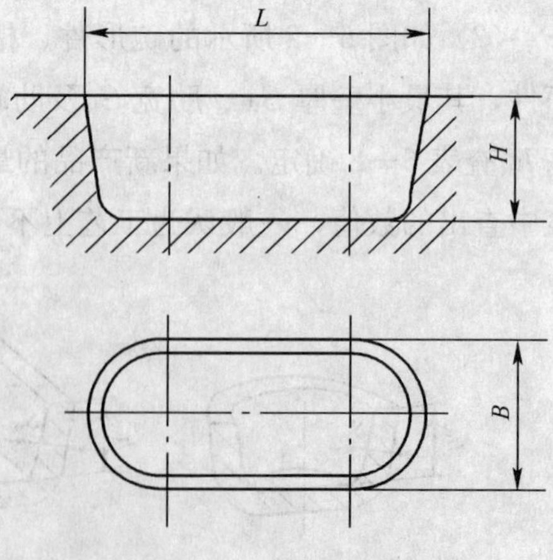

图 6—4　单向盲孔深度

（5）双向盲孔深度（见图 6—5）。双向盲孔分别按单向盲孔确定，哪个孔太深，这个孔就不可冲出。

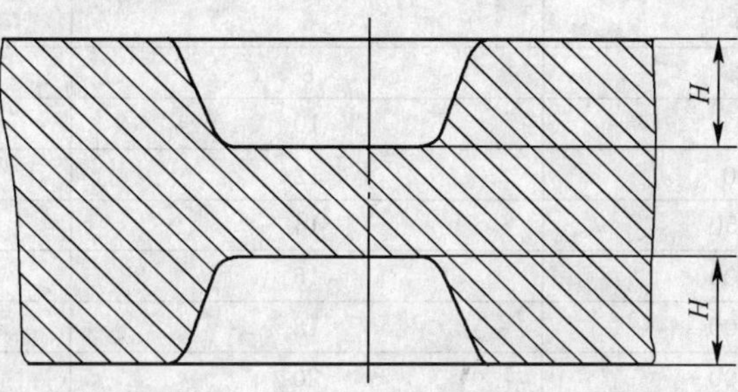

图 6—5　双向盲孔深度

（6）带肋的腹板件的最小厚度（见图 6—6）。腹板件的最小厚度 t_1 和 t_2 按锻件在分模面上的投影面积查表 6—3 确定。如果新产品腹板件厚度小于查表所得厚度，一般认为工艺上不可行。

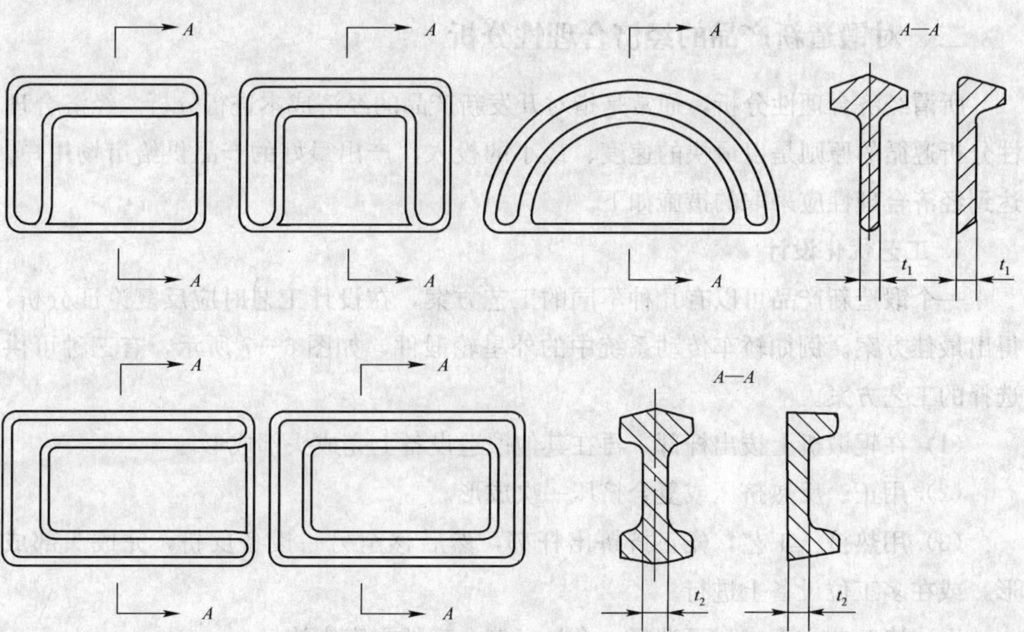

图 6—6　腹板件的最小厚度

表 6—3　　　　　　　　腹板件的最小厚度

锻件在分模面上的投影面积（cm^2）	无限制腹板厚度 t_1（mm）	有限制腹板厚度 t_2（mm）
≤25	3	4
＞25～50	4	5
＞50～100	5	6

续表

锻件在分模面上的投影面积（cm^2）	无限制腹板厚度 t_1（mm）	有限制腹板厚度 t_2（mm）
>100～200	6	8
>200～400	8	10
>400～800	10	12
>800～1 000	12	14
>1 000～1 250	14	16
>1 250～1 600	16	18
>1 600～2 000	18	20
>2 000～2 500	20	22

注：表列 t_1 和 t_2 允许根据设备、工艺条件协商变动。

（7）模锻件若有小尺寸的凸肩、小开档的凹档等可能作为余块设计的部分，迄今为止尚无相关的国际标准或国内标准可遵循，所以模锻件何处应放余块，视各企业实际情况，由锻件供需双方协商确定。其他的分析细则不在此详述。

二、对锻造新产品的经济合理性分析

所谓经济合理性分析，通常是指对开发新产品的经济成本进行分析。经济合理性分析遵循的原则是以最快的速度、最小的投入，产出最好的产品供给市场用户。达到经济合理性应采取的措施如下。

1. 工艺优化设计

一个锻造新产品可以有几种不同的工艺方案，在设计工艺时应反复论证分析，得出最佳方案。例如轿车传动系统中的外星轮锻件，如图 6—7 所示，有三种可供选择的工艺方案。

（1）在辊锻机上拔出杆部，再在其他锻造设备上完成头部成形。

（2）用正、反热挤压或复合挤压一次成形。

（3）用热挤压工艺，先正挤挤出杆部，然后移至另一设备反挤，完成头部成形，或在多工位设备上进行。

上述诸工艺方案中，可选择一个最经济合理的方案实施。

工艺优化设计还可使用套料锻造工艺方案，大大节省原材料消耗，降低成本。例如 PG10 kg、ϕ200 mm 和 PG16 kg、ϕ80 mm 法兰就可采用套料锻造工艺，分别如图 6—8 和图 6—9 所示。

图 6—9 所示为采用套料锻造工艺同时锻出图 6—8 所示的两个法兰，即先锻出图 6—9 所示的锻件，然后将外圆直径为 ϕ200 mm 的 PG 16 kgϕ80 mm 法兰从该锻件中分离出来，这样可以一次成形两个锻件（即图 6—8 中的两个锻件）。

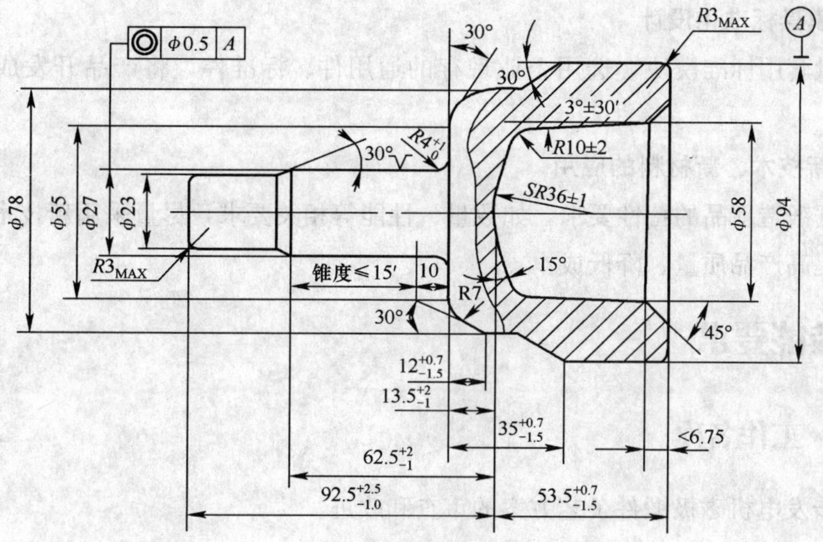

图 6—7 外星轮锻件

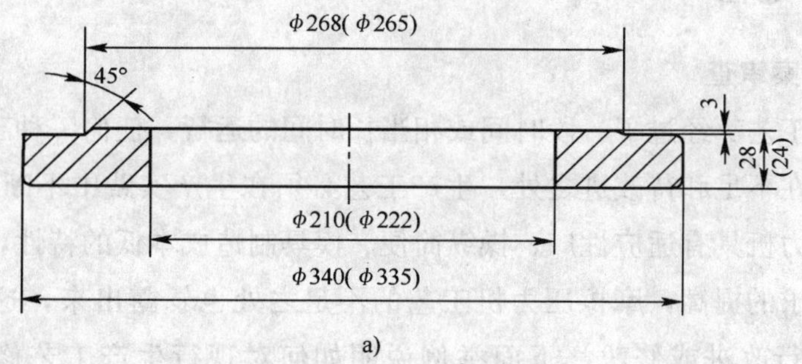

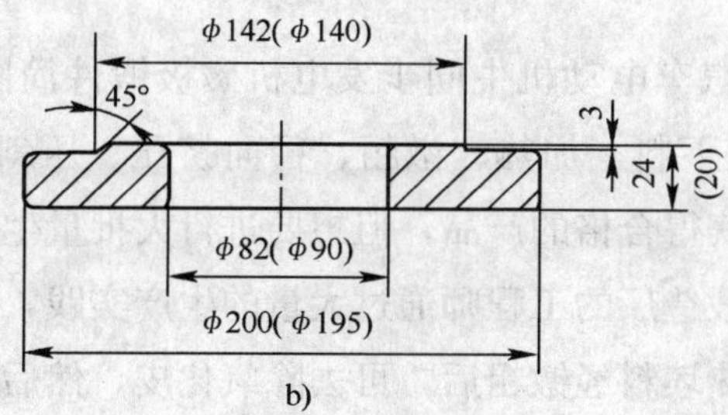

图 6—8 法兰锻件图

a）PG10 kg、φ200 mm 法兰锻件图 b）PG16 kg、φ80 mm 法兰锻件图

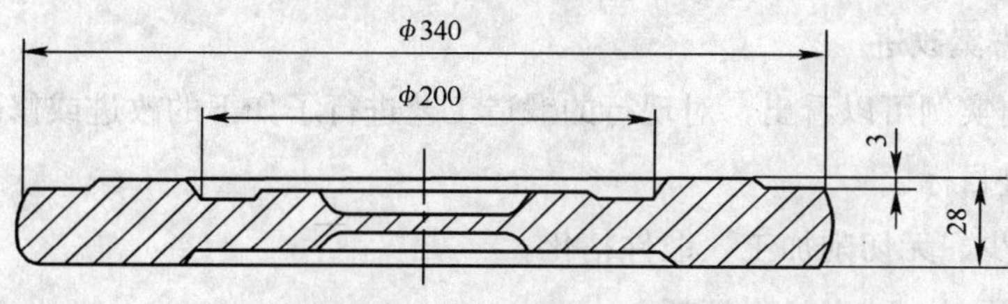

图 6—9 套料锻造法兰示意图

2. 模具标准化设计

尽量套用标准模块，选用企业现存的通用件、标准件，将产品开发成本降至最低。

3. 新技术、新材料的应用

根据锻造新品的特性要求，如数量、性能等相关要求，尽量采用新技术、新材料，以提高产品质量、降低成本。

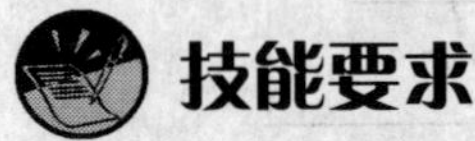

技能要求

一、工作名称

同步发电机磁极锻件工艺方案的审查和改进。

二、工作过程

1. 工艺方案审查

现行生产工艺都经过了一段时间或相当长时间的运行，任何一种工艺，在初始阶段肯定会存在不足和待改进之处，生产工艺必须在生产实践中不断改进和完善。例如，摩擦压力机具有适应性广、操纵简便、模具制造成本低的特性，但随着用户对产品质量要求的提高，摩擦压力机工艺的不足之处也暴露出来，这就需要对现行生产工艺进行改进或修改。下面举例说明如何对现行生产工艺修改方案进行审查。

图 6—10 所示为汽车电动机中同步发电机磁极锻件简图（仅绘出形状和主要尺寸）。原生产工艺是下料、加热、镦粗、径向挤压、压斜边、切边、弯曲成形，采用这样的工艺可以获得合格的产品，但想要进行大批量生产，则成本很高，工序复杂，废品率高。某锻造厂的工程师通过大量的生产实践，发现坯料不经过径向挤压和压斜边，而将加热坯料经镦粗后，可去除氧化皮，然后直接预锻、成形，经切除飞翅获得合格锻件，可省去不少工序，且可以在同一台设备上完成，适合大批量生产，采用这种工艺方法已实现了大批量生产和供货。

2. 工艺方案改进

通过以上实例可以看出，对现行的锻造工艺进行了如下的改进或修改。

（1）改进目标

1）实现少、无切削加工，锻件精化。

2）节约原料，减少材料消耗。

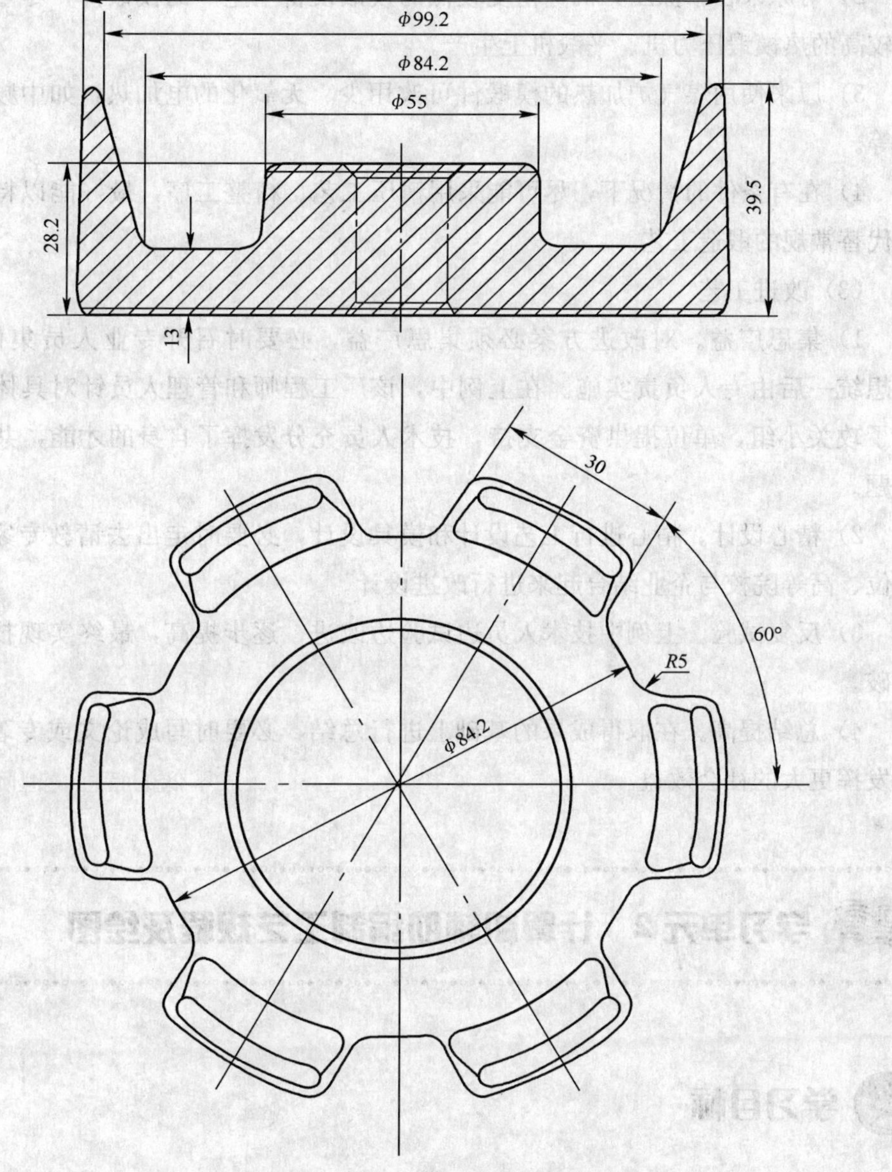

图 6—10　汽车电动机中同步发电机磁极锻件简图

3）节约工时，减少等工工时，提高工时利用率。

4）减小废品率。

5）延长模具使用寿命，降低模具成本。

（2）改进方向

1）对批量较大的自由锻件，在有条件的情况下，尽可能改用模锻或从胎模锻工艺改为模锻。

2）对原来在摩擦压力机等精度较低的模锻设备上生产的模锻件，尽量移至精度较高的热模锻压力机、平锻机上生产。

3）原来使用煤气炉加热的模锻件可改用少、无氧化的电加热，如中频感应加热等。

4）在有条件的情况下，尽可能采用精压工艺、精整工序，最好能以特种工艺来代替常规的锻造工艺。

（3）改进工艺

1）集思广益。对改进方案必须集思广益，必要时召开专业人员集体讨论，思想统一后由专人负责实施。在上例中，该厂工程师和管理人员针对具体问题组织了攻关小组，单位提供资金支持，技术人员充分发挥了自身的才能，共同解决问题。

2）精心设计。精心进行工艺设计和模具设计，必要时走出去请教专家，科研单位、高等院校与企业结合起来进行改进设计。

3）反复试验。上例中技术人员边试验边改进，逐步提高，最终实现技术上的突破。

4）总结提高。在取得成果的基础上进行总结，必要时写成论文或专著，让成果发挥更大的社会效益。

学习单元 2　计算机辅助编制工艺规程及绘图

学习目标

➢ 掌握计算机辅助设计知识和用计算机编制一般锻件工艺规程的技能

知识要求

一、模锻工艺 CAD

模锻工艺 CAD 流程示意图如图 6—11 所示，其软件分为四个程序块。

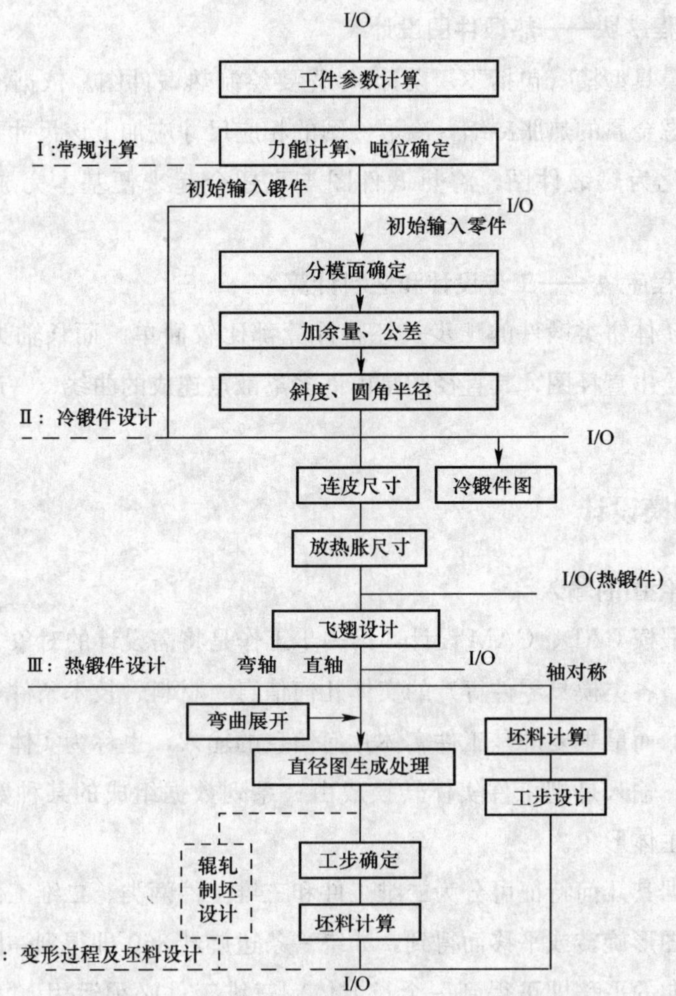

图6—11 锻模工艺CAD示意图

1. 第Ⅰ程序块——常规计算

常规计算的内容包括工件基本参数和力能计算。

2. 第Ⅱ程序块——冷锻件设计

如果初始输入的图形是锻件，则一开始（第Ⅰ程序块）就需要估算吨位。锻件设计中，分模面一般都用交互式确定，在初始图形输入时，每个面素或线素的描述记录中都带有一项标志加工状态的参数。在查得余量后软件遍历全部面素，把要加工的面（线）向外平移一个单位余量的距离，再与相邻面（线）重新求交，如图6—12所示。

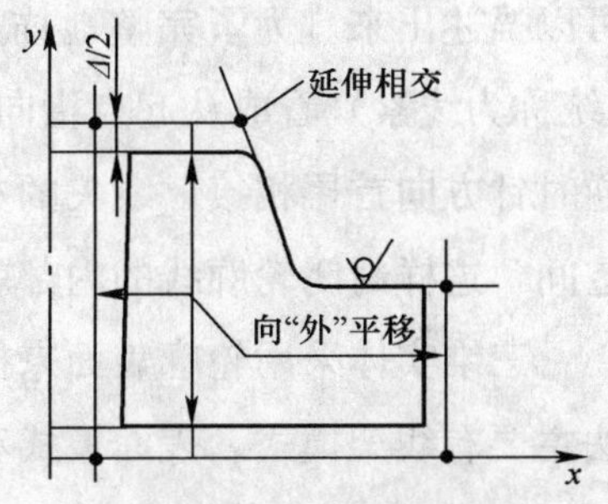

图6—12 零件轮廓线的加放余量

3. 第Ⅲ程序块——热锻件图设计

要设计模具型槽（包括飞翅设计），先要绘制热锻件图。依据冷锻件图设计热锻件图，考虑金属的热胀冷缩，冷锻件图的相应尺寸应加上该尺寸乘以终锻温度下的收缩率转化为热锻件图，将热锻件图与飞翅合起来便基本完成了终锻模膛的设计。

4. 第Ⅳ程序块——工步设计和坯料计算

一般回转体饼类锻件的工步及坯料计算都比较简单。而长轴类锻件工步的确定，首先需绘出直径图，其直径图是由许多离散点连成的曲线，一般都需经过简化（圆滑化）。

二、锻模设计

1. 热锻件图的输入

要实现锻模CAD、CAM设计，第一步工作是将需设计的对象——工件（成品零件、锻件、各类模具零件等）的实体几何信息、材料、技术条件等初始设计信息输入计算机。而最主要的是工件实体几何信息的输入，也称为实体“几何造型”或“图形输入”。输入是把工件实体转换成由一系列数据组成的某种数据结构来“描述”工件的主体形象。

工件根据其几何特征可分为二维工件和三维工件两类。二维工件的形状可以通过一个二维图形旋转或平移而得到，如绕一条边旋转360°即得到一圆柱体，一个矩形作垂直方向的平移即可得到一个长方体。三维工件必须运用 x、y、z 三个方向的信息才能表示出，而且三维工件图形的描述、输入、处理比二维工件复杂得多，一般采用专门的图形软件——三维几何造型系统。

模锻件中的二维锻件主要是轴类零件，只需用半子午面上的一条封闭轮廓线就可以描述出来。为了完整地描述工件实体，通常把构成轮廓线的各直线或曲线段（统称为线素）看成从起点指向终点的“线矢”。组成封闭轮廓线的所有“线矢”按逆时针方向首尾相接，线矢的左边表示实体的空间，右边则表示无实体存在、空的空间，这样封闭轮廓线的内部就是实体，如图6—13所示。

三维实体采用轮廓表面来描述，其实质仍是三维曲面问题。三维轮廓描述的方法主要有线架模式、表面模式和实体模式。

二维工件图形的输入方法可分为三类：线素输入法、面素拼合法和图形选择法。如图6—14所示为面素拼合法的例子。

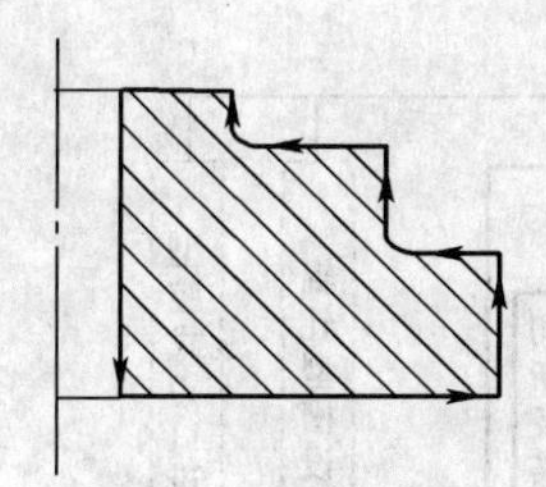

图 6—13　用“线矢”逆时针方向连成工件轮廓

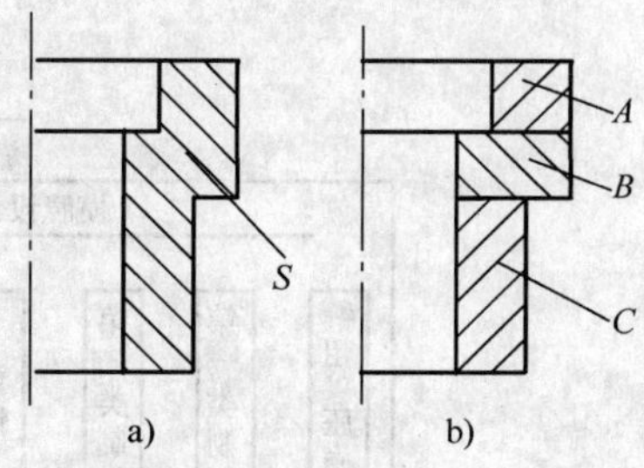

图 6—14　面素拼合法的示例

a）工件　b）三块拼合

三维工件图形的输入方法有图素输入法、局部变形法和体素拼合法等。其中体素拼合法类似于二维工件输入中的面素拼合法，该法应用最广。如图 6—15 所示为锻件造型用的体素示例。

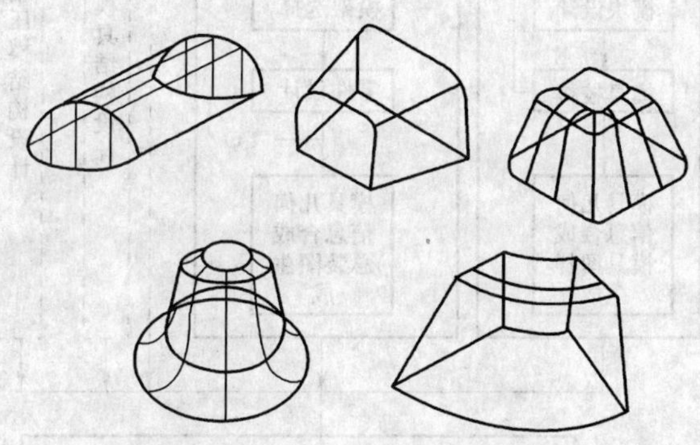

图 6—15　锻件造型用的体素示例

2. 锻模结构 CAD

图 6—16 所示为锻模结构 CAD 的软件分块示意图。

(1) 第Ⅰ模块——模膛设计

包括各模膛设计的子程序，因此它是模具结构 CAD 中最关键的一块。设计所需的初始信息是工艺设计的结果，并可从数据库中读取。软件根据所选的工步，分别调用相应的子程序。

标准镦粗、压扁台和拔长模膛只需几个参数就可以完整地描述出来。通过计算机得到这些参数的同时，再加上标准结构数据，即能获得全部几何信息和图形。

制坯模膛中压肩、滚压、弯曲模膛的表达形式和设计方法很相似，CAD 子程序也很接近。闭式模膛的底面是圆纹曲面，而开式模膛的底面是直纹曲面，它们可以用纵向剖面曲线和平面图上的宽度来描述，基本上是二维问题。模膛宽度可用现成公式来计算。纵部曲面线都可以通过三个步骤生成，即生成初始轮廓线、圆滑化

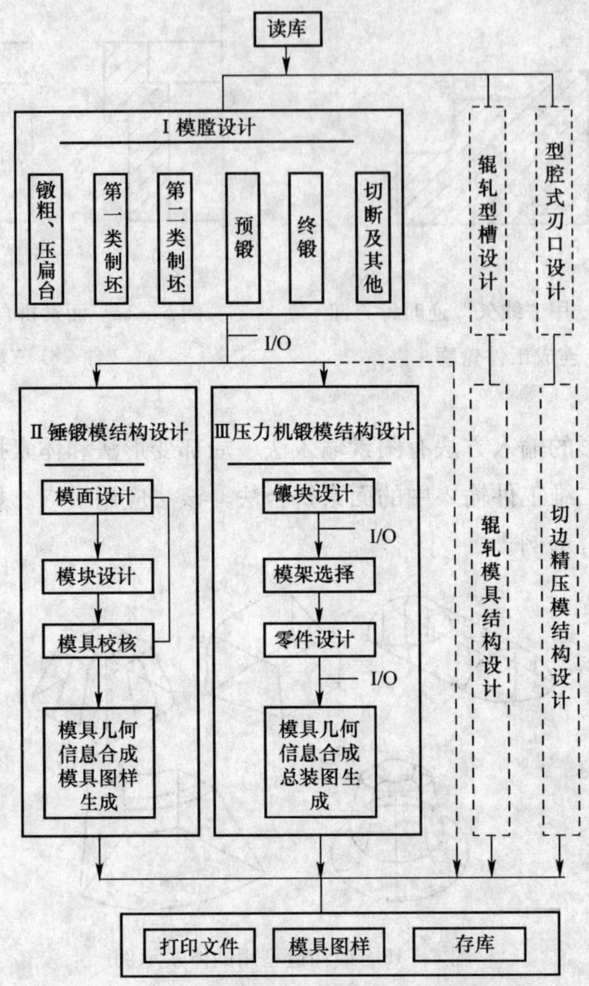

图 6—16　锻模结构 CAD 软件分块示意图

和加上标准钳口及尾部。

终锻模膛设计的主体部分已在工艺设计中完成，在这里只需把热锻件图转化为上、下模膛并与飞翅槽及钳口合并起来形成模膛。此外，应考虑到 NC 加工工艺，多数情况下，模膛、钳口、飞翅槽的 NC 程序是分开的。对于外形复杂的锻件，飞翅槽的外沿曲线需要简化，这些工作一般采用交互式完成。

预锻模膛是在终锻模膛的基础上经修正后获得。切断模膛的设计比较特殊，从 CAD 的角度来看，它与钳口设计很相似，它们的设计一般在模面布置确定后最终完成。

(2) 第Ⅱ程序块——锤锻模结构设计及压力机锻模结构设计

锤锻模的整体设计最关键的是模面的布置，模面布置的过程包括模膛顺序安排、最小允许壁厚计算（或查表）、锁扣设计、模块最小宽度及长度计算、模块尺寸选定、模膛定位、模块校核等。实际系统中的模面布置一般采用交互式决策，再由软件计算。这种方式的编程相对而言较为简单，结果可靠。

上述工作完成后，绘制模具图所需的信息就已基本具备，再用图形编辑软件完成图形数据的组合。图面布置时，对某些遗漏尺寸、标题栏、技术要求等，都可以调用绘图软件把同类模具的图样调用出来。同时，把图样数据和几何信息存入数据库。

技能要求

一、工作名称

通过计算机程序确定模锻件余量与公差。

二、工作过程

根据参考文献所提供的模锻件余量和公差数据（见表 6—4），编制锤上模锻件的余量和公差数表程序及其公差选择程序。

表 6—4 锤上模锻件单边余量和高度公差 mm

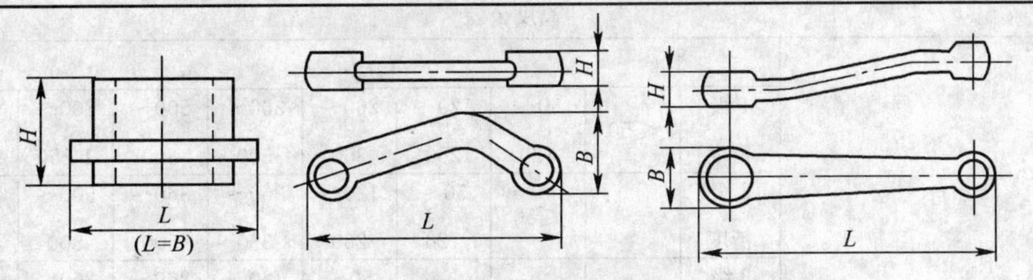

L—长度 *B*—宽度 *H*—高度

单边余量

H			L								
			1级精度	≤50	50～120	120～260	260～360	360～500	500～800	800～1 250	≥1 250
			2级精度	—	≤50	50～120	120～260	260～360	360～500	500～800	800～1 250
			3级精度	—	—	≤50	50～120	120～260	260～360	360～500	500～800
1级精度	2级精度	3级精度	*L*/*B*	余量	余量	余量	余量	余量	余量	余量	余量
≤30	—	—	<2	1.0	1.25	1.5	1.75	—	—	—	—
			2～5	1.0	1.0	1.25	1.5	1.75	—	—	—
			≥5	—	1.0	1.0	1.25	1.5	1.75	—	—

续表

1 级精度	2 级精度	3 级精度	L/B	余量	余量	余量	余量	余量	余量	余量	余量
30～60	≤30	—	<2	1.25	1.5	1.75	2.0	2.25	2.5	—	—
			2～5	1.0	1.25	1.5	1.75	2.0	2.25	2.5	—
			≥5	—	1.0	1.25	1.5	1.75	2.0	2.25	—
60～100	30～60	≤30	<2	—	1.75	2.0	2.25	2.5	2.75	3.0	3.25
			2～5	—	1.5	1.75	2.0	2.25	2.5	2.75	3.0
			≥5	—	1.25	1.5	1.75	2.0	2.25	2.5	2.75
100～150	60～100	30～60	<2	—	2.0	2.25	2.5	2.75	3.0	3.25	3.5
			2～5	—	1.75	2.0	2.25	2.5	2.75	3.0	3.25
			≥5	—	1.5	1.75	2.0	2.25	2.5	2.75	3.0
≥150	100～150	60～100	<2	—	—	2.5	2.75	3.0	3.25	3.5	3.75
			2～5	—	—	—	2.5	2.75	3.0	3.25	3.5
			≥5	—	—	—	2.25	2.5	2.75	3.0	3.25
—	>150	>100	<2	—	—	—	—	3.25	3.5	3.75	4.0
			2～5	—	—	—	—	3.0	3.25	3.5	3.75
			≥5	—	—	—	—	2.75	3.0	3.25	3.5
高度公差											
H				L							
			1 级精度	≤50	50～ 120	120～ 260	260～ 360	360～ 500	500～ 800	800～ 1 250	≥ 1 250
			2 级精度	—	≤50	50～ 120	120～ 260	260～ 360	360～ 500	500～ 800	800～ 1 250
			3 级精度	—	—	≤50	50～ 120	120～ 260	260～ 360	360～ 500	500～ 800
1 级精度	2 级精度	3 级精度	L/B	高度公差	高度公差	高度公差	高度公差	高度公差	高度公差	高度公差	高度公差
≤30	—	—	<2	+0.8 −0.4	+0.9 −0.5	+1.0 −0.5	+1.2 −0.6	—	—	—	—
			2～5	+0.8 −0.4	+0.8 −0.4	+0.9 −0.5	+1.0 −0.5	+1.2 −0.6	—	—	—
			≥5	—	+0.8 −0.4	+0.8 −0.4	+0.9 −0.5	+1.0 −0.5	+1.2 −0.6	—	—
30～60	≤30	—	<2	+0.9 −0.5	+1.0 −0.5	+1.2 −0.6	+1.4 −0.7	+1.6 −0.8	+1.8 −0.9	—	—
			2～5	+0.8 −0.4	+0.9 −0.5	+1.0 −0.5	+1.2 −0.6	+1.4 −0.7	+1.6 −0.8	+1.8 −0.9	—
			≥5	—	+0.8 −0.4	+0.9 −0.5	+1.0 −0.5	+1.2 −0.6	+1.4 −0.7	+1.6 −0.8	—

续表

1 级精度	2 级精度	3 级精度	L/B	高度公差	高度公差	高度公差	高度公差	高度公差	高度公差	高度公差	高度公差
60～100	30～60	≤30	<2	—	+1.2 −0.6	+1.4 −0.7	+1.6 −0.8	+1.8 −0.9	+2.0 −1.0	+2.2 −1.1	+2.4 −1.2
			2～5	—	+1.1 −0.5	+1.2 −0.6	+1.4 −0.7	+1.6 −0.8	+1.8 −0.9	+2.0 −1.0	+2.2 −1.1
			≥5	—	+0.9 −0.5	+1.0 −0.5	+1.2 −0.6	+1.4 −0.7	+1.6 −0.8	+1.8 −0.9	+2.0 −1.0
100～150	60～100	30～60	<2	—	+1.4 −0.7	+1.6 −0.8	+1.8 −0.9	+2.0 −1.0	+2.2 −1.1	+2.4 −1.2	+2.6 −1.3
			2～5	—	+1.2 −0.6	+1.4 −0.7	+1.6 −0.8	+1.8 −0.9	+2.0 −1.0	+2.2 −1.1	+2.4 −1.2
			≥5	—	+1.0 −0.5	+1.2 −0.6	+1.4 −0.7	+1.6 −0.8	+1.8 −0.9	+2.0 −1.0	+2.2 −1.1
≥150	100～150	60～100	<2	—	—	+1.8 −0.9	+2.0 −1.0	+2.2 −1.1	+2.4 −1.2	+2.6 −1.3	+2.8 −1.4
			2～5	—	—	—	+1.8 −0.9	+2.0 −1.0	+2.2 −1.1	+2.4 −1.2	+2.6 −1.3
			≥5	—	—	—	+1.6 −0.8	+1.8 −0.9	+2.0 −1.0	+2.2 −1.1	+2.4 −1.2
—	>150	>100	<2	—	—	—	—	+2.4 −1.2	+2.6 −1.3	+2.8 −1.4	+3.0 −1.5
			2～5	—	—	—	—	+2.2 −1.1	+2.4 −1.2	+2.6 −1.3	+2.8 −1.4
			≥5	—	—	—	—	+2.0 −1.0	+2.2 −1.1	+2.4 −1.2	+2.6 −1.3

本程序由建立余量和公差表格及选择公差两部分组成。该程序框图如图 6—17 所示。

程序框图中，各种符号所代表的意义如下：

L——零件长度；

H——零件高度；

B——零件宽度；

JD——锻件精度等级；

A$，B$，C$——分别为模锻件一、二、三级精度所对应的 *H* 值；

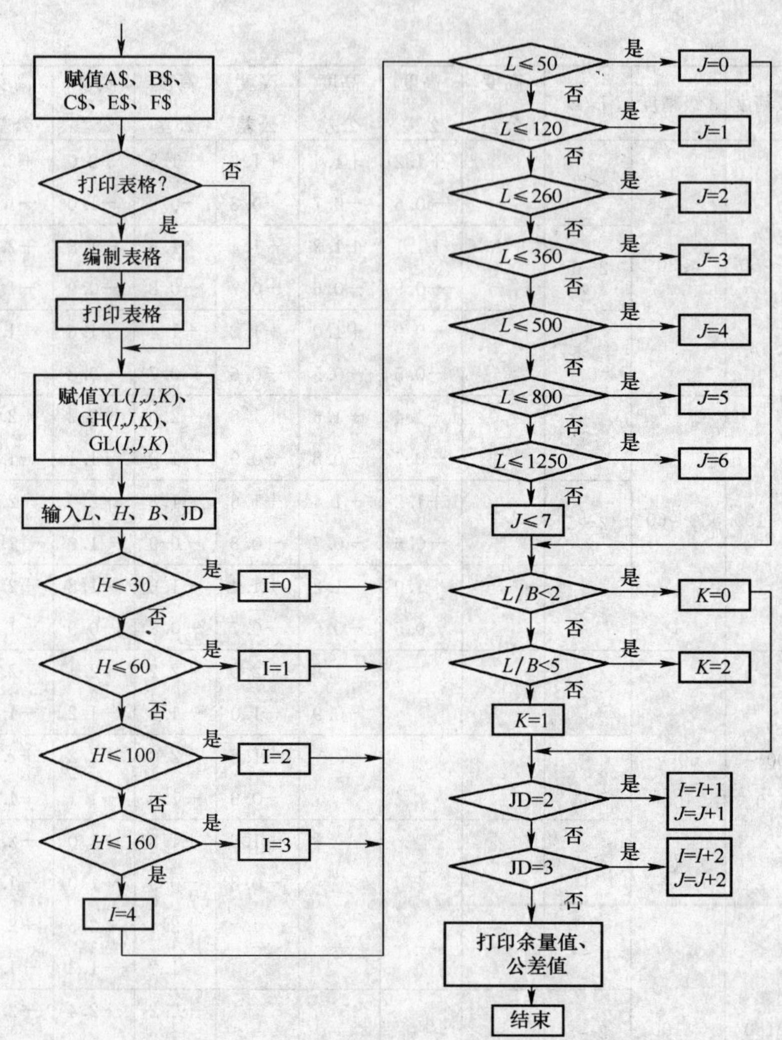

图 6—17　锻件余量和公差的程序框图

E＄——字符串表示的锻件余量；

F＄——字符串表示的锻件公差；

YL（*I*，*J*，*K*）——锻件余量值；

GH（*I*，*J*，*K*）——锻件公差上限值；

GL（*I*，*J*，*K*）——锻件公差下限值；

I，*J*，*K*——分别表示行数、列数、行中栏数。

程序运行时，采用二维数组，先输入字符串 A＄、B＄、C＄、E＄、F＄；用三维数组赋值 YL（*I*，*J*，*K*），GH（*I*，*J*，*K*），GL（*I*，*J*，*K*），再输入锻件的有关参数——长度 *L*、高度 *H*、宽度 *B*、精度等级 JD 的值，计算 *L*/*B* 值，最后输出锻件相应的余量和公差值，并根据要求提供锤上模锻件余量和公差表格。

程序运行的实例如下。某零件尺寸为：长度 L=34 mm，高度 H=56 mm，宽度 B=34 mm，锻件精度等级 JD=3，求所需要的锤上模锻件余量和公差值。

程序的运行：

```
RUN
L=
? 34
H=
? 56
B=
? 34
JD=
? 3
L/B=1
余量=2.25
高度公差=1.6/-0.8
```

学习单元 3 模锻、特种锻造设备的试车和验收

学习目标

- 了解模锻及特种锻造设备的试车、验收的标准及方法
- 能进行模锻及特种锻造设备的试车和验收

技能要求

平锻机及液压模锻锤的调试知识见本教材技师部分，以下重点学习热模锻压力机的调试和验收。

一、工作名称

热模锻压力机的调试和验收。

二、工作过程

1. 调试

空运转试车，对无载荷下的单次行程、自动行程、调整行程依次进行调试，然后在有载荷情况下重复调试。应注意的事项如下。

（1）运转中不能出现异常响声。

（2）离合器与制动器必须联锁，否则机床绝不能使用。

（3）电动机及各轴承处的温升控制在规定温度之下。

（4）滑块与导轨之间的间隙符合要求，导轨处处都有润滑油。

2. 验收

热模锻压力机的精度检验标准见表 6—5。

表 6—5　　热模锻压力机的精度检验标准

序号	项目	要求
1	工作台的直线度	
	前左—后右	0.2 mm
	前右—后左	0.2 mm
2	滑块台面的直线度	
	前左—后右	0.2 mm
	前右—后左	0.2 mm
3	在导轨调整后，滑块运动对工作台的垂直度	0.5 mm
4	工作台面对滑块上平面的平行度	0.2 mm
5	工作台面对滑块下平面的平行度	0.09 mm/1 000 mm

除表 6—5 中所列的精度检验项目外，还应检查床身工作台与滑块下平面的距离、离合器装配尺寸、制动器装配尺寸、滑块间隙、滑块上止点和下止点位置，以及试运转情况。

学习单元 4　设计一般锻模

学习目标

➢ 初步掌握一般锻模的设计技能

知识要求

在本书技师技能部分已经介绍过锤上单模膛锻模的设计，包括锻模的终锻模膛设计，锤上锻模键槽和楔铁设计及其使用，各种飞翅槽设计、锁扣和钳口设计以及预锻模膛和终锻模膛位置设计等。以下重点介绍多模膛锤上锻模的设计。

比较复杂的锤锻模除需设计终锻模膛外，还可能需要设计预锻、拔长、滚压、弯曲等模膛，而飞翅槽、钳口、锁扣、键槽、楔铁等多模膛锻模全部适用。

一、预锻模膛设计

1. 预锻模膛的作用

（1）减少终锻模膛的磨损，延长其使用寿命。

（2）改善金属流动性，使金属易于充满终锻模膛，避免充不满和形成折叠等缺陷，减少飞翅损失。

2. 预锻模膛的设计要点

（1）预锻模膛的四周不设置飞翅槽，模锻时仍会有少量飞翅形成。

（2）为使预锻后的毛坯在终锻时镦粗成形，如图 6—18 所示，应设置预锻模膛宽度比终锻模膛小 1～2 mm，高度比终锻模膛大 2～5 mm。但对于预锻模膛中依靠压入的部位，其高度应略小于终锻模膛高度，即 $h'=(0.8\sim0.9)h$；顶部宽度相同，即 $a'=a$，如图 6—19 所示。

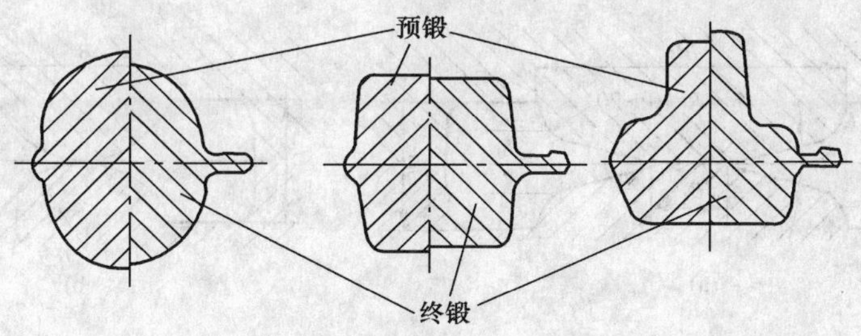

图 6—18　预锻形状与终锻形状的差别

（3）预锻模膛的模锻斜度一般与终锻模膛相同。

（4）预锻模膛的圆角半径比终锻模膛稍大，如图 6—19 所示，即 $R'=R+C$，系数 C 按表 6—6 确定。

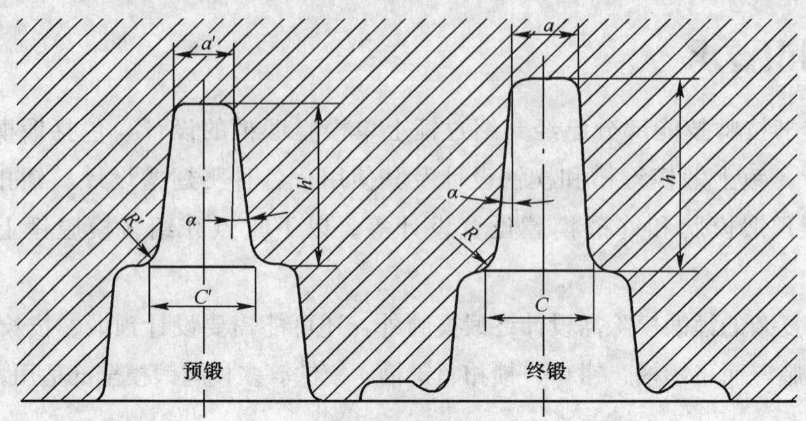

图 6—19　预锻与终锻的尺寸关系

表 6—6　　　系数 C 与 h 的关系　　　mm

终锻模膛肋高 h	<10	20～25	25～50	>50
C	2	3	4	5

（5）对于叉类锻件，预锻时常做成劈料台，如图 6—20 所示，一般采用图 6—20a 所示的形式，有关尺寸为：

$$B_1=0.25B'(8\ \mathrm{mm}<B_1<30\ \mathrm{mm})$$

$$h=(0.4\sim0.7)H$$

$$\alpha=10^\circ\sim45^\circ$$

当 $\alpha>45^\circ$ 且叉部较窄时，可采用图 6—20b 的形式。

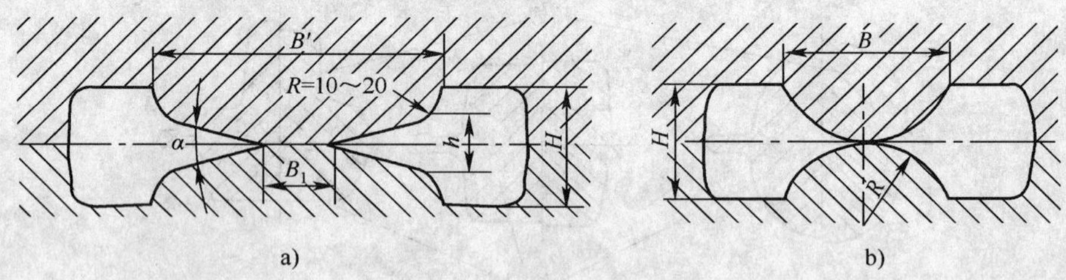

图 6—20　劈料台
a）常用形式　b）叉部较窄时采用的形式

（6）对带有枝芽的锻件（其预锻模膛如图 6—21 所示）或断面尺寸突然变化的锻件（其预锻模膛如图 6—22 所示），预锻时应增大该处的圆角半径，简化其形状，必要时可增设阻力沟。

（7）带工字形断面的锻件，如图 6—23 所示，应根据工字形的相对高度 h/b 的

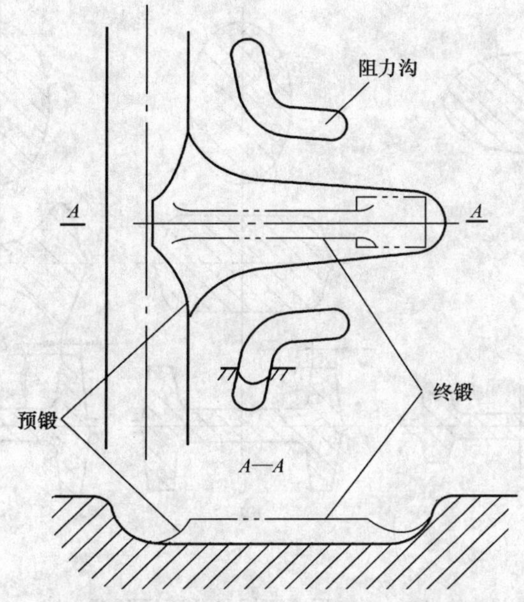

图 6—21　带枝芽锻件的预锻模膛

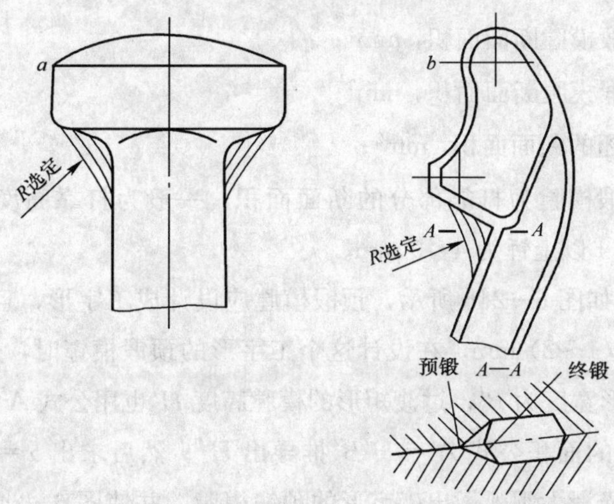

图 6—22　断面尺寸突然变化的锻件的预锻模膛

大小来决定模锻工步。

1）$h/b<1$，不采用预锻。

2）$h/b<2$，如图 6—24a 所示，预锻模膛可设计成矩形，宽度 $B'=B-(2\sim3)$ mm，要计算高度 h'，可先由下式求出 A'，然后通过矩形的面积公式 $A'=h'B'$ 推导出 h'：

$$A'\leqslant A+A_1-A_2$$

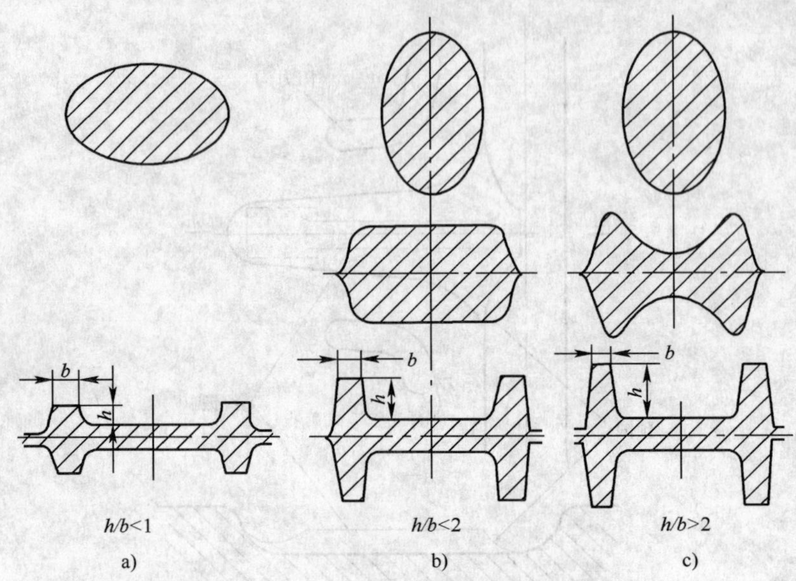

图6—23　工字形断面锻件的不同预锻方法

a）制坯　b）预锻　c）终锻

式中　A'——预锻模膛断面面积，mm^2；

A——终锻模膛断面面积，mm^2；

A_1——飞翅的断面面积，mm^2；

A_2　预锻模膛为打靠部分的断面面积，一般为打靠高度：3 t以下锤为1.5～3.5 mm，5 t以上锤为4～5 mm。

3）$h/b>2$，如图6—24b所示，预锻模膛应设计成工字形，且用大圆弧连接，其宽度$B'=B-$（1～2）mm。在设计这个工字形的预锻模镗时，先要设计一个过渡矩形。过渡矩形宽度为B'，过渡矩形的模膛高度H'也用公式$A'\leqslant A+A_1-A_2$求出A'，通过矩形的面积公式$A'=H'B'$推导出H'。然后求出$x=0.25$（$H-H'$）的值，通过x以光滑大圆弧做出工字形的预锻模膛，并使图6—24b中的阴影面积A'与A''相等。

二、绘制计算坯料图

对于长轴类锻件、枝芽类锻件以及非回转体类锻件，其锻件横截面面积是不完全相等的，因为横截面面积和形状有了变化，每个横截面加上相应的飞翅面积也必然变化。设计时，假定飞翅的宽度相等，且假定制坯后的坯料长度与终锻模膛长度基本相等或稍微短一些。锻模中的拔长、滚压、卡压等模膛设计的目的，就是为了

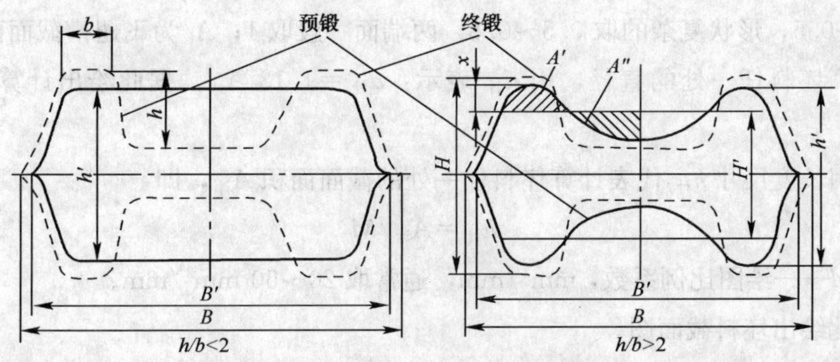

图 6—24 工字形断面的预锻模膛

a) $h/b<2$ b) $h/b>2$

使原坯料（等截面）经拔长、滚压、卡压等工步变成与终锻模膛各截面（含飞翅）面积相等或近似，即对材料进行分配，使局部变细或变粗。为此必须进行计算坯料的设计与绘制，这是设计制坯模膛的前提条件，也是计算模锻用原坯料质量及直径（或方料边长）的依据。计算坯料的设计是锻模设计的关键，也是比较烦琐的工作。

1. 长轴类锻件对制坯的基本要求

对于轴线平直的锻件，制坯后得到的中间坯料在金属体积的分配上应满足下列要求：长度等于终锻模膛长度，沿锻件轴线的每一截面积应等于锻件相应处的截面积加上飞翅截面积之和。如果中间坯料不满足以上要求，例如长度太短或截面积太小，则由于模锻时金属基本上是在垂直于轴线的横截面内流动，沿轴线流动甚少而造成金属难以在长度方向上或截面上充满模膛。反之，如果中间坯料的长度太长或截面积太大，则在模锻时需要增加锤击次数，并产生较多的飞翅。如果中间坯料体积太大，可引起上、下模打不靠，造成厚度尺寸过大且加剧模膛的磨损，甚至会出现折叠等缺陷。

对于轴线弯曲的锻件，中间坯料除应满足上述要求外，为了便于放入模膛（预锻或终锻）成形，还要求对坯料的体积重新分配，使中间坯料的轴线弯曲，外形轮廓接近且稍小于所放入模膛在分模面上的轮廓形状。

2. 计算坯料

一般根据冷锻件图计算坯料，其长度等于锻件长度，而各截面面积等于锻件相应处的截面面积与飞翅截面面积之和：

$$A_{计}=A_{锻}+A_{飞}$$

式中 $A_{计}$——计算坯料任一处的截面面积，mm^2；

$A_{锻}$——锻件相应处的截面面积，mm^2；

$A_{飞}$——飞翅截面面积，mm^2，$A_{飞}=2\eta A_K$（η 为充满系数，形状简单的锻件

取 0.3～0.5，形状复杂的取 0.5～0.8，两端面一般取 1；A_K为飞翅槽截面面积）。

计算坯料任一处的直径，用 $d_{计}$ 表示：$d_{计}=1.13\ A_{计}$，据此绘出计算坯料直径图。

可用长度尺寸 $h_{计}$ 代表计算坯料任一处的截面面积 $A_{计}$，即

$$h_{计}=A_{计}/M$$

式中　M——绘图比例系数，mm²/mm，通常取 20～50 mm²/mm。

据此绘出坯料截面图。

3. **绘制计算坯料图**

对锻件的典型截面用坐标纸绘出计算坯料直径图和计算坯料截面图，得计算坯料图如图 6—25 所示。由计算坯料截面图可求出计算坯料的体积：

$$V_{计}=MS_{计}$$

式中　$V_{计}$——计算坯料的体积，mm³；

　　M——绘图比例系数；

　　$S_{计}$——计算坯料截面图曲线内的面积，mm²。

计算坯料平均直径 $d_{均}$ 为：

$$d_{均}=1.13\ A_{均}$$

式中　$A_{均}$——计算坯料截面图的平均截面面积，mm²，$A_{均}=V_{计}/L_{件}$（$L_{件}$为锻件长度）。

凡 $d_{计}>d_{均}$的部分称为计算坯料头部，$d_{计}<d_{均}$的部分称为杆部。

三、模锻工步的选择

1. 短轴类锻件的模锻工步选择

（1）一般锻件采用镦粗和终锻。

（2）高毂深孔锻件采用镦粗、成形和终锻。

（3）形状复杂的高肋、薄壁、薄辐锻件采用镦粗、预锻和终锻。

（4）各种十字头和管接头锻件采用镦粗、成形和终锻。

2. 长轴类锻件的模锻工步选择

长轴类锻件的模锻工步选择主要是选择制坯工步，而制坯工步是根据锻件形状及轴向横截面积变化来确定的。典型长轴类锻件采用的制坯工步如下。

（1）坯料的长度和截面近似于锻件截面，采用的制坯工步为卡压（或压扁）、终锻。

（2）坯料的长度和截面与锻件相差较大，锻件较为细长，制坯工步宜采用拔长、滚压（或预锻）和终锻。

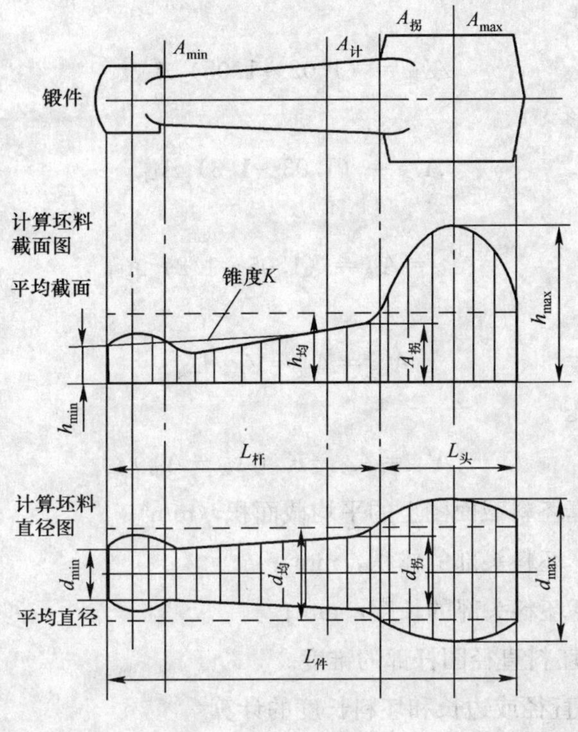

图 6—25 计算坯料图

(3) 对带有枝芽的锻件，金属沿轴线的分布不对称，为了有利于金属充满模膛，要采用拔长、滚压、预锻和终锻。锻件不对称程度较大时，需采用不对称滚压。不对称滚压是滚压的一种特殊形式，可在有枝芽的一面使金属积聚多一些。

(4) 对带叉口的锻件均采用预锻模膛，利用预锻模膛叉形劈料台的作用进行分料，然后进行终锻。

(5) 带工字肋的锻件，如各种连杆等可采用拔长和滚压工步，且模锻工步要用预锻（对肋窄、辐板较厚件可不用预锻）。

(6) 轴线弯曲的锻件，只采用弯曲和成形工步。沿轴线截面比较均匀的锻件，只采用弯曲和终锻工步。锻件在转弯处需要较多金属，如曲轴、法兰盘和平衡块处均需要较多的金属，因此这类锻件应采用滚压、弯曲和终锻工步。对一些带平衡块的曲轴，如果平衡块和曲轴的间距很小，不能进行弯曲，则不按一般的曲轴来选择工步，应采用滚压、预锻和终锻工步。

四、确定坯料尺寸

1. 长轴类锻件的坯料尺寸

(1) 坯料截面积 $A'_坯$ 的计算方法

1）无制坯工步

$$A'_{坯}=（1.02\sim1.05）A_{均}$$

2）压肩或成形

$$A'_{坯}=（1.03\sim1.3）A_{均}$$

3）滚压

$$A'_{坯}=A_{滚}=（1.05\sim1.2）A_{均}$$

4）拔长

$$A'_{坯}=A_{拔}=V_{头}/L_{头}$$

5）拔长＋滚压

$$A'_{坯}=A_{拔}-K（A_{拔}-A_{滚}）$$

式中 $A_{均}$——计算坯料截面图上的平均截面积，mm^2；

$V_{头}$——计算坯料头部的体积，mm^3；

$L_{头}$——计算坯料头部的长度，mm；

K——计算坯料直径图杆部的锥度。

（2）原坯料的直径或边长和坯料长度的计算

1）计算原坯料的直径或边长

$$D'_{坯}=1.13A_{坯}$$

$$L'_{坯}=A_{坯}$$

式中 $D'_{坯}$——原坯料的直径，mm；

$L'_{坯}$——矩形原坯料的边长，mm。

根据计算出的结果对照国家标准选定 $D'_{坯}$ 或 $A'_{坯}$，然后可定出 $A'_{坯}$ 的数值。

2）计算坯料长度。坯料长度 $L_{坯}$ 按下式计算：

$$L_{坯}=V_{坯}/A'_{坯}+l_{夹}$$

$$V_{坯}=（V_{锻}+V_{飞}）（1+\delta）$$

式中 $V_{坯}$——坯料体积（包括飞翅和连皮体积），mm^3；

$V_{锻}$——锻件体积，mm^3；

$V_{飞}$——飞翅体积，mm^3；

δ——烧损率，见表6—7；

$A'_{坯}$——按选定国家标准得到的材料截面积，mm^2；

$l_{夹}$——需采用夹钳头损耗的长度。

表 6—7　　　　　　　　　　　　　　烧损率 δ

加热炉形式	室式煤气炉/油炉	室式煤气炉	半连续煤气炉/油炉	半连续煤气炉	电加热感应炉
烧损率	2.5%～4%	2.5%～3%	2.5%～3%	2%～2.5%	0.5%～1%

2. **圆饼类锻件的坯料尺寸**

圆饼类锻件的坯料直径 $d'_{坯}$ 和体积 $V_{坯}$ 按下式计算：

$$d'_{坯}=1.08\sqrt{V_{坯}/n}$$

$$V_{坯}=(V_{件}+V_{飞})(1+\delta)$$

式中　n ——坯料高度与直径之比，一般取 $n=1.8\sim2.2$。

求出 $d'_{坯}$ 后按标准规格选取，从而得到 $A_{坯}$。

五、制坯模膛设计

在选择好制坯工步后，就可以设计所需的制坯模膛了。坯料通过各个制坯模膛来逐步改变形状，合理分配金属，使金属能更好地充满模膛。

1. **拔长模膛**

拔长模膛可分为开式和闭式两种。开式拔长模膛的截面形状为矩形，其一侧是开通的，如图 6—26 所示，该模膛制造简单，易操作，因此得到广泛应用。

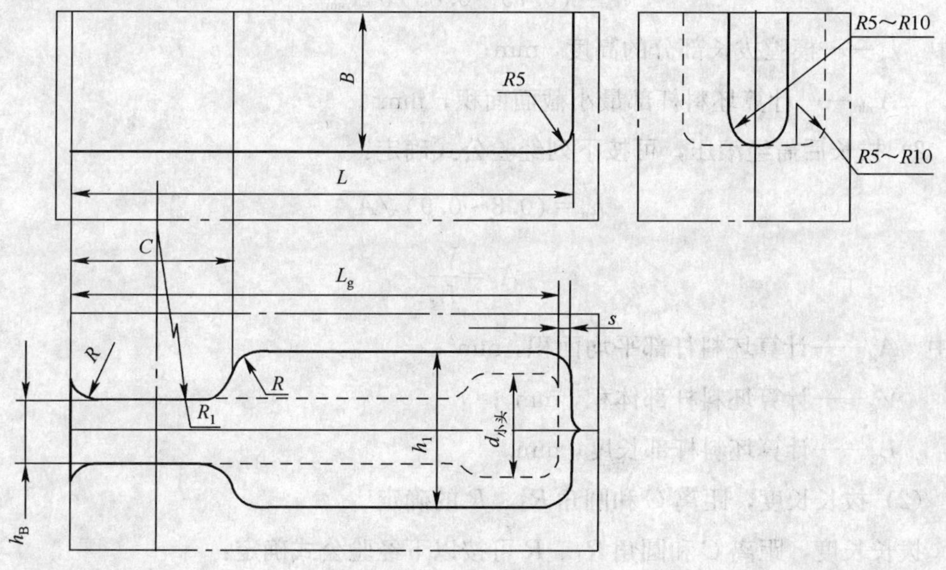

图 6—26　开式拔长模膛

闭式拔长模膛的截面为椭圆形，如图 6—27 所示。与开式拔长模膛相比，它的制造要困难些，其优点是拔长效率较高，拔长坯料表面较为光洁，适用于细长的锻件制坯，在一般情况下应用较少。

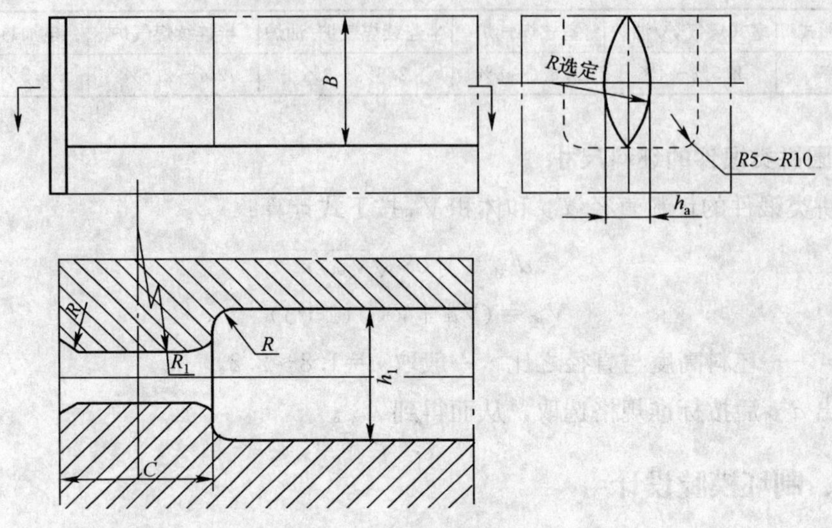

图 6—27　闭式拔长模膛

拔长模膛是根据计算坯料所需拔长部分的尺寸和坯料的尺寸进行设计的。

(1) 拔长高度 h_a 的确定

1）拔长后不经过滚压，可按下列经验公式确定：

$$h_a=(0.75\sim0.85)\sqrt{A_{min}}$$

式中　h_a——模膛拔长部分的高度，mm；

A_{min}——计算坯料杆部最小截面面积，mm^2。

2）拔长后需经滚压，可按下列经验公式确定：

$$h_a=(0.8\sim0.9)\sqrt{A_g}$$

$$A_g=\frac{V_g}{L_g}$$

式中　A_g——计算坯料杆部平均面积，mm^2；

V_g——计算坯料杆部体积，mm^3；

L_g——计算坯料杆部长度，mm。

(2) 拔长长度，距离 C 和圆角 R_1、R 的确定

拔长长度，距离 C 和圆角 R_1、R 可按以下经验公式确定：

$$C=K_3D_{坯}$$

式中　K_3——系数，根据坯料被拔长部分的原始长度 L_0 查表 6—8 确定；

$D_{坯}$——坯料直径，mm。

表 6—8　　拔长模膛 K_3 的值　　mm

L_0	$<1.2\ D_{坯}$	$(1.2\sim1.5)\ D_{坯}$	$(1.5\sim3)\ D_{坯}$	$(3\sim4)\ D_{坯}$	$>4D_{坯}$
K_3	1	1.2	1.4	1.5	2

拔长部分的圆角半径 R_1 可按下式确定：

$$R=0.25C$$

$$R_1=2.5C$$

(3) 容腔高度 h_1 的确定

当有小头时：

$$h_1=1.2d_{小头}$$

式中　$d_{小头}$——坯料杆部的小头直径。

(4) 模膛长度 L 的确定

模膛长度 L 可按下式确定：

$$L=L_g+5$$

(5) 模膛宽度 B 的确定

模膛宽度 B 可按下式确定：

$$B=K_4D_{坯}$$

式中　K_4——系数，按表 6—9 选取。

表 6—9　　拔长模膛 K_4 的值　　mm

$D_{坯}$	40	40～80	>80
K_4	2	1.7	1.5

2. 滚压模膛

滚压模膛的主要作用是使金属做轴向移动，使坯料局部截面积减小，而另一局部截面积增大，从而得到与计算要求相接近的中间坯料，同时还具有滚光坯料表面和去除氧化皮的作用。送到滚压模膛中进行滚压的坯料可以是原坯料，也可以是经过拔长的坯料。滚压有开式、闭式、混合式及非对称式四种。

滚压模膛的形状和尺寸，主要根据锻件的长度和截面积来进行计算。滚压模膛的长度等于热锻件的长度，模膛的高度应保证滚压后坯料各部分的横截面积等于计算坯料相应部分的面积。滚压模膛的主要尺寸见表 6—10。

表 6—10　　滚压模膛的主要尺寸

项目	计算公式或数据					符号说明
模膛高度 h	$A=kd_{\text{计}}$（系数 k 按下表选定）					$d_{\text{计}}$——计算坯料的直径，mm $d_{\text{坯}}$——坯料直径，mm
	$d_{\text{坯}}$(mm)	杆部		头部	拐点	
		闭式	开式			
	<30	0.8	0.75	1.16	1.00	
	30～60	0.75	0.7	1.10	0.95	
	>60	0.7	0.65	1.05	0.90	
模膛宽度 B	坯料形式	闭式		开式		$A_{\text{坯}}$——坯料截面积，mm^2 h_{min}——模膛最小深度，mm d_{max}——计算坯料最大直径，mm $a_{\text{坯}}$——方坯边长，mm $A_{\text{杆均}}$——计算坯料杆部平均截面积，mm^2
	原坯料	$1.7d_{\text{坯}}$（或 $1.9a_{\text{坯}}$）$>B>1.15\frac{A_{\text{坯}}}{h_{min}}$ 且 $B>1.1d_{max}$		$1.7a_{\text{坯}}$（或 $1.5d_{\text{坯}}$）$+10\geqslant B\geqslant\frac{A_{\text{坯}}}{h_{min}}+10$ 且 $B>d_{max}+10$		
	经过拔长的坯料	$(1.4\sim1.6)\ d_{\text{坯}}>B>1.25\frac{A_{\text{杆均}}}{h_{min}}$ 且 $B>1.1d_{max}$		$(1.4\sim1.6)d_{\text{坯}}+10>B>\frac{A_{\text{杆均}}}{h_{min}}+10$ 且 $B>d_{max}10$		
	不同宽度的滚压模膛	杆部 $B=1.25\frac{A_{\text{杆均}}}{h_{min}}$ 头部 $B=1.1d_{max}$				

3. 弯曲模膛

弯曲模膛用于将原坯料或经过拔长或滚压的坯料弯曲，使其符合模锻模膛分模面的要求。弯曲模膛设计比较困难，需注意以下几点。

（1）模膛转角处的内侧应设计成大圆弧，以防坯料产生折叠，如图 6—28 所示。

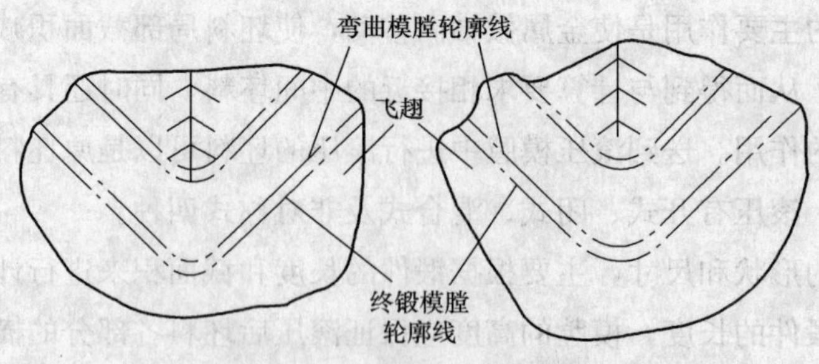

图 6—28　弯曲模膛转角形状

（2）模膛较深处，允许模膛轮廓线在锻件平面图外，以容纳氧化皮。

(3) 为确保操作安全和方便，下模应有两个支撑点，且为保证坯料定位可靠，需设挡料定位小凸台，如图 6—29 所示。

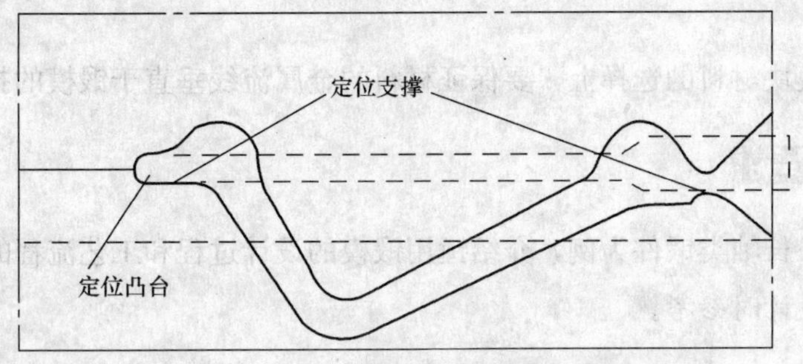

图 6—29　弯曲模膛定位支撑

(4) 模膛上、下模凸出部分应大致相等，即按等强度设计，如图 6—30 所示，$Z_1=Z_2$。

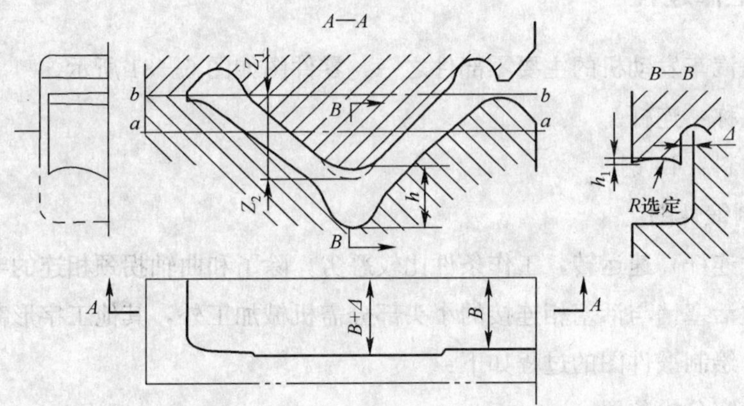

图 6—30　弯曲模膛强度设计

(5) 弯曲模膛上模凸出部分应制出横向小圆弧凹面，以防止坯料放偏或滑落滚出，凹面深度 $h_1=(0.1\sim0.2)\ h$，如图 6—30 所示。

4. **模块尺寸的确定**

确定锤锻模模块尺寸时，应根据采用的模膛个数、模膛尺寸和布置情况，在保证锻模结构强度和正常工作的前提下，按生产时的实际要求确定。由于锻模受力情况复杂，影响因素又很多，较难进行理论计算，故一般根据经验确定。

在确定模块尺寸时，应考虑以下几点。

(1) 保证模膛具有足够的壁厚。

(2) 锻模应具有足够大的承击面。锻模承击面是指除去模膛和飞翅槽之外，上、下模的接触表面。一般要求必须大于 300 cm^2/t（t 是指锤的吨位数）。

(3) 锻模应有合理的厚度，锻模厚度要符合模膛深度、上下模闭合高度及锻模返修的要求。

(4) 在模块材料的选择上，要保证材料的金属流线垂直于锻模的打击方向。

技能要求

下面以一长轴类锻件为例，介绍锤用锻模的设计过程和工艺流程的编制，可供其他类锻件设计时参考。

一、工作名称

汽车连杆的锻模设计。

二、工作过程

连杆是汽车发动机的主要零部件之一，零件图如图 6—31 所示。

零件名称：连杆。

零件材料：40 钢。

1. 绘制锻件图

工作时连杆高速运转，工作条件比较恶劣，除了和曲轴拐颈相连的半圆叉形部分以及通过活塞销与活塞相连接的小头部分需机械加工外，其他工字形截面杆部等都不加工。绘制锻件图的过程如下：

(1) 确定分模位置

根据连杆形状，采用上下对称的直线分模。

(2) 确定公差和加工余量

估算锻件质量约 1.4 kg，连杆材料为 40 钢，即材质系数为 M_1，锻件形状复杂系数 $S=\frac{W_{锻}}{W_{外廓包容}}=\frac{1\,400}{21\times10\times4\times7.85}=0.21$，为 3 级复杂系数 S_3。

由有关手册查得：高度公差为 $^{+1.4}_{-0.6}$ mm，长度公差为 $^{+1.9}_{-0.9}$ mm，宽度公差为 $^{+1.5}_{-0.7}$ mm。

零件需磨削加工，加工精度为 F2，由《锻压技术手册》（国防工业出版社，1989 年）查得高度及水平尺寸的单边余量为 1.7～2.2 mm，取 2 mm。

在大批量生产的条件下，连杆锻件机械加工时用大、小头端面定位，要求大、小头端面在同一平面内的精度要求较高，为 100 mm 内不超过 0.6 mm，而模锻后

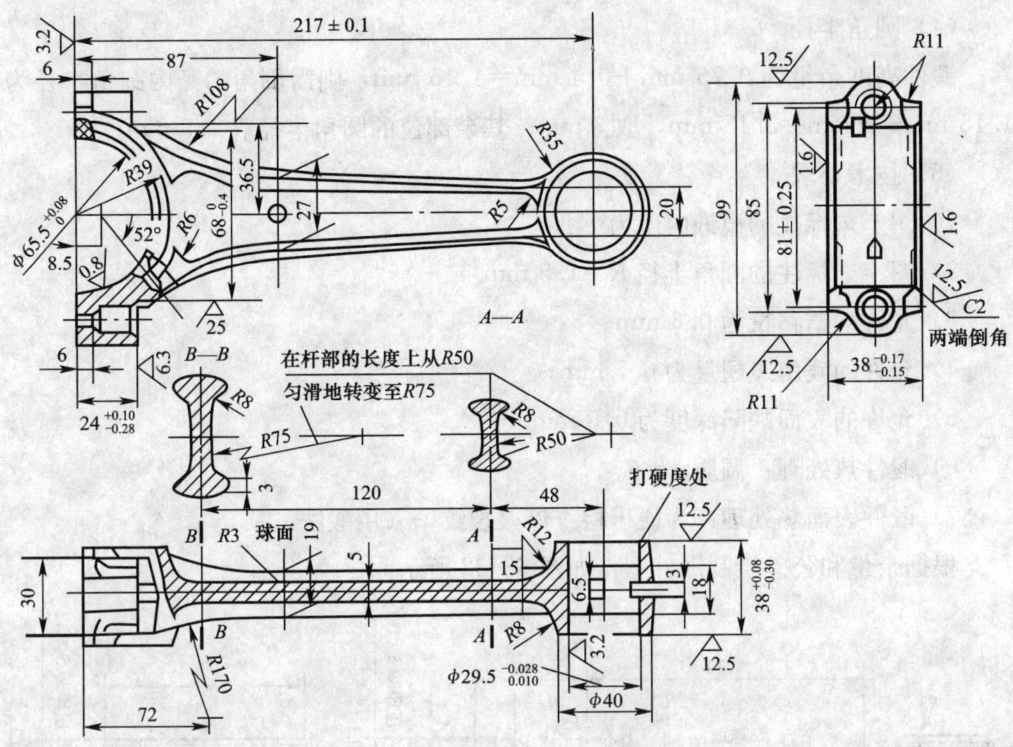

技术要求

1. 模锻斜度 7°。

2. 表面不应有未充满、分层、裂纹、毛刺、氧化皮及腐蚀等现象。

3. 硬度 207～241 HBW。

4. 纤维方向应与连杆外轮廓形状相符。

5. 金相组织应为均匀的细晶结构。

图 6—31　连杆零件图

的高度公差较大，达不到上述要求，故锻件在热处理、清理后加一道平面冷精压工序。锻件经冷精压后，机械加工余量可大大减小，取 0.75 mm，冷精压后锻件的高度公差取 0.2 mm。

连杆冷精压后，大、小头高度尺寸为 38 mm＋2×0.75 mm＝39.5 mm；单边冷精压余量取 0.4 mm，所以模锻后大、小头高度尺寸应为 39.5 mm＋2×0.4 mm＝40.3 mm。

冷精压需要一定的余量，如锻件公差取负值（－0.6 mm）时，则实际单边冷精压余量仅为 0.1 mm，为保证冷精压余量，锻件高度公差调整为 $^{+2.4}_{-0.8}$ mm。

冷精压后锻件水平方向的尺寸稍有增大，故水平方向的余量可酌量减小。

（3）模锻斜度

零件图上的技术要求已注明模锻斜度为 7°。

（4）圆角半径

锻件高度余量为 0.75 mm＋0.4 mm＝1.15 mm，则需倒角的叉内圆角半径为 1.15 mm＋2 mm＝3.15 mm，取 3 mm；其余部位的圆角半径取 1.5 mm。

（5）技术要求

1）图上未标注的模锻斜度为 7°。

2）图上未标注的圆角半径 R＝1.5 mm。

3）允许的错移量为 0.6 mm。

4）允许的残留飞翅量为 0.7 mm。

5）允许的表面缺陷深度为 0.5 mm。

6）锻件热处理：调质。

7）锻件表面热处理：为便于检查淬火裂纹，采用酸洗。

根据余量和公差绘制锻件图，如图 6—32 所示。

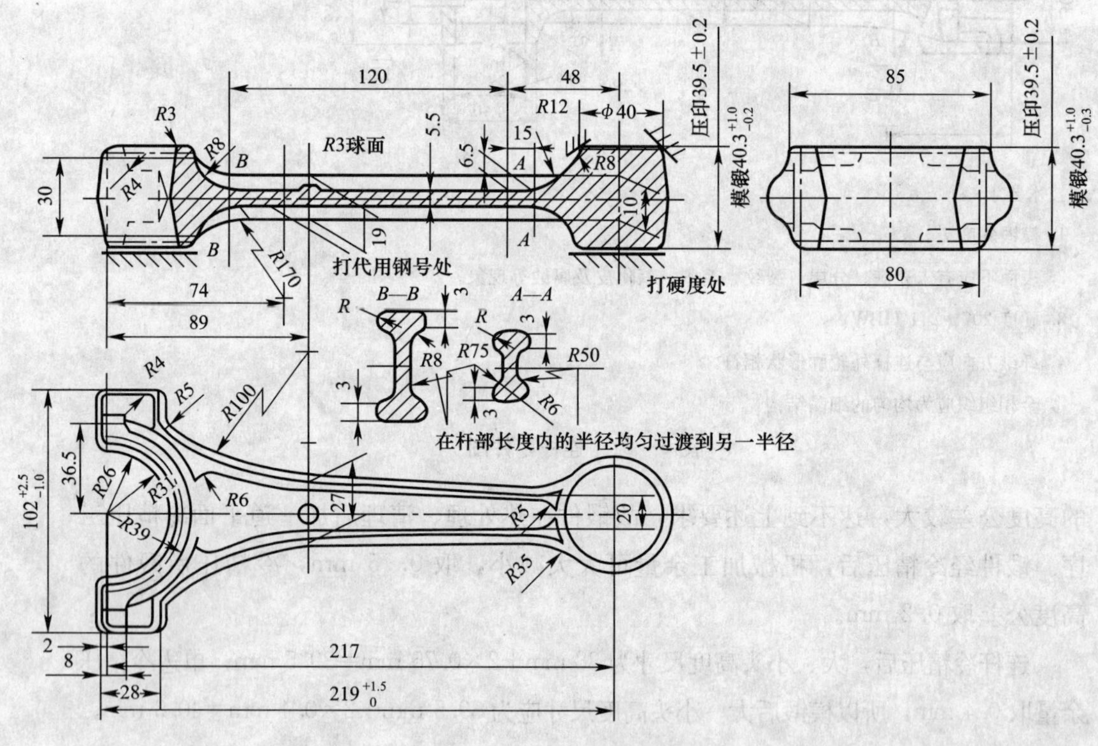

图 6—32 连杆锻件图

2. 计算锻件的主要参数

（1）锻件在平面上的投影面积为 8 000 mm²。

（2）锻件周边长度为 680 mm。

（3）锻件体积为 184 cm^3。

（4）锻件质量为 1.44 kg。

3. 确定锻锤吨位

总变形面积为锻件在平面图上的投影面积与飞翅面积之和，参考表 6—11，按 1～2 t 锤飞翅槽尺寸考虑，假定飞翅平均宽度为 23 mm，总变形面积 $F=8\ 000\ mm^2+680\ mm\times23\ mm=23\ 640\ mm^2$，按双作用模锻锤吨位确定的经验公式 $G=(4.0\sim6.5)kF$ 确定锻锤吨位，因汽车连杆件为大批量生产，需要有较高的生产率，取较大的系数 6.3，取 $k=1.0$，于是

$$G=6.3\times1.0\times236.4=1\ 489\ kg$$

选用 1.5 t 锤。

表 6—11　　　　按锻锤吨位确定的飞翅槽尺寸

锻锤类别及吨位	h(mm)	h_1(mm)	b(mm)	b_1(mm)	R(mm)	飞翅槽截面积(mm^2)
1 t 夹板锤	0.6	3	8	20		
1 t 模锻锤	1.0～1.6	4	8	22～25	1	100～126
2 t 模锻锤	1.8～2.2	4	10	25～30	1.5	134～168
3 t 模锻锤	2.5～3.0	5	12	30～40	1.5	207～285
5 t 模锻锤	3.0～4.0	6	12～14	40～50	2	320～440
10 t 模锻锤	4.0～6.0	8	14～16	50～60	2.5	528～728
16 t 模锻锤	6.0～9.0	10	16～18	60～80	3	833～1 279

注：1. 锻锤吨位偏大、偏小时，h 应适当修改。

2. 锻件较复杂时，b，b_1 应适当增大。

4. 确定飞翅槽形式和尺寸

选用图 6—33 所示飞翅槽形式，其尺寸按表 6—11 确定。选定飞翅槽尺寸为 $h=1.6$ mm，$h_1=4$ mm，$b=8$ mm，$b_1=25$ mm，$R=2$ mm，飞翅槽截面积 $F_K=126\ mm^2$。

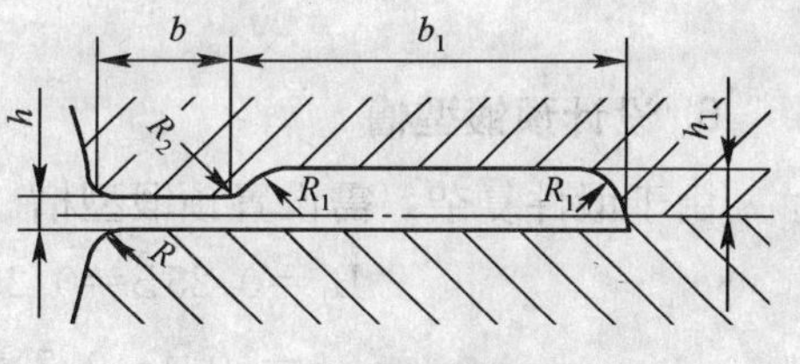

图 6—33　飞翅槽形式

因锻件杆部截面积太小，考虑拔长难以达到最小截面积要求，须增大飞翅仓部宽度 b_1；大头部分叉口较宽，分料困难，流入飞翅槽金属较少，将该处 b_1 减小到 12 mm，使型槽安排紧凑，增大承击面积。锻件飞翅体积

$$V_{毛}=680\times0.7F_K=680\times0.7\times126=6\ 000\ mm^3$$

5. **确定终锻型槽**

终锻型槽是按热锻件图加工和检验的，连杆材料为 40 钢，考虑收缩率为 1.5%。根据生产经验总结，考虑到锻模使用后承击面下陷，型槽深度减小及精压时变形不均，横向尺寸增大等因素，修改了几处尺寸：辐板处增厚 0.5 mm；冷锻件连杆小头高度 40.3 mm，热锻件理论值应为 40.9 mm，实际取 41.6 mm；大头上、下平面做成斜面，将高度尺寸 11.6 mm 上下各增加 0.7 mm；小头 ϕ40 mm 应为 ϕ40.6 mm，实际仍为 ϕ40 mm。绘制的热锻件图如图 6—34 所示。

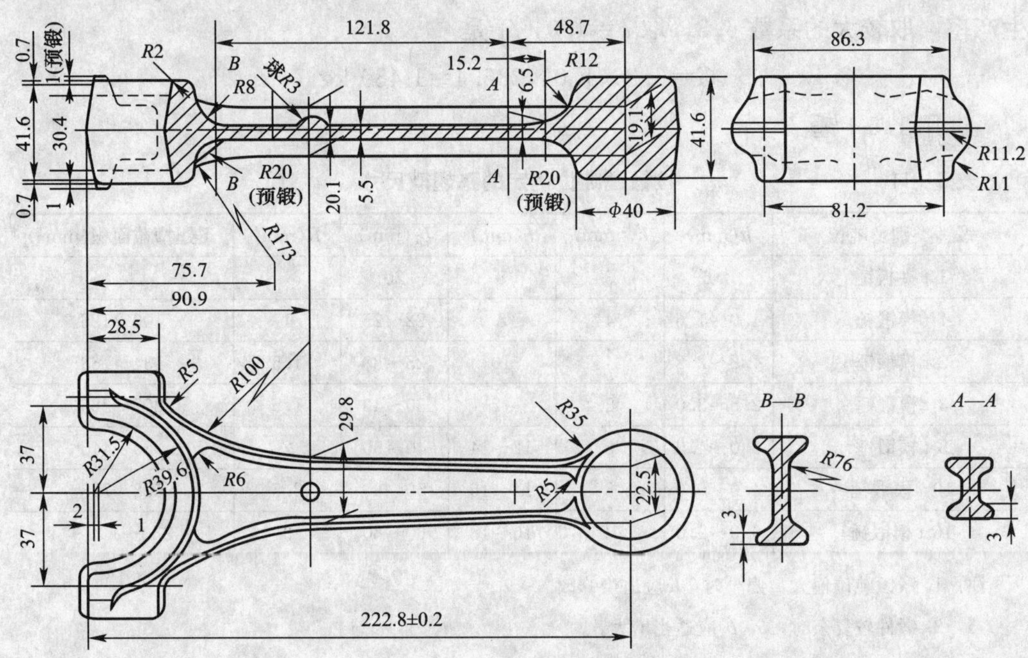

图 6—34　连杆热锻件图

6. **设计预锻型槽**

由于锻件复杂，需设置预锻型槽。在叉部采用劈料台，如图 6—20 所示。

$$B_1=0.25B=0.25\times31.5\times2=15.75\text{ mm}$$

$$h=(0.4\sim0.7)\ H=0.5\times42=21\text{ mm}$$

实际取 h=20 mm，此外取 R=25 mm。

劈料台的形状、尺寸详见图 6—35 中的 B—B、C—C、A—A 断面图。

在工字形截面的杆部，辐板较薄且宽，为防止终锻时锻件产生折纹，应使预锻型槽面积稍小于或等于终锻型槽相应处的横截面积（不计预锻打不靠的横截面积）。如图 6—35 中的 B—B 断面图所示，辐板和肋的转角处外圆角半径由 R=8 mm 增大到 R=10 mm，型槽高度减小至 16 mm，均由作图法确定，使 $F_{预}\leqslant F_{终}$。

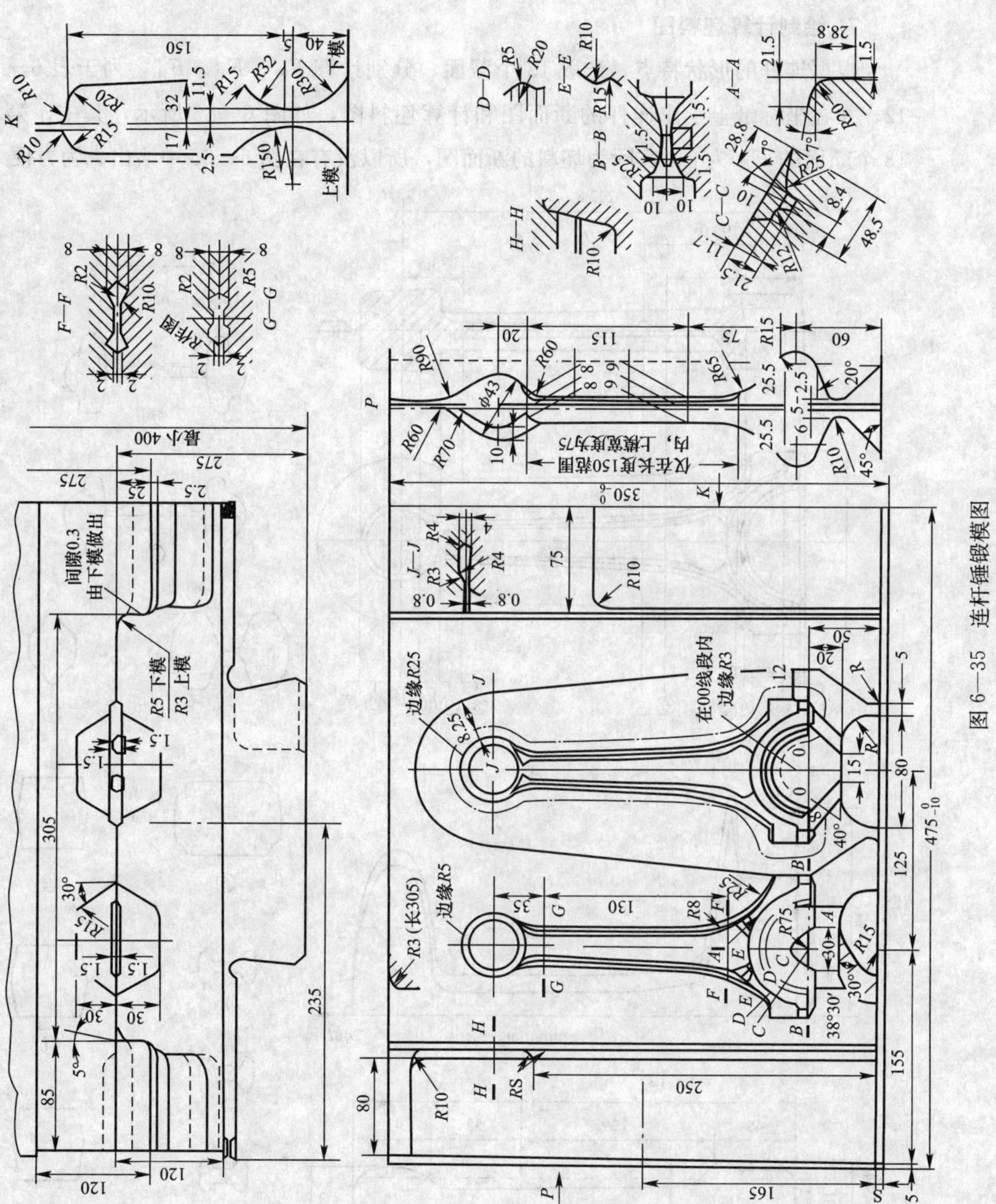

图6—35 连杆锤锻模图

预锻型槽沿分模面处的圆角半径增大至 $R=5$ mm。预锻型槽其余与终锻型槽不同的地方均在热锻件图上注明，如图 6—35 所示。

7. 绘制计算坯料图

根据连杆的形状特点，选取 13 个截面，分别计算 $F_{锻}$、$F_{毛}$、$F_{计}$，列于表 6—12，并在坐标纸上绘出连杆的断面图和计算坯料图，如图 6—36 所示，其中，第 13 个断面的 $F_{锻}$ 为 0，实际为坯料的断面图，所以没有在图 6—36 中绘出。为方便

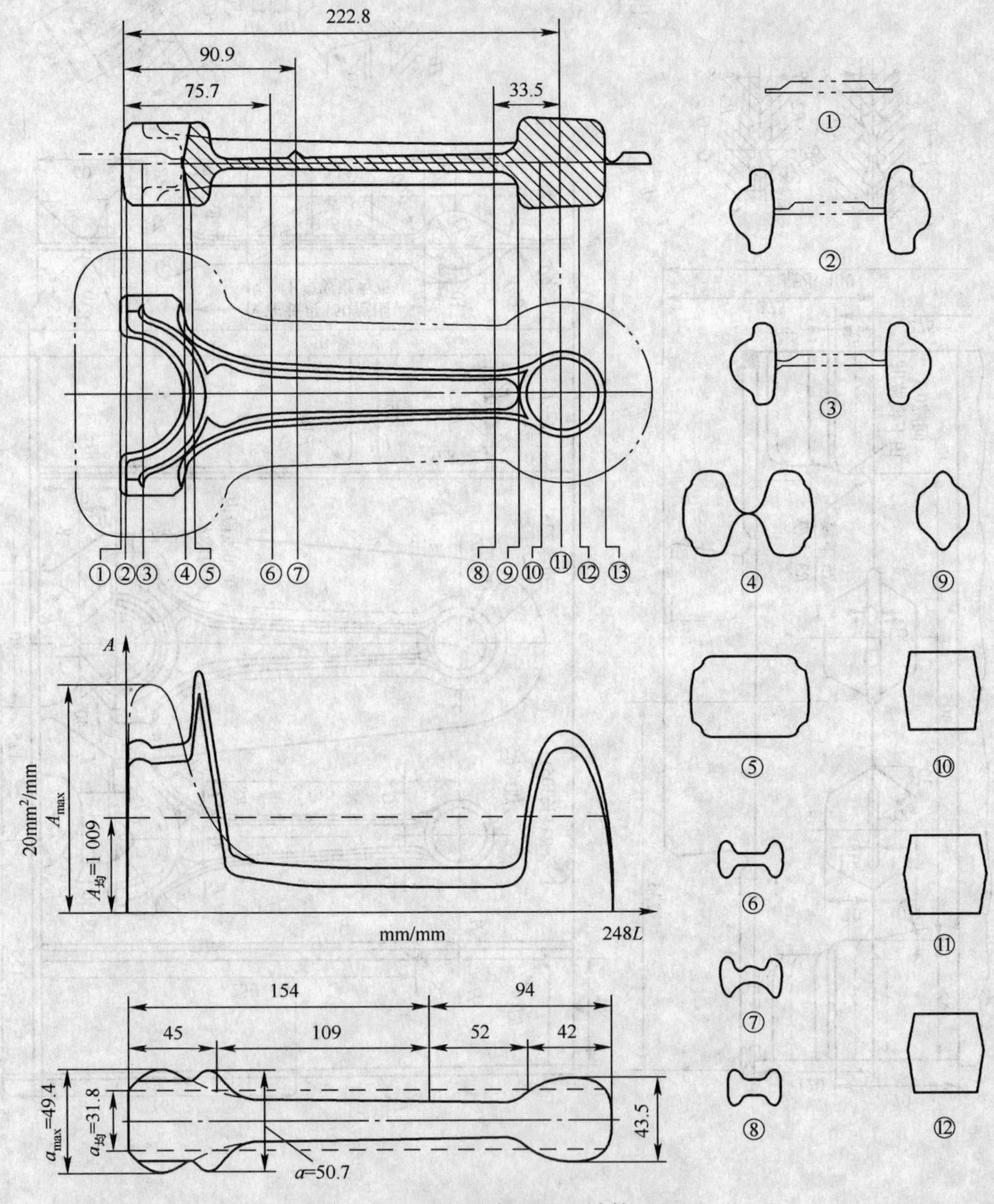

图 6—36　连杆的断面图和计算毛坯图

设计滚挤型槽，计算坯料图按热锻件图尺寸计算。

断面图所围面积即为计算坯料体积，得

$$V_{计}=20\times12\ 512=250\ 240\ \text{mm}^3$$

与 $V_{锻}+V_{毛}=184\ 000+60\ 000=244\ 000\ \text{mm}^3$ 相比，相差 2.5%。

平均截面积 $F_{均}=\dfrac{250\ 240}{248}=1\ 009\ \text{mm}^2$。

平均截面边长 $a=\sqrt{F_{均}}\approx31.8\ \text{mm}$。

按体积相等修正断面图和直径图（图 6—36 中双点画线部分），修正后的最大截面积为 2 440 mm^2，则最大截面边长为 $a_{max}=49.4\ \text{mm}$。

表 6—12　　　　连杆计算坯料的计算数据

截面号	$F_{锻}$(mm²)	$F_{毛}\times2$ (mm²)	$F_{计}=F_{锻}+2F_{毛}$ (mm²)	$a_{计}=\sqrt{F_{计}}$ (mm)	修正 $F_{计}$ (mm²)	修正 $a_{计}$ (mm)	K	$h=Ka_{计}$ (mm)
①	246	252	498	22.3	—	—	1.1	24.5
②	1 658	176	1 834	42.8	2 000	44.7	1.1	49.2
③	1 612	176	1 788	42.3	2 440	49.4	1.15	56.8
④	1 888	176	2 064	45.4	1 480	38.5	1.1	42.2
⑤	2 392	176	2 568	50.7	1 800	36.1	1.1	39.7
⑥	308	176	484	22	—	—	0.7	15.4
⑦	300	176	476	21.8	—	—	0.7	15.3
⑧	268	176	444	21.1	—	—	0.9	27.8
⑨	776	176	952	30.9	—	—	0.9	27.8
⑩	1 600	176	1 776	42.1	—	—	1.05	44.2
⑪	1 764	176	1 940	44.1	—	—	1.05	46.3
⑫	1 600	176	1 776	42.1	—	—	1.05	44.2
⑬	0	252	252	15.9	—	—	0.9	14.3

8. 制坯工步选择

计算坯料为两头一杆，应简化成两个简单的一头一杆计算坯料来选择制坯工步。

选择制坯工步需要参照图 6—37，它是根据锤上模锻生产经验总结而成的图表，只用于拔长、滚挤、卡压等工步。其他模锻设备模锻长轴类锻件时也可参考应用。图中文字的含义为：不——不需要制坯工步，可直接模锻成形；卡——需卡压制坯；开——需开式滚挤制坯；闭——需闭式滚挤制坯；拔——需拔长制坯；拔—闭滚——拔长加闭滚制坯；其余类推。

图 6—37 中的两个坐标 α 和 β 分别用如下公式计算：

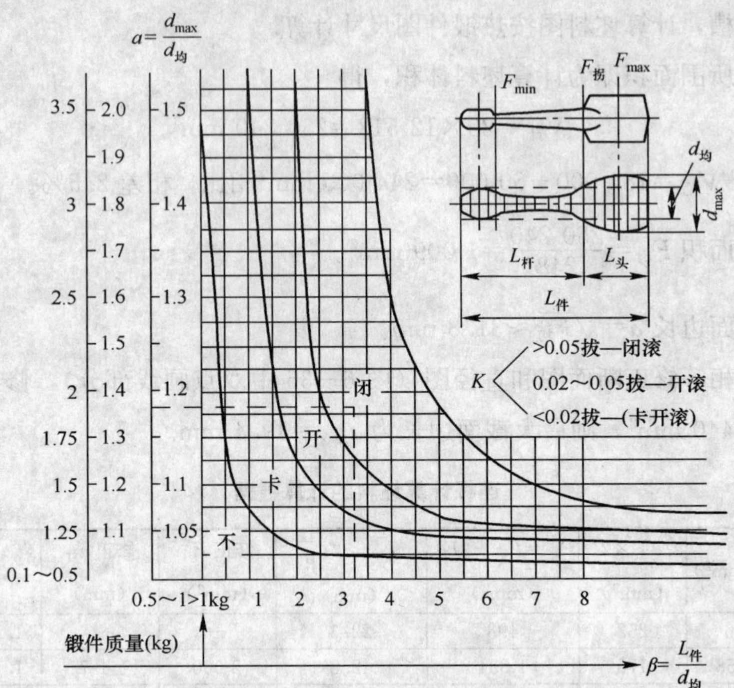

图 6—37　长轴类锻件制坯工步选用范围图表

$$\alpha=\frac{d_{max}}{d_{均}}=\frac{49.4}{31.8}=1.53$$

$$\beta=\frac{L_{件}}{d_{均}}=\frac{154}{31.8}=4.8$$

$$G_{坯}>1\ \text{kg}$$

由图 6—37 可知此锻件应采用拔长、滚挤制坯工步。为易于充满型槽，应选用方坯料，先拔长，再开式滚挤。模锻工艺方案为：拔长→开式滚挤→预锻→终锻。

9. 确定坯料尺寸

由计算坯料断面图和直径图可知，$d_{min}=21.8$ mm，$V_{杆}=80\ 305$ mm^3，$L_{杆}=109$ mm，由此可得拐点处直径：

$$d_{拐}=\sqrt{3.82\times\frac{80\ 305}{109}-0.75\times21.8-0.5\times21.8}\approx42.0\ \text{mm}$$

杆部锥度：

$$K=\frac{(d_{拐}-d_{min})}{L_{杆}}=\frac{42.0-21.8}{109}=0.185$$

所需坯料截面积：

$$F_{坯}=F_{拔}-K\ (F_{拔}-F_{滚})$$

$$F_{拔}=V_{头}/L_{头}=96\ 000/45\approx2\ 133\ \text{mm}^2$$

$$F_{滚}=1.1F_{均}=1.1\times1\,009\approx1\,110\ \text{mm}^2$$

因此 $F_{坯}=2\,133-0.185\times(2\,133-1\,110)=1\,943.7\ \text{mm}^2$

$$a_0=\sqrt{F_{坯}}=\sqrt{1\,943.7}\approx44.1\ \text{mm}$$

根据原材料规格，实际取 $a_0=45$ mm。

烧损率 δ 取 3%。

坯料体积为：$V_{坯}=V_{计}(1+\delta)=\dfrac{250\,240}{1.015^3}\times(1+3\%)=246\,488\ \text{mm}^3$。

式中，1.015^3 是在作计算坯料图时按热锻件尺寸考虑的，而计算坯料应按冷锻件尺寸考虑。

坯料长度：$L_{坯}=V_{坯}/F_{坯}=246\,488/45^2=122$ mm。

根据坯料的质量和长度，适用于采用掉头模锻，一料两件，坯料长为 122 mm×2=244 mm。经试锻调整后，下料长度定为 274 mm。

10. 制坯型槽设计

(1) 滚挤型槽设计：采用开式滚挤。

1) 型槽高度 $h=Ka_{计}$，计算结果列于表 6—12 中，按各截面的高度值绘出滚挤型槽纵剖面外形，然后用圆弧或直线光滑连接，并适当简化。

2) 型槽宽度为：

杆部：$B_{杆}=F_{杆均}/h_{min}+10\approx41$ mm。

头部：$B_{头}=1.13\sqrt{F_{max}}+10=67$ mm。

经试生产，调整型槽头部和杆部宽度均为 $B=80$ mm。

3) 型槽长度等于计算坯料图的长度。

4) 试锻后调整、修改个别尺寸：最大高度由 56.8 mm 改为 81 mm，以容纳氧化皮；小头部分做出了一定的斜度。简化后滚挤型槽如图 6—38 所示。

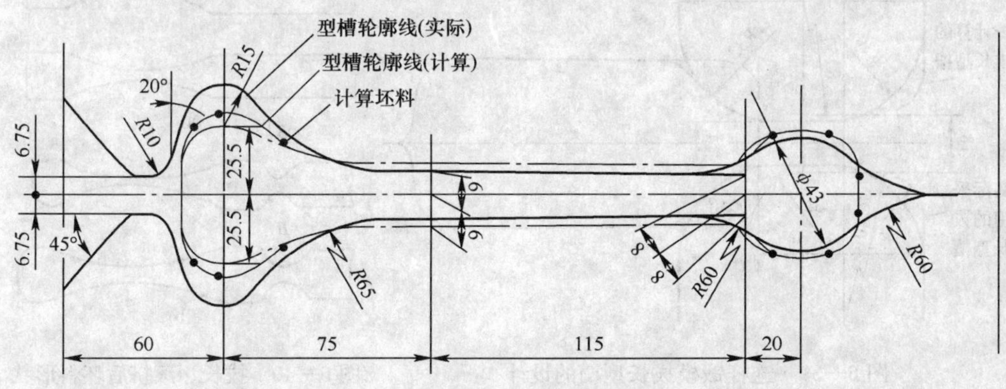

图 6—38　开式滚挤型槽外形设计

（2）拔长型槽设计，步骤如下：

1）拔长坎高度 $h=K_2\sqrt{\frac{V_{杆}}{L_{杆}}}\approx 0.9\times\sqrt{F_{杆均}}=0.9\times\sqrt{468}=19.5$ mm。

2）拔长坎长度 $C=K_3 d_0=K_3\times 1.13a_0=1.1\times 1.13\times 45=56$ mm。

3）圆角半径 $R=0.25C=0.25\times 56=14$ mm，$R_1=10R=140$ mm。

4）型槽宽度 $B=K_4 d_{坯}+（10\sim 20）=1.35\times 1.13\times 45+10=78.65$ mm，取 $B=75$ mm。

5）仓部深度 $e=1.2d_{小头}=1.2\times 43=51.6$ mm，取 52 mm。

6）拔长型槽长度 $L_{拔}=195$ mm。

按上述设计可锻出合格锻件，但为了提高生产率，可将型槽的高度 h 减小，C、R、R_1 增大，计算数值与实际采用数值比较见表 6—13。

表 6—13　　连杆锻模拔长型槽尺寸

型槽尺寸	h（mm）	C（mm）	R（mm）	R_1（mm）
计算数值	19.5	56	14	140
实际采用数值	14	77	30，32	150

采用如图 6—39 所示的拔长型槽，拔长后坯料如图 6—40a 所示，拔长部分某些截面小于计算坯料最小截面。但拔长部分长度比计算坯料相应部分长度短，结果在滚挤时靠近大小头的部分金属，除流向头部外，还向杆部流动，滚挤后毛坯长度略有增长，滚挤后坯料形状如图 6—40b 所示。由此可知，拔长后须滚挤的坯料，为减少拔长打击次数，可减小拔长坎高度，增大圆角半径。拔长后表面是否粗糙并不影响锻件质量。拔长后坯料的长度可比相应的计算坯料短一些，以减少滚挤端部的毛刺。

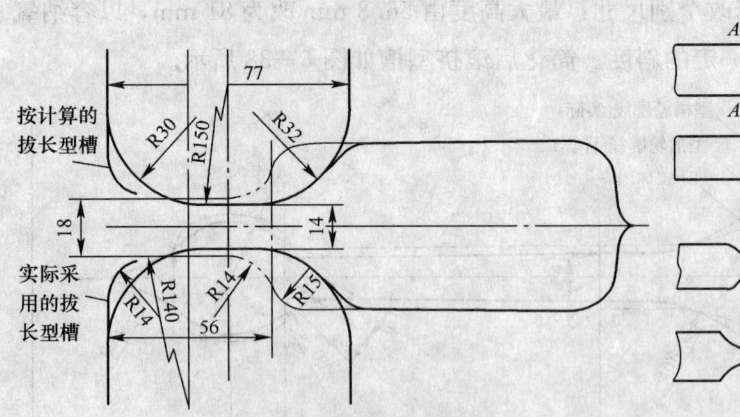

图 6—39　连杆锻模拔长型槽的设计

A
A
a)
B
B
b)

图 6—40　拔长、滚挤后坯料形状
a）拔长后的坯料　b）滚挤后的坯料

11. 锻模结构设计

模锻此连杆的 1.5 t 模锻锤机组，加热炉在锤的右方，故拔长型槽布置在锻模右边，滚挤型槽布置在锻模左边，预锻及终锻工步从左至右，如图 6—35 所示。

锻模采用纵向锁扣。为保证左、右两边滚挤和拔长型槽处上模锁扣的强度，将两型槽中心线分别下移 5 mm 和 4.5 mm。

锻件宽度为 81.2＋2×11.2＝103.6 mm，模壁厚度 $t_0=1\times43/2=21.5$ mm；预锻型槽与终锻型槽的中心距 $L'=103.6+21.5=125.1$ mm，取 125 mm。

考虑锻模应有足够的承击面，锁扣之间的宽度取 305 mm，可使承击面积达 52 000 mm^2。

燕尾中心线至检验边的距离为 155＋125×2/3＝238 mm，取 235 mm。

用实测方法找出终锻型槽中心离连杆大头前端 115 mm，结合模块长度及钳口长度定出键槽中心线的位置为距检验边 165 mm。

根据图 6—41 并查表 6—14 选择钳口尺寸：$B=90$ mm，$h=40$ mm，$R_0=15$ mm。因采用掉头模锻，应考虑第一件终锻后其飞翅不影响第二件模锻，故确定 $B=80$ mm，$h=30$ mm。钳口颈尺寸选取：$a=1.5$ mm，$b=8$ mm，$l=20$ mm。预锻钳口颈尺寸须考虑两件连接处发生断裂等因素，将其加大到几乎与整个钳口宽度相等。

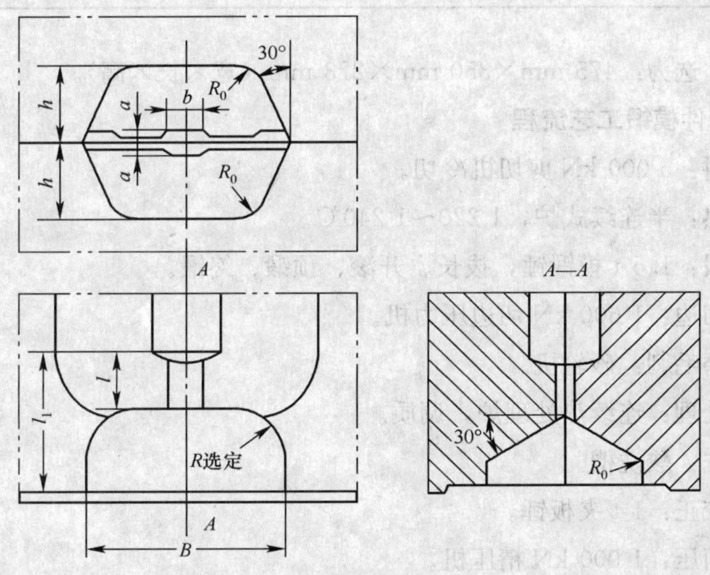

图 6—41 常用的钳口形式

表 6—14　　钳口尺寸

钳夹头直径 d（mm）	B（mm）	h（mm）	R_0（mm）
<18	50	20	10
18～28	60	25	10
28～35	70	30	10
35～40	80	35	15
40～50	90	40	15
50～55	100	45	15
55～60	110	50	15
60～65	120	55	15
65～75	130	60	15
75～85	140	65	20
85～90	150	70	20
90～105	160	75	20
105～115	170	80	20

模块尺寸选为：475 mm×350 mm×273 mm（宽×长×高）。

12. 连杆件模锻工艺流程

（1）下料：5 000 kN 剪切机冷切。

（2）加热：半连续式炉，1 220～1 240℃。

（3）模锻：1.5 t 模锻锤，拔长、开滚、预锻、终锻。

（4）热切边：1 600 kN 切边压力机。

（5）打磨毛刺：砂轮机。

（6）热处理：连续热处理炉，调质。

（7）酸洗：酸洗槽。

（8）冷校正：1 t 夹板锤。

（9）冷精压：1 000 kN 精压机。

（10）检验。

第2节 工件锻造

学习单元1 特种锻造缺陷的改进

学习目标

➢ 了解挤压、精密模锻、楔形横轧、冷温锻等特种锻造工艺的特点

➢ 能对特种锻造过程中出现的缺陷提出改进意见

知识要求

一、挤压工艺

挤压是金属压力加工的一种成形工艺，是将金属坯料放入模具模膛内，在一定的压力和速度的作用下使金属发生塑性变形，从而获得所需的形状、尺寸并具有一定的力学性能的挤压件。

挤压工艺可以根据被挤压坯料的温度不同分为三类：冷挤压，在常温下对坯料进行挤压；温挤压，将坯料加热至金属再结晶温度以下某个适当温度范围内进行挤压；热挤压，将坯料加热至锻造温度范围内进行挤压。

挤压既可在专用的挤压机上进行，也可以在一般的机械压力机、滚压机、摩擦压力机以及高速锤上进行。

二、粉末冶金锻造

粉末冶金锻造简称粉锻，是粉末冶金和锻造工艺的结合，是用锻造的方法来提高粉末冶金件的力学性能，同时又使之保持粉末冶金的特点。

粉末冶金锻造与一般锻造的最大区别在于原材料——锻坯，粉末冶金锻造所使用的坯料为金属材料的粉末预制坯，而一般锻造所使用的坯料为各种冶金产品，如钢锭、钢坯、圆棒等。

1. 粉末冶金锻造的基本工艺

先将金属材料的粉末压制成形，然后采用粉末冷锻或粉末热锻两种工艺中的一种进行锻造，以提高粉末冶金件的力学性能。

粉末热锻工艺可分为加热锻造、烧结加热锻造和加热锻造烧结三种。

粉末冷锻工艺可分为烧结冷挤、烧结复压和烧结冷锻三种。

经热锻或冷锻后的粉末冶金件再经补充加工、热处理工序，最后成为制品。基本过程如图 6—42 所示。

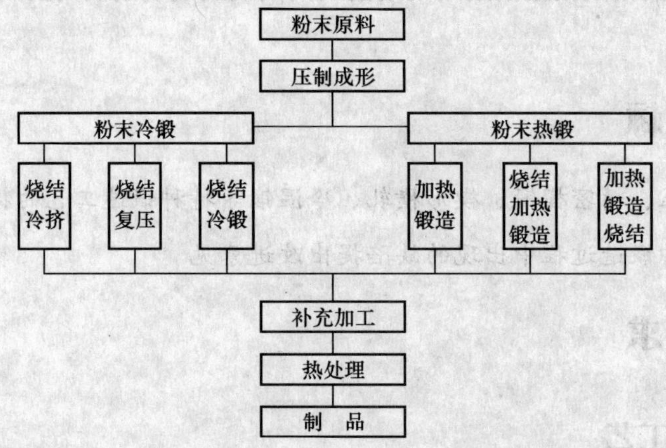

图 6—42　粉末冶金锻造的基本过程

2. 粉末冶金锻造的工艺特性

（1）粉末选择

粉末的类型、成分、杂质含量及预合金化程度等决定着粉末冶金锻件的力学性能。

（2）预制坯设计和成形

预制坯的设计以锻件的复杂程度、变形特点、致密效果、制造的难易程度和制造成本为依据。

（3）锻造变形和使锻件组织致密

将粉末预制坯放入模具，在适当的温度和压力下锻造，使其变形并保证组织致密。正确设计模具，合理选择锻造压力、温度、变形方式和锻造过程，是粉锻成败的关键。

（4）保护加热

为了防止预制坯表面和心部被氧化，在粉末热锻和烧结及锻前加热时应采取保护加热措施。

3. 粉末冶金锻造工艺和设备

(1) 锻前加热及加热设备

为适应生产的需要，粉末冶金锻造加热可参考以下三种加热方法。

1) 粉冶烧结炉烧结，冷至室温，通过感应加热烧结体，最后锻造。

2) 粉冶烧结炉烧结，降温至 800～900℃，从炉中取出直接锻造。

3) 在低温炉内脱去润滑剂，感应烧结，降低到某一固定温度，然后锻造。

为了保证表面质量，压坯加热完毕后应在尽可能短的时间内完成锻造操作。

(2) 模锻设备

为保证粉末冶金锻造件的质量，模锻设备应满足以下条件。

1) 满足粉末冶金锻造的力、能量及精度的要求。

2) 工作速率要合适，每分钟的打击次数、加压保持时间、加压速率等要合适。

3) 能迅速出模，设备应具有预出装置或模具翻转设施。

三、楔形横轧与斜轧

1. 楔形横轧

(1) 楔形横轧的分类及应用

楔形横轧大致可以分为以下几类。

1) 平面楔形横轧（热搓）。利用两个直线运动的工具——平面楔形横轧模，做相反方向的运动，将加热至锻造温度的圆形棒料轧入模膛，迫使其回转并沿着模具的型面相应地减径和拔长，如图 6—43 所示。

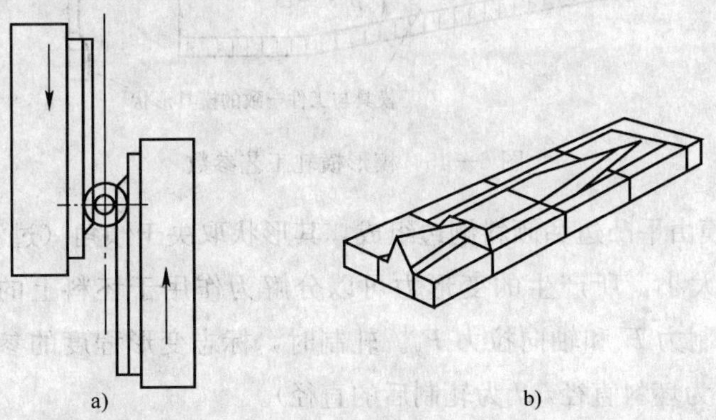

图 6—43 平面楔形横轧工艺原理及平面楔形横轧模

a) 原理图 b) 平面楔形横轧模

2）回转楔形横轧。将加热后的坯料置于两个同向旋转的轧辊中间，使坯料回转并沿着模具的型面相应地减径和拔长，如图 6—44 所示。

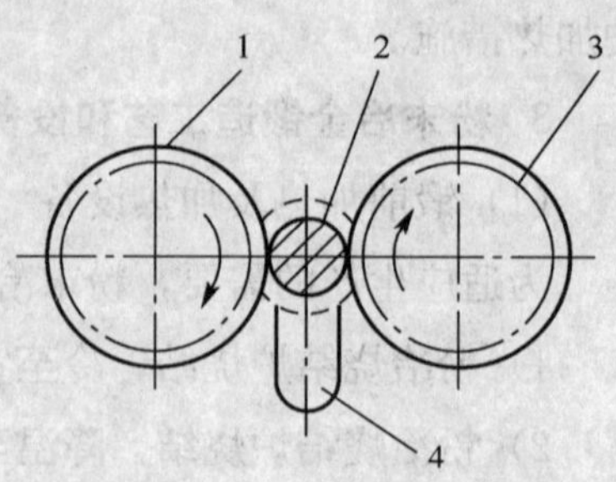

图 6—44　外回转楔形横轧

1，3—左、右轧辊　2—工件

4—侧向支撑导向尺

用楔形横轧工艺生产回转体锻件，具有效率高、节省原材料的特点，因此，广泛应用于台阶轴，带有凸肩、锥度和球面的轴，操作杆，连杆等锻件的制坯和生产中。

（2）楔形横轧工艺参数

楔形横轧工艺参数如图 6—45 所示。从图中可以看出：楔形横轧时首先经过减径区和延伸区，加热的圆坯料经过成形减径部分搓成一定形状后，再在精整部分获得相当高的尺寸精度。

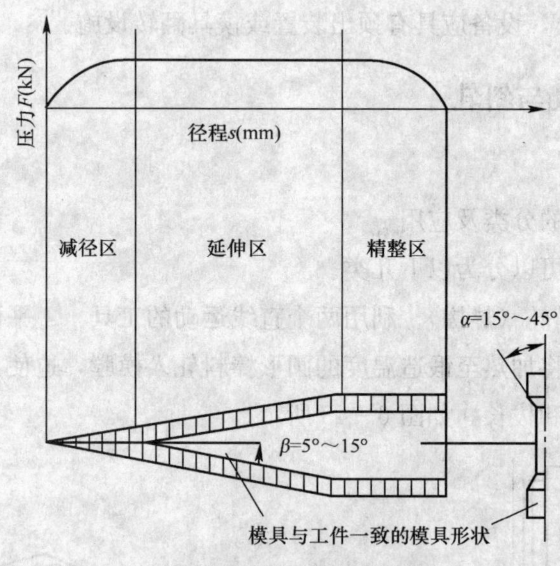

图 6—45　楔形横轧工艺参数

楔形横轧模由平凸边和倾斜侧边组成，其形状取决于倾角（过渡角）α 和楔角（延伸角）β 的大小，所产生的变形力可以分解为作用于坯料上的三个分力，即压缩力 F_z、轧制力 F_x 和轴向拉力 F_y。轧制时，标志变形程度的参数是压缩比 ε，即 $\varepsilon=D/d$（D 为坯料直径，d 为轧制后的直径）。

横轧时，楔形横轧模的主要工艺参数是侧边倾角 α 和楔角 β，工艺过程的稳定性与 α 和 β 有关，如果 α 和 β 选择合理，就不会引起坯料的滑动和出现颈缩。因此，在选择模具成形部分的合理角度时，应通过试验确定，如图 6—46 所示。

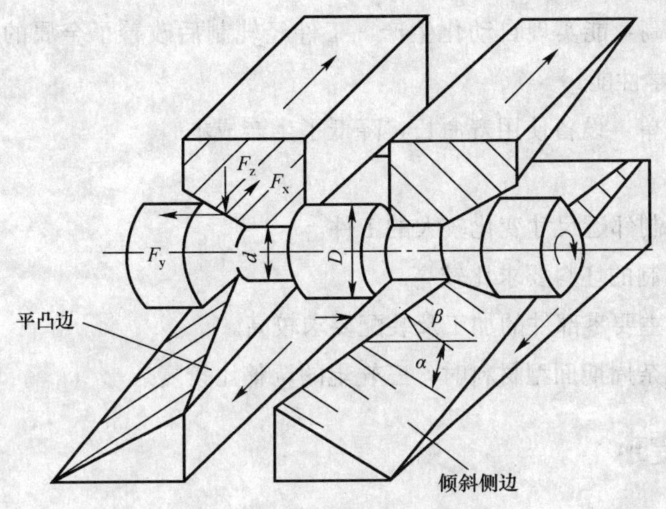

图 6—46 楔形横轧轧制示意图

2. 斜轧

斜轧可以分为螺旋横轧和三辊横轧。

(1) 螺旋横轧

1) 螺旋横轧的工艺特性。螺旋横轧时坯料靠摩擦力矩咬入，经过径向压缩，沿轴向和径向流动充填轧辊模膛，坯料在变形过程中呈螺旋式前进。

2) 螺旋横轧的工艺特点。轧辊的旋转方向相同，轧辊轴线相互间有一夹角，轧辊旋转时的角速度在工件圆周上有一个分速度，从而带动工件旋转，同时，沿工件的轴线方向还有一个分速度带动工件沿轴向运动，如图 6—47 所示。

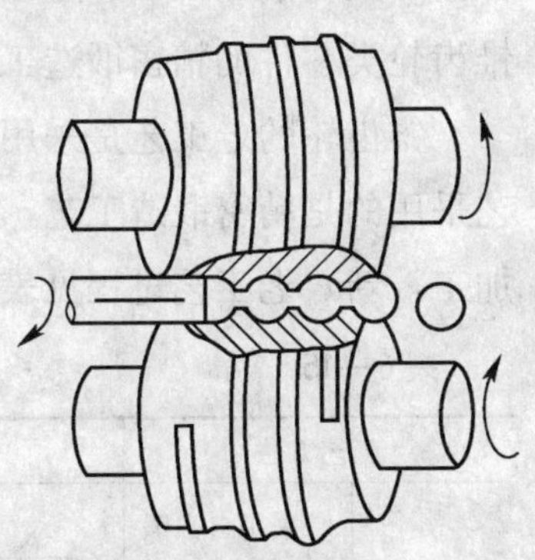

图 6—47 螺旋横轧钢球的成形工艺

螺旋横轧工艺广泛应用于钢球、滚针、圆锥轴承内环、自行车脚闸身、连杆的成形生产和制坯工序。

(2) 三辊横轧

1) 三辊横轧的工艺特性。来自三个轧辊的横向压力及轧制过程中的拉力迫使工件变形，由于轧辊相对工件轴线倾斜一定的角度而获得工件的螺旋运动。

2) 三辊横轧工艺具有以下优缺点。

①优点

a. 轧制的工件精度高。

b. 可有效提高材料利用率，节省金属材料。

c. 生产率高，能实现自动化生产，工件经轧制后改善了金属的显微结构，改善了工件的力学性能。

d. 工艺简单，设备使用寿命长，降低了生产成本。

②缺点

a. 不能轧制邻近尺寸变化较大的工件。

b. 对被轧制的坯料要求比较高。

c. 对轧机主要零部件的加工及装配要求较高。

d. 轧制复杂周期面型材料时，三轧辊的调整比较复杂。

技能要求

一、实例一

1. 工作名称

差速器行星锥齿轮精密模锻工艺改进。

2. 工作介绍

精密模锻是压力加工的一种新的加工方法，可以实现加工件少、无切削加工。这里以差速器行星锥齿轮为例，介绍行星锥齿轮类零件的精密锻造工艺方法，如图 6—48 所示。

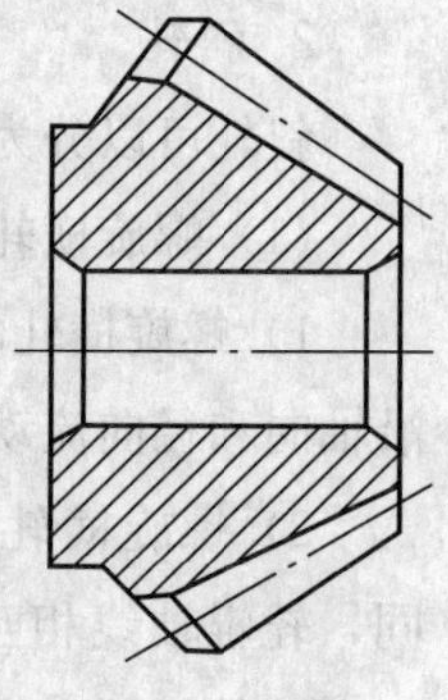

图 6—48 差速器行星锥齿轮

锥齿轮的老工艺是采用锻造后机械加工的方法制造，新工艺采用的是精密锻造工艺，将齿形部分直接锻出而不用再切削加工，新、老工艺过程见表 6—15。

表 6—15 TS12 差速齿轮新、老工艺过程

工艺方法		工艺过程						
老工艺	采用自由锻锻出坯料后，齿形经切削加工而成	下料	锻坯料	粗车钻孔	拉孔精车	开齿坯	刨齿	热处理 磨内孔
新工艺	采用精密锻造工艺，齿形不经切削加工	下料酸洗	初锻	切边酸洗	终锻	切边酸洗	钻孔、车孔、车背锥及端面	磨端面

3. 工作过程

采用精密锻造工艺制造差速器行星锥齿轮的方法如下。

（1）锻件图的确定

锻件图是根据产品零件图并进行精化设计后绘制的，为了提高金属材料的利用率，减少机械加工成本，在分析零件图产品特性的基础上，保证锻件能从模具中方便取出及产生较小的飞翅，并且由于齿形部分不留加工余量，还须保证齿形能直接锻出来。差速器行星锥齿轮零件图如图 6—49 所示，锻件图如图 6—50 所示。

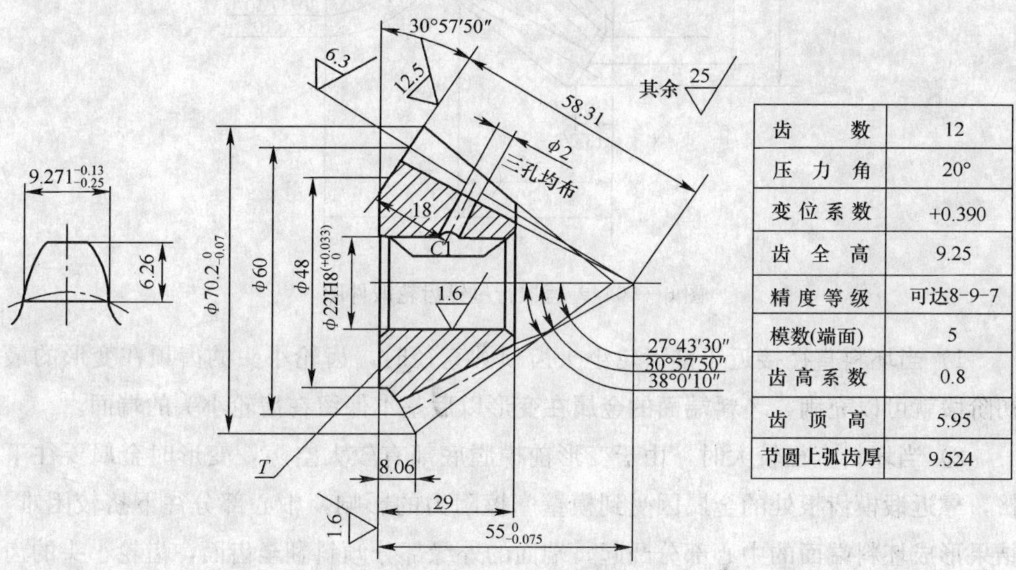

齿　数	12
压力角	20°
变位系数	+0.390
齿全高	9.25
精度等级	可达8-9-7
模数(端面)	5
齿高系数	0.8
齿顶高	5.95
节圆上弧齿厚	9.524

技术要求

1.热处理：渗碳淬火，渗碳层0.8～1.2。齿表面淬火硬度58～64HRC，心部硬度不大于48HRC。
2.端面T对φ22H8中心线的垂直度公差为0.02。
3.周节公差为0.045。
4.与配对齿轮正确啮合时，其接触斑点在齿高及齿长方向上应不小于60%。
5.齿圈的径向跳动公差为0.065。
6.去除齿端的锐边、毛刺。零件表面应整洁，不得有裂纹、氧化皮、凹坑、碰伤等缺陷。
7.酸洗。
8.材料为20CrMnTi钢。

图 6—49　差速器行星锥齿轮零件图

（2）坯料的选择

为提高齿轮的精度、表面质量及延长锻模的使用寿命，在精锻成形前应先进行一次初锻，使锻件基本成形。初锻一般是用圆柱形坯料，在确定坯料尺寸时，除要满足一定的质量要求外，还应考虑直径尺寸，试验证明，在体积一定的情况下，坯料直径不同，金属充入模膛的过程也不同。

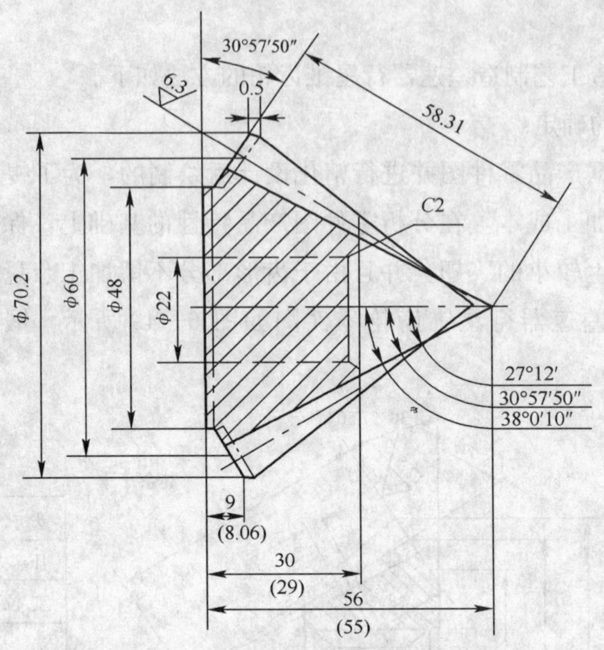

图 6—50　差速器行星锥齿轮锻件图

1）当坯料直径接近于锥齿轮小头齿顶圆直径时，齿轮小头的齿顶在变形的最初阶段就可以充满，坯料端面的金属在变形以后基本保留在齿轮小头的端面。

2）当坯料直径较大时，由于变形前模膛底部有较大空隙，变形时金属要往下挤，靠近锻模齿根处的金属因受到模壁摩擦阻力的影响，中心部分往下挤较困难，结果形成坯料端面的中心部分凸起，端面的外缘部分倾斜翻至齿面，齿轮小头的齿顶在变形的后阶段才能充满。

3）坯料的表面质量将直接影响锻后齿面的质量，特别是齿顶部分，锻后基本保留了原坯料的表面质量状况，因此应特别注意检查坯料的表面质量，坯料的表面不能有麻点、裂纹或较大的刮伤等缺陷。在一般情况下，应除去坯料表面存在的缺陷，这对提高齿轮表面质量是有利的。

（3）精密锻造模具

精锻锥齿轮所用模具结构如图 6—51 所示，该图所示精锻模属于导模式精锻模。在精锻过程中，导套 13 先与下面的凹模外圈 6 压紧，然后凸模 10 继续压下，与凹模内圈 7 合模打击，使坯料成形，属于闭式模锻。该模具的结构简单，工作可靠，拆装方便，通风冷却好。模具材料采用 3Cr2W8V 钢。一般精锻模磨损后可作为粗锻模用，提高模具利用率。

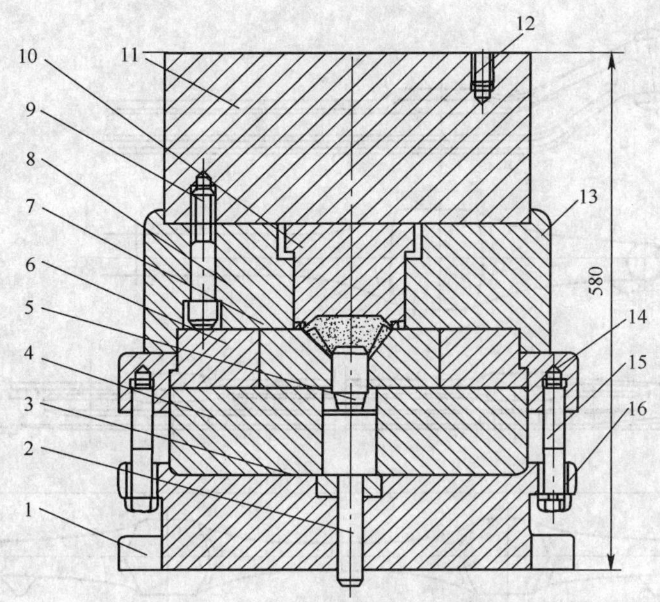

图 6—51 精锻锥齿轮模具结构

1—下模座 2，5—顶杆 3—垫环 4—垫板 6—凹模外圈 7—凹模内圈
8—凸模外圈 9，12—螺钉 10—凸模 11—上模座
13—导套 14—压圈 15—螺栓 16—垫圈

二、实例二

1. 工作名称

EQ－140 汽车前轴锻造缺陷的改进。

2. 工作介绍

前轴是汽车上承受载荷较大的重要零件之一，要求具有较高的刚度、强度和较长的疲劳寿命。图 6—52 所示是 EQ－140 汽车前轴锻件与辊锻件形状图。前轴锻件重达 53 kg，展开长度为 1 661 mm，为机械工业中最大的模锻件之一。前轴锻件主轴线上、下部分形状对称，左、右截面在某些区段具有较大的不对称性，纵向截面起伏变化较多，某些部位还有较大的高度落差，因此，形状复杂，特别是限位块和弹簧座工字形一侧的腿，具有深而窄的型槽。这些部位在模锻时，金属充满型槽的难度较大。目前在国外广泛应用辊锻制坯、模锻成形，投资很大。国内一般采用辊锻制坯，在热模锻压机上成形。

3. 工作过程

（1）EQ－140 汽车前轴成形辊锻的工艺流程

1）弓形锯床下料。

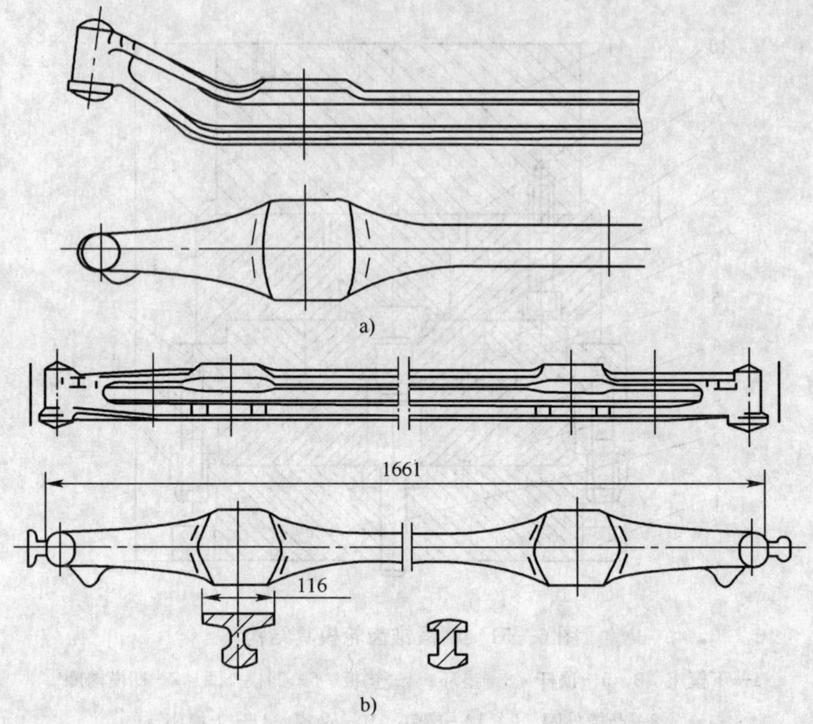

图 6—52　EQ - 140 汽车前轴锻件及辊锻件形状图

a）前轴锻件形状　b）辊锻件形状

2）中频感应炉加热。

3）辊锻机上经三道次辊锻初步成形。

4）摩擦压力机上局部整形。

5）摩擦压力机上切边。

6）液压机上定长弯曲成形。

初成形辊锻工艺经制坯、预成形、终成形三道次辊锻后，再对两端圆柱形拳头到限位块区段作小范围局部整形，以达到工艺要求的几何尺寸。图 6—53 所示为 EQ - 140 汽车前轴预成形辊锻件和制坯辊锻件的形状图。

（2）辊锻过程中出现的主要问题

1）不均匀变形。前轴锻件主轴线较长区段两侧截面的形状是不对称的，因而辊锻变形时该段左、右两侧将有较大的不均匀变形，使未进入变形区的坯料左右偏摆，已变形的坯料水平弯曲，前者导致出现刮伤、折叠甚至不能充满型槽，后者将使辊出的坯料无法进入下道次的辊锻型槽。

2）大展宽变形量。根据辊锻变形的特点，不能使前轴限位块和弹簧座工字形截面一侧的长腿在深而窄的型槽中良好成形，为此，必须在制坯的第一道型槽中就

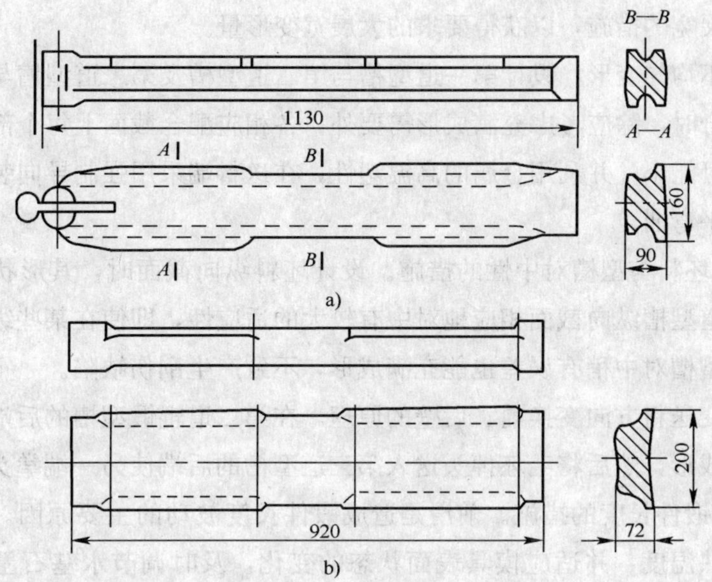

图 6—53 EQ－140 汽车前轴预成形辊锻件和制坯辊锻件形状图

a）预成形辊锻件 b）制坯辊锻件

使此部位有很大的展宽变形量，并考虑后两道辊锻型槽中宽度被拉缩的减小值，才能保证这两部位要求的尺寸。

3）坯料与型槽的对中性及长度控制。多道次成形辊锻工艺中，各道次坯料在纵向的不同部分能否准确进入相应型槽，是锻件各部分成形良好的关键，特别是展开长度很大的前轴辊锻件，在生产条件下的延伸和前滑波动值较大，妥善解决这个问题更显得重要。

4）坯料咬入和前壁难成形区段的成形。锻件两端的圆柱形拳头，用一般选料和咬入方式难以保证既能顺利咬入，又能使拳头良好成形。

（3）锻造工艺改进

针对上述问题，可在工艺、模具设计、送料方式和送料装置上采取相应的解决措施。

1）解决大展宽变形量与不均匀变形的措施。设计第一道制坯型槽时，在某些区段上可采用如图 6—54 所示的特殊型槽——礼帽形型槽，并在型槽上模面开设相互交叉的阻

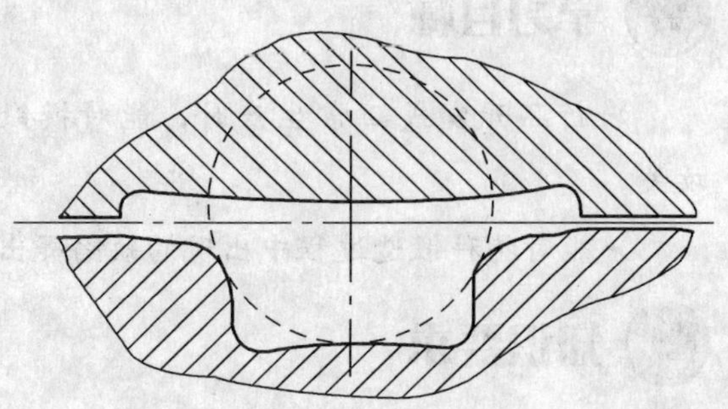

图 6—54 强制展宽的礼帽形型槽

力槽等强制展宽的措施，以获得要求的大展宽变形量。

为减小不均匀变形，设计第一道型槽与第二道型槽及第二道型槽与第三道型槽间的尺寸配合时，除应考虑充满成形需要外，各相应配合截面上每个部分压下量之差异也应尽可能小，并利用金属的高温塑性，在送料端采用强制导向装置克服坯料的偏摆与水平弯曲。

2）解决坯料与型槽对中性的措施。设计坯料纵向截面时，其形状和尺寸应使坯料对下一道型槽纵向截面相应地对中有较大的适应性，即使在某些纵向突变截面处，坯料与型槽对中稍有误差也能充满成形，不致产生刮伤缺陷。

利用改变送料方向变换前、后壁的原理，在第二道辊锻型槽的后端将坯料一端的拳头预先成形，然后将毛坯掉头送入第三道型槽的后端使另一端拳头成形。

3）控制锻件长度的措施。前滑是造成锻件长度波动的主要原因。辊锻时，要尽量控制加热温度，并适应模具表面状态的变化，及时调节水基石墨润滑剂的浓度，将前滑控制在较小范围内，并有意识地将前轴中间对称工字形截面的自由前滑区段的长度设计短些，然后在弯形——限位定长装置上弯曲、拉伸、限位定长，完全达到锻件图的要求。前轴锻件的两端像“拳头”一样的限位块既深又窄，且长度小，此处的成形即使基本达到要求，也会因辊锻中可能发生的畸变，使其外形及尺寸与型槽尺寸不尽相符。为此，辊锻后还要对两端拳头和限位块区段作小范围的局部整形，以达到工艺要求的几何尺寸。

学习单元 2　模锻件质量问题的技术攻关

学习目标

➢ 新品开发或正常生产时，能对模锻件质量问题提出解决方案并实施技术攻关

➢ 能对特种锻造过程中出现的缺陷提出改进意见

知识要求

锻件的生产与其他产品的开发不同，因生产条件涉及的问题比较多，往往在试制过程中会发生许多意想不到的技术问题，尤其是一些复杂件、精密件、特殊锻件

的试制更是如此。工作中需要掌握模锻件质量问题技术攻关的方法。

在复杂、精密、特殊锻件的正常生产过程中也会出现一些难题，这是因为锻造生产涉及的问题比较多，有些是因为操作不当，使原来长期生产正常的产品出现问题；有些是因为模具制造的问题，使正常产品出现问题等。锻造生产过程中出现问题也属正常，只要稍加注意，是完全可以避免的。

为有效解决生产过程中出现的技术问题，建议注意以下几点。

1. 有预锻、终锻完成锻造过程的产品，应注意预锻模膛在生产过程中的变形情况，要保证预锻模膛和终锻模膛的合理匹配。

2. 随时清理积聚在预锻、终锻模膛内的氧化皮等杂物，尤其是模膛的尖角处、深处更应注意。对于单模膛锻造也必须加以注意。

3. 实行有节奏生产。从某种意义上来说，产品质量是企业工艺技术水平的综合反映。在对产品质量实施技术攻关时，必须对本企业的工艺技术水平、设备现状、操作人员素质等情况进行分析，才能收到事半功倍的效果。

高级技师要了解模锻及特种锻造中出现的缺陷并掌握技术攻关的方法，掌握消除锻造缺陷的方法。

技能要求

一、实例一

1. 工作名称

V/C 内星轮锻件的技术改进。

2. 工作过程

（1）原设计工艺方案

以某锻造厂开发的 V/C 内星轮锻件为例，V/C 内星轮精锻件如图 6—55 所示。该件以前在高速镦锻机上进行热锻生产，质量不能满足用户要求。

（2）改进后的技术方案

现改在 1 000 t 轴杆压力机上生产获得成功，设计内容如下。

1）确定合理的产品分模面。确定分模面的要求是有利于产品成形和出模。

2）确定合理的模具制造精度。模具精度太高，模具的制造成本高；模具精度低，不能保证产品质量。该厂经过反复试制、计算获得一系列数据，通过分析确定了一个合理的制造精度，使锻造产品获得成功。

3）确定合理的变形工序和优化模具设计。从图中可以看到，该产品的特点是六

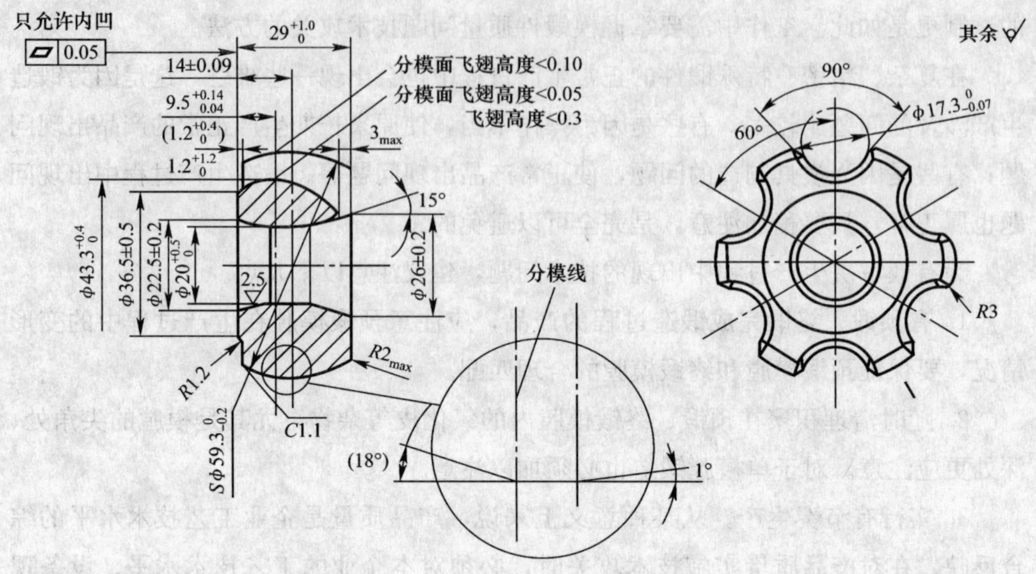

图 6—55　V/C 内星轮精锻件图

等分要求严格，加工余量要求均匀分布。因此，在设计变形工步时要力求合理，避免产生累积误差，减小上、下模在生产过程中变形不同而产生的误差，延长模具使用寿命。

总而言之，对复杂件、精密件、特种锻件在试制过程中出现的问题要进行综合考虑，全面分析，包括对原材料、加热、模具设计制造、生产环境和操作人员的素质进行综合评定，提出合理、行之有效的改进办法。

二、实例二

1. 工作名称

工程车连接件折叠缺陷的技术改进。

2. 工作过程

（1）工件产生缺陷的原因

图 6—56 所示为某锻造厂为境外客户生产的一种工程车连接件的锻件。以此为例来分析一种在生产过程中经常出现，但又较难克服的现象——折叠。

确定产品的初试工艺方法为加热坯料→打扁→预锻→终锻→成形→切边，完成锻造过程。经过试制，工艺基本合理，并进入批量生产，产品销往国外。在后期的生产中，预锻时锻件凹槽内部产生材料积聚，造成锻件凹槽深部出现较为明显的折叠现象，如图 6—57 所示。

（2）缺陷分析和改进措施

经分析，发现该锻件在预锻时，凹槽内部积聚的金属较多，在终锻模膛内进行

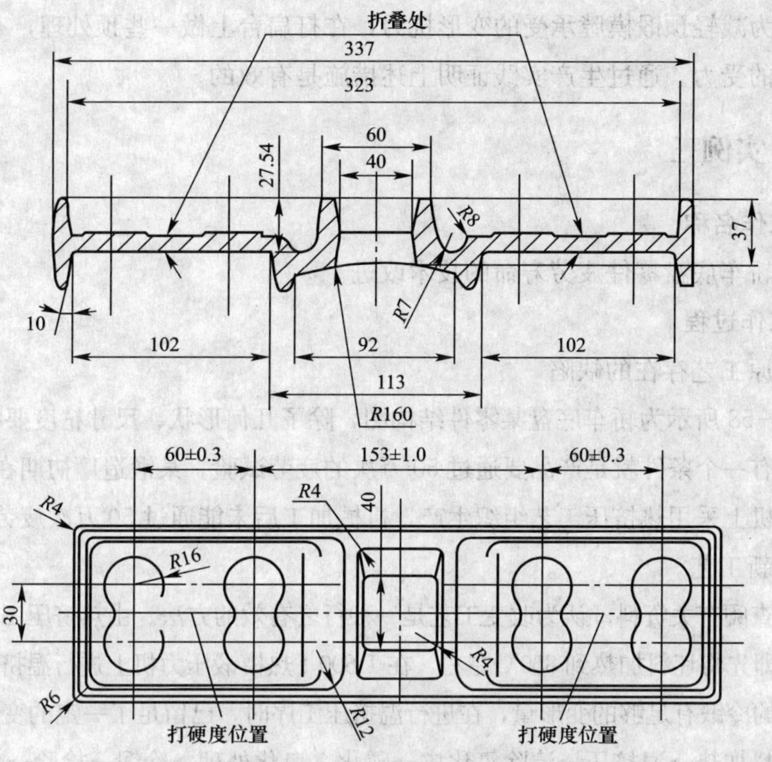

图 6—56　工程车连接件

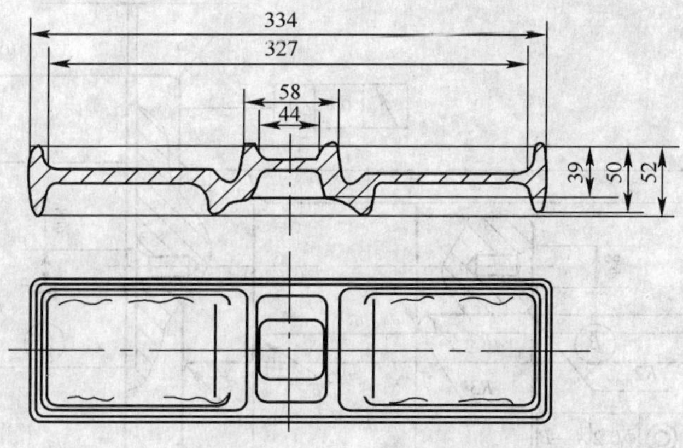

图 6—57　预锻时产生材料积聚部位示意图

终锻时，预锻凹槽内积聚的多余金属无法外流，造成在凹槽深部产生折叠缺陷。那么为什么前期生产中没有出现这类现象呢？从金属变形的现象来看，坯料打扁后直接放入预锻模膛进行预锻，预锻模膛承受着很大的变形抗力，在预锻模膛的凸台处很快产生变形，如果不及时对变形凸台进行修正，则容易使金属积聚，造成预锻坯料放入终锻模膛锻造时产生折叠。通过分析上述原因，对预锻模膛按原设计要求进行修复，为减轻预锻模膛承受的变形抗力，在打扁台上做一些预处理，有效减轻了预锻模膛的受力。通过生产实践证明上述措施是有效的。

三、实例三

1. 工作名称

延长轿车底盘零件疲劳寿命的技术改进。

2. 工作过程

(1) 原工艺存在的缺陷

图 6—58 所示为轿车底盘某零件结构图，除了几何形状、尺寸精度要符合图样要求外，还有一个条件就是产品要通过 50 万次的疲劳试验。某锻造厂初期在 1 600 t 热模锻压力机上采用热挤压工艺组织生产，机械加工后未能通过 50 万次疲劳试验。

(2) 新工艺

经过查阅有关资料，认为改变工艺是一种行之有效的方法。由热挤压工艺改为温冷锻工艺，即先将坯料加热到 850℃左右，在 1 600 t 热模锻压力机上进行温挤，为了保证后续进行的冷锻有足够的变形量，在进行温挤压工序时，已留足了一定的变形余量。工序是：坯料加热→温挤压→清除氧化皮→磷化、皂化处理→冷锻→检验→包装出厂。

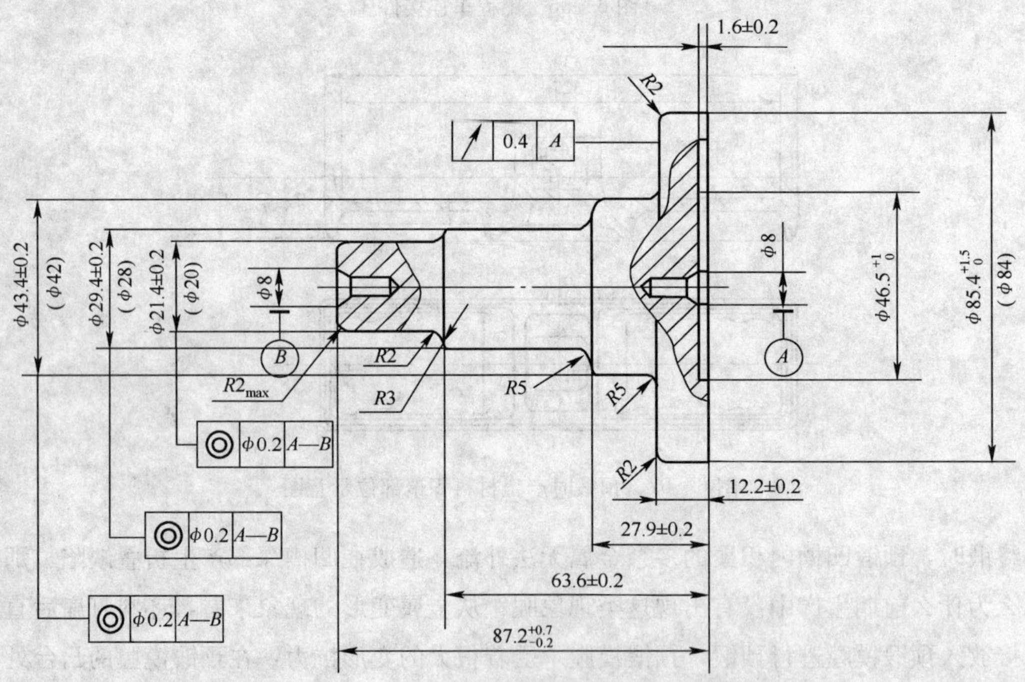

图 6—58　轿车底盘某零件结构图

通过实施新工艺方案，不仅满足了零件几何形状、尺寸精度的要求，也满足了产品 50 万次疲劳试验的性能要求，同时为开发同类产品奠定了基础。

四、注意事项

通过对上述例子的分析，可以得出以下结论。

1. 一个产品工艺方案的确定，不能单从满足其几何形状、尺寸精度的要求考虑，还应考虑产品的性能要求，这样才能合理地确定工艺方案。

2. 生产实践是我们吸取知识的宝贵源泉，工程技术人员应经常与操作者交流，听取意见，改进设计。

3. 要善于发现问题，同时也要敢于提出自己的意见和解决问题的措施。

第 7 章

培训指导与管理

第 1 节　指 导 操 作

学习单元 1　指导高级工进行实际操作

学习目标

- 指导高级工操作的基本知识
- 能根据大型复杂锻件的工艺要求，指导中、高级工进行实际操作

知识要求

一、锻造工艺方面的指导

锤上自由锻件按其复杂程度可分成九类，中、高级工应能完成四类以上复杂锻件的操作。高级技师应能对复杂锻件的操作给予指导，并能解决在实际操作中遇到的问题。锻造操作的指导主要从以下几种类型的锻件着手。

1. 圆环类锻件

圆环类锻件主要指锻件直径大于锻件高度，内孔直径大于外圆直径一半的锻件，例如齿圈、缸套等。该类锻件锻造时都以扩孔为基本工序，传统的工艺过程为：镦粗→冲孔→扩孔，锻造时可先按照饼类锻件的锻造方法锻造，之后进行冲头冲孔和芯棒扩孔的操作。锻造此类锻件常用到以下工具：冲头、漏盘、马架、芯棒等。

2. 弯曲类锻件

弯曲类锻件最明显的特点就是具有弯曲轴线，如吊环、吊钩、链环等。弯曲为该类锻件锻造的基本工序。锻造时，如果截面不等，应注意先拔长成变截面的轴类锻件，然后再弯成所需要的形状。对于局部形状复杂的锻件，还可以采用气割来成形。当锻件需多处弯曲时，一般弯曲的先后顺序是：首先弯曲锻件的端部，其次弯曲与直线相连接的部分，然后再弯曲其余部分。另外，当形状复杂、锻件质量要求较高时，可制作专用工具或局部使用胎模进行弯曲成形。

3. 连杆类锻件

诸如连杆、拉杆、叉子、摇杆等锻件均属于连杆类锻件。连杆类锻件也属于矩形、方形等变截面的长轴类锻件，其形状比较复杂。当锻造批量很小或锻件是质量较大的连杆时，常采用自由锻造的方法，锻造时可按照长轴类锻件的工艺锻造，对于局部复杂的部分可采用气割成形，成形后再对锻件进行修整。若批量较大，可采用胎模锻造，也可以采用局部胎模成形。

4. 曲轴类锻件

曲轴可以根据拐数简单地划分为单拐曲轴、双拐曲轴、三拐曲轴及多拐曲轴，根据各拐间夹角的不同又有 90°、120°及 180°之分。一般情况下，批量较大的中、小型曲轴采用合模锻造。

自由锻造曲轴根据拐数和夹角的不同，可采用的锻造方法也有所不同：互成 180°角的双拐曲轴常采用拔长→错移组合工序；如果两拐互成 90°，还需加上扭拐工序，扭拐时可以使用专业的扭拐工具，但是也可不用扭拐工序而用直接锻出的方法；多拐及各拐之间夹角互成 120°的曲轴，多数采用拔长→错移→扭转的工序。

二、锻造设备方面的指导

1. 锻造工序与锻造设备

锻造是一种历史悠久的工艺，随着锻造技术及锻造设备的不断发展，一种形状的锻件会产生多种锻造工艺，而每种工艺又和不同的经济技术相联系，高级技师应在锻造工艺与锻造设备方面对操作工进行指导。一般来说，通用模锻设备可满足锻造工艺的多种工步的需要，但有些设备在进行某一工步时，由于经济上或技术上存在某些不合理的因素，使得该设备不能满足完成该工步的需求，必须求助于其他设备。

例如，在蒸汽—空气模锻锤上虽然可以进行无飞翅模锻，但存在许多缺点，故划为"N"（见表7—1），表示不适合进行无飞翅模锻。表7—1为各类设备适合完成的工序或工步，希望能对高级技师在指导操作时有所帮助。

表7—1　　各类设备适合完成的工序或工步

工步或工序		设备名称			
		蒸汽—空气模锻锤	电—液模锻锤	螺旋压力机	热模锻压力机
制坯工步	拔长	Y	Y	N	N
	滚压	Y	Y	N	N
	镦粗或压扁	Y	Y	Y	Y
	弯曲	Y	Y	Y	Y
模锻工步	预锻	Y	Y	Y	Y
	一般终锻	Y	Y	Y	Y
	深孔回转体挤压	N	Y	Y	Y
	非回转体挤压	N	NY	NY	Y
	分模模锻	N	N	Y	Y
	无飞翅模锻	N	Y	Y	N
	长杆镦锻	NY	N	Y	NY
	锻件精锻	N	N	Y	N

注：Y表示适合，NY表示部分适合，N表示不适合。

2. 通用锻造设备的特点

锻造设备方面的指导，主要是了解通用设备的工艺及技术经济特点，能够使各种设备与不同的锻造工艺相适应。

（1）大型自由锻造液压机

5 000 kN以上的液压机为大型液压机，结构一般为三梁四柱式，目前最大吨位的锻造液压机是150 MN，可以锻造320 t的钢锭，使用这类设备锻造出来的锻件有以下特点。

1）优点

①能够改善钢锭致密程度，减少铸造组织缺陷。

②使用的模具少，模具较简单，费用低，锻造成本低。

2）缺点

①材料的利用率较低。

②成形的锻件尺寸精度较低，锻件的后期机械加工费用高。

③生产效率低。

大型液压机适用于大、中型单件小批量锻件生产。

（2）中小型模锻液压机

为了节约能源，近年来精密模锻工艺发展很快，常规模锻的起模斜度是3°～7°，而在精密模锻中已经将起模斜度降低到 0.5°～1°，甚至是 0°。由于液压机的加压速率易于控制，因此更适合于精密模锻。

中小型模锻液压机具有以下特点：

1）优点

①机架有足够的刚度，能够得到具有很小尺寸误差的锻件。

②有很好的抗偏心载荷的能力，在偏心载荷作用时仍能得到精密的锻件。

③滑块（活动横梁）的导向结构能保证锻件水平方向的尺寸精度。

④控制系统能准确控制活动横梁的停止位置精度，能保证锻件垂直方向的尺寸精度。

⑤有模具预热装置，能将模具温度调节到较优的水平，并能防止机架受热。

2）缺点

①模锻液压机的停止位置精度比自由锻液压机高，要求在±0.1 mm 左右，滑块行程位置检测系统要有高的检测精度，所以制作成本较高。

②由于电气及液压系统的滞后，使得指令传递系统也滞后，在设定停止位置后，滑块会超程。

③锻造过程中，模具的温度对锻件表面质量有很大影响。当生产批量很大时，依靠从坯料传来的热量可以防止模具降温，但在小批量生产形状复杂的锻件以及模锻塑性成形性能不好的材料时需要有预热装置及保温装置，这使得设备结构复杂。

④中小型模锻液压机用于小批量生产时，液压机工作的灵活性差。需要在工作台内安装液压顶出装置，以方便快速更换及装夹模具。

技能要求

一、工作名称

设计连杆锻造工艺及指导操作。

二、工作条件

工件名称：连杆锻件，如图 7—1 所示。

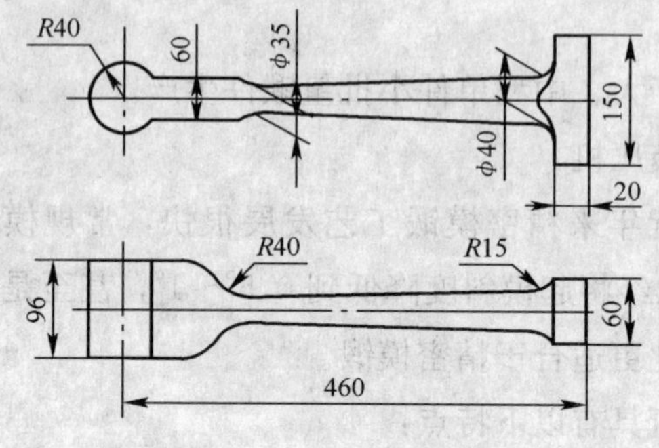

图 7—1 连杆锻件图

连杆材料：45 钢。

锻坯质量：14 kg。

使用设备：560 kg 空气锤。

三、工作过程

高级技师应能设计锻造工艺及工步，并能对操作工进行指导，提示操作的注意点。

1. 首先指导操作者镦粗坯料，去除氧化皮，然后打扁方 120 mm×176 mm×85 mm，另一操作者用半圆形摔模，两人合作镦圆头，如图 7—2 所示。

2. 用圆压辊压头部，形成 ϕ 80 mm 圆。成形复杂锻件的顺序应该是先复杂后简单，这样便于操作。圆压辊压头部的操作如图 7—3 所示。

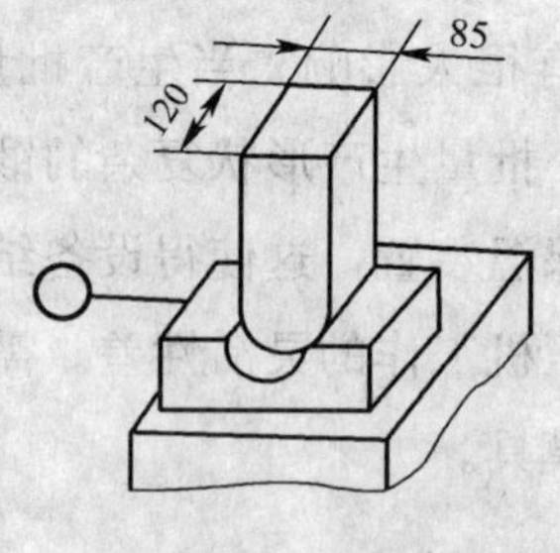

图 7—2 镦圆头

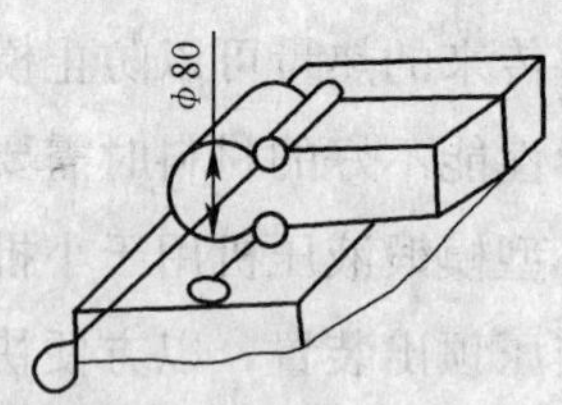

图 7—3 圆压辊压头部

3. 尾部打扁方。操作时应注意压下量，压下量过小容易在端面产生内凹；压下量过大受力区易形成双鼓形，中间如果加热不透，容易引起内部裂纹。尾部打扁方操作如图 7—4 所示。

4. 用半圆头压铁压头部，注意半圆头压铁的高度。压铁压头部操作如图 7—5 所示。

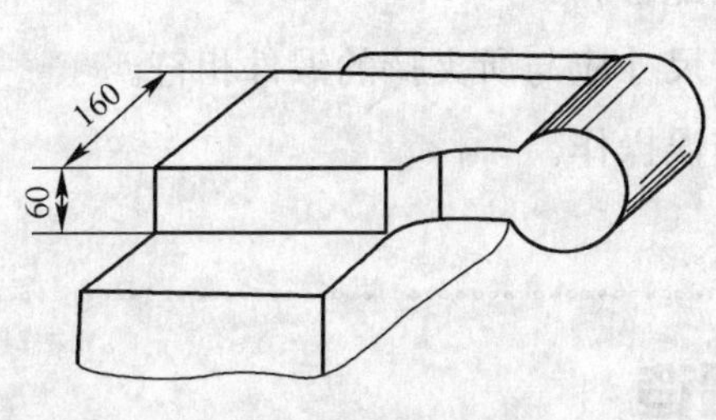

图 7—4 打扁方

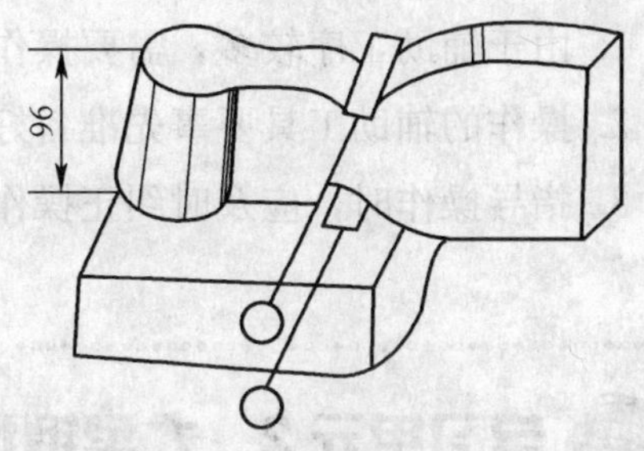

图 7—5 压铁压头部

5. 用三角压铁压尾部，注意压肩的距离，距离选择不当，会造成坯料分配不均，造成连杆有的部位缺料或余料，操作如图 7—6 所示。

6. 用扁方垫铁打杆，这是因为锤头宽于凹档，所以用扁方垫铁打杆。杆是圆的，但必须先打成四方形，然后打成八方形，倒棱、摔圆，操作如图 7—7 所示。

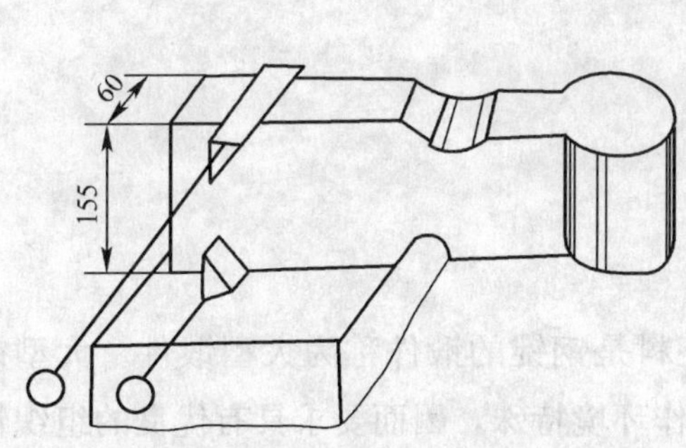

图 7—6 三角压铁压尾部

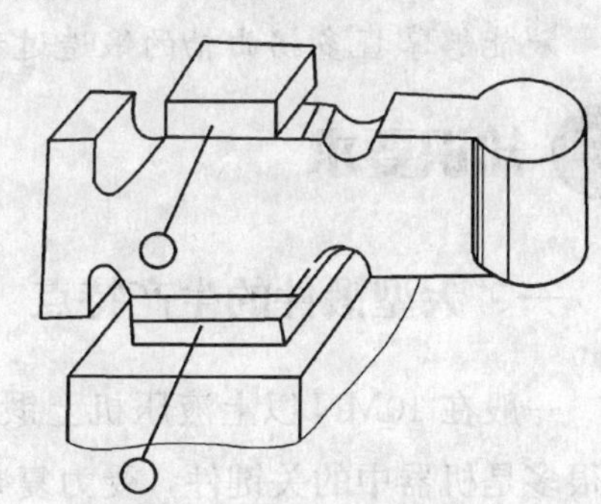

图 7—7 扁方垫铁打杆

7. 用圆形摔模摔杆，可以先用成形摔模，再用整形摔模，摔光杆部，操作如图 7—8 所示。

8. 将尾部加热，用锤头压住连杆头部进行扭转。尾部用加长扳手或专用工具扭转到所需要的尺寸，操作如图 7—9 所示。

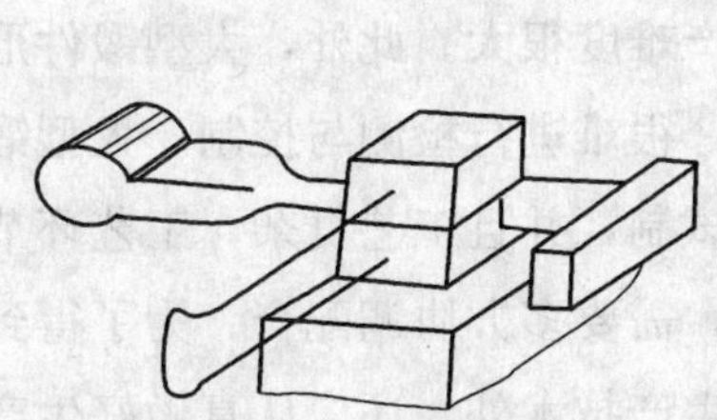

图 7—8 圆摔子摔杆

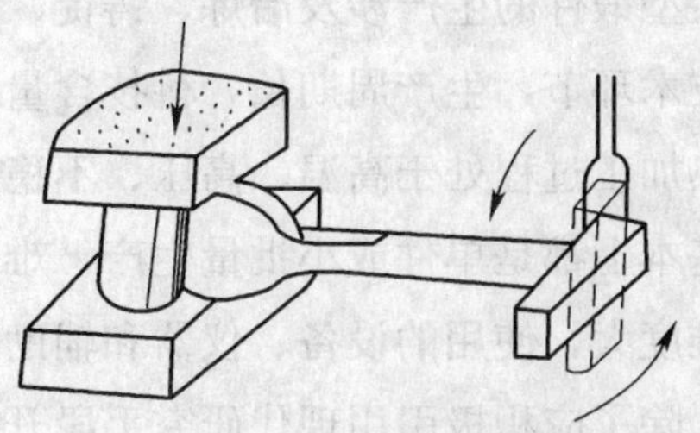

图 7—9 扭转尾部

四、注意事项

1. 由于辅助工序较多，需要操作工互相配合。
2. 操作的辅助工具要事先准备好，钳口尺寸应与所夹持的锻件相符。
3. 指导操作时，应及时纠正操作工的错误操作。

学习单元 2　大型锻件的锻造

学习目标

➢了解大型锻件在锻造过程中容易出现的问题

➢能够掌握多拐曲轴的锻造过程

知识要求

一、大型锻件的生产特点

一般在 10MN 以上液压机上锻造，坯料是钢锭的锻件称为大型锻件。大型锻件很多是机器中的关键件，受力复杂，工作环境特殊，因而要求具有优良的组织性能，以保证机器能安全、可靠、长寿命地工作。随着科技的进步，工业机器在向高性能、多参数和大型化方向发展，对大型锻件锻造过程和产品质量的控制也越来越严格。大型锻件的生产能力、工艺水平和技术指标是衡量一个国家工业发展水平的重要标志之一。

1. 大型锻件的生产工艺复杂

大型锻件的生产涉及冶炼、铸锭、加热、锻压、粗加工、热处理和质量检验等诸多技术环节，生产周期长，科技含量高，生产难度很大。此外，大型锻件形体巨大，热加工过程处于高温、高压、不稳定状态，很难进行检测与控制。大型锻件的生产基本上都是单件或小批量生产，难以进行试制，并且工艺复杂，工艺环节多且技术难度大，使用的设备、仪器和辅助工具多，需要多方协调配合。为了得到优质锻件，除了应积极引用现代研究手段开发新的生产技术外，还应认真做好生产技术准备和计划管理工作，严密生产组织，严格工艺纪律。

2. 大型锻件的生产投资大

大型锻件生产周期长，占用大型设备多，原材料、能源、工辅具和劳动力消耗巨大，环境污染严重，所以，依据市场需求，不断调整产业结构，提高材料利用率，降低消耗，节材、节能，注重环保，降低生产成本，提高经济技术效益，对提高制造水平具有重要的意义。20 世纪 90 年代中期，我国已能生产成套合格的 600 MW 级火电设备大型锻件，能对大型锻件晶粒度变化等微观组织进行深入研究，能对塑性加工各种参量提供全面的信息保证。

二、大型锻件锻造过程中容易出现的问题

1. 钢锭的缺陷及防止的方法

钢锭的缺陷对锻造过程和锻件质量有不良的影响。缺陷的形成与冶炼、浇注、冷凝结晶条件、耐火材料的品质和冶金附具的设计、制造等有关。分析缺陷的成因、采取相应的措施、预防和消除缺陷，对提高大型锻件质量具有重要的意义。

（1）缩孔

钢锭凝固后，在其上端形成的孔洞及缩管称为缩孔。这是由钢锭冷凝收缩时补缩不足造成的。如果在锻造时切除不净，则会形成裂纹与折叠。解决的方法是，采用发热冒口或绝热冒口，改善钢液补缩条件，使缩孔上移至冒口处，以便于锻造时切除干净。

（2）疏松

钢锭中上部的海绵状组织结构称为疏松，包括中心疏松与一般疏松。形成的原因是钢锭凝固时晶粒间冷缩形成显微空隙与针孔，此处力学性能较差。防止的方法是提高加热温度，在锻压时采用适当的锻造比，使其锻合、压实。

（3）表面裂纹

在钢锭表面上出现的纵向裂纹或横向裂纹称为表面裂纹。产生纵向裂纹的原因是钢锭浇注模设计不合理，浇注温度高，浇注速度快，钢锭表面冷凝层被钢液压裂。产生横向裂纹的原因是钢锭模表面不干，或保温帽与钢锭模间的缝隙处产生悬挂，阻碍钢锭自由收缩，冷凝层被拉裂。防止的方法包括：改善钢锭浇注模设计，加强钢锭浇注模维修检查，控制浇注温度和浇注速度，并且严格执行工艺纪律。表面裂纹在锻造前一定要清除，否则会造成锻件报废。

2. 大型锻件加热缺陷及防止的方法

钢料锻造前的加热是锻造生产中的重要环节。合理确定加热规范，不仅能防止加热裂纹、过烧等缺陷，而且对改善锻造过程、提高锻件的组织性能具有重要的

意义。

（1）钢锭加热

表面温度高于600℃的钢锭称为热钢锭。热钢锭处于高温、高塑性状态，可以高温装炉、快速加热。热钢锭经炼钢、铸锭后，趁热送至加热炉，加热时间短，节约能源，锻件加热质量高，应尽量采用。对于表面温度为450～550℃的钢锭，应先装入650～750℃的炉中均匀加热后方能按热钢锭加热。

（2）高温保温时间

无论是冷锭还是热锭，加热至锻造温度后，都应保温一定的时间，以达到均热、热透、高温扩散的目的。对重要的合金钢锻件，其高温扩散保温时间为普通锻件的2倍以上。高温扩散加热可以清除或减少钢锭中的微观偏析，均匀化学成分，扩散杂质分布，提高钢的塑性，有利于钢锭内部孔隙性缺陷的压实、焊合和修复。

3. 大型锻件锻造过程中的缺陷及防止的方法

大型锻件锻造要靠正确的锻造工艺来保证。大型锻件锻造过程中容易出现的问题，主要来源于锻造过程中的镦粗和拔长等基本操作。

（1）镦粗操作

镦粗前钢锭应加热到材料允许的最高温度，并防止镦粗时钢锭中心偏移或不均匀变形。镦粗前坯料的高度与直径比一定要控制在规定的范围内，带钳把的控制在2.5～3，不带钳把的控制在2.5以内，否则镦粗时容易发生纵向弯曲。若出现纵向弯曲，要注意及时予以纠正。镦粗时，坯料两端必须保持平整。表面一旦有凹坑、划痕、裂纹等缺陷，这些缺陷就会进一步扩大。如果镦粗后还要进行拔长操作，则镦粗高度应考虑到拔长的可能性。一般情况下，高度与直径之比应该不小于0.8，否则拔长时容易产生凹心。

（2）拔长操作

钢锭拔长时应尽可能在高的始锻温度下操作，以保证钢锭皮下气泡能够充分焊合，钢锭的锥度能够被消除，提高钢锭表层的塑性。拔长钢锭时，应注意从中间往两端拔，这样做可将钢锭组织内部的疏松区、偏析区赶往端部，最后将端部随冒口一起剁掉。为了提高拔长的效率，保证锻件表面平整光洁，拔长时应选取适当的送进量和相对送进量。拔长是焊合内部空洞的主要锻造工序之一，拔长时应选用合适的砧子形状（使用V形砧能够使坯料处于三向应力状态），对锻件反复进行拔长，促使内部空洞完全焊合。

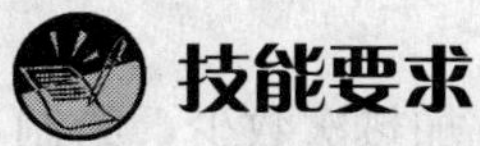

技能要求

一、工作名称

指导多拐曲轴的锻造。

二、工作过程

1. 多拐曲轴锻造情况概述

曲轴是发动机的关键部件，现代化的汽车对曲轴坯料提出了更高的要求。例如要有六拐成 120°、带 12 个整体平衡块的要求。以前我国不能用锻造的方法生产这样复杂的曲轴，一般是用铸造，或用镶平衡块的方法生产。这两种方法生产的曲轴都无法满足先进发动机的需要。

从锻造的角度出发，按几何形状划分曲轴，可将其分为带 4 个以下平衡块的曲轴、带 5～8 个平衡块的曲轴和带 8 个以上平衡块的曲轴。由于曲轴的锻造生产难度较大，一般都是专业化生产，即中批量或大批量生产。从经济效益和工艺的角度来分析，带少于 4 个平衡块的曲轴，在锻造设备上直接把平衡块的角度锻打出来，投资少、见效快、经济效益好。带多于 8 个平衡块的曲轴，直接在锤上锻造出来困难很大，因此往往采用先锻出平面曲轴，然后用曲轴扭拐机扭出角度来。

2. 举例说明

下面以某厂生产的斯太尔曲轴为例，如图 7—10 所示，介绍六拐成 120°分布、带 12 个整体平衡块曲轴的锻造扭拐工艺及应注意的问题。

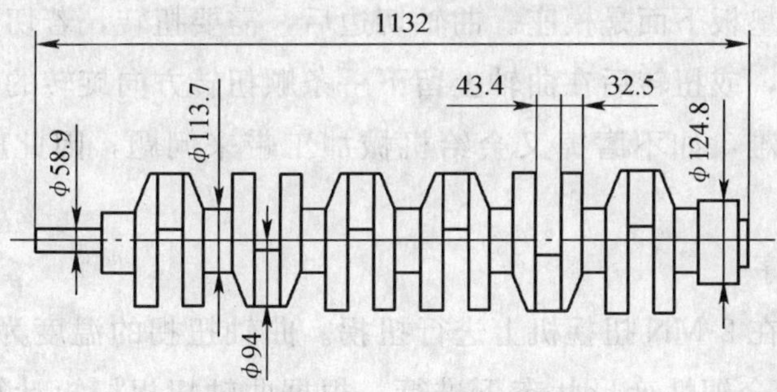

图 7—10　斯太尔曲轴热锻件图

锻件名称：斯太尔曲轴。

材料：45 钢。

质量：131 kg。

这种曲轴几何形状复杂，技术条件要求严格，加工工序多，加热次数少，给制定工艺工作带来许多困难，所以想要生产出合格的锻件，不仅要有先进设备，还要有正确的工艺和工装设计。斯太尔曲轴的锻造工艺如下：

备料→剥皮→加热→锻造→切边→扭拐→校正（一）→校正（二）→热处理→检查→冷校直→去应力退火→抛丸→探伤→磨飞翅和裂纹→浸油→入库。

（1）备料工序

选用精炼 45 钢，化学成分和力学性能要符合 GB699 和 GB3077 的规定，并要求 $M_0<1‰$ 和经热顶锻试验，规格为 ϕ165 mm 的专用轧材，锯床下料，下料质量为 170 kg。

（2）剥皮工序

因为国产原材料的脱碳层较深，会影响曲轴锻件的表面质量，故下料后的材料要进行剥皮，剥皮后的直径为 160 mm，质量约为 160 kg。

（3）加热工序

采用步进式煤气加热炉加热，始锻温度为 1 180℃。

（4）锻造工序

锻造工序分预锻、终锻两道工步。预锻工步和终锻工步都是水平分模的。精炼 45 钢的曲轴终锻温度控制在 1 050℃以上，使用的设备是 16 t 模锻锤。

（5）切边工序

终锻成形后的锻件在 12.5 MN 曲柄压力机上切边。曲轴的切边模设计原则与一般切边模相同，但考虑到曲轴平衡块间距离较小，切边模凹模许多部位处于悬臂状态，故在切边模凹模下面设计了一块很厚的垫板和支撑，用以改善凹模的受力状态，垫板下面是模座。曲轴切边后，需要扭转，若切边切不干净会影响扭转模的夹紧，或扭转后在曲轴上留下一条顺扭转方向旋转的残余飞翅，这时磨掉飞翅会很困难，如不磨掉又会给机械加工带来问题，因此应尽量把飞翅切干净。

（6）扭拐工序

曲轴切边后在 2 MN 扭拐机上进行扭拐。曲轴扭拐的温度为 950～1 050℃。曲轴扭拐几乎在全塑性变形状态下进行，根据曲轴扭拐扭矩计算公式，可以计算出一次扭二拐时，扭矩约为 56.6 kN · m。在扭拐过程中，采用水基石墨润滑剂或机油润滑模具，同时要及时清除模具上的氧化皮，保持模具清洁。扭拐后的曲轴可能在角度和主轴直线度方面不能满足锻件图的要求，还需要增加校正工序。

(7) 校正工序

扭拐后的曲轴要进行两次校正，校正是在 16 MN 液压校正机上进行。校正的主要目的是校正主轴的中心线与曲轴之间的夹角。第一次校正后，旋转 90°进行第二次校正。校正的温度应高于 800℃，一般在 850℃ 左右。经两次校正后的曲轴，几何形状已完全符合锻件图，此时曲轴锻造生产全部结束。在曲轴的生产和搬运过程中严禁碰摔，避免造成曲轴变形。

3. 多拐曲轴锻造应注意的问题

锻后经热处理的曲轴要进行检查，发现问题应及时解决。对主轴径摆差、曲拐夹角和热处理硬度要 100%检查，其余尺寸抽查。对主轴径摆差不合格的曲轴要进行冷校直和去应力退火；对硬度不合格的曲轴要重新进行热处理；对曲拐夹角不合格者应单独放置，待达到一定批量后再进行校正工序。以上检查都合格的曲轴要进行抛丸处理，清除锻件表面的氧化皮。抛丸后的曲轴要进行表面磁力探伤，进一步检查裂纹，若发现有裂纹要用砂轮磨掉，不能凿掉。磨削的深度在磨口处要小于加工余量的一半；在非加工面处要求磨平，不要形成明显的凸起或凹坑，深度不超过尺寸偏差范围，磨削宽度为深度的 6 倍。在磨裂纹的同时还要修磨残余飞翅。合格的曲轴要浸油处理，以防生锈。

第 2 节　理论培训

学习单元 1　锻造工培训讲义的编写

学习目标

➢ 掌握锻造工培训讲义的编写要点

➢ 能够编写锻造工的培训讲义

知识要求

一、培训讲义的编写要点

1. 培训讲义内容要考虑其有效性

培训的主要目的有两个：一个是为企业获得经济效益，使企业能够长期发展；另一个是提高锻造工的个人业务能力，满足锻造工业发展的需求。为更好地凸显这两个方面，确保培训内容的有效性，就要先了解企业当前存在的不足和对锻造工的需求，结合实际的调研情况确定培训内容。

2. 培训讲义内容要考虑有针对性

由于企业员工的知识和技能结构的差异较大，必须注意培训教材内容的选择。如果培训的内容过深，则低学历、低技能的员工听不懂，不仅起不到应有的作用，反而会出现不良的效果；如果培训的内容过浅，对于高学历、高技能的员工又起不了很大的作用，浪费人力、物力和财力。因此，在培训内容的选择上要有针对性，在明确培训需求的情况下，宜采取分层施教的原则。对不同岗位、不同的人员和不同的对象规定不同的内容，编写不同的培训教材。对锻造技术人员应注重专业技术知识方面的培训，对生产一线的锻造工则应以本岗位的技能操作和所需要的知识为主。

3. 培训深度上要考虑可行性

培训内容不要过于深奥、过于全面，而是要注重适用，讲究实实在在。对于生产一线的锻造工来讲，他们更容易接受通俗易懂的内容，最好是能让其结合工作中的实际情况予以理解，内容够用即可。要讲实践操作经验，要使理论与实践相结合，让参加培训的人员都能听清楚、听明白，并确保其正确地理解培训内容。

二、培训讲义的编写方法

培训讲义的编写要考虑全面，既然要培训，首先必须明确培训的目的，是解决员工的质量意识问题还是扩大员工的质量知识面；是提高员工的操作技能还是让其掌握相关的质量标准等。接下来才是确定培训的内容，是进行技术知识培训还是进行技能培训；是进行质量意识培训还是进行管理知识培训等。进而根据前面确定的内容编写相应的培训教材，明确培训所要达到的效果。

总之，在锻造工培训讲义的编写过程中，培训内容要体现适用和可操作，不要空泛，要结合实际，体现锻造行业的发展。培训内容要有重点，有主有次，要注重核心知识和技能的培训，以职业活动为导向，以职业能力为核心，依据锻造工国家职业标准，明确相关知识为操作技能服务。

技能要求

一、工作名称

编写锻造工的培训讲义。

二、工作过程

1. 锻造工培训讲义大纲的编写方法

首先要编写培训讲义大纲，讲义大纲应分“章、节、目、细目”四个层次来编写。培训讲义大纲的内容必须完整，避免遗漏内容和前后重复。大纲的编写要以认真的调查研究为基础，要具有科学性和先进性，大纲的内容及结构应基本反映讲义的编写内容与结构。

2. 锻造工培训讲义的编写方法

(1) 讲义的编写要严格按照大纲进行。在讲义编写过程中，如果发现大纲有缺陷，应进行修改，但要通观全稿，经反复斟酌后方可进行修改。

(2) 讲义的内容不能有政治性错误，应符合党的方针政策，不得违反国家有关法律的规定。

(3) 科学性和先进性。锻造工培训讲义编写的内容要符合客观规律，要与锻造行业的实际相结合，资料、实例及数据等必须准确可靠。要紧跟时代的步伐，体现锻造行业的先进性，充分反映企业技术改造与升级后的新技术、新工艺和新设备等。

(4) 讲义内容的原创性。这一点很重要，这是衡量所编讲义质量高低的重要标准。

学习单元 2　锻造生产中的节能措施

学习目标

➢了解企业进行节能、降耗、减排的现状

➢能够在锻造生产中做到节能、降耗、减排，改善生态环境

知识要求

一、企业进行节能、降耗、减排的现状

锻造企业现在主要面临着钢材、电力等原材料和能源的价格不断上涨，锻件价格不断降低的困难，行业内部以及国外企业竞争的压力也在不断加大，国家对环境保护的要求也越来越严格。如何在锻造企业内开展节能、降耗，降低生产成本，实现企业长期稳定的可持续发展，也就成为目前面临的主要课题。

我国锻造业目前所使用的锻压设备多为机械压力机、锻锤和液压机等，锻锤类设备中最常用的是蒸汽—空气锤。这种锻锤作为锻造生产中主要的设备之一，能量利用率很低，约为 5%，工作时还会产生巨大噪声，使地基产生剧烈振动。这种噪声和振动往往大大超标，对锻造工人及周边环境产生严重的危害和污染。为做好环境保护工作，当前锻造业迫切需要加快锻造设备的优化和改造，蒸汽—空气锻锤改造成电—液锻锤后，可节能 80%以上，打击力还可加大，操作灵活，综合性能良好，工作环境得到了改善，因此对蒸汽—空气锻锤进行电—液技术改造势在必行。

二、绿色锻造的意义

绿色锻造是综合考虑环境因素和资源利用率的现代生产模式，要求最大限度地减少对环境的影响，使原材料和能源利用率达到最高，使企业又好又快地发展。

1. 节约能源

企业采用的节能措施应与企业的效益及社会的效益相一致，既有利于企业也有利于国家。一般企业为增加企业效益而采取的节能措施有以下三种：

（1）将现有的设备进行改造，使改造后的设备变得节能。

（2）采购新型节能设备，替换旧的设备，达到节能目的。

（3）采用复合工艺节约能源，如采用锻造余热淬火工艺，不要等锻件温度降到室温再重新加热后进行淬火，而是利用锻件自身温度直接进行加热，使锻件达到临界温度后再进行淬火，这样就会降低能源消耗，减少工序。

2. 降低消耗

在锻件设计和生产过程中，注意提高锻件的尺寸精度，尽量减少锻件的加工余量，提倡精密模锻，采取锻件少、无切削工艺。这样做不仅可以减小锻件的质量，降低钢材的消耗，同时由于加工余量减小，对提高后续机械加工的效率以及减少刀具消耗都非常有利。

3. 排放达标

严格控制有害物质的排放，不仅有助于车间工人的安全保障，还有助于对外部环境的保护。为使排放达标，可对相应的工艺措施进行改进，例如用天然气或煤气代替煤，有条件的企业可用电加热代替传统的加热工艺。如果对传统的燃煤加热炉没有进行很好的改造，会对长期从事这项工作的工人身体造成伤害。

技能要求

一、绿色锻造实例一

1. 工作名称

汽车前轴锻件的节能新工艺。

2. 工作过程

（1）汽车前轴锻件的锻造工艺

汽车前轴属细长弯杆类锻件，又称工字梁，主要用于载货汽车以及大型客车前桥和部分第二桥使用。前轴锻件目前国内主要采用热模锻压力机生产、模锻锤上生产以及辊锻机生产等几种锻造生产方式，其主要工艺过程为：钢材下料→加热→锻造→热处理→清理校正→检验入库。

（2）汽车前轴锻件的节能工艺

1）传统的余热利用。传统的锻造余热淬火是指锻件在高温奥氏体状态变形后，利用锻造余热直接进行淬火，使锻件获得部分或全部马氏体组织。其淬火的质量受锻造形变量、锻后停留时间和锻造余热淬火温度等方面的影响。利用锻件余热直接淬火虽然具有节能的效果，但保证不了锻件质量，导致锻件出现热处理变形大、晶粒粗大、表面硬度和组织不均匀等一系列的工艺缺陷。由于前轴属于汽车重要的安全件，传统的利用余热直接进行热处理的方法满足不了生产的需要。传统的余热利用热处理工艺曲线如图 7—11 所示。

2）余热控温淬火工艺。某锻造公司采用锻件余热控温淬火工艺，在锻件下线后采用强冷，使其温度由 850～900℃降至 600℃附近，完成相变，保证组织一致。然后进入加热炉重新加热至 860℃，进行保温后淬火。这套工艺有别于普通的锻后余热利用，而是部分地利用了锻件的余热，降低加热能耗。同时由于采用加热炉重新加热以及淬火机构的自动化控制，保证了淬火温度、淬火介质以及淬火方式的稳定，满足了批量生产的质量要求。余热控温淬火工艺不仅具有普通调质淬火工艺稳定性的特点，而且具有利用余热进行淬火的低能耗、周期短等特点，符合可持续性发展的节能、环保、高效的要求，其工艺曲线如图 7—12 所示。

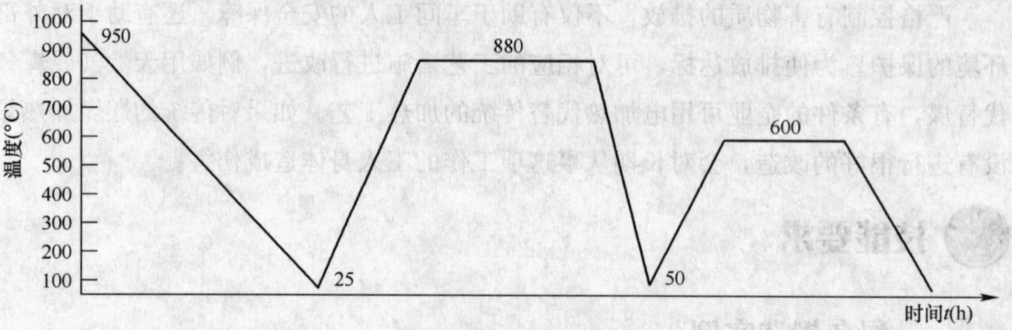

图 7—11　传统的余热利用热处理工艺曲线

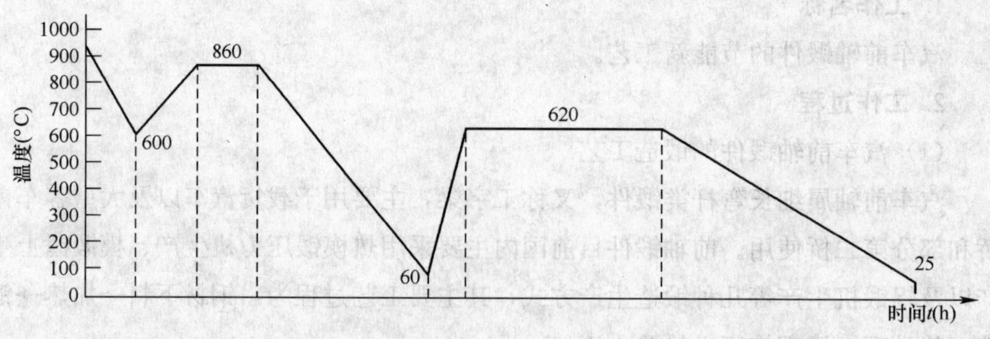

图 7—12　余热控温淬火工艺曲线

3）采用非调质钢材料，减少工序，降低能源消耗。开展节能降耗的另一条途径是采用非调质钢替代碳钢生产前轴，这种钢在锻造后无须调质热处理就可以保持强度。由于减少了热处理调质的工序，从而实现了节能的目的。目前这种钢已经大量用于生产曲轴、前轴等。非调质钢的使用不但降低了生产成本，还减少了 CO_2 的排放量。该钢种锻造后直接控制冷却就可以达到很高的强度，可以替代中、高碳钢和低合金调质结构钢应用于机器零件的制造。在制造过程中它还具有简化工艺、节能、避免淬火缺陷、改善环境等优点，从而可以降低制造成本。从表 7—2 对比中看出，12Mn2VB 这种非调质钢的力学性能低于 40Cr，但高于 45 钢和 50 钢，比 42CrMo 低很多。

表 7—2　　非调质钢与相近钢性能比较

牌号	R_{eL}（MPa）	R_m（MPa）	断后伸长率 A（%）	断面收缩率 Z（%）	a_k（J·cm²）	备注
12Mn2VB	≥490	≥686	≥16	≥45	≥55	经冷锻后
40Cr	≥785	≥980	≥9	≥45	≥47	试样

续表

牌号	R_{eL}（MPa）	R_m（MPa）	断后伸长率 A（%）	断面收缩率 Z（%）	a_k（J·cm^2）	备注
45	⩾355	⩾600	⩾16	⩾40	⩾39	试样
50	⩾375	⩾630	⩾14	⩾40	⩾31	试样
42CrMo	⩾930	⩾1 080	⩾12	⩾45	⩾63	试样

二、绿色锻造实例二

1. 工作名称

减少自由锻件的加工余量。

2. 工作过程

（1）减小自由锻件的加工余量需要的条件

1）锻造操作工的锻造技术水平。自由锻件的加工余量和锻造操作工的技术水平关系密切，只有提高锻造操作工的技术水平，才能生产出加工余量小的自由锻件。

2）自由锻锻件产品的专业化生产。自由锻锻件产品的专业化、规模化生产是一种减小加工余量的好方法。这样便于采用胎模具，使自由锻件产品的尺寸更加精细化，达到减小自由锻件加工余量的目的。

3）企业锻造的综合实力。企业锻造的综合实力是减小自由锻件加工余量的重要保证。锻造操作工能自觉提高操作技能，企业制定合理的竞争机制，减小自由锻件的加工余量，锻造出精品锻件，是企业技能水准高的标志，也是企业竞争的法宝。

（2）法兰锻件减小加工余量实例

某法兰的成品尺寸为外径 ϕ520 mm，内径 ϕ381 mm，厚度 36 mm。按照国家标准和锤上自由锻的余量和公差标准制定的锻件尺寸为外径 ϕ538 mm，内径 ϕ360 mm，厚度 52 mm，锻件质量为 51.2 kg。为了提高锻件精度，减小锻件的加工余量，新设计的锻件尺寸为外径 ϕ528 mm，内径 ϕ371 mm，厚度 40 mm，内径的单边余量仅为 5 mm，外径的单边余量仅为 4 mm，厚度的单边余量仅为 2 mm，锻件质量为 34.8 kg，相对轻了 16.4 kg。机械加工余量减小的节材效果可见一斑。

第 3 节　质 量 管 理

学习单元 1　质量问题与标准

学习目标

➢ 了解锻件的相关质量标准
➢ 能够解决大型复杂锻件的质量问题

知识要求

一、部分锻件相关质量标准

1. GB/T 12361—2003《钢质模锻件　通用技术条件》

（1）适用范围

GB/T 12361—2003 适用于模锻锤、热模锻压力机、螺旋压力机、平锻机等锻压设备生产的结构钢模锻件。其他钢种的锻件亦可参照使用。本标准可作为产品设计部门确定锻件技术要求和供需双方签订技术协议的依据，也可作为锻件的验收依据。

（2）技术要求

1）对原材料的技术要求

①锻件所选用的钢材应符合有关标准的规定。

②锻件所用钢材除按标准规定的要求外，对不同的锻件生产厂，可以采用其他部颁标准或与钢材供应商所签订的专门技术协议作为附加要求。

③所选用钢材需经复验合格后方可投入生产。复验项目按钢材检验标准确定。

2）对锻件质量的要求

①模锻斜度及其数值按标准中的规定确定。圆角半径及其数值按标准中的规定

确定。

②锻件尺寸公差、形位公差及其他公差应符合 GB/T 12362—2003 的规定。

③表面缺陷。锻件的表面缺陷应不超过 GB/T 12362—2003 的规定。但锻件非加工表面存在折叠、裂纹时，应打磨清除。清除的表面必须圆滑过渡，打磨宽度不小于深度的 6 倍，打磨长度应在两端超出缺陷长度 3 mm 以上，打磨允许深度不得大于 GB/T 12362—2003 所规定的数值。

④顶料杆压痕位置由供需双方商定。

⑤锻件过烧。任何类别的锻件都不允许过烧。过烧的锻件必须报废。

⑥锻件热处理。锻件热处理供货状态应在锻件图上注明，一般包括调质处理、淬火后回火处理、正火（退火）或不进行热处理。锻件热处理后的硬度值波动范围按表 7—3 的规定执行。

表 7—3　　锻件布氏硬度值波动范围　　mm

供货状态	a	b	c	d
压痕直径波动值	0.3～0.5	0.6～0.7	0.6～0.7	—

例如：18CrMnTi 钢锻件的正火硬度为 d_B（压痕直径）＝4.2～4.8 mm。

⑦锻件表面清理。锻件表面氧化皮应予以清理。表面清理方式有抛丸、喷砂、酸洗、滚筒清理等。

⑧锻件质量检测。锻件质量检测内容通常包括几何尺寸、表面缺陷和硬度等。根据需方要求，可对锻件进行力学性能检验。为确保特别重要锻件的表面或内部质量而不能在锻件上取样检测时，可采用无损检测。无损检测方式有磁力探伤、荧光探伤、超声波探伤、磁力测硬度等。无损检测的采用及其方式由产品设计部门、需方和供方共同确定。确定的项目需 100％检验。

3）其他要求

①质量公差。锻件一般不考虑质量公差。在需方提出要求，供方确有条件满足时，可采用质量公差。质量公差通常不超过锻件计算质量的 8％，偏差值通常采用正负对称分布。

②特殊要求。在需方提出本标准以外的特殊要求时，经供、需双方协商，在有关文件上注明。

2. JB/T 9178.1—1999《水压机上自由锻件　通用技术条件》

（1）适用范围

JB/T 9178.1－1999 标准规定了在水压机上自由锻件的通用技术条件。它适用于一般工业用碳钢和合金钢锻件，包括结构钢锻件和工具钢锻件；不适用于有专门用途或特殊要求的锻件。

（2）订货条件

订货条件是供方和需方在签订合同时所要遵循的基本条件。

1）需方订购的锻件数量和材质。需方应提供零件图和粗加工图，若仅提供零件图，则需在图样上注明热处理要求、工艺夹头及试棒的尺寸和位置。若需方仅提供粗加工图，则需在图样上注明零件尺寸、工艺夹头及试棒的尺寸和位置。

2）需方图样无上述规定时，则按供方工艺规定。

3）需方应在合同中规定锻件级别，见表 7—4，若未规定级别，则按Ⅴ级锻件交货。如有特殊要求，需方可在订货时提出，在合同中注明。

表 7—4　　锻件级别的试验项目及检验数量

锻件级别	级别的基本标志		验收的力学性能指标	试验数量	
	检验特性	组成批的条件		拉力、冲击试验	硬度试验
Ⅰ	测定每个锻件的硬度和力学性能	每个锻件均试验	R_m，R_{eL}，A，Z，a_k，HB	每个锻件均受试验	每个锻件均受试验
Ⅱ	测定每个锻件的硬度和每批锻件的力学性能	同炉热处理的同一熔炼炉号锻件	R_m，R_{eL}，A，Z，a_k，HB	每批试验 2 件	每个锻件均受试验
Ⅲ	测定每个锻件的硬度	每个锻件单独检测	HB	—	每个锻件均受试验
Ⅳ	测定每批锻件的硬度	同一炉号、同一热处理规范的锻件	HB	—	每批试验 2 件
Ⅴ	不试验	—	—	—	—

注：1. Ⅰ、Ⅱ级锻件的硬度值不作为验收依据，其验收的力学性能指标项目必要时可由供需双方商定。

2. 试棒一般留在锻件上，特殊情况经需方认可可以单独锻造，但必须和它所代表的锻件使用同炉钢水，具有相同的锻造比和锻造方法，并同炉热处理。

（3）锻件制造

1）锻造用钢应是镇静钢，其化学成分应符合国家标准的有关规定。国家标准以外的钢号应按合同双方的约定。

2）锻造用钢锭或钢坯应有合格证明书。

3）钢锭和钢坯在锻造前必须将影响锻件质量的表面缺陷全部清除。钢锭锻造时两端应有足够的切除量。

4）锻件生产过程中加热、锻造、锻后冷却及热处理、校正等，均按供方的工艺规范执行。重要锻件应有必要的技术记录。

5）锻件应有足够的变形量，以确保达到锻件的质量要求。

（4）技术要求

1）锻件图上的机械加工余量、公差，按 JB/T 9179.1～9179.8 的规定。需方有特殊要求者按合同规定。

2）锻件的形状和尺寸应符合锻件图的规定。

3）锻件根据其用途和工作条件，按试验种类分为Ⅰ、Ⅱ、Ⅲ、Ⅳ、Ⅴ五级，试验范围按表 7—4 的规定。

4）锻件表面不应有裂纹、缩孔、折叠、夹层、锻伤等缺陷，若有缺陷，按以下规定处理。

①不需机械加工的锻件表面，经修整后其最大深度不得超过该处的最小实体尺寸。

②需要机械加工的锻件表面，经测定，如锻件上剩余的单边机械加工余量不小于公称单边余量的 50%，此缺陷可不清除；小于 50%时必须予以清除。

③锻件表面缺陷深度超过单边机械加工余量时，在需方同意的前提下，可将缺陷清除后按供方的工艺规范予以焊补。焊补的质量要符合需方对锻件质量的要求。

5）发现有白点的锻件应予报废，且对与该锻件同一熔炉号、同炉热处理的锻件均应逐个进行检查。

6）力学性能。表 7—4 中 R_m 表示材料的抗拉强度极限；R_{eL} 表示材料的屈服强度极限；A 表示材料的断后伸长率；Z 表示材料的断面收缩率；a_k 表示材料的冲击韧度；HB 表示材料的布氏硬度值。

7）检测试样一般应留在钢锭的冒口端或底部。

二、工艺类相关标准

1. GB/T 21471—2008《锤上钢质自由锻件机械加工余量与公差　轴类》

（1）适用范围

本标准是一项锻压工艺标准，适用于曲拐高度 H（或 D）≤500 mm、曲轴长度 L≤600 mm 的单拐曲轴和偏心轴类自由锻件的机械加工余量与公差的确定。它对供需双方在签订合同时，对锻件的订货、验收所涉及的技术问题，作出了有关规定。

（2）加工余量

单拐曲轴和偏心轴锻件的机械加工余量与公差应符合图 7—13 及表 7—5 的规定。

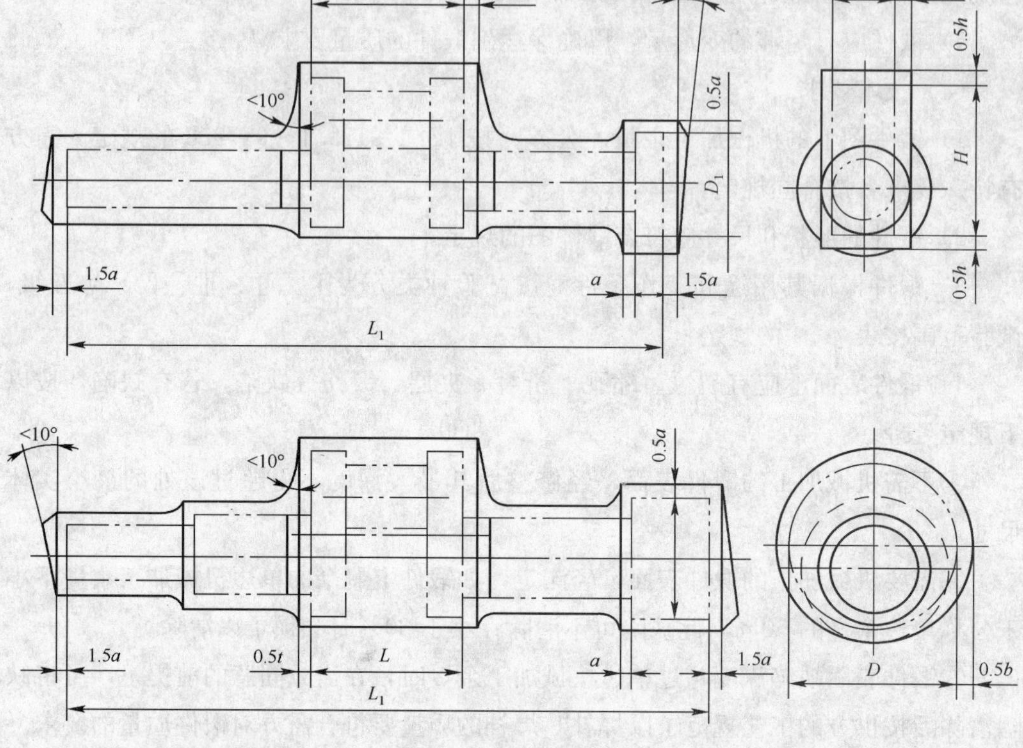

图 7—13　单拐曲轴加工余量与公差

表 7—5　　单拐曲轴类锻件机械加工余量与公差　　mm

曲拐长度 L		曲拐高度											
		大于 200			250			315			400		
		至 250			315			400			450		
		加工余量 b，h，t 与极限偏差											
		b	h	t	b	h	t	b	h	t	b	h	t
大于	至	锻件精度等级 F											
200	250	14±6	18±8	36±16	16±7	21±9	42±18						
250	315	16±7	21±9	42±18	18±8	23±10	46±20	20±8	26±11	52±23			
315	400				20±8	26±11	52±23	22±9	29±13	58±26	23±10	30±13	60±27
400	500				22±9	29±13	58±26	23±10	30±13	60±27	25±11	33±15	66±30
500	630							25±11	33±15	66±30	27±12	35±16	70±30

（3）相关说明

1）表 7—5 只列出曲轴精度 F 级的加工余量与公差，其他精度等级按相关标准确定。

2）曲拐部分的机械加工余量与公差按曲拐的高度 H（或 D）和长度 L 确定。

3）圆柱部分（轴颈、轴尾和法兰）的机械加工余量与公差根据最大直径 D 和零件总长 L 确定。

4）台阶与凹档以及法兰是否锻出，可按相关标准确定。

5）其余尺寸应符合《锤上钢质自由锻件机械加工余量与公差　一般要求》的规定。

2. JB/T 9179.8—1999《水压机上自由锻件机械加工余量与公差　圆环类》

（1）适用范围

本标准规定了水压机上自由锻圆环类锻件的余量与公差。标准适用于最终经芯棒扩孔工序完工的环类锻件，零件尺寸符合 $d \geqslant 0.5D$ 及 $H_0 \leqslant 1.2D$ 的圆环类锻件。

（2）余量与公差

水压机上自由锻圆环类锻件的机械加工余量与公差如图 7—14 所示，具体数值按有关标准确定。

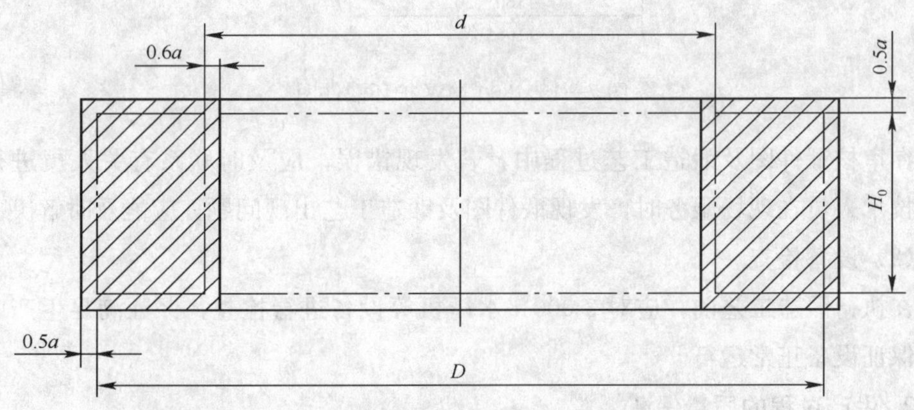

图 7—14　圆环类锻件的机械加工余量与公差

技能要求

一、工作名称

300 MW 护环锻件的质量保障。

二、工作条件

锻坯材料：50Mn18Cr4N 钢锭。

锻坯单个质量：6.5 t。

使用设备：1 250 t、3 000 t 水压机。

三、工作过程

1. 生产前的质量保证

（1）审核锻件图及锻造工艺

根据零件图（见图 7—15）$D=915$ mm，$d=650$ mm，$H_0=1\ 065$ mm，零件尺寸符合 $d\geqslant 0.5D$ 及 $H_0\leqslant 1.2D$ 的规定，可以执行标准 JB/T 9179.8—1999。锻件图的尺寸及极限偏差可以根据图 7—15 及有关表格查得。

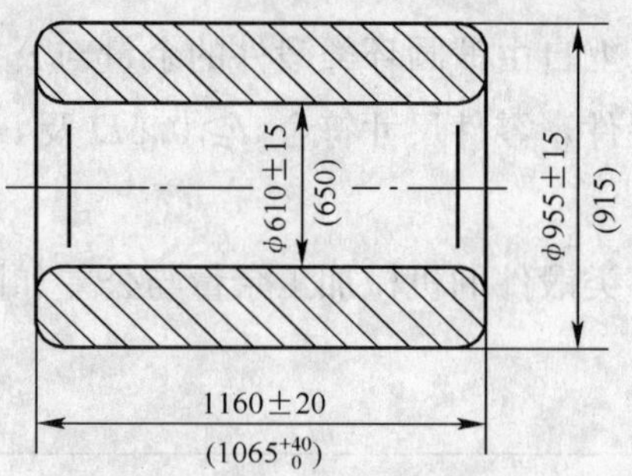

图 7—15　300 MW 护环锻件图

在审核锻件图及锻造工艺过程中，若发现错误，应及时联系有关人员进行修改。技术人员在现场服务时，发现锻件图及锻造工艺出现问题，应能及时解决。

（2）设备检查

在执行锻造工艺前，应对 3 000 t 水压机等设备进行检查，保证满足生产的需要，保证设备正常运行。

2. 生产过程的质量保证

（1）加热过程的质量保证

按规定进行坯料的装、出炉，记录装炉温度、升温速度、保温时间和始锻温度。正确控制炉温，使炉气微正压，尽量减少坯料的氧化。如遇生产设备出现故障，应及时请示班长，采取正确措施，防止坯料产生加热缺陷。

（2）第一火

在始锻温度 1 140℃时进行倒棱、下料操作，使用设备为 1 250 t 水压机。应按工序变形工艺卡进行操作，850℃为终锻温度，严禁在终锻温度以下锻打。质量保证的责任人是操作者，检查人是班长。倒棱、下料操作如图 7—16 所示。

（3）第二火

在重新加热到 1 140℃时进行第二火操作，进行镦粗和冲孔，使用设备为 3 000 t

水压机。镦粗在镦粗板上进行，冲孔时冒口向下用 ϕ 305 mm 的实心冲子冲孔，然后翻转过来用 ϕ 330 mm 的实心冲子冲透。质量保证的责任人是操作者，检查人是班长，操作如图 7—17 所示。

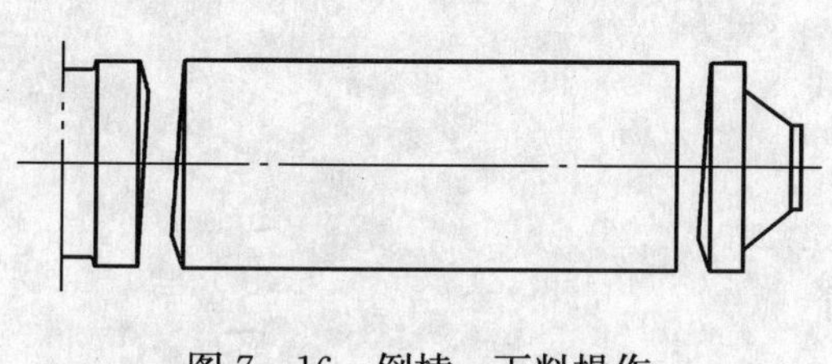

图 7—16 倒棱、下料操作

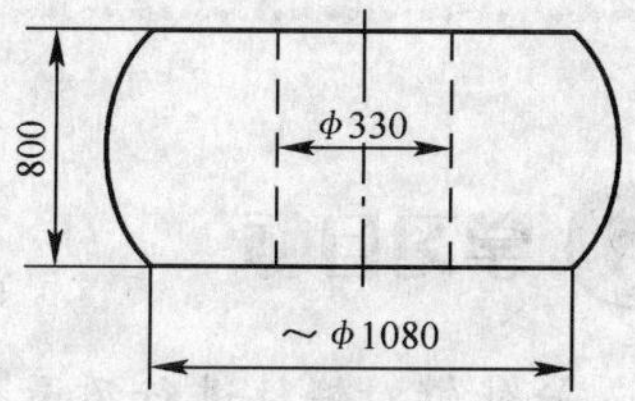

图 7—17 镦粗和冲孔

（4）第三火

在重新加热到 1 140℃时进行第三火操作，进行芯轴拔长和芯轴—马架扩孔，拔长时注意压下量为 30～50 mm。芯轴扩孔在马架上进行，锻造至热锻件尺寸。工序完成后应填写锻件变形记录卡，若中途停锻，应填写停锻事故单，作为锻件质量保障的原始依据。操作如图 7—18 和图 7—19 所示。

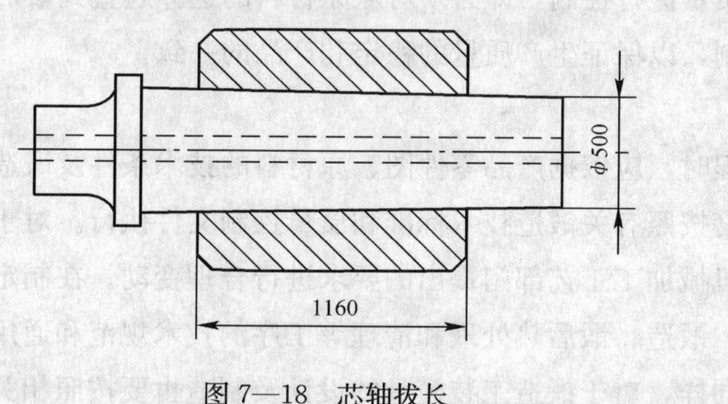

图 7—18 芯轴拔长

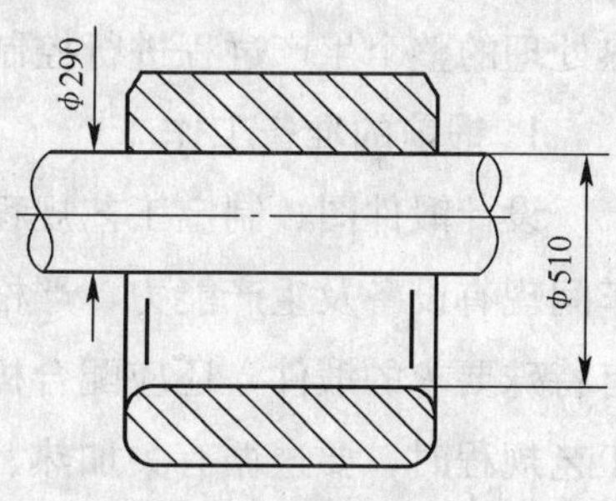

图 7—19 芯轴—马架扩孔

3. 锻后检查

锻后检查包括锻件外形尺寸、锻件试样力学性能检查。锻件合格，填写入库单。有缺陷的锻件，如果是外形不合格，可以进行清理、打磨或修复；如果是力学性能不合格，则应退回热处理工序。

4. 用户反馈

用户反馈是保障质量重要的一环，可以登门征求意见，定期回访客户。对征求到的意见应进行归纳整理，总结经验，形成良好的质量保证体系。

学习单元2　质量提高与控制

学习目标

➢能够对锻件进行质量分析与控制

➢能够为提高锻件质量采用新工艺方法

知识要求

一、锻件质量分析与控制

锻件设计完成以后，为了保证将来交付的锻件具有锻件图所规定的尺寸精度和力学性能要求，必须对锻件的质量进行控制，即必须对从原材料的选择起直到锻后热处理的整个生产过程进行控制，以保证生产质量的稳定和产品的一致。

1. 锻前的准备工作

设计锻件图、制定工艺规程时，应依据产品零件图、原材料的技术条件及锻造车间现有设备及生产能力，严格按照有关锻造技术标准和质量控制文件执行。对于有特殊要求的锻件，还应配合机械加工工艺部门提出的要求进行合理变动。在制定工艺规程时，要遵循有关加热、锻造、锻后热处理和清理等工序的技术规范和通用工艺规程及相关的检验制度。同样，对于锻造工装模具的设计及制造也要按照相关要求进行。

2. 原材料的控制

工厂在对锻造原材料进行订货时，供货方应该提供诸如熔炼方法、成分、炉次、轧制温度、低倍检验及力学性能等方面的资料和试验结果。原材料入厂后要进行复检，确保原材料达到订货要求，不会影响锻件的生产过程及锻件的最终使用性能。入厂后工作人员还要对原材料进行包括材料牌号、熔炼炉号、批次号、冶金工厂代号在内的标记，以便在使用过程中一旦发生问题，可以用来帮助查找原因和确定责任者。部分入厂检验项目见表7—6。

表 7—6　　入厂检验项目

项目 \ 材料	航空优质钢	铁基高温合金	镍基高温合金	铝合金	镁合金	钛合金
拉伸试验（试样）	Y	Y	D	Y	Y	D
冲击韧度	Y	N	N	N	N	N
高温耐久	N	Y	Y	N	N	N
淬透性	Y	N	N	N	N	N
晶粒度	Y	S	S	N	Y	D
高倍纯净度	S	N	N	N	N	N
低倍腐蚀	D	Y	D	Y	Y	Y
可锻性	N	S	Y	N	Y	N
目视检测（棒坯）	D	D	D	D	D	D
着色渗透	N	Y	Y	S	S	Y
超声波探伤	S	Y	Y	Y	S	Y

注：D——由锻件生产厂进行；Y——由冶金工厂（原材料供应厂）进行，需要时也可在锻件生产厂进行；S——仅在特殊情况下进行；N——不进行此项检验。

二、锻造过程的质量控制

1. 下料产生的质量缺陷

（1）切斜

坯料端面与坯料轴线倾斜，超过了许可的规定值。产生的原因是在剪切时棒料未压紧。切斜的坯料镦粗时容易弯曲，模锻时不好定位，易形成折叠。下料时须严格遵守下料的技术规程，压料装置压力要足够紧。

（2）坯料端部弯曲并带毛刺

切料时部分金属被带入剪刀间隙之间，形成尖锐的毛刺，坯料端部有弯曲变形。产生的原因是剪刀片之间间隙太大，或刃口不锋利造成的。有毛刺的坯料，锻造时容易产生折叠。因此，剪床上下料时必须正确调整刀片间隙。

（3）端部裂纹

主要在剪切大截面坯料时出现，在冷态下剪切合金钢或高碳钢时，也有这种裂纹产生。产生的原因是材料硬度过高、剪切时刀片上的单位压力太大，若不及时消除，锻造时将会使端部裂纹进一步扩大。

2. 坯料加热产生的质量缺陷

（1）“蛤蟆皮”表面

铝合金、铜合金的坯料在镦粗时表面形成“蛤蟆皮”，或者出现类似橘皮的粗糙表面，严重时还会开裂。这是由坯料过热、晶粒过大引起的铝合金坯料的粗晶环。

（2）加热裂纹

一般是沿坯料的横断面开裂，而且裂纹是由中心向四周扩展的，这种裂纹多产生于高温合金和高合金钢钢锭和钢坯加热过程中。这是由于坯料尺寸大，导热性差而加热速度又过快，且坯料中心和表层之间温差大，由此产生的热应力超过了坯料的强度所致。

（3）铜脆

钢锻件表面出现龟裂，经高倍显微镜检查，发现有铜沿晶界分布。在加热过铜料的炉子中加热钢料时易产生这种缺陷。这是由于炉内残存的氧化铜屑加热时被铁还原为自由铜，熔融的铜原子在高温下沿奥氏体晶界扩散，削弱了钢坯料晶粒间的联系所致。

3. 锻造工序阶段产生的质量缺陷

（1）十字裂纹

呈纵向内裂，这种裂纹常在低塑性的高速钢、高铬钢的拔长工序中产生。十字裂纹沿锻件横断面对角线分布，其纵向扩展深度不一，严重的可以贯穿整个坯料长度。产生的原因是在拔长过程中，送进量过大或在同一部位反复拔长，在坯料横截面的对角线上将产生最大的交变剪切应力，当交变剪切应力超过材料许可值时，便沿对角线方向产生裂纹。

（2）折叠

在外观上，折叠与裂纹相似。在低倍试片上，折叠外流线发生弯曲，如果是裂纹则流线被切断；在高倍试片上，与裂纹底部尖细不同，折叠底端圆钝，两侧氧化较严重。折叠产生的原因是锻造过程中已氧化过的表层金属汇合在一起。自由锻件上的折叠，主要是由拔长时送时量太小、压下量太大或砧块圆角半径太小引起；模锻件上的折叠，则主要是模锻时金属发生对流或回流造成的。

（3）局部充填不足

锻件凸起部分的顶端或棱角充填不足的现象，主要发生在模锻件的筋条、凸肩转角等处，使锻件轮廓不清晰。坯料加热不足、金属流动性不好、预锻模膛和制坯模膛设计不合理，以及设备吨位偏小等都可能引起局部充填不足的缺陷。

4. 锻件切边产生的质量缺陷

（1）切边裂纹

切边时，在分模面处产生的裂纹称为切边裂纹。这是由于材料塑性低，在切边时引起开裂所致。镁合金模锻件切边温度过低，铜合金模锻件切边温度过高都会产生这种裂纹。

（2）残留毛刺

切边后沿模锻件分模面四周留下大于 0.5 mm 的毛刺，如果切边后尚需校正，则残留毛刺将被压入锻件体内而形成折叠。产生的原因是切边模间隙过大，刃口磨损过度，或者切边模的安装与调整不精确。

5. 锻件清洗

对锻件清洗的控制，采用酸洗要掌握好量，酸洗过度可能会在锻件表面形成麻点或麻坑；采用机械清理易产生噪声和粉尘，应注意锻件清理间与生产车间的隔离和空气的更新；锻件表面的缺陷和毛刺应由清理工人用打磨的方法去除。

技能要求

一、工作名称

座套锻件新工艺。

二、工作条件

锻坯材料：20 号钢。

生产规模：大批量。

座套锻件如图 7—20 所示。

三、工作过程

1. 原锻造工艺

某机械厂座套锻件的原锻造工艺为：预锻（制坯）→套模冲挤成形→冲切连皮。锻造火次为二火。

（1）预锻

将坯料放入第一套模具中进行预锻，注意锻件应高出套模 1～3 mm，防止锻锤击到套模，工序如图 7—21 所示。

（2）套模冲挤成形

从第一套模具中取出预锻好的锻件，在第二套模具中进行冲挤成形，如图

7—22 所示。

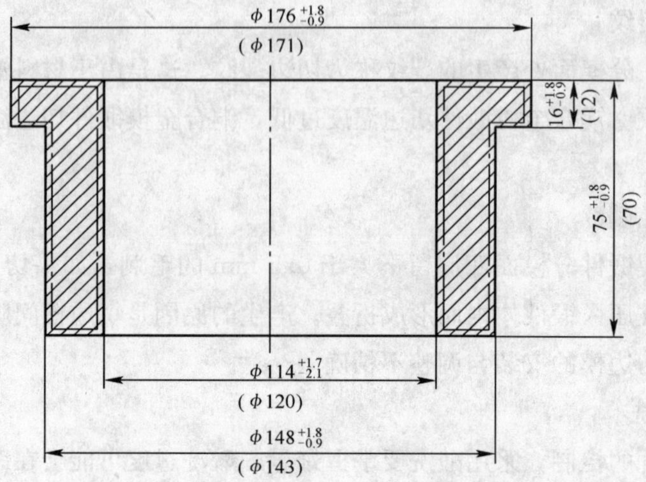

图 7—20　座套锻件图

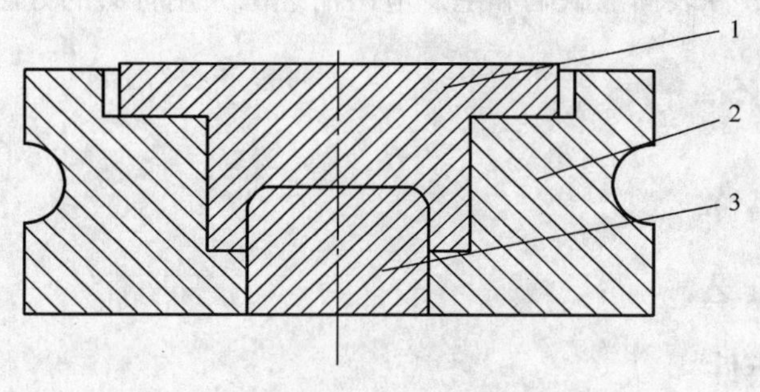

图 7—21　预锻

1—锻件　2—套模　3—模垫

（3）冲切连皮

完成以上工序后进行冲切连皮，如图 7—23 所示。

按此工艺完成的锻件，大法兰圆角充不满，虽然增加了二火，但仍然保证不了质量。原因是预锻变形没有合理分配金属，在套模冲挤阶段使得大法兰的金属不够用，造成圆角充不满。

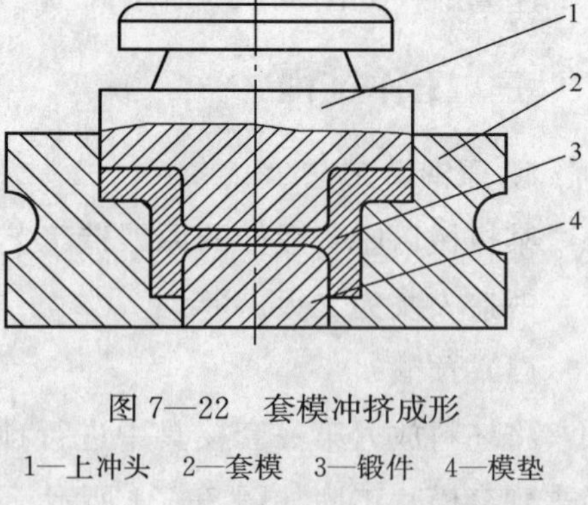

图 7—22　套模冲挤成形

1—上冲头　2—套模　3—锻件　4—模垫

2. 试制过程

采用镦粗→冲头冲孔、扩孔→心轴扩孔→翻边→套模成形工艺，虽然用翻边工艺来改善金属的分配，但在翻边处出现了拉缩，仍然保证不了质量。翻边工艺如图

7—24 所示。

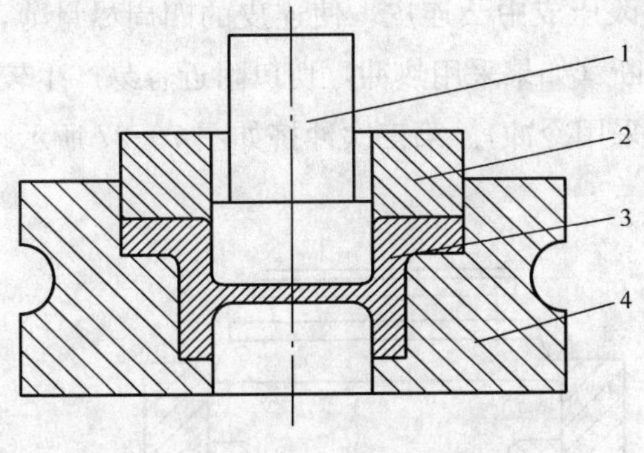

图 7—23　冲切连皮

1—冲头　2—定位套　3—锻件　4—套模

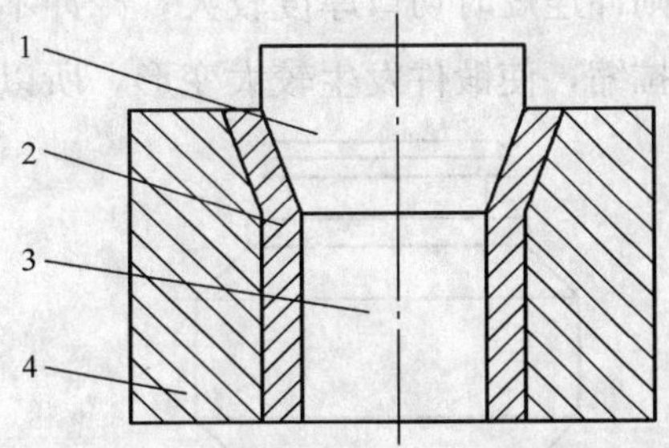

图 7—24　法兰翻边工艺

1—翻边冲头　2—锻件　3—模垫　4—套模

3. 新工艺方法

经过了多次试制，最后采用分级冲挤、分步成形工艺方法。新的工艺只需要一套模具，更换三个不同的冲头，最后冲去连皮。只需要一火在 1 t 蒸汽锤上完成，不仅保证了锻件质量，生产效率也有很大的提高。

（1）第一次冲挤

上端用冲子压出凹型盲孔，目的是合理分配金属，使大端法兰成形有足够的金属，同时也减少下道冲挤成形所需的打击能量。注意凹孔尺寸不宜过大，如图 7—25 所示。

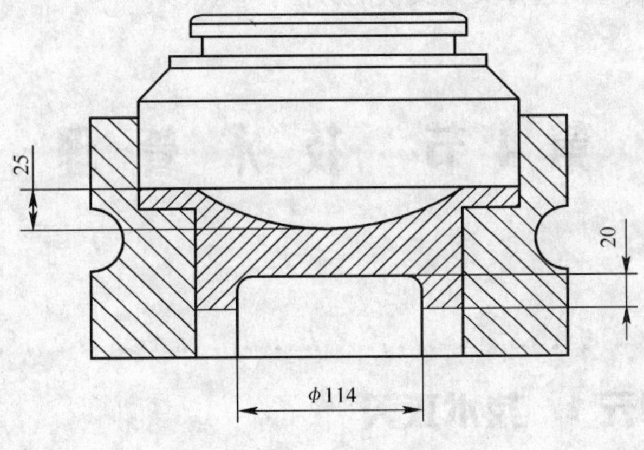

图 7—25　第一次冲挤

（2）第二次冲挤

进一步扩大金属的流向。为使大端法兰更好地充满，可以适当增大一些冲头的角度，使金属更多地向四周流动。锻件在二次冲挤后基本成形，如图 7—26 所示。

（3）第三次冲挤

冲头底部制成内凹形状，以便将连皮改压成中凸连皮，使连皮的四周尽量薄，否则冲连皮时切口厚度较大，冷冲不易冲断（如果采用热冲，切口附近容易产生较大拉缩，使锻件发生较大变形，所以尽量采用冷冲）。第三次冲挤如图 7—27 所示。

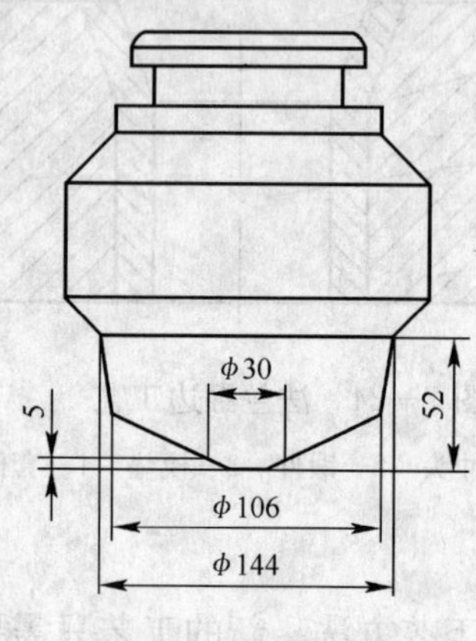

图 7—26　第二次冲挤

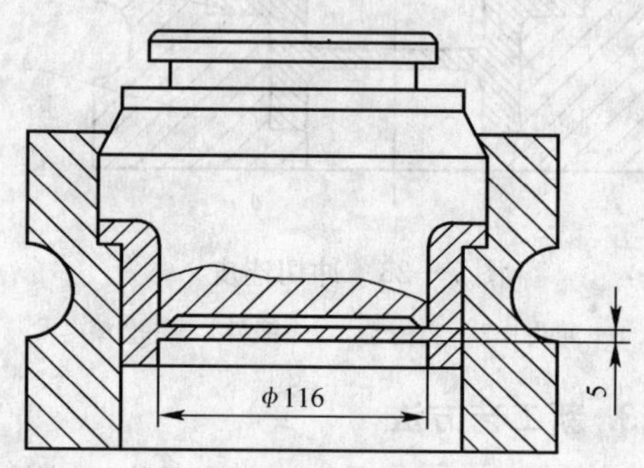

图 7—27　第三次冲挤

（4）冲切连皮

以上工序完成后，接着冲切连皮即可。

四、注意事项

1. 注意抓住影响锻件质量的主要矛盾。

2. 进行多次试验，选择又好又快的方法。

第 4 节　技 术 管 理

学习单元 1　技术攻关

学习目标

➢ 能够解决重大锻件的技术问题

➢掌握工艺攻关的方法

一、工作名称

圆锥锻件套锻工艺的改进。

二、工作过程

1. 问题的提出

关于圆锥锻件套锻工艺的改进，以下根据某锻造厂的一个实际例子，说明如何进行工艺改进。圆锥锻件形状复杂，不易成形，套锻工艺有很多种方法可以选择。为此，该锻造厂组织攻关小组对套圈套锻工艺确定最优方案并组织实施。

2. 原有的工艺流程

圆锥锻件分内圈和外圈，图 7—28 所示是外圈的成形工艺简图，图 7—29 所示是内圈的成形工艺简图。

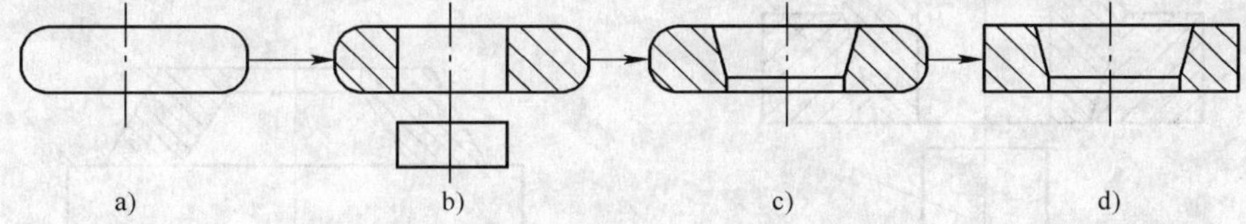

图 7—28　外圈的成形工艺简图

a）镦粗　b）冲孔　c）平端面　d）碾扩

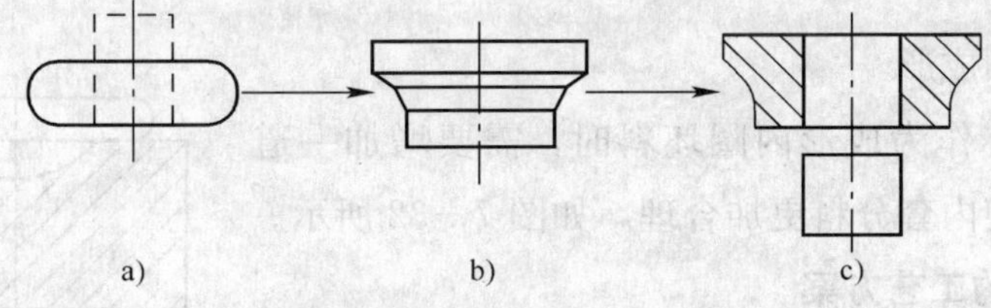

图 7—29　内圈的成形工艺简图

a）镦粗　b）成形　c）冲孔

原有的工艺流程存在的不足是：内、外套分开生产，内、外套分别下料，单独加热，并且各产生一个料芯，造成原材料利用率很低。由于内、外套的生产批量很大，浪费很严重，有必要组织有关人员进行新的工艺试验和研究，使圆锥锻件的锻造水平登上了一个新的台阶，充分显现新工艺高效率、低消耗的特点。另外，该工艺的成功应用对后来使用小设备生产大圆锥锻件起到了很好的借鉴作用。

3. 改进工艺的过程

经过集思广益，提出了多种工艺方案，且都进行了现场试验，并对最主要的三种工艺方案进行分析。

第一种方案是：镦粗→挤压→冲孔→碾扩成形；第二种和第三种方案是：镦粗→冲孔→平端面→碾扩成形。第二种和第三种方案的不同之处在于冲孔的形式有区别。在方案实施后进行比较，大家感到对第三种工艺进行某些改进，即可适合本厂的实际情况，能够取得预想的效果。主要改进有三个方面。

（1）合理分料

在内、外套分料时，缩小凹模内径尺寸，加大外套角度，使外套外径上大、小端面分料合理，如图 7—30 所示。

（2）平端面

在外套平端面时，加大下边镦饼头模具的角度，达到外套内径往大端面分料的目的，如图 7—31 所示。

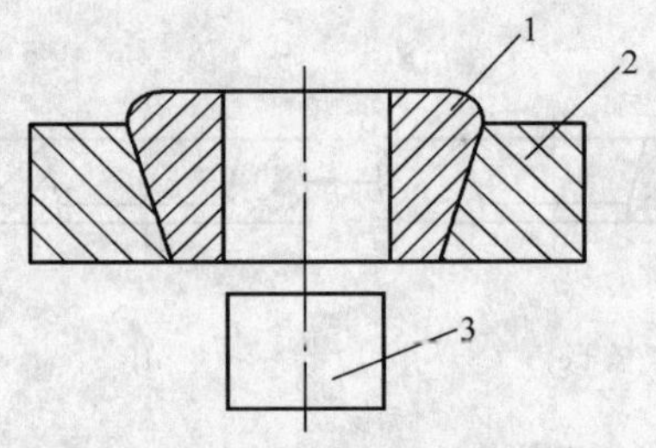

图 7—30　合理分料

1—外套坯料　2—模具　3—内套坯料

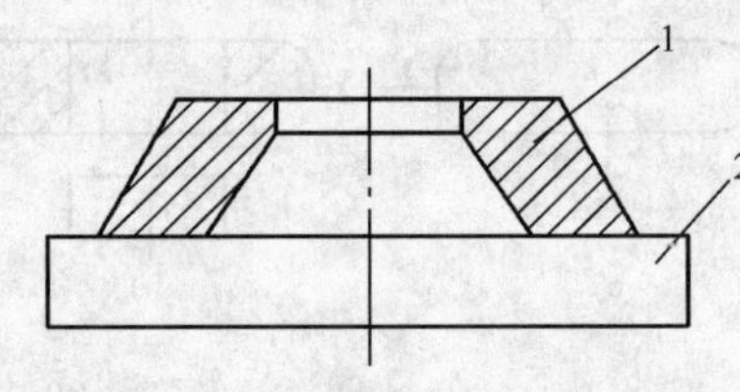

图 7—31　平端面

1—外套毛坯　2—模具

（3）内圈预成形

冲出的料芯作为成形内圈坯料时，需要增加一道预成形工序，使内套分料更加合理，如图 7—32 所示。

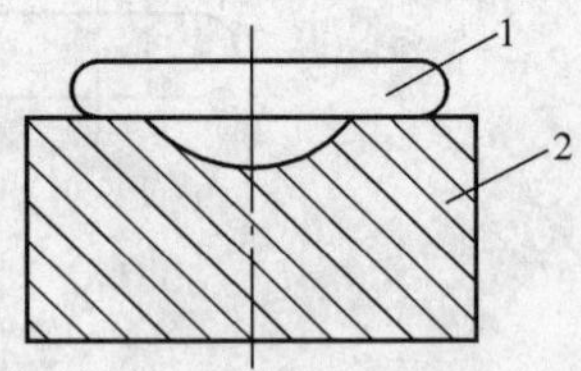

图 7—32　内圈预成形

1—内套坯料　2—模具

4. 确定新的工艺方案

经过上述改进，确定如图 7—33 所示的工艺流程。

三、注意事项

1. 分料模的角度取 6°～8°。

2. 内套预成形模角度取 20°左右。

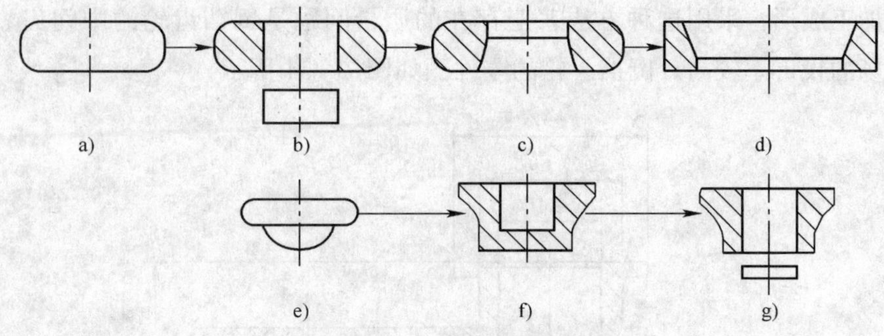

图 7—33　新的工艺方案

a）镦粗　b）分套　c）外圈平端面　d）外圈碾扩成形

e）内圈预形成　f）内圈反挤　g）内圈冲孔

学习单元 2　质量攻关

学习目标

- 能够解决锻件的质量问题
- 能够提出新方案予以实施

技能要求

一、工作名称

倒挡齿轮的质量攻关。

二、工作内容

1. 质量问题的重要性

在当前市场经济条件下，产品质量的竞争是十分激烈的。产品质量的高低是企业综合实力的标志，在对产品质量进行技术攻关时，必须对市场需求、设备现状及本企业的工艺水平进行综合分析，才能达到提高产品质量的目的。

2. 倒挡齿轮目前生产中存在的问题

倒挡齿轮是汽车变速器中用于倒车的关键零件，现在大部分企业采用热锻，然后机械加工成形。采用这种方法普遍存在的质量问题是倒挡齿轮的中间齿容易断裂，市场的投诉率较高。倒挡齿轮的零件图如图 7—34 所示。

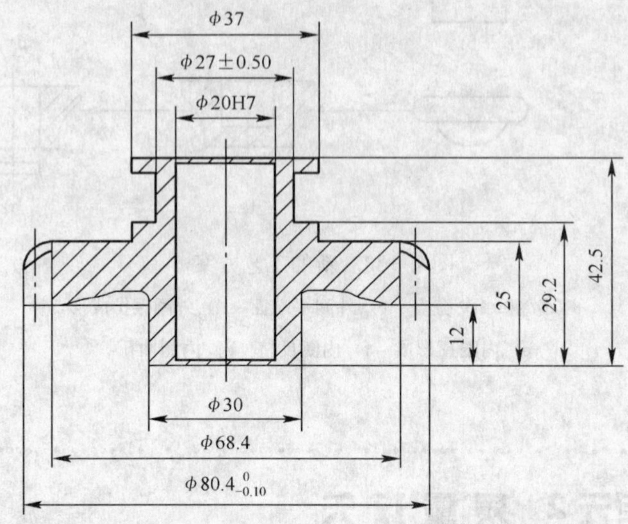

图 7—34　倒挡齿轮零件图

3. 新工艺的研制

某锻造有限公司为了提高锻件产品质量，研发出热锻加冷精整的复合锻造工艺。按新工艺生产的倒挡齿轮，金属流线完整，齿面抗疲劳强度高；两个倒角面连接圆滑，减小了挂挡的阻力，消除了挂挡时的阻滞感，深得汽车厂家的好评。

新的工艺路线为：下料→制坯→热模锻成形→等温正火→钻孔→喷砂→磷化→皂化→冷精整→冷倒锥。冷精整和冷倒锥模具原来采用硬质合金材料，主要是考虑到模具强度，但它的塑性差，在出模困难时，模具的齿容易断裂，造成锻件报废。经过集思广益，找出了解决办法，改用高速钢作为新的模具材料，同时对模具结构进行了修改，使零件出模更顺利。

三、质量攻关应注意的问题

1. 确定新的工艺方案要全面考虑产品的性能要求，满足市场的需要。

2. 质量攻关要集中工程技术人员、现场操作工的智慧，以及销售人员反馈的信息，抓住质量问题的关键进行攻关。

3. 组织者应及时发现问题，善于组织，勇于实践。